Découvrez l'histoire par les archives de presse

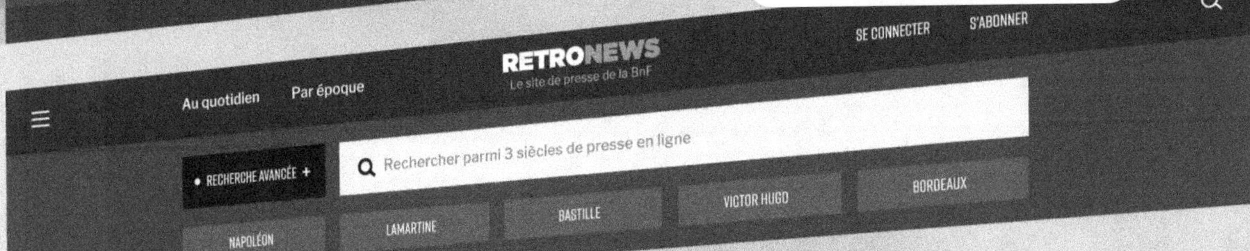

REVUE

EUROPÉENNE.

IMPRIMERIE DE BÉTHUNE,
RUE PALATINE, N° 5.

REVUE EUROPÉENNE,

Par les Rédacteurs du Correspondant.

TOME I.

A PARIS,

Au Bureau de la Revue Européenne,

RUE DES SAINTS-PÈRES, N. 75.

—

1831.

REVUE EUROPÉENNE

INTRODUCTION.

DU PROBLÈME SOCIAL

AU DIX-NEUVIÈME SIÈCLE.

Une des plus belles allégories de l'antiquité est sans contredit la lutte que les chefs des peuples et les interprètes des dieux, héros et poètes, devaient livrer à ce sphynx, jaloux dépositaire des lois primordiales de l'humanité et du mystère de ses destinées futures. Ne semble-t-il pas que cet être, dont l'image est restée aux déserts de Thèbes et de Memphis, comme un dernier symbole de toute cette civilisation ignorée, soit revenu s'asseoir à la porte du temple de la science et de l'humanité? L'énigme de l'avenir devient chaque jour plus obscure et plus redoutable: et pourtant force est à tous de l'interpréter; car avant de parler aux nations, qu'épouvante la profonde obscurité de leurs destinées, il faut que chacun s'écrie, comme

les initiateurs antiques : «J'ai dompté le monstre, j'ai la parole
» de vérité et d'avenir.»

Au sein de cette décomposition universelle, qui broie et
transforme les vainqueurs et les vaincus de la veille, au milieu
de cette Europe qui refait à la fois et ses institutions et ses
frontières, et ses croyances et ses mœurs, on éprouve comme
un vertige. Malheur à celui qui regarde et se trompe : si son
œil ne sonde la profondeur de l'abîme, il y tombe, comme les
téméraires interrogateurs roulaient du haut du rocher où, suivant le mythe grec, le sphynx avait placé son inaccessible demeure.

Quelle énigme en effet que celle du *dix-neuvième siècle!*
quel mystère que celui qui enveloppe le sort des nations modernes! Jamais mouvement intellectuel et politique n'eut un
caractère en même temps aussi universel et aussi vague, aussi
insaisissable dans ses résultats définitifs. L'Europe entière est
brisée par la même tempête; mais qui peut assigner encore le
but vers lequel cette tempête la poussera? Il suffit de la contempler pour voir que son état actuel n'a aucune condition de
durée, et que de fondamentales altérations s'opéreront avant peu
dans son droit public, dans son droit intérieur et dans tous les
rapports des peuples et des hommes entre eux. L'édifice pré-
paré à la paix de Westphalie, replâtré en 1815, sous les influences si peu morales et si peu prévoyantes qui dominèrent
ce qu'on est convenu d'appeler la restauration européenne, cet
édifice de convenances égoïstes, trop souvent oppressives,
entamé déjà par sa base, lésardé de tous côtés, n'a plus que
des étais provisoires. Parcourez cette Europe, où l'on ne saurait
faire un pas sans trembler de voir s'ouvrir un cratère, et dites
si l'on peut espérer de reculer bien long-temps une débâcle toujours imminente. Ici vous trouvez des peuples à la gêne sous
des frontières artificielles; là des institutions qui survivent à
leur principe, et d'où s'est retiré l'esprit qui les vivifiait dans
un autre âge. Et pour n'apporter en exemple qu'un seul des
grands intérêts de l'humanité, un intérêt qui, même dans nos

jours d'indifférence, décide encore souverainement du sort des nations, ne se prépare-t-il pas une réforme universelle et prochaine, non dans les vérités religieuses elles-mêmes, mais dans leurs rapports avec la société civile? Déjà cette réforme s'opère au milieu de nous par la liberté, et peut-être la persécution viendra-t-elle la hâter encore. Pensez-vous que le vieux système de *state and church* ne soit pas partout menacé de modifications analogues? Ce n'est pas dans la protestante Angleterre seulement qu'il succombe sous le bill de réforme et les scandales d'une Église qui, interrogée sur ses dogmes et ses fidèles, ne sait répondre qu'en énumérant ses dignitaires et en montrant la feuille de ses bénéfices. L'union de l'Église et de l'État ne peut se prolonger long-temps ni dans l'Allemagne protestante ni dans l'Allemagne catholique : la pureté de la foi y est trop menacée ; déjà des cris d'effroi montent de toutes parts vers le centre de l'unité religieuse, contre l'intolérance des sectaires et les tentatives non moins mortelles d'un despotisme de bureau et de chancellerie. Dans les deux péninsules méridionales catholiques, une réforme sociale est également nécessaire, et, nous l'espérons, également prochaine. Le sens de la sublime et harmonique constitution du moyen âge est altéré ; la routine, l'ignorance, trop souvent la corruption, ont déposé leur rouille sur ces siéges d'où la vie chrétienne exhala pendant tant de siècles ses ardentes et populaires inspirations. Les autres institutions fondamentales y sont dans un même état de dépérissement et d'impuissance, auquel il faut promptement obvier : l'aristocratie, sans droits et sans devoirs, n'y conserve que des priviléges de mollesse et d'oisiveté ; ce qui reste de libertés locales ne se rattache plus à un système général, et ne présente aucune défense sérieuse contre l'invasion du jacobinisme, ni contre les tentatives d'un ministérialisme à la française. La royauté elle-même, auguste et dernier legs des ancêtres, isolée comme une colonne dans un désert, disparaîtrait sans retour devant les événements qui se préparent, si elle ne profitait de ce qui lui reste de puissance et de popularité pour devenir la base d'un édifice dont le plan, encore obscur à nos yeux, est arrêté par la Providence.

L'Europe s'avance donc de concert vers d'immenses changements, elle marche vers une constitution dont l'indépendance individuelle sera le principe générateur, comme elle marchait au dixième siècle vers l'organisation hiérarchique de la féodalité. Chaque peuple, des extrémités de la Péninsule Scandinave à celles de l'Europe Méridionale, venait alors se jeter naturellement dans ce moule commun. Quelque chose d'analogue se passe sous nos yeux : mais ce travail est si peu avancé, les matériaux gissent encore dans une telle confusion, que les espérances les plus incohérentes, les vœux les plus contradictoires s'exalent à l'aspect de tant de ruines. Le présent est tellement provisoire que tous les partis, toutes les sectes, toutes les écoles n'en tiennent compte, et vont de prime abord s'établir au-delà. L'avenir est une proie et comme une conquête que chacun aspire à faire ; tous l'hypothèquent d'avance à leur profit et en déshéritent leurs adversaires.

Au premier rang de ceux qui se donnent comme seuls divinateurs de la grande énigme du dix-neuvième siècle, se montre une secte ardente, fanatique, impitoyable. Elle croit que les peuples se laisseront fouler sous les pieds d'un futur Mahomet républicain, qui leur portera pour compensation de leur nationalité perdue, la déclaration des droits de l'homme : le drapeau aux trois couleurs est pour elle comme le *sandjiack-sheriff* du prophète, et les ignobles scélérats de la Convention sont devenus à ses yeux des espèces d'êtres mythologiques. Elle trouve un redoutable point d'appui dans les passions déréglées, dans l'amour du sang et de l'or ; mais elle se trompe, cette secte de jeunes fanatiques sans expérience, quand elle espère donner à tout cela de l'unité et de l'énergie, organiser enfin, autrement que pour quelques journées de massacres partiels, ce culte systématique de la destruction. Elle ne voit pas que la mollesse de nos mœurs lui est un obstacle plus invincible peut-être que ne serait leur pureté même, et qu'elle doit triompher à la fois et de notre corruption et de ce qui nous reste de vertu. Aussi sentez-vous s'affaisser l'énergie révolutionnaire, et baisser graduellement même le brûlant thermomètre de juillet dans la tiède atmosphère de nos boutiques. L'avenir, j'entends un avenir permanent, non l'éphémère succès d'une échauffourée, n'est point réservé au républicanisme dogmatique et aux disciples de l'*école conventionnelle*; on peut en croire l'effroi qu'ils inspirent à la France et à l'Europe, et l'immense ridicule dont leurs atroces plagiats les ont couverts. Cette fièvre froide ne gagnera plus : ce mouvement avortera, l'on peut l'espérer, en ce moment, comme le *teutonisme* des universités allemandes; et les guenilles sanglantes de Robespierre iront rejoindre la défroque d'Arminius. De cette fermentation peuvent sortir de grands crimes, elle rendra probablement pour long-temps impossible tout retour à l'ordre, tarira les sources de la prospérité publique, mais là s'arrête la puissance du génie républicain et de l'esprit de conquête.

Une autre école s'élève en face de celle-là, et se proclame, comme elle, seule héritière légitime de la dernière révolution. Tout aurait été fait pour elle et à son profit; suivant elle, de la fermentation présente doit sortir un grand fait européen, la destruction de toute aristocratie historique et la domination paisible de la classe moyenne. Celle-ci aurait la surveillance de ceux qu'elle est appelée à supplanter, elle tiendrait en tutelle les classes inférieures, et ne dispenserait la liberté que dans les bornes les plus étroites de la légalité constitutionnelle. Les idées et les intérêts de ce juste milieu intellectuel et social, deviendraient la mesure obligée, le lit de Procuste de toute civilisation. Et remarquez que ce parti né prend de la classe moyenne ni ses mœurs de famille, ni ses habitudes religieuses et régulières, ni les vertus du foyer domestique; son type n'est point cette bourgeoisie provinciale si puissante et si nombreuse dans toute l'Europe, mais celle de Paris et de quelques cités commerçantes. Ainsi ce serait pour assurer la prépondérance sociale de la Chaussée-

d'Antin, celle des Juifs d'Allemagne et de Pologne, en Angleterre, pour la substitution des gros marchands de la cité aux
vieilles influences nationales, que l'Europe aurait perdu des
millions d'hommes dans une lutte séculaire. Tel est le but
providentiel de ce qui s'est passé et de ce qui se prépare. Entrez
donc dans les voies du progrès, peuples incertains de vos destinées; concentrez toutes vos pensées sur la vapeur, l'impor-
tation et l'exportation, ne faites plus des méditations religieuses, des arts et des lettres que l'ornement et le délassement
de la vie; que les basiliques tombent devant les bourses, que
les collèges où se dispensait gratuitement la connaissance des
vérités divines et des lettres humaines, paient patente et prennent rang au nombre des établissements industriels. Voici venir
le siècle de la *mobilisation* universelle. Pour couronner tout
cela, vous aurez une souveraineté, exercée collectivement par
un roi des marchands, cent cinquante mille électeurs marchands,
aussi, et trois cents pairs industriels, ayant leur majorat assis
sur des tontines (1). Ce magnifique ordre de choses, si moral,
si grandiose, si propre à rétablir entre les êtres un lien sympathique rompu, sera consolidé par une puissante organisation
administrative dont nous possédons déjà les éléments et qu'il
ne s'agit que de perfectionner. C'est pour préparer l'application
de ces combinaisons que l'Europe est ébranlée des bords de
la Néva à ceux du Tage, et qu'une force secrète fait tomber les
vieux trônes en poudre.

On ne peut taxer d'exagération ce résumé des doctrines
d'une portion très-importante de cette école. Tel ne serait pas
sans doute le véritable *parti bourgeois* s'il parvenait à se constituer sur une base moins exclusive et plus morale, s'il avait
plus de générosité dans la pensée, plus de disposition à respecter les influences naturelles, quel qu'en soit le principe, plus de respect aussi et de sympathie pour le peuple,
qui ne se compose pas seulement de manœuvres, mais d'hom-

____

(1) Journal le *Temps*, 31 août, 3 septembre.

mes ayant l'image de Dieu gravée au front. Mais jusqu'à présent, fier, et avide surtout de régner sans partage, aspire-t-il à autre chose qu'à exagérer à son profit les abus contre lesquels il s'est escrimé quinze ans? Lui aussi ne ferait-il pas ses *ordonnances*, n'était la peur? Si dans les rangs de ce parti, il y a une foule d'honorables caractères et quelques talents élevés, ont-ils une perception plus distincte des besoins universels de la société, des conditions de son existence future, et ne se laissent-ils pas traîner à la remorque de toutes les petites vues et de toutes les jalousies? Voyez les doctrinaires fléchissant sur la plus vitale des questions d'après leurs théories, celle de la pairie héréditaire : leurs notabilités n'ont pu depuis un an faire prévaloir une seule idée qui leur soit propre, et sont contraintes, pour n'être pas complètement annulées, de s'effacer derrière les hommes d'argent, comme les rares disciples de l'école américaine cachent leurs utopies philanthropiques et leur impuissance dans les rangs des révolutionnaires conventionnels. Aussi, le crédit éphémère de la *doctrine* est-il anéanti pour jamais; et rien à coup sûr de moins contagieux pour l'Europe que ces ingénieuses théories d'organisme par poids et contre-poids, après leur impuissance radicale pour contenir un mouvement, trop légèrement suscité par quelques vanités, qui se refusent à en comprendre les conséquences, parce qu'elles dépassent certaines prévisions et certaines analogies historiques. Croit-on que si désormais l'Europe entre en révolution, ce soit pour échanger sa situation actuelle, quels qu'en puissent être les vices, contre nos disputes, nos misères, nos terreurs et nos inconséquences législatives? Mieux vaut encore pour l'Autriche la domination paternelle, quoique absolue, de ses souverains; pour la Prusse son équitable et sévère administration; pour l'Angleterre même son vieux patronage, malgré ce qu'il présente d'exclusif et d'oppresseur, qu'un état de choses semblable au nôtre, acheté au prix qu'il nous a coûté.

Si la crise actuelle a pour les nations étrangères une issue violente, elles s'élanceront de prime abord vers une liberté plus féconde que notre constitutionalisme caduc. Il y a sans doute dans ce gros nuage noir qui les couvre de son ombre, un ordre de choses plus naturel, plus en rapport avec tous les droits, toutes les lumières, avec les traditions et les besoins nationaux; celui-là ne détruira pas, par des classifications arbitraires, les influences légitimes d'un pays, ne condamnera pas la masse de ses populations à l'ilotisme, et ne rompra pas vaniteusement avec tout le passé, pour mieux assurer à une classe d'hommes le monopole du présent. Cet ordre nouveau ne sera ni le jacobinisme avec son nivellement révolutionnaire, ni le bonapartisme, brutale apothéose d'un sabre, ni le constitutionalisme du milieu, plaisante divinité qu'on se représente malgré soi non assise sur le sac de laine, mais trônant sur un beau comptoir en acajou, une aune à la main en guise de sceptre, avec un monceau de paperasses sous les pieds.

Mais quel sera cet ordre nouveau qui donnera son nom au dix-neuvième siècle, anonyme jusqu'aujourd'hui? Sans formuler ici la réponse à cette question, nous croyons pouvoir espérer que cette solution ressortira de l'ensemble des travaux auxquels est consacré ce recueil. C'est parce que nous pensons avoir dans nos doctrines des éléments suffisants pour la préparer dans ses applications philosophiques et pratiques au mouvement de l'Europe moderne, que nous osons entreprendre un travail auquel sa forme et sa gravité même ne peut promettre une bien grande popularité. Nous croyons de toutes les puissances de notre âme, qu'il est une doctrine, une seule, qui s'applique à la fois à tous les faits de l'activité humaine, à toutes les phases du grand travail contemporain. Indiquons rapidement comment nous envisageons ce travail, et quelle nous paraît être cette doctrine.

Au milieu des travaux des diverses écoles philosophiques qui d'un bout de l'Europe à l'autre mêlent et confondent incessamment leurs résultats si divers, un seul fait ressort jusqu'ici clair et patent, c'est l'abandon du froid dogmatisme et de l'aveugle analyse du dernier siècle. Ce fait sans doute est loin d'exclure les exceptions: mais il offre un caractère général qui témoigne suffisamment de la tendance et du génie de l'époque. La pensée ne se complaît plus à s'isoler au milieu de la création, et à s'épuiser dans un commerce stérile. Le monde, au contraire, est de toutes parts emporté vers les investigations historiques; on retrempe dans ces sources fécondes le génie d'un siècle usé; on aime à retrouver les naïves inspirations et les formes symboliques des existences primitives; on ne se concentre plus dans sa dédaigneuse civilisation, comme le baron du dixième siècle, qui, de la plate-forme de son donjon, pensait découvrir les limites du monde habitable. Une curiosité puissante et régénératrice entraîne l'homme hors de lui-même; de toutes parts son génie se remet en harmonie avec la nature et avec l'histoire. Si cette disposition d'esprit est chez nous parfois marquée au coin de la frivolité, si notre affectation de pittoresque et de coloris local peut prêter à rire, elle devient caractéristique dans un ordre plus élevé.

L'histoire proprement dite, dont on avait fait un répertoire d'anecdotes sans liaison, qu'on avait isolée de la nature en plaçant chaque siècle sous une sorte de machine pneumatique, reprend son autorité originelle, en retrouvant un principe de vie. Ce n'est plus cette laborieuse recherche d'anomalies, cette philosophie toute fondée sur des exceptions, dont Voltaire a laissé le modèle dans une œuvre désormais décréditée. On essaie de reconstruire l'horizon moral, de respirer dans l'atmosphère même où l'on place son action, de comprendre à la fois et les mobiles de la vie générale de l'humanité, et ceux de la vie spéciale, et en quelque sorte personnelle des sociétés humaines. Les lois de l'histoire deviennent l'idée fixe, le problème qui tourmente toutes les intelligences. La réalité n'en est pas plus contestée que celle des lois de Newton ou de Kepler. Or, qui dit philosophie de l'histoire dit nécessairement christianisme; car lui seul embrasse l'humanité dans ses faits universels, celui de sa chute, qui explique le monde antique, et celui de sa réhabilitation, qui explique le nouveau, et prépare un état définitif. C'est en exposant pour la première fois, dans un enseignement public français, les données fondamentales de Herder, de Vico, de Hegel et de quelques esprits éminents de l'Allemagne contemporaine, que M. Cousin a obtenu un succès véritablement populaire : ce succès, qui ne pouvait manquer à son talent, eût manqué pourtant aux idées qu'il avait jusque-là développées, tant leur impuissance est constatée. C'est à peine si l'on ose, en effet, nommer encore l'éclectisme, comme si ce souvenir était une injure pour les ingénieux écrivains qui, pendant quelques années, se sont évertués à allier les deux tendances opposées de l'esprit humain, et qui dans tout ce qu'ils ont dit de vrai n'ont fait que répéter leurs devanciers, tandis qu'ils n'ont même pu arriver à formuler scientifiquement leurs erreurs. Sous ce rapport, la France est fort avancée en philosophie, non par ce qu'elle a conçu, mais par ce qu'elle a détruit et répudié : c'est la table rase. Le dix-huitième siècle est venu s'éteindre d'une part dans Condorcet et Volney, de l'autre dans la physiologie bestiale de l'auteur de l'*Irritation*, dont la donnée fondamentale suppose précisément un problème insoluble pour lui. Voici cependant que, sur ce sol déblayé, s'élève, lentement il est vrai, mais par des développements progressifs et de jour en jour plus féconds, l'édifice d'une philosophie catholique pressentie toute entière par M. de Maistre, logiquement formulée par M. de La Mennais, et que M. d'Eckstein s'est efforcé d'agrandir et de vivifier, en arrivant, sans l'intermédiaire d'aucune idée abstraite, jusqu'aux réalités même de la nature et de l'histoire. Cette voie est aussi celle dans laquelle entre de plus en plus M. de La Mennais, à chaque pas de sa carrière. La France attend bientôt une œuvre qui résumera sous ce point de vue toutes ses méditations, lumineux miroir où se concentreront les rayons épars de la science catholique.

En Allemagne, centre aujourd'hui du mouvement intellectuel, comme la France l'est du mouvement social, le xviii° siècle est détruit en ce qu'il eut de rationnel, comme chez nous

en ce qu'il eut de matérialiste. La philosophie de Kant
successivement modifiée et transformée par ses disciples,
vient se perdre dans une tendance entièrement opposée.
L'Allemagne, répudiant l'abstraction sous toutes ses formes,
entre de plus en plus dans les voies d'une large philosophie de la nature. Etudier tous les phénomènes, non plus
dans l'idée qui les représente, mais en eux-mêmes, dans l'inti-
mité de leur existence; connaître à fond l'histoire, pour n'avoir
qu'à y lire, pour ainsi dire, naturellement des lois devenues
visibles et palpables; pénétrer dans l'œuvre de la création, en
aspirer l'âme et la vie; retrouver par la contemplation de ses
forces cachées, le secret perdu de ces mystérieuses harmonies,
dont la philologie et l'archéologie poursuivent en même temps
les traces dans tous les monuments des civilisations antiques :
tel est aujourd'hui le but de ces travaux auxquels il faudra
pourtant que notre légèreté s'accoutume.

On a compris dans ce pays, où des guides éclairés feront
souvent pénétrer nos lecteurs (1), que toute science suppose
un objet certain, que la foi et le raisonnement, points de vue
divers de la vérité, soit qu'on les sépare, soit qu'on les unisse,
doivent reposer sur une base expérimentale, qui comprend
d'une part les faits intellectuels, de l'autre les faits physiques,
c'est-à-dire, l'histoire du genre humain, et celle du monde
organique. Si cette histoire se reflétait en quelque sorte
transparente dans la foi pure, dans le génie naïf des premiers
âges, alors que la pensée divine se jouait dans son ouvrage,
et qu'il restait au milieu des hommes de récents souvenirs
des merveilleux entretiens de l'Eden; c'est aujourd'hui par la
science seule que nous pouvons élever l'édifice de la foi nouvelle, d'une foi en quelque sorte visible.

(1) Nos lecteurs trouveront dans ce numéro même la preuve de relations
précieuses établies avec l'Allemagne savante. De toutes parts nous arrivent
des témoignages inespérés d'intérêt. MM. de Baader et Gœrres nous ont déjà
transmis personnellement l'assurance d'un concours que nous pouvons aujour-
d'hui annoncer formellement à nos lecteurs.

Or, les éléments de cette philosophie sont pour nous déposés dans les monuments de la nature, et surtout dans les langues, éternels monuments, débris vivants des peuples qui ne sont plus. Les langues ne sont-elles pas la révélation même de la nature originelle du genre humain, dans ses rapports avec la nature physique et le monde intellectuel? La philosophie du langage précède nécessairement celle des idées; c'est un fait, non une abstraction. On remonte par leur filiation jusqu'à la révélation primitive, dont les titres perdus se retrouvent au berceau des peuples : gigantesques matériaux qui s'accumulent de toutes parts, et recevront la plénitude de la vie, quand la parole qui féconda le chaos se sera reposée sur eux.

C'est dans ce sens traditionnel qu'il faut entendre le système du *sens commun*, défiguré par l'ignorance et la mauvaise foi. Se développant de plus en plus, il sera complet par la manifestation du catholicisme originel, accompli dans la loi de grâce, et par l'absorption dans la sphère chrétienne de toutes les vérités scientifiques, historiques, physiques et morales. Alors le christianisme, né dans la foi, sera achevé dans la science, et le Christ sera compris dans sa révélation totale. C'est vers cet océan de lumière et d'amour que nous portera ce fleuve de traditions, qui recommence à couler majestueusement. L'accord suprème de ce concert, dont les notes isolées retentissent à travers les âges, le dernier mot de ce symbole, que la science évoque pièce à pièce du fond des hypogées de l'Égypte, et lit en quelque sorte sur le front de l'Himalaya et des Cordilières, ne sera donc que le catholicisme : religion qui domine les temps, parce qu'elle n'en sort pas, et confond son présent, son passé, son avenir, dans l'idée de l'éternité divine. En suivant avec attention et avec une foi docile et soumise aux enseignements de l'Eglise, cette disposition, de jour en jour plus visible, il nous sera peut-être donné de pressentir, avec nos maîtres, quelque chose de cette *glorification* de la nature et de l'histoire, qui a trouvé, en Allemagne, de si beaux et de si pieux génies pour interprètes.

Mais si l'on ne saurait nier que les intelligences ne gravitent en ce siècle vers le catholicisme, pensez-vous, hommes de peu de foi, que son action sur les cœurs soit impuissante, parce qu'elle vous paraît encore suspendue? Attendez seulement que l'effervescence de vaines disputes soit passée, et que des calamités peut-être prochaines vous appellent à méditer sur vous-mêmes : vienne vous surprendre, au milieu de vos préoccupations actuelles, l'ange d'extermination qui a jalonné sa route vers l'Europe par cinquante millions de cadavres, et vous nous direz alors si la foi est éteinte, si la présence d'un prêtre auprès d'un lit abandonné n'est pas encore considéré comme le plus signalé bienfait du ciel, même dans cette ville que l'on vit applaudir à la chute d'une croix, comme les Juifs à l'érection de celle qui s'éleva sur le Calvaire. Nous vous attendons là pour savoir si le catholicisme est mort. Mais que dire de l'existence même de l'école bizarre qui aspire à le remplacer? N'est-elle pas la preuve vivante de cette impossibilité où nous sommes de vivre au milieu de nos semblables, sans qu'aucun lien sympathique nous y rattache, de nous sentir suspendus, comme un atôme, entre deux abîmes, sans croire à quelque chose qui ne soit pas cette inexorable fatalité dont la seule pensée étouffe comme un cauchemar? Si cette prétendue foi, cette hiérarchie et cette organisation basées sur une falsification évidente de l'histoire, sont au nombre des plus plaisantes inventions de ce siècle, et ne paraissent pas destinées à exercer grande influence sur son cours, tous ces symptômes ne témoignent-ils pas des indomptables besoins du cœur et du travail des intelligences?

N'y a-t-il pas aussi comme une révélation de l'état présent de l'humanité, avec ses angoisses et le vague de ses espérances, dans ce chaos vivant où s'agite le génie littéraire de l'époque? aux efforts inouis qui se font pour produire quelque chose, à l'impuissance radicale dont ils sont frappés, on sent que la société n'est pas morte comme au dernier siècle, qu'elle ne dort plus mollement dans son doute comme sur l'édredon d'une

courtisanne, et que pourtant son avenir n'est pas encore conquis. Aussi rien de grand, rien de vrai surtout pour le présent;
partout du placage, de la bouffissure, de la religiosité vague,
de la naïveté niaise. Pourtant il a été donné à quelques hommes
de devancer leur âge ; prophètes de paix et de foi, leur bouche
s'est ouverte pour bénir ; ils ont trouvé des cantiques d'amour :
une auréole de christianisme couronne la tête des poètes du
dix-neuvième siècle. Les *Méditations* et les *Harmonies* sont
venues au milieu de nos tempêtes, comme ces belles nuits
que le ciel envoie pour rafraîchir la terre au milieu d'un
ardent été. L'auteur du *Génie du Christianisme* a révélé avec
la pénétration divine du poète et la profondeur du moraliste,
le principe et le remède des maux qui nous font pâlir , telle
n'est pas d'ailleurs la seule mission qu'il ait reçue d'en haut.
Tout son siècle s'est résumé dans cette âme agitée par tant et
de si diverses pensées, dans cette existence pleine de tant de
vicissitudes : de telle sorte que la société, avec le respect de
ce qu'il y a de vivant encore dans son passé, avec son profond
dégoût du présent et ses espérances d'avenir, se réfléchit dans
M. de Châteaubriand, qui ne rappelle pas mal un de ces héros
palingénésiques de M. Ballanche, dont la vie est un mythe,
expression de la vie universelle.

Faut-il enfin signaler par des faits, par le réveil de nationalités qui semblaient éteintes, cette renaissance de la foi chrétienne qui seule les a préservées? Pendant qu'en France, la religion résistait sans alarme pour elle-même à la grande épreuve ,
naguère signalée par les écrivains du défunt éclectisme comme
devant amener sa chute, et poussait un cri d'éternelle espérance
du milieu d'une perturbation sociale qui allait changer toutes
ses conditions d'existence, les catholiques d'Irlande mourant de
faim étaient consolés par leurs prêtres, et secourus par le pain
de notre charité fraternelle ; les Belges réalisaient, au milieu des
intrigues et des dégoûts de tous genres, ces complètes promesses
de liberté loyale que leur foi et leur probité leur avaient inspirées, et la Pologne enfin renouvelait pendant un martyre

de huit mois, l'antique alliance entre la sainteté et la gloire, au prix du plus héroïque sang de l'univers. Noble et catholique Pologne, quelles que soient désormais tes destinées, quelque tache que des mains impures aient imprimée sur ton chaste front, tes vœux sont exaucés, et ta gloire est désormais associée au nom du Sauveur et à celui de sa mère. Et toi, pauvre Grèce, qui te débats aujourd'hui sous les plus ignobles cupidités, ta foi te fit grande aussi dans d'autres jours. Ce fut quand il n'y avait encore sur tes bords ni administrateurs, ni diplomates, ni députés, ni codes, ni journaux, mais de vieux évêques pour prêcher du pied d'une croix avant la bataille, et de pauvres pêcheurs, pour aller sur des coques de noix brûler les flottes ennemies, puis recevoir au retour le pain eucharistique pour prix de victoires qui sauvaient la patrie.

S'il est dans les six dernières années un seul grand spectacle où la religion ne soit pas, qu'on le cite, et peut-être consentirons-nous à confesser alors que le christianisme se meurt, que son alliance est impossible avec les nouveaux besoins des sociétés. Mais jusque-là voici comment l'histoire fera les parts entre vous et nous : à nous la Grèce de Canaris et de Germanos; à vous diplomates à protocoles, journalistes bavards, intarissables orateurs, la Grèce actuelle, avec ses factions politiques et militaires; à nous encore l'élan populaire de la Belgique, et l'honnêteté politique de cette révolution; à vous diplomates, à vous orateurs à faconde et quiétistes du milieu, son impuissance et sa honte récente; à nous les saintes souffrances et les nationales résistances de l'Irlande; à nous la Pologne de Skrzynecky, à nous toute cette part de gloire conquise sous le drapeau de la Vierge entre les assassinats de novembre et les égorgements d'août; le reste aux francs-maçons, aux clubistes, aux sectaires, avec l'invasion sans résistance de l'Italie et le sang des malheureux qu'ils ont envoyés périr aux deux bouts de l'Espagne. Y a-t-il dans cette dispensation l'exagération la plus légère, n'est-ce pas de la statistique toute pure ?

On le voit : c'est la religion seule qui a fait, même dans ce

siècle, tout ce qui doit durer : c'est elle qui prépare une nouvelle division de l'Europe fondée sur des affinités plus intimes,
car elle seule conserve dans les peuples le souvenir des origines communes et des antipathies historiques. Il est donc faux
que le génie du mouvement actuel soit anti-catholique, et que
le dix-neuvième siècle soit marqué du sceau de l'apostasie. Ne
cherchez rien qui puisse imprimer caractère à notre temps dans
la fange de votre civilisation, fardée comme une courtisane,
dont l'impure stérilité n'engendrera pas. Bien au contraire,
c'est précisément contre cette *civilisation* et les villes qui en
sont le centre que le grand mouvement de l'époque s'opère.

Entendez-vous ce cri d'indépendance locale poussé d'un
bout de la France à l'autre? là est l'avenir de notre patrie
et plus tard en surgira celui de l'Europe. De ce sentiment, d'a-
bord instinctif et vague, commencent à sortir déjà des vues
pratiques plus précises, nécessairement destinées à aller au-delà
du but où l'on les circonscrit encore. Application du système
électif aux fonctions publiques; gouvernement des capacités et
des influences dans la sphère où elles s'exercent légitimement;
indépendance pleine et entière de l'individu, de la famille, de
la commune et de toutes les circonscriptions formées ou pré-
parées par une aglomération d'intérêt communs; substitution
de l'égalité avec le simple lien fédéral à la dépendance hiérarchique centrale; abdication au profit des consciences et des
associations religieuses, morales et industrielles, de la plupart
des fonctions gouvernementales et des fictions constitutionnelles; gouvernement à bon marché, république pour les
uns, monarchie héréditaire pour les autres, suivant les souvenirs et le génie des peuples, avec un même droit public et des
conséquences pratiques à peu près semblables : telles sont les
pensées fécondes qui germent et mûriront au soleil des révolutions. Un parti, écrasé sous bien des fautes, condamné non
dans ses espérances qui sont les nôtres, mais dans un dogme
que ses théoriciens et ses flatteurs avaient faussé, a reçu dans
son malheur le pressentiment et comme la révélation d'un

avenir que la France ne devra qu'à lui. C'est par la diffusion
de ces idées qu'il est appelé à reparaître avec honneur sur la
scène du monde. Dépositaire spécial des mœurs et des croyances religieuses, de vieux et respectables souvenirs de patronage, il trouvera plus de facilité que ne soupçonnent ses ennemis,
pour opérer sa réconciliation avec les masses, et recevoir de
nouveau le baptême populaire. Par ses soins, les populations
s'élèveront graduellement dans la sphère du bien être matériel
et de la liberté politique : il moralisera l'industrie, comme le
clergé sanctifiera les lumières.

De ce mouvement datera l'établissement d'un état de choses
auquel la Providence paraît appeler le genre humain, pour
faire épreuve de sa virilité, et pour en consacrer la plénitude : état nouveau où la conscience privée aura sa sphère
indépendante de toute action du pouvoir public, et où les
lois tendront à abdiquer leur caractère vengeur devant une
opinion assez forte pour se faire respecter et se défendre
elle-même. Si la fédération de l'Amérique du nord réalise
matériellement plusieurs des conditions de cette société future,
le génie moral qui seul peut la vivifier, sortira de la régénération catholique préparée par la liberté et par la science.

Que de cet état de choses, destiné à réunir les tendances
jusqu'ici opposées de la société, doive sortir l'ère d'une unité
nouvelle, c'est ce qu'il n'est pas interdit d'espérer ; car cette
organisation libérale de tous les intérêts dans la sphère de leur
activité naturelle, ouvrira un plus libre champ à la pensée humaine ; et la loi d'égalité chrétienne, combinée avec l'introduction du génie chrétien dans les arts et l'industrie doit
produire des résultats dont nous ne saurions encore mesurer
toute la portée. La force gouvernementale ne pesant plus
sur les peuples, aux inspirations jalouses d'une nationalité factice sera substitué quelque chose de semblable aux
sentiments de famille, qui se concilient avec des affections
plus générales, des sympathies plus universelles. Si la
science de la politique disparaît, pour ainsi dire, du sein

des sociétés dont les rapports seront réglés de la manière la plus simple et la moins artificielle, le droit public changera nécessairement ; et peut-être verra-t-on luire le jour où une sublime misanthrópie ne pourra plus se plaindre de voir un méridien décider du sort de cette « plaisante justice qu'une rivière ou une montagne borne. »

A Dieu seul le soin de préparer cet avenir, sur les limites duquel on tremble et l'on hésite, comme les mariniers de Colomb, effrayés de leur audace et prêts à reculer au moment de voir sortir du sein des eaux les vertes collines des Antilles : nul peuple jusqu'ici n'a marché dans les voies où nous nous précipitons ; chrétiens, qu'importe si Dieu est avec nous ?

C'est à éclairer graduellement les principales conditions de la société nouvelle que nous consacrons des efforts dont personne mieux que nous ne connait la faiblesse. Pourtant nous estimons qu'un peu d'indulgence nous est dù ; car, en faisant succéder la *Revue Européenne* au *Correspondant*, nous n'avons d'autre but que d'ouvrir à la vérité catholique une plus large voie, et de donner aux doctrines de renovation religieuse et politique un organe indispensable.

K.

POLITIQUE GÉNÉRALE.

DE L'ARISTOCRATIE EN FRANCE,

ET DE LA PAIRIE.

Quoique la forme de ce recueil ne nous permette guère de prendre part à cette controverse active qui alimente les journaux quotidiens, nous comptons pourtant laisser une place importante à la discussion des grands problèmes politiques qui s'agitent parmi nous : seulement nous les envisagerons sous un autre point de vue que ceux qui s'en occupent dans l'intérêt du moment. Notre conviction est qu'ils ne peuvent trouver aujourd'hui qu'une solution provisoire, parce que la société est dans un état de passage. Parmi toutes les lois, toutes les soi-disant institutions que fabriquent nos hommes d'état, les meilleures, selon nous, n'ont guère d'autre valeur que celle de ces échafaudages sur lesquels se tiennent les ouvriers pour bâtir, et qu'on enlève quand l'édifice est achevé. On sent que dans ce système il pourra nous arriver parfois de traiter des questions déjà décidées par les chambres : car leurs arrêts ne sont à nos yeux que de simples jugements de première instance, dont la plupart seront bientôt cassés par le temps et les événements. Notre principal objet est de décrire l'état social qui reste le même malgré tous les changements de formes, de chercher à reconnaître si de tant de matériaux confus, il peut sortir un jour une organisation définitive, et quelle paraît devoir être cette organisation : nous ne cherchons dans le présent que les signes précurseurs de l'avenir.

Un Spartiate ayant fait tous ses efforts pour faire tenir debout un cadavre, le laissa tomber en disant : «Il fallait qu'il y eût quelque chose là-dedans.» Ce quelque chose, c'est la vie. Or la société a, comme l'homme, son principe vital, immatériel, insaisissable, répandu partout, communiquant partout la chaleur et le mouvement. C'est ce qu'on appelle esprit public, mœurs publiques, croyances sociales ; force secrète qui soutient pendant des siècles les combinaisons les plus bizarres et les plus difformes, et dont l'absence arrête et déconcerte les mécanismes les plus ingénieux. La société ancienne est tombée en poussière, parce que la vie l'avait abandonnée : la nouvelle s'agite et se retourne de mille manières, sans pouvoir prendre son assiette, parce que la vie n'y est pas encore ; mais quel sera pour elle le principe de vie, et qu'aura-t-elle, à cet égard, de commun avec le passé ? Le christianisme, qui fut autrefois le ciment social, le lien universel, n'a pas cessé d'être l'âme du monde : mais séparé de la société, il plane sur ses débris, comme l'esprit de Dieu sur le chaos, attendant, en quelque sorte, un corps qu'il puisse *informer*. Parmi les matériaux épars qu'ont entassés les révolutions, les uns peuvent revivre et faire partie d'un organisme nouveau : les autres sont à jamais morts. Ici, comme dans les opérations chimiques, l'homme qui ne peut pas créer peut néanmoins faciliter le travail de la nature en mettant en contact les éléments qui s'attirent, en séparant ceux qui se repoussent, en rejetant ceux qui sont rebelles à toute combinaison. Cette comparaison, pour le dire en passant, peut faire comprendre pourquoi nous autres catholiques nous demandons si constamment la liberté ; c'est pour que notre foi, semblable à ce gaz qui a la merveilleuse propriété de se combiner avec tous les corps, puisse se répandre partout et pénétrer tout.

Mais, au lieu d'aider la nature, l'action humaine s'est plue jusqu'ici à la contrarier et à l'entraver; c'est qu'au lieu d'étudier soigneusement ce qui est, de chercher dans la société des réalités, on a voulu l'arranger d'après ses systèmes. De là tant de constitutions mortes-nées, parce qu'elles étaient fondées sur des combinaisons arbitraires; de là l'importance exclusive donnée aux formes de gouvernement, et la croyance que ces formes créent ou du moins modifient la vitalité sociale, tandis qu'elles n'en doivent être que le produit, et, pour ainsi dire, le phénomène. Jamais cette erreur ne s'est montrée d'une manière plus éclatante que lorsqu'on s'est imaginé qu'il suffisait de décréter une aristocratie sur le papier, pour créer en France un esprit aristocratique et des mœurs aristocratiques, choses en effet indispensables pour *monter* le gouvernement à trois branches, imité des Anglais.

C'est, il faut l'avouer, une bien belle idée que celle de ce pouvoir modérateur chargé de tenir la balance entre le trône et le peuple, de défendre la liberté contre l'un et l'ordre contre l'autre, de représenter enfin dans la société le principe de stabilité comme la chambre des députés représente le principe des progrès. Mais où trouver cette force intermédiaire entre les deux forces rivales dont l'une nous pousse au despotisme, l'autre à l'anarchie? Comment faire entrer dans la constitution un élément qui n'est pas dans la société? car on peut poser en fait qu'il n'y a rien en France dont on puisse faire quelque chose de semblable à ce qu'on a appelé dans tous les temps aristocratie. Ce qui a fait de la pairie de la restauration une institution si faible et si fausse, c'est qu'elle a été le fruit d'un système, non l'arrangement de matériaux préexistants. C'était un vieux chêne, transplanté loin du sol qui l'avait nourri avec ses branches et ses feuilles : au bout de quelques jours, il devait se dessécher et périr. Qu'on s'en félicite ou qu'on en gémisse, la France n'est plus qu'une vaste démocratie où les événements, les opinions et les mœurs ont tout nivelé. Cet état social vers lequel toute l'Europe tend et où l'Angleterre elle-même doit arriver dans un temps donné, annonce une nouvelle époque

du monde : car l'organisation qui en sortira ne peut ressembler
à rien de ce qu'on a vu jusqu'à présent.

Sait-on bien ce que c'est que de l'aristocratie et des constitutions aristocratiques ? Pour s'en faire une idée juste, il faut
remonter très-haut dans l'histoire et étudier les mœurs des tribus guerrières qui substituèrent leur domination à celle de la
théocratie primitive. Ces races héroïques, Kshatriyas dans
l'Inde, Achemenides en Perse, Doriens en Grèce, Sabins dans
le Latium, Scandinaves et Germains dans l'Europe septentrionale semblent avoir eu une mission particulière, celle d'agrandir,
d'anoblir l'humanité. Là est la source de toute aristocratie : les
patriciens sont partout une race distincte, la plupart du temps
conquérante. Eux seuls forment la cité : le noble est propriétaire, juge et pontife; le reste est esclave, client, vassal.
La force de leur constitution réside dans un droit civil et politique qui leur est propre, dans une existence à part, des intérêts à part. Rien de plus remarquable à cet égard que le droit
de la vieille Rome. Ces sociétés aristocratiques se distinguent
par la force et la dignité : mais bientôt les lumières et les
richesses se répandent par le commerce et l'industrie : les grands
s'amollissent, les petits se relèvent, s'organisent : la démocratie
naît, grandit; les traditions s'effacent; tout se mêle, se confond : l'État est tour à tour livré à l'oligarchie des riches, à
la démagogie des tribuns et des rhéteurs ; puis il est conquis par
ses voisins ou tombe sous le joug de quelque despote. Telle a
été spécialement la marche qu'a suivie la société chez les Grecs
et chez les Romains. Mais il n'y a pas d'exemple que les institutions aristocratiques une fois dissoutes aient été ressuscitées.
Il peut y avoir encore des nobles, des riches, de grandes influences personnelles, mais qu'aucun lien, qu'aucun intérêt,
qu'aucune existence commune ne réunit. Là où il n'y a pas
une classe ayant ses mœurs propres, son mode particulier
d'existence, son esprit de famille et ses traditions, il n'y a
pas d'aristocratie.

La féodalité de l'Europe moderne a beaucoup d'analogie avec

les constitutions des tribus héroïques de l'antiquité. Elle aussi a été originairement établie par des races conquérantes qui, il est vrai, se sont promptement fondues avec les vaincus, grâce à l'action du christianisme qu'elles ont reçue d'eux. Cette fusion a surtout été prompte en France, comme le prouve notre langue où l'élément germanique a presque entièrement disparu. Qui ne sait que les nobles du moyen âge avaient leurs lois, leurs institutions, leurs traditions à part, que le lien de cette société était le dévoûment d'homme à homme, fondé sur l'honneur et la foi du serment, que l'*hommage* d'abord purement personnel fut bientôt attaché à la terre et devint la condition de toute propriété? Le régime du moyen âge est du reste quelque chose de tout-à-fait à part : l'aristocratie n'y est point constituée, elle n'y agit point en corps : malgré le lien du vasselage, tout est isolé, tout est individuel. L'Europe est une agrégation de petits souverains, de petits despotes inégaux entre eux, mais investis d'un pouvoir arbitraire dans leurs propres domaines : l'idée de l'état, de la cité, telle que l'a conçue l'antiquité, n'existe pas. Ce serait la plus complète anarchie, si la religion et le sentiment de l'honneur ne maintenaient une vie énergique dans cette bizarre organisation. Les tentatives soit des papes, soit des empereurs, pour constituer une république chrétienne échouent successivement : les nationalités particulières se circonscrivent et l'unité politique s'y établit aux dépens de la féodalité par les accroissements du pouvoir monarchique.

Ce n'est qu'en Angleterre que le régime féodal, à la faveur de circonstances toutes particulières, a pu aboutir à un véritable régime aristocratique ; c'est que, tandis que les successeurs de Hugues Capet n'étaient que les premiers entre leurs égaux, Guillaume le Conquérant était un roi véritable auquel nul vassal ne pouvait tenir tête, et contre lequel ses barons n'avaient de force que par leur union : pour se maintenir, soit contre l'autorité royale, soit contre les populations conquises, ceux-ci furent forcés de se coaliser dès le principe, de former par conséquent un véritable pouvoir aristocratique, semblable aux sénats de Rome et de Venise, où chaque patricien devait plus à son corps qu'à lui-même sa force et sa grandeur. En France, au contraire, c'était partout un isolement et une division dont la politique des Capets a merveilleusement profité : l'accroissement de la monarchie française n'a été qu'une série de conquêtes, la guerre d'un prince contre d'autres princes. Si les barons français n'eussent été que des aristocrates comme ceux de l'Angleterre, ils se seraient associés pour résister aux attaques de la royauté comme à celles du peuple, et ils auraient probablement fondé des institutions analogues à celles de leurs voisins : mais c'étaient des souverains indépendants, ennemis les uns des autres la plupart du temps, que les rois attaquèrent et détruisirent un à un. Le lien même du vasselage, qui semblait mettre quelque unité dans la hiérarchie féodale, tourna au profit de la monarchie, parce que le roi, en se plaçant à son sommet, devint le centre de toutes les obligations, l'objet le plus élevé de la fidélité et du dévouement. Faible à ses commencemens, le pouvoir royal alla toujours gagnant du terrain : chaque règne lui valait un nouvel accroissement, et jamais il ne fit un pas rétrograde : sa politique habile, persévérante, toujours la même de Hugues Capet à Louis XIV, alla toujours minant, toujours détruisant les supériorités rivales, et aboutit enfin à un nivèlement universel, que le trône dominait à une immense hauteur.

L'esprit démocratique n'est pas né d'hier en France, et la royauté n'a pas eu de plus utile allié. Dès le onzième siècle, on voit les rois s'unir avec les communes contre les nobles : les hommes de loi et les parlemens leur furent d'un plus grand secours encore. Lorsque saint Louis voulut supprimer les guerres privées et les combats judiciaires, faire succéder au règne de la force celui du droit et de la justice, ce ne fut pas la noblesse qu'il appela à concourir à ses vues, et dans le fait, elle n'y était point propre : ce furent des légistes pris dans les rangs les plus obscurs. Dépositaires du pouvoir de la couronne, les parlements travaillèrent à l'agrandir sans cesse et à détruire successivement à leur profit toutes les juridictions seigneuriales et ecclésiastiques : ils y réussirent si bien qu'il y eut un moment où ils furent le seul pouvoir indépendant, par conséquent la seule aristocratie. La création d'une milice permanente et soldée sous Charles VII, fut le dernier coup porté au pouvoir de la noblesse : la milice féodale, composée de vassaux rassemblés à la hâte sous les bannières de leurs seigneurs, tomba peu-à-peu dans le mépris, parce qu'elle ne pouvait soutenir la comparaison avec les nouvelles troupes : elle cessa par-là même d'être redoutable. Les nobles entrèrent dans les corps réguliers, et s'accoutumèrent à n'attendre que du souverain les honneurs et les récompenses, et à dépendre absolument de son autorité. Louis XI acheva de consolider l'établissement monarchique, et de donner au pouvoir un caractère d'unité, de permanence, de régularité inconnu jusqu'alors. Au quinzième siècle, les divers éléments sociaux se trouvaient assez en équilibre, pour que la fondation d'un gouvernement libre et aristocratique fût possible et même facile : mais ce n'était pas le compte des rois qui conservaient leurs traditions de haine et de crainte de la noblesse, lors même qu'elle ne pouvait plus être pour eux qu'un appui et non un obstacle. Les nobles, de leur côté retrouvaient, lorsque l'occasion s'en présentait, leurs souvenirs et leurs habitudes d'indépendance turbulente.

Ce fut parmi eux que le protestantisme fit d'abord des prosélytes; et, s'ils eussent été les plus forts, ils avaient déjà fait le plan d'une république dont ils eussent été les chefs. Mais la royauté et le catholicisme triomphèrent; et la féodalité, toute meurtrie dans les convulsions de la ligue, n'essaya de se relever, sous la minorité de Louis XIII, que pour tomber sous la terrible main de Richelieu, qui abattit ses dernières grandes existences. Louis XIV acheva la noblesse en l'attirant à la cour, où elle vint se ruiner, se corrompre et se façonner à l'esclavage. Nous ne parlons pas des *roués* élégants du dix-huitième siècle, et de cette longue décomposition qui s'achevait au sein de l'oisiveté et des plaisirs, lorsque le tonnerre de la révolution éclata.

Depuis deux siècles, il y avait une noblesse en France; il n'y avait plus d'aristocratie. On avait eu soin de lui ôter toute attribution politique, toute occupation digne d'elle : mais on lui donnait le change avec des hochets, des cordons, des places de cour : elle était réduite à une existence de vanité et de frivolité, pendant que les classes moyennes, singulièrement favorisées par la monarchie absolue, montaient comme le flot de la mer. Quand les amis de la révolution parlent de l'ancien régime, ils ne le désignent jamais que comme le règne de l'aristocratie et du privilège : c'est assurément le calomnier : car il avait bien plus fait contre les *privilégiés* et les *aristocrates* que la révolution elle-même. La noblesse n'avait plus dans l'Etat que l'importance que lui donnaient les mœurs; à part le prestige des souvenirs, la culture de l'esprit, l'élégance et la dignité des manières, elle n'était rien par elle-même. Personne n'a peut-être mieux décrit cet état social que le marquis d'Argenson dans ses *Considérations sur le gouvernement de la France* (1). « Sous Louis XIV, dit-il, notre gouvernement s'est tout-à-fait arrangé sur un nouveau système, qui est la volonté absolue des ministres de chaque département : l'on a abrogé tout ce qui partageait cette autorité... » Or, ces dépositaires du pouvoir, la plupart du temps, n'appartenaient pas à l'aristocratie; et le duc de Saint-Simon prétend que la première condition, pour être ministre de Louis XIV, était une *pleine et parfaite roture*. M. d'Argenson confirme la justesse de cette remarque. « Le premier pas contre l'aristocratie, dit-il, a été d'ôter des mains de la noblesse un pouvoir de naissance et d'extraction attaché aux terres. On a admis ensuite parmi les officiers royaux, des gens sans naissance, concurremment avec la noblesse, et dans les derniers temps, on affecta de préférer les roturiers aux nobles, pour tout ce

(1) Amsterdam, 1764.

qui participe au gouvernement. Dans ce choix, l'amovibilité
se trouve insensiblement : car un homme de naissance tient à
tout ce qu'il y a de grands comme lui : on le dépossède plus
difficilement, on le corrige avec peine, on lui refuse moins de
perpétuer ses places dans sa famille par des survivances (1). »
Après avoir montré comment toutes les franchises, tant seigneuriales que communales, étaient tombées entre les mains
d'officiers royaux, de ce qu'il appelle une *satrapie roturière et
odieuse*, il explique quelle était au juste la condition de la noblesse. « Voici à quoi se réduit aujourd'hui toute l'aristocratie du
gouvernement français, et toute la part qu'y a la noblesse : le
commandement des armées et le service militaire. Les affaires
de la guerre ne donnent qu'une autorité passagère, et qui se
borne à la durée de chaque campagne : ajoutez à cela un grand
air d'importance, de distinctions brillantes, mais seulement
extérieures, quelques charges à la cour, agréables par l'accès
auprès de la personne du prince, mais contrebalancées par
la défiance que les ministres lui donnent de ses courtisans,
quelques grâces lucratives et injustes, l'occasion de nuire plutôt
que de servir, une occupation continuelle d'intrigues d'argent
et de vengeances, un vain éclat qui reluit au loin et qui ne
soutient pas l'examen, un meilleur air et plus de goût dans les
discours et dans les modes, de grandes terres titrées et négligées, des dettes et des injustices. Toute l'autorité essentielle
du gouvernement a passé entre les mains de l'heureuse
robe, etc. » Nous avons à dessein multiplié les citations de
ce livre, ouvrage d'un ministre de Louis XV, dont les jugements ont toute l'autorité que donne une longue expérience
des affaires, et qui, bien que gentilhomme lui-même, et aussi
peu favorable aux jalousies vaniteuses de la bourgeoisie qu'aux
prétentions envahissantes du pouvoir ministériel, conclut
pourtant à peu près à la destruction de la noblesse, à raison
de son inutilité. Plus on lit l'histoire du dix-huitième siècle,
plus on est frappé de la vérité des tableaux de M. d'Argen-

(1) Page 192.

son. Au reste, ce n'est pas à la noblesse française qu'il faut s'en prendre de l'état d'abaissement où elle était tombée, mais au pouvoir absolu, qui, en lui ôtant successivement tous ses droits, toutes ses attributions, l'avait réduite à une oisiveté forcée, où l'on doit s'étonner qu'elle eût conservé encore autant de courage, d'élévation et de générosité qu'elle en a montré sous les coups de la révolution, dans les prisons et sur les échafauds, dans l'émigration et dans la Vendée.

Nous nous sommes beaucoup étendus sur l'état social de la vieille France parce que rien n'explique le présent comme le passé. Si l'élément aristocratique était déjà détruit sous l'ancien régime, à plus forte raison n'existait-il plus à la restauration. Aussi lorsqu'on voulut créer un pouvoir aristocratique à l'imitation de l'Angleterre, on se trouva fort embarrassé pour trouver des aristocrates. Il faut trois choses pour faire un aristocrate, la richesse, le lustre et l'influence. La plupart des anciennes familles avaient été ruinées par les confiscations révolutionnaires : parmi les grandes existences nées de la révolution et de l'empire il en était peu, si l'on excepte quelques gloires militaires, dont l'origine fut de tous points pure et honorable : le lustre et la considération leur manquaient presque toujours. Le noyau de la chambre haute dut pourtant être un amalgame de sénateurs impériaux et de grands seigneurs d'ancien régime : on donna aux uns et aux autres des pensions et des dotations pour qu'ils pussent vivre de leur pairie, et on s'imagina avoir constitué un *pouvoir*, une force indépendante. Peut-être crut-on, comme la Charte avait consacré l'existence d'une double noblesse, que cette noblesse servirait de base, d'appui à la chambre des pairs qui en serait comme le couronnement. Or, personne n'avait plus de haine et d'aversion jalouse pour cette chambre que ceux qu'elle était censée représenter. Ni les anciens gentilshommes, ni les nobles de l'empire, ni enfin aucune fierté patricienne ou plébéienne ne pouvaient s'habituer à l'immense distance qu'une ordonnance royale avait mise arbitrairement entre ces hommes qu'on appelait pairs de France et ceux qui la veille étaient leurs égaux. Cette aristocratie sans racines préexistantes, qui avait contre elle ce qui pouvait rester encore de traditions et d'intérêts aristocratiques n'a jamais rien représenté qu'elle-même ou plutôt la seule force qu'elle eût lui venait de la royauté dont elle émanait, qui l'avait créée de rien et à la chute de laquelle elle ne pouvait pas survivre.

Burke écrivant en 1791 à un membre de l'assemblée constituante s'était prononcé contre l'établissement d'une chambre des pairs en France. « Votre méthode antique d'une chambre de représentants de la noblesse, disait-il, me semble une constitution plus convenable à votre position..... Si vous étiez dans le cas de former maintenant une chambre des pairs, elle ne pourrait, dans mon opinion, ressembler que fort peu à la nôtre, soit dans son origne, soit dans sa nature, soit dans ses propriétés et son usage, tandis que son établissement détruirait votre noblesse ancienne et constitutionnelle..... Mon principe le plus constant est d'employer *les matériaux existants*, etc. » Ce principe bien appliqué pouvait conduire peut-être en 1814 à former des deux noblesses de la Charte anxquelles on aurait incorporé tout ce qui avait une importance quelconque, un corps électoral qui aurait nommé ses représentants; et encore aurait-il fallu que ce corps eût des intérêts particuliers, une législation civile particulière, des priviléges enfin au lieu de vains titres et d'honneurs stériles. Je ne dis point que cette combinaison eût réussi, je sais quels obstacles elle aurait trouvés dans ceux qu'on aurait voulu y faire entrer, je sais que l'ancienne noblesse aurait cru déroger en partageant, que les jalousies, les amours propres, les opinions, les intérêts se seraient mal prêtés à une fusion de ce genre, qu'une fois cette mesure adoptée, on n'aurait plus su où prendre des électeurs et des éligibles pour la composition d'une seconde chambre, mais enfin une chambre haute ainsi formée aurait eu ses racines dans la nation : ni l'influence ni l'indépendance ne lui auraient

manqué. Il n'y avait pas alors d'autre moyen de jeter les fondements d'une aristocratie, et cela même ne serait plus possible
aujourd'hui.

La pairie, telle qu'on l'a faite, eût-elle été mieux composée, n'eût-elle renfermé que des illustrations véritables, de
grandes existences, de hautes capacités, n'eût-elle point été
déconsidérée par des fournées de créatures ministérielles à
chaque changement de système, elle n'aurait pas eu plus de
force, plus de vie, elle n'aurait pas opposé plus de résistance
à la tempête de juillet; elle eût pu finir plus noblement :
mais ç'eût été tout. La pairie était une vraie superfétation :
car elle ne représentait point une situation sociale distincte, elle
ne défendait point des intérêts existants qui réclamassent une
organisation à part; ce n'était pas une institution, c'était une
fiction. On voit que j'en parle comme si elle n'était déjà plus,
et en effet, je la tiens pour morte quelle que soit la conclusion
de la discussion actuelle. J'ignore à quelle combinaison on s'arrêtera, et je m'en inquiète peu : qu'on décrète l'hérédité ou qu'on
fasse des pairs à vie, qu'on attribue à la couronne le choix
absolu ou qu'on soumette ce choix à des conditions, qu'on
laisse la pairie à ses possesseurs actuels ou qu'on les élimine
en masse pour mettre à leur place toutes les notabilités du
moment, on ne produira rien qui puisse vivre et durer.
La pairie de la restauration a eu quinze années de vie
artificielle : celle-ci n'approchera certainement pas d'une aussi
longue vieillesse. J'exprime crûment une opinion que partagent
au fond la plupart de ceux qui aujourd'hui se mettent l'esprit
à la torture pour inventer une constitution raisonnable de la
chambre haute. L'incurable impuissance, la nullité nécessaire
d'un pouvoir soi-disant aristocratique sont des faits trop éclatants d'évidence pour ne pas frapper nos hommes d'état s'ils
avaient assez de hardiesse dans l'esprit pour laisser là les routines constitutionnelles et envisager la réalité d'un œil ferme.
Le principal objet d'une chambre haute, on l'avoue, est d'arrêter, de contenir l'entraînement démocratique dans ces mo-

ments d'effervescence où la chambre élective est emportée par l'opinion publique égarée, comme un vaisseau par un vent d'orage. Or, on a vu de quelle ressource ont été, au jour du danger, le conseil des anciens, puis le sénat, puis la chambre des pairs : ce qui est arrivé arriverait encore.

Il y a des gens qui croient qu'il n'y a qu'à changer les pairs pour avoir une pairie forte : on parle du rempart imposant que présenteraient au peuple toutes les illustrations libérales réunies en faisceau; puis on nous récite la liste de nos tribuns les plus distingués. Mais l'influence de ces hommes tient bien moins à leur talent qu'à leur position politique et aux doctrines qu'ils soutiennent ; quelle que puisse être leur valeur personnelle, ils ne seraient plus rien le jour où ils quitteraient leur rôle, et leur popularité passerait à d'autres hommes d'esprit et de faconde, tels que la France en peut fournir par centaine. La chambre des pairs ne s'était-elle pas enrichie successivement de toutes les notabilités politiques que les luttes parlementaires avaient fait surgir? Manquait-elle de talents élevés, de caractères honorables, de gloires populaires? Voyez cependant comme on l'a traitée et comme elle s'est laissée traiter. Jamais, quoi qu'on fasse, on ne fera un pouvoir d'une chambre d'institution royale, ou, pour mieux dire, ministérielle : si la monarchie légitime n'a pas pu y réussir, on peut être sûr que personne n'en viendra à bout. L'élection seule donne aujourd'hui quelque force ; et si l'on tient absolument à avoir deux chambres, la première ne peut être chez nous que ce qu'elle est aux Etats-Unis, un produit des mêmes éléments que l'autre, non pas un pouvoir rival, mais un second degré de juridiction. Les deux branches du parlement anglais n'ont réellement été jusqu'ici que deux chambres aristocratiques représentant les mêmes intérêts et les mêmes opinions. La démocratie y était à peine représentée, quoi qu'en disent les faiseurs de théorie : mais elle a pris d'énormes accroissements dans la société, et il faut lui accorder une large place dans la constitution parce qu'elle est devenue assez forte pour la renverser si on lui refuse ce qu'elle réclame. Le bill de réforme substituera aux querelles de famille des whigs et des torys, la lutte de deux éléments sociaux ennemis, et voilà pourquoi l'Angleterre est menacée d'une révolution que toute l'habileté du monde peut tout au plus retarder.

Il est temps de dire comment nous concevons l'organisation future de la société en France. Il n'y a plus que deux choses chez nous, le gouvernement et le peuple : la lutte n'existe donc pas entre des intérêts aristocratiques et des intérêts démocratiques ; mais entre des intérêts de despotisme et des intérêts de liberté, qui sont les mêmes pour tout le monde. La monarchie ministérielle créée par Richelieu et Mazarin, sur les débris des franchises féodales et communales, ressuscitée et renforcée par la centralisation impériale, a continué de subsister avec la Charte de 1814 comme avec celle de 1830. Les hommes ont beau changer, ce sont toujours les mêmes traditions, c'est le même besoin de tout administrer, hommes et choses, c'est la même horreur de ces libertés positives, de ces institutions indépendantes, sans lesquelles la liberté politique est un dissolvant terrible et non plus un principe de vie. Ce n'est pourtant qu'en émancipant les communes et les provinces, en laissant partout aux citoyens la libre gestion de leurs intérêts collectifs qu'on mettra la société à même de se classer et de se constituer elle-même, non d'après des règles arbitraires, mais d'après les forces et les influences réelles. « Les choses ne veulent pas être gouvernées », a fort bien dit Bacon. Tout ce qui tient à l'organisation intime des sociétés a ses mystères, son travail secret où l'homme ne doit pas mettre la main. Il suffit qu'il laisse agir la nature. A force de se mêler de tout, de vouloir tout faire et tout régler lui-même, le pouvoir étouffe et fait avorter tous les germes de vie.

Le grand malheur de l'ancienne dynastie et de ses amis, est d'avoir lié la cause de la monarchie légitime à celle du despotisme administratif, de la centralisation, des monopoles qui en était parfaitement distincte. Les Bourbons avaient-ils le moindre intérêt personnel, à ce que les communes fussent sous la tutèle de quelques commis siégeant à Paris, à ce que des maires de village fussent nommés par un sous-préfet, plutôt que par leurs concitoyens, à ce que l'instruction publique restât en régie, enfin à la plupart des changements faits sous leur règne dans la législation électorale et dans celle de la presse? Tout cela ne profitait qu'au pouvoir ministériel ; il était là comme un mur de séparation entre le trône et la nation, qui se seraient si facilement rapprochés, et dont les intérêts étaient, au fond, si peu opposés. Les royalistes avaient bien compris leur position à cet égard en 1815 : alors ils défendaient la liberté et les franchises nationales, et croyaient, avec raison, que le ministérialisme était le plus dangereux ennemi de la monarchie. La lutte si brillante de la tribune et de la presse royaliste contre M. Decazes, aurait dû leur apprendre quelle position ils pouvaient prendre dans le nouvel ordre de choses, et combien il leur était facile de conquérir la popularité et l'influence : malheureusement cette marche fut arrêtée par l'avènement de M. de Villèle au pouvoir. Cet homme d'Etat, dont nous ne méconnoissons ni l'habileté, ni les intentions, a perdu le parti royaliste, en le faisant entrer, à sa suite, dans les voies de l'absolutisme administratif, en lui faisant croire que le mal était dans les hommes, non dans les choses, et qu'il suffisait de changer ceux-là. Au lieu de mettre en pratique les principes professés par lui dans l'opposition, et d'entrer dans ce large développement de libertés, réclamé par la chambre *introuvable*, il ne sut pas répudier l'héritage de ses prédécesseurs, et consomma l'alliance fatale du royalisme et du ministérialisme. Il détourna, à son profit, le dévouement monarchique des classes supérieures, amortit avec des places et des faveurs leur esprit d'indépendance, les corrompit en les attirant à la Bourse, enfin les frappa d'impopularité et de déconsidération, en faisant douter de leur désintéressement. Au lieu de retenir dans les provinces les grands propriétaires, en leur donnant quelque chose à faire chez eux,

en leur fournissant l'occasion d'acquérir cette influence qui
naît du bien que l'on fait, il les attira à Paris, pour en faire
des conseillers d'état, des préfets, puis des pairs : il les gagna
à la cause de la centralisation, eux qui auraient dû, dans leur
intérêt, en être les éternels adversaires : cependant que la loi
du droit d'aînesse, satisfaction mesquine donnée à des préjugés
peu intelligents, semblait au peuple effrayé renfermer une féodalité toute entière. Ce que fit ce ministère pour le clergé et la
religion fut également maladroit et impolitique. M. de Villèle, administrateur très-habile, manqua absolument de vues
larges et étendues : il vécut sept ans au jour le jour, et laissa la
France aussi désorganisée, aussi dépourvue d'institutions que
le jour où il avait pris les rênes du pouvoir. Seulement les
vieilles haines, les vieilles appréhensions contre la noblesse et
le clergé s'étaient réveillées avec une force terrible, et avaient
détaché les cœurs de la monarchie, en sorte que bien des gens
qui la pleurent aujourd'hui ne virent d'abord dans sa chute que
la victoire des intérêts généraux sur quelques intérêts privés.

De tous ces faits, la conclusion est facile à tirer. « Le gage
d'alliance entre un trône quelconque et la France, a fort bien
dit M. Fiévée, ne se trouvera que dans l'établissement des
libertés locales (1) »; là aussi seront les racines de la seule aristocratie qui puisse se former aujourd'hui. Si nos agitations
doivent aboutir à quelque chose, il est probable que ce sera
à une vaste fédération de communes et de provinces, s'administrant librement elles-mêmes, et produisant, par l'élection,
deux chambres législatives ou peut-être une chambre unique :
cet ensemble aura pour couronnement une monarchie héréditaire, garantie d'unité et de stabilité que réclament les mœurs
et les opinions. Cette monarchie ne pouvant exister qu'à condition d'être vraiment nationale, vraiment identifiée avec tous
les intérêts matériels et moraux du pays, c'est assez dire que la
royauté actuelle ne nous semble point réservée à ces hautes

____

(1) *De la pairie, des libertés locales*, etc., pag. 50. 1831.

destinées, et que l'avenir, selon nous, ne peut se passer de la légitimité. Dans ce système, comme il ne peut plus y avoir ni places de cour ni sinécures, ni profusion d'emplois largement rétribués, la plupart des fonctions publiques seront gratuites et l'élection les conférera tout naturellement aux plus riches, aux plus considérés, aux plus éclairés, pour peu qu'ils veuillent s'y prêter. Il n'y a plus aujourd'hui d'intérêts collectifs distincts des intérêts généraux : mais certains hommes se trouvent plus à portée de prendre en main la cause de tous, et tel doit être le rôle de l'aristocratie future. « Que celui qui veut être le premier entre vous soit le serviteur des autres », dit l'Évangile. C'est à cette règle qu'il faut en revenir.

Les anciennes classes supérieures peuvent et doivent tenir une place importante dans cet ordre de choses : pourvu qu'elles sachent préférer aux vains honneurs et aux frivoles distinctions dans lesquelles le dernier siècle les avait endormies, une influence réelle, un pouvoir fondé sur l'assentiment de tous, choses qui ne se créent point par des lois, mais qu'on gagne à la sueur de son front. Au moyen âge lorsqu'on armait un chevalier, on lui demandait à quel dessein il désirait entrer dans l'ordre : « Si c'est pour être riche, lui disait-on, pour vous reposer et être honoré sans faire honneur à la chevalerie, vous en êtes indigne, et seriez à l'ordre de chevalerie que vous recevriez, ce que le clerc simoniaque est à la prélature. » Ceux que leur position sociale, leur fortune ou leurs lumières distinguent de la foule n'ont reçu ces dons que pour les faire servir à leurs concitoyens : si les grands propriétaires veulent devenir des aristocrates, il faut qu'ils renoncent aux délices de la vie de Paris, qu'ils aillent habiter les provinces et fondent leur empire sur des bienfaits : je n'entends pas par là ce qu'on appelle vulgairement bienfaisance, mais ce noble patronage qui cherche à améliorer sans cesse la condition des inférieurs, qui fait qu'on s'occupe de leurs affaires, qu'on dépense en leur faveur le superflu de son or, de son temps et de son importance. Que cette masse d'hommes si honorable qui forme l'ancien parti royaliste se reconcilie franchement avec des idées de liberté vieilles comme la France, qu'elle comprenne combien la cause des franchises nationales est étroitement liée à la sienne et travaille sans relâche à les arracher à cette révolution si prodigue de promesses mensongères. Si les royalistes avaient compris leur mission, s'ils avaient entraîné hors des voies de l'absolutisme administratif la dynastie qu'ils aimaient, ils n'auraient pas aujourd'hui à pleurer son absence. Le passé doit leur servir de leçon, et leur apprendre à préparer l'avenir au milieu de toutes les vicissitudes. Si la légitimité doit revenir, il faut qu'elle trouve la centralisation détruite, les localités émancipées, l'Eglise délivrée, l'enseignement affranchi, le moule de la monarchie de cour et de bureau brisé, afin que des conseillers malhabiles et intéressés ne puissent pas l'engager dans des voies au bout desquelles est l'abîme. Sous ce rapport, la révolution peut être considérée comme une utile épreuve : la prospérité les amollissait, le malheur les régénérera. Loin de l'air corrupteur des antichambres, ils prennent le goût et l'habitude de cette mâle indépendance qui n'ôte rien au dévouement pour ce qui mérite du dévouement : étrangers à un pouvoir qu'ils ne peuvent ni aimer ni respecter, ils se rapprochent de la nation, et en se faisant mieux connaître, dissipent ses préventions contre eux. Qu'ils continuent comme ils ont commencé, qu'ils restent les hommes de la liberté et des intérêts populaires, par quelques révolutions que passe encore notre patrie, et ils prendront cet ascendant que donnent facilement des habitudes plus élevées, des sentiments plus généreux, d'invariables traditions d'honneur et de délicatesse. Et quand la France aura tout essayé et tout usé, elle viendra à eux toute meurtrie, pour qu'ils lui donnent la liberté, la justice et la paix. Ce jour-là ils se trouveront naturellement les premiers parmi leurs égaux ; et nous avons assez dit de quelle espèce doit être cette primauté, et à quel prix elle peut être conservée.   A.

LITTÉRATURE.

DE L'ÉPOQUE ACTUELLE,

DANS SES RAPPORTS AVEC LES SCIENCES, LES LETTRES ET LES ARTS.

On ne peut le nier : nous vivons à une grande époque. Les esprits sont petits, mais les événements sont immenses, et bientôt les esprits devront se mettre à la hauteur des événements. Le siècle charie encore des ruines : le flot qui a englouti la légitimité pousse çà et là les débris du jacobinisme; l'ancien régime a été trié, la révolution sera triée de même. Les routines administratives, les opinions frivoles du jour, les passions factices que l'on cherche systématiquement à enflammer, tout cela se choque, se heurte, se livre l'assaut. Cependant au milieu de cette confusion il y a des germes d'avenir. Il pourra y avoir des jours sombres, des temps de détresse : mais les niveleurs et les absolutistes n'en sont pas moins passés de mode. Des esprits puissants grandiront, parce que l'époque est mûre pour les recevoir; ils feront justice des médiocrités, et contiendront le *juste-milieu* dans les bornes que lui assigne la nature, qui ne l'a pas destiné au gouvernement du monde.

Dans cet état de choses, qu'est-ce que la littérature ? Que sont les arts ? Que sont les sciences ?

On a répété à satiété que la littérature était l'expression de la société : rien de plus faux aujourd'hui. Au temps des pontifes de l'Inde, dans les écoles des Pélasgues, la littérature sacrée était le génie de la société d'alors : les pontifes *bâtissaient* la société, qui était à son aurore. Les rhapsodes de l'Inde, de la Perse, de la Grèce, de l'Allemagne nous initient aux temps héroïques ; les épopées chevaleresques du moyen âge respirent les croisades ; mais depuis que l'unité morale est détruite, depuis que toutes les tendances se croisent, que la frivolité s'amuse de tout et gâte ce qu'elle a touché, de sorte que nulle chèvre ne voudrait brouter aux lieux où les beaux esprits ont passé, la littérature n'est que l'expression de cent mille individualités écrivassières.

Le dernier siècle produisit, sans contredit, une foule d'écrivains du premier ordre. Leur philosophie était détestable, elle partait de Locke et de Shaftsbury ; leur esprit était riche, pénétrant, varié. Montesquieu, Voltaire, Jean-Jacques Rousseau, Buffon, Diderot, forment une brillante association d'hommes ; autour d'eux voltigeait, en seconde ligne, un essaim de beaux esprits, parmi lesquels on distinguait des hommes d'une instruction solide, comme d'Alembert ; des talents ingénieux, tels que Galiani et plusieurs autres. Il y avait aussi des talents plus riches, qui marchaient dans des voies indépendantes, Saint-Martin l'illuminé ; son disciple le spirituel et fantastique Cazotte. Enfin la révolution produisit les Girondins, parmi lesquels il y en avait d'éloquents, et qui, issus de l'école de Jean-Jacques Rousseau, ne faisaient pas honte à leur maître. Eh bien, toute cette grandeur s'en est allée en fumée ; que reste-t-il de tout cela aujourd'hui ? Voltaire est superficiel, personne n'ira plus s'instruire dans son *Essai sur les mœurs ;* Diderot amuse, comme hardi dessinateur des vices de son époque ; on lira par curiosité *Jacques le Fataliste, le Neveu de Rameau,* et quelques autres ouvrages, de même que l'on pourra consulter avec fruit, si l'on veut connaître la dégénération des mœurs de la basse classe, son disciple Rétif de la Bretonne, le Diderot des halles. Mais après tout, pas un Kepler, pas un Galilée, pas un Newton, pas un Leibnitz pour changer la face des sciences. Les philosophes du dix-huitième siècle ont beaucoup agi sur leur époque, mais ils sont perdus pour l'avenir : Kepler, Galilée, Newton, Leibnitz vivent toujours, c'est notre pain quotidien en fait d'instruction haute et universelle.

Déjà au dernier siècle, la poésie s'était survécue à elle-même. Voltaire qui était vain, se fût jeté avec délices dans la poésie, si la poésie eût correspondu aux besoins de son temps. Il avait, sans contredit, un talent poétique éminent ; les sentiments chrétiens ont été noblement développés, par lui, dans Alzire, dans Zaïre ; il y a de la chevalerie dans Tancrède ; quelques-unes de ses pièces romaines sont animées du feu du patriotisme ; l'amour lui-même n'était pas, dans sa bouche, sans éloquence. Cependant Voltaire, au lieu de se concentrer dans des pensées élevées, au lieu de parler avec la voix de l'humanité inspirée, n'a agi sur son public que par des sophismes, a fait du théâtre la tribune aux harangues. Généralement parlant, la direction de ses pièces est antipoétique ; il sentait lui-même que l'ère des poètes tirait à sa fin.

L'Allemagne a eu son printemps. Elle s'est développée plus tard que la France. Klopstock a ouvert la marche ; Gœthe, Schiller, pour ne citer que les plus célèbres, se sont élancés sur ses traces. Chacun d'eux, en son genre, a atteint une grande hauteur. A ce printemps a rapidement succédé un chaleureux été, où ont mûri en serre chaude les fruits précoces des Tieck et des Novalis ; l'automne a été mal sain, Werner est un fruit corrompu, et depuis long-temps l'aride hiver règne sur le vaste champ de la poésie allemande, obligée de répéter aujourd'hui les chants de M. Victor Hugo.

Pendant que les poètes chantaient, les destinées du monde s'accomplissaient. Il n'a fallu rien moins qu'un tremblement de terre pour réveiller l'Allemagne de sa léthargie. Elle s'est réveillée ; Kant, Fichte, Schelling ont approfondi la philosophie ; elle s'est complétée dans leurs écoles ; puis est venue la science ; on a cessé de rêver, on a voulu connaître. Le monde a été exploré ; d'infatigables mains l'ont creusé dans toutes les directions. Dorénavant nulle science européenne n'est possible si elle n'a pas été à l'école des Allemands.

L'Angleterre aussi a eu son poète, lord Byron, qui a enterré la poésie. C'est le plus grand des poètes de l'impiété, c'est la mélancolie sombre, la misanthropie atrabilaire, c'est aussi la grâce achevée.

Chose remarquable, en Allemagne, en France, en Angleterre, même phénomène. Après Gœthe, après Schiller viennent les caricatures de Gœthe et de Schiller ; Werner a encore du génie, Mullner est d'une froideur enragée ; c'est la glace qui se met en ébullition, c'est le mort qui s'agite dans son tombeau. Lord Byron traîne à sa suite les Mathurin, les Moore, dont l'un offre la caricature de sa diablerie, dont l'autre présente la caricature de sa grâce ; encore il y a quelque chose dans Moore, mais Mathurin n'est pas supportable.

C'est sur la France surtout qu'il faut fixer ses regards. Elle donne le ton à l'Europe politique, il s'y fait un grand mouvement de littérature : mais cette agitation est-elle la vie ? L'ancienne école française, enchaînée par un système de cour et de convenances sociales, avait mis trop peu d'imagination dans ses œuvres, avait trop peu pénétré dans la nature humaine, s'était trop exclusivement concentrée dans l'éloquence. La tragédie française est, généralement parlant, une brillante rhétorique des passions. Cela n'empêche pas Racine, par exemple, d'être un peintre admirable du cœur humain ; mais de larges proportions manquent à ses tableaux : c'est parfois Raphaël en miniature ; ce n'est jamais le Raphaël des Loges du Vatican. J'excepte Athalie très-expressément. Du reste, si je parle de Racine, c'est avec un profond respect, et comme du modèle achevé de la poésie française.

Voltaire, avec un très-grand talent poétique, n'était pas poète : nous avons dit pourquoi ; il était prédicateur sophiste. Passons l'éponge sur la poésie de l'empire, sur les Corneille de cette époque, sur tous ceux qui se sont crus grands avec des hémistiches ronflants. M. de Châteaubriand est le véritable poète de la France moderne, poète d'imagination qui a brisé le vieux moule de la poésie classique. J'honore, je respecte, j'admire M. de Châteaubriand, mais j'avoue sans détour que sa manière ne me satisfait pas de tout point, elle est trop brillante. A toutes les excroissances du génie de l'auteur d'*Atala* se sont rattachés nos auteurs romantiques modernes ; Charles Nodier, avec ses romans, homme d'un très-grand talent, mais d'une exaltation maladive ; Victor Hugo, doué d'une force de volonté presque napoléonienne, qui exagère le sublime et joue mal avec la trivialité. Entre ces hommes et les Mathurin, les Moore en Angleterre, les Werner, les Mullner en Allemagne, il y a plus d'un point de contact : c'est la même école de l'étrangeté, de l'extraordinaire ; c'est, j'ose le dire, la même absence des grands motifs puisés dans les profondeurs de l'âme humaine, c'est le même mélange de froideur et d'exagération ; seulement sous le rapport du talent, de la force du style, de l'éclat de l'imagination, tous les avantages sont du côté des poètes français.

Nous donneront-ils une poésie ? J'en doute fort.

Naïf, il n'y a plus moyen de l'être. Vrai, profondément vrai, on le peut toujours, mais sait-on bien tout ce qu'exige la vérité ? Une conscience droite, un esprit élevé, des études sérieuses. C'est ici que se trompent des hommes dont je ne méconnais pas le grand talent. Ils ont fouillé dans quelques bibliothèques, ils ont ramassé des notions curieuses, ils ont soigneusement recherché des bizarreries de costumes : un romancier, Walter Scott, a été leur guide. Voilà la vérité toute trouvée, se sont-ils dit. Non, elle ne saurait jamais l'être par ce moyen.

Au temps d'Homère, il n'y a pas encore de philosophie dans les poètes ; Eschyle et Sophocle sont les hommes des Mystères, les initiés d'Eleusis, Eschyle surtout. Le Dante est le philosophe scolastique du moyen âge ; Shakespeare est le plus grand historien de nos passions et de nos peines, celui qui évoque, avec le plus de puissance, l'homme terrestre ; Cervantes est le plus hardi allégoriste de nos qualités et de nos travers ; près de lui Rabelais s'éclipse, comme Gilles, tout charmant qu'il est, s'éclipse devant Aristophane ; tous ces hommes, à l'exception d'Homère, qui ne pouvait et ne devait être que l'historien des hauts faits, le chantre d'une nature naïve, tous ces hommes sont les *sages* de leur époque ; ils résument en eux ce qu'il y avait de plus élevé dans la science de leur temps. Mais, à l'exception du Dante, qui devait être un théologien (car la nature de son poème le comportait ainsi), a-t-on vu ces hommes remuer la poussière des bibliothèques ? les a-t-on vus à la piste de quelques curiosités ? Jamais. Ils concentraient en eux la haute science de leur époque uni au vaste génie de l'humanité. Ils

étaient entrés dans les profondeurs de la science, mais comme
des hommes actifs, et non pas à la façon de Walter Scott, en
antiquaires.

Nous n'aurons plus ni un Homère, ni un Sophocle, ni un
Eschyle, ni un Dante, ni un Shakespeare, ni un Cervantes ; le
siècle, mûr pour d'autres destinées, ne saurait plus les produire.
Le passé les a engendrés, pour que nous en fassions des sujets
d'éternelles études, non pour que nous en fassions des copies.
Mais si le siècle est bien en avant de la science des génies d'autrefois, il faut que ses poètes (si poètes il y a), se mettent aussi
à la hauteur du véritable siècle ; or cette hauteur, on ne l'atteint pas par des exagérations politiques, par des convulsions
fantastiques, en saisissant l'extraordinaire *du dehors* des phénomènes, sans pénétrer ce qu'il y a d'intime ; pour s'y élever, il
faut lester son âme d'une force supérieure, et long-temps se
préparer dans le silence, pour y trouver l'énergie nécessaire à
une haute entreprise.

Moins donc de curiosités, moins de dehors, et plus de sérieux, plus de profondeur : l'homme enfin et non pas l'habit
de l'homme. Vous avez secoué le joug des convenances arbitraires, des délicatesses de salon, des hémistiches d'académie,
c'est fort bien ; vous avez tourné les talons à la poésie coiffée,
poudrée, il ne vous faut plus de style de perruque : c'est on ne
peut mieux. Mais prenez garde de blaser le public avec votre
goût de l'extraordinaire ; prenez garde de profaner l'imagination, de la rendre chose copiable, vulgaire. Ce serait le dernier
terme de la non poésie ; après quoi il n'y aurait plus de ressource
pour le beau et le vrai, et la poésie retomberait impuissante sur
elle-même.

Anciennement c'était l'homme que l'on représentait et non
pas le costume. Shakespeare, le Dante, Calderon, Raphaël,
Michel-Ange, Albert Durer, connaissaient peu ou point le costume. Walter Scott, qui l'a soigneusement recherché, n'en est
pas plus vrai pour cela. Ses Écossais, son Templier, quelques
autres de ses personnages sont admirables ; c'est qu'il a su faire
vibrer en eux la corde humaine. Rien de plus faux que son
Saladin, que son Cœur-de-Lion, et pourquoi ? C'est que le
costume chez eux a écrasé la nature. C'est une marqueterie

de choses bizarres, ce sont quelques côtés extérieurs de ces grands personnages, ce ne sont pas ces personnages eux-mêmes. Je préfère cent fois le Saladin de Lessing, dans son drame, du reste anti-poétique, mais fortement pensé, de *Nathan le Sage*, au Saladin de Walter-Scott, qui n'est que le bouffon de Saladin et non pas le Saladin réel. Cependant Lessing ne se tourmente pas pour faire marcher son personnage ; il ne recherche pas en lui les coins bizarres, mais l'originalité de Saladin s'y trouve tout entière. Moins un poète fera le charlatan de fausse science, moins il gonflera ses joues comme Éole, plus il sera sincère dans la peinture de ses caractères ; la grandeur de Dieu est dans la simplicité de ses œuvres.

Le bizarre, l'extravagant même peuvent être représentés ; je ne recule devant aucun tableau de difformité, de démence ; renoncez au beau, à la poésie même ; soyez un hardi prosateur, mais ne faites pas grimacer votre bizarrerie, n'outrez pas votre folie ; que la nature parle en vous, et rien que la nature. C'est une triste folie que celle qui, pour produire de l'effet, se met à la torture.

Vous aimez le bourreau, soit ; vous cherchez de la profondeur dans le hideux, rien de sale ne vous arrête : mais de grâce que ce bourreau soit emprunté à la grève, que ce scélérat ait toute la vérité de la cour d'assises : si vous nous montrez un repaire de volupté, faites-nous une effrayante peinture du vice. Mais en tout ceci ayez la main délicate. Ne riez pas quand vous n'avez pas le génie du rire, ne plaisantez pas quand la plaisanterie vous va mal, ne *bouffonnez* pas si vous n'avez rien qui ressemble au *Clown* de Shakespeare. Walter-Scott, souvent vrai, et qui parfois produit des effets shakespeariens (quoiqu'il soit à une immense distance de Shakespeare), Walter Scott a échoué dans tous ses caractères fantastiques, dans ses nains, dans sa Fenella, dans ses sorciers, ses esprits, ses êtres aériens ; il y a été décidément faux ; c'est que, n'ayant pas la puissance d'imagination nécessaire pour *réaliser* de pareils êtres, il a voulu les arranger, en calculant d'avance les effets qu'il voulait produire. Ne chavirez pas sur l'écueil où Walter-Scott a chaviré !

Ceci n'est pas seulement affaire de poésie, c'est affaire de mœurs. Rien n'use tant l'esprit, ne déprave tant l'imagination, ne désole tant le cœur que cette exagération avec laquelle on combine des choses hideuses, bizarres, baroques, calculées pour un effet qu'elles ne sauraient produire, parce que la vérité leur manque. C'est une débauche morale qui épuise l'imagination et fatigue les sens. De là il n'y a qu'un pas aux dépravations de la place publique. Des jeunes gens gorgés de fausse grandeur, de fausse étrangeté, de fausse bizarrerie, de fausse originalité, et qui n'ont rien de sérieux, de grand, d'original, d'extraordinaire dans l'âme, se grisent facilement. Vous leur ferez croire au besoin que Robespierre était un grand homme, qu'il y avait dans les jacobins de la force, dans la convention de la sublimité. Ils iront contre leur nature propre, ils étoufferont en eux la source du naturel, et vous introduisez dans la vie publique, quand la fumée de ces exagérations sera passée, des hommes sans valeur dans les affaires, sans connaissances pratiques, sans vertus civiles ni domestiques.

Plus j'étudie les contemporains, plus j'ai la conviction intime qu'il n'y a plus de poésie possible, qu'il n'y a plus de poésie du siècle. Je ne veux pas dire par là qu'un talent isolé ne puisse se manifester, mais un talent qui fasse école, qui marque dans l'histoire de l'humanité, non. L'art a eu son temps, il a vécu dans la Grèce jusqu'à l'époque macédonienne, il a vécu dans l'Europe du moyen-âge, jusqu'au seizième siècle. La musique même, qui est un art moderne en comparaison des autres arts, a épuisé, dans Mozart, dans Beethoven, toutes les forces d'imagination de l'époque actuelle. On n'a qu'à étudier Rossini, pour voir en lui le musicien incrédule, l'homme qui cherche les applaudissements, le talent qui s'adresse à la foule, et non pas le génie qui veut se satisfaire lui-même. Rossini est un signe évident de la décadence dont son art est frappé.

De même aujourd'hui la poésie. D'abord la foule n'y prend plus aucune part, elle ne se presse plus au théâtre, qui se dépeuple. Je doute qu'il y ait encore des Talma; ce dont je suis sûr, c'est qu'il y a une connexion intime entre ce délaissement du théâtre, ce manque de grands acteurs, cette absence de la profondeur tragique, et l'indifférence du siècle pour la poésie. C'est par le théâtre qu'il y tenait encore; mais depuis longtemps la scène n'a plus été pour lui qu'un amusement et il s'est blasé sur ce point. Dans le théâtre il n'y a plus rien de national; c'est un cosmopolitisme vague qui cherche partout des objets de curiosité, et qui, sous une infinité de costumes, nous donne partout du commun et de l'ordinaire.

C'est la faute des poëtes, dit-on. Non, ce n'est pas la faute des poëtes. Il naît peut-être aujourd'hui autant de génies poétiques qu'à aucune autre époque, mais le temps les empêche d'éclore. Ce qui a fait Raphaël, ce n'est pas seulement le génie de Raphaël, c'est encore l'atmosphère d'art dans laquelle il était né : c'est la joie du peuple à ses ouvrages, c'est l'enthousiasme des grands et la naïveté avec laquelle on le sentait et on le comprenait. Raphaël, s'il vivait de nos jours, avorterait. Où serait la foi naïve dans la Madone, où serait cet idéal de haute et sublime maternité qu'il nous a représenté ? Le génie, quelque libre qu'il soit, tient au sol comme la plante. Pourquoi tel personnage, né avec de grands moyens poétiques, ne sent-il plus rien d'une manière simple et vraie, pourquoi est-il monotone malgré son extravagance, froid malgré son intempérance? C'est qu'il est fils de son époque et qu'il en a sucé le lait. Pour être à l'extrême opposé des imitateurs de Dorat, nos romantiques (ou ceux qui se proclament tels) leur ressemblent cependant sur un point important. Après des frais immenses d'imagination et d'esprit pour produire le terrible, le gigantesque, pour lancer l'humanité hors de ses gonds, ils réduisent le cœur à la même insensibilité que ceux qui nous l'affadissaient avec leurs niaises amourettes et leurs insipides galanteries. Les moyens sont différents, les résultats sont les mêmes.

Rien ne se fait sans cause. Ce n'est pas pour rien que des hommes de la force d'imagination de M. Victor Hugo échouent. C'est cette cause qu'il faut rechercher.

Que présente notre époque à l'investigation de l'observateur ? Du déchirement, avec une apparence de lassitude. Or ce déchirement n'est pas seulement dans la révolution extérieure ; il est plus encore dans la révolution du dedans ; il est dans l'individu comme dans la société. Sur Dieu, sur le monde, sur eux-mêmes, que savent les hommes de nos jours ? Ce déchirement qui pousse l'homme au dégoût de l'existence, qui l'a peint avec une profondeur plus *objective* que le *Faust* de Goethe; qui l'a saisi avec une douleur plus *subjective* que le *Cain* de lord Byron ? Où peut-on se montrer plus passionné que *Werther*, plus maladif que *René* ? C'est l'extrême en ce genre. Je défie de déplacer cette borne. Ne pouvant aller plus loin, sans toucher au prosaïsme, les poètes se replient sur un passé dont ils ne comprennent plus la naïveté. Tout cela n'est ni l'homme en général, ni le moyen âge en particulier. Comme connaissance du moyen âge, l'étude en est beaucoup trop frivole, et, je le dis hardiment, elle est fausse de tout point. Comme connaissance du cœur humain, il y en a parfois l'exagération dans la manifestation extérieure, il n'y en a jamais la vérité intime. Que l'on prenne à la fois tous les chefs-d'œuvre du jour, et que l'on y montre un seul homme réel, une seule femme véritable. Je suis à chercher les Lear et les Imogène, les Hamlet et les Juliette de l'époque actuelle. Des couleurs et toujours des couleurs ; mais où est l'inspiration, où est la douleur réelle, où est la terreur profonde, où est le haut pathétique ?

Il ressort de ceci cette grande vérité, que nous ne vivons pas à une époque où la connaissance de l'homme réel se puisse révéler à l'imagination de nos poètes. L'homme déchiré est l'homme malade, c'est l'homme de la société, l'homme de la douleur, ce n'est pas l'homme de la vérité, l'homme de la nature. Il faudrait au poète une force immense de tête pour saisir la réalité de ce phénomène ; il lui faudrait être au-dessus de son époque, dont alors il ne briguerait pas les suffrages. Or tous nos poètes, dans leurs romans, dans leurs pièces de théâtre, ont en vue un public qu'ils cherchent à réveiller de sa léthargie, auquel ils offrent les plus fortes épices : c'est de l'eau de vie mêlée avec de la poudre à canon qu'ils lui présentent. Ils sont dans le siècle, mais ils ne comprennent pas le siècle et moins encore son avenir. Ils ont pris au sérieux les apparitions fugitives de l'époque, la restauration, la révolution, la légitimité, le gouvernement de la place publique ; jadis ils s'amusaient avec les hochets du monarchisme, maintenant ils s'amusent avec les hochets de la république. Or tout ce qui est si facilement agité par les passions du jour ne peut prétendre, tout au plus, qu'à la domination du jour.

Nos temps sont des temps de passage, et veulent être compris dans un esprit de transition. Tout est trop dans le faux pour que le fils adoptif de l'époque, pour que le favori du moment puisse y graver le vrai en traits de flammes. Quelle société peindrait-il? Une société sans avenir, dirigée tout entière par les écrivains de journaux, gouvernée par des trembleurs ou par des fous, et où n'apparaissent que très-peu d'hommes de tête et de cœur qui sachent dire nettement la vérité à tout le monde. Or, pour peindre une pareille société, il ne faut ni l'aimer ni la haïr, il faut la comprendre dans ses antécédents, et l'expliquer dans son avenir. Quel est le moyen de la comprendre? C'est là toute la question.

Le seul moyen, c'est la science véritable; ce n'est pas seulement l'investigation de l'histoire contemporaine, sous un point de vue borné et anecdotique, c'est l'étude de l'humanité tout entière. La science est aujourd'hui un Océan où d'énormes fleuves livrent constamment leurs ondes; la terre ouvre son vaste sein; elle nous fait lire dans ses Mammouth engloutis; elle nous découvre jusqu'à ses entrailles. La Chine, l'Inde, l'Arabie nous livrent les trésors de leurs sciences; Rome et la Grèce sont mieux approfondies; partout des Vasco de Gama tournent le cap de Bonne-Espérance; des Christophe Colomb scientifiques découvrent de nouvelles Atlantides. Les Herschell lisent dans les cieux, les Laplace portent les puissances du calcul jusqu'au prodige. Toute cette science, en blocs accumulés jusqu'à une gigantesque hauteur, réclame des architectes. Le genre humain *pivote* autour de son histoire. Voilà la poésie du siècle, voilà sa philosophie, voilà sa tâche sublime : nulle époque jusqu'alors n'en avait présenté une plus élevée. Que sont, mises en regard de cette destinée, les folies de nos *jeunes hommes*, qui courront grand risque de devenir bien vite de *vieux enfants* s'ils ne se hâtent pas d'apprendre quelque chose.

Pour connaître l'homme aujourd'hui il faut connaître le genre humain; il faut la science : ce n'est pas tout, il faut la profondeur de l'âme, la dignité, la vertu. Qu'on le sache une fois pour toutes, un savoir sans conscience n'est pas du savoir. Dans la science, il faut chercher les choses réelles; la philosophie avant tout, car sans elle la science est vent. Et que l'on observe bien qu'ici, sous le nom de philosophie, je ne comprends pas un système, et moins encore tel ou tel système ; je ne demande pas à l'homme d'être disciple d'Hégel ou de Schelling, de Kant ou de Locke : par philosophie j'entends la haute application de l'esprit aux questions les plus élevées qui intéressent l'homme dans le passé, le présent et l'avenir. Les temps sont trop avancés pour que l'on puisse encore impunément divaguer sur tout : nous devons être sevrés de la littérature d'académie, de la littérature de la place publique ; tout cela meurt. Une erreur radicale, la plus détestable des erreurs, pourvu qu'elle soit poussée à bout par un esprit sérieux, et qu'elle nous dévoile sur-le-champ toutes ses conséquences, vaut mieux aujourd'hui qu'une demi-vérité, soutenue par la demi-science, aux grands applaudissements des frivolités contemporaines.

Jeunes gens ambitieux de renommée et d'action, vous faites fausse route. Voulez-vous vivre ? Sachez d'abord, mais sachez sérieusement ce qui de nos jours occupe les esprits les plus sévères. Avant de vous produire, réfléchissez, et avant de réfléchir soyez vous-mêmes. Faites-vous un caractère fort par des études fortes, et n'allez pas perdre votre temps dans les clubs, faire du conventionalisme postiche, du bonapartisme républicain à fausse empreinte, du romantisme extravagant, sans élévation réelle. Vous avez de la jeunesse, de la force, quelque verve, la chose est incontestable. Ayez en outre de la capacité, du jugement, surtout ayez de la *simplicité*, car sans elle il n'y a point de grandeur. Qui sait si le chevalier Bernini, dont les œuvres nous paraissent aujourd'hui si ridicules, n'était pas né avec quelques-unes des inspirations de Praxitèle ? Personne ne peut contester son talent, et personne ne peut le supporter. On s'attache plutôt au faible et académique Canova, qui n'avait pas la puissance du premier, qu'au fort, qu'au riche, qu'au pittoresque Bernini ; et savez-vous pourquoi ? C'est que Bernini avait le goût corrompu et l'esprit faux. Que dire de nos Bernini littéraires, qui, en fait de talent, n'ont pas encore fait leurs preuves comme le sculpteur italien ?

Oui, je crois à l'avenir ; oui, je pense qu'il y aura encore une poésie, et il n'est pas impossible même qu'il y ait encore un art. Mais pour obtenir cette nouvelle poésie, pour posséder cet art nouveau, il faut que la science ait accompli sa tâche, il faut qu'elle ait revivifié le genre humain; quand elle en aura découvert les titres, quand la révélation lui sera révélée, quand elle connaîtra le véritable christianisme, qui est tout, elle découvrira la pierre angulaire de toute vérité sociale, sans laquelle rien n'existe. D'ici-là il faut du temps, il faut de fortes épreuves. Préparez-vous; mais réprimez surtout ces mouvements effrénés de vanité qui conduisent droit au suicide de l'être moral. Ce qui peut arriver de pire aux talents, c'est de se creuser ainsi en se boursouflant; contre ce vide artificiel il n'y a plus de remède: il tue l'âme.

B. E.

SCIENCES MÉDICALES.

DU CHOLÉRA-MORBUS.

« *Dans les temps d'invasion*, dit Bordeu, *tout homme est soldat ; dans les temps d'épidémie tout homme est médecin.* » Ainsi nous touchons peut-être à l'époque où nous allons tous être appelés à l'exercice de la profession médicale, chacun suivant ses lumières, sa force et son zèle. Nous voilà dans l'appréhension d'un fléau qui, parti il y a quinze ans du fond de l'Asie, et arrivé aujourd'hui en Prusse, a partout jonché son chemin de cadavres, et s'approche de nos frontières. Qu'avons-nous à craindre de sa marche irrésistible et mystérieuse, et, dans le cas où nous serions aussi nous attaqués par cette terrible épidémie, qu'avons-nous à faire pour en détourner les coups ? Autrement dit, qu'a-t-on jusqu'ici découvert sur la nature du choléra-morbus et sur les moyens de s'en préserver et de le guérir ? Telle est la matière qui, par son intérêt général comme par sa formidable gravité ; nous a paru digne d'un article. Après avoir tracé, il y a plusieurs mois, dans le *Correspondant* quelques notions générales sur cette maladie, et avoir donné l'itinéraire suivi par elle depuis sa naissance à Jessore (Bengale) en 1817, jusqu'à son arrivée à Moscou en 1830, il sera utile de résumer ce que des observations récentes ont permis de constater plus positivement.

L'académie de médecine avait chargé une commission de

recueillir tous les documents relatifs au choléra-morbus, fournis, tant par ses correspondances que par les publications médicales, et de poser l'état de la science sur ce point. M. Double a été le rapporteur de cette commission qui vient de publier son travail après cinq mois de laborieuses recherches. On ne saurait trop féliciter l'académie de la bonne fortune qui lui a donné pour rapporteur un homme d'un esprit aussi sage et aussi juste, aussi dégagé des préjugés médicaux du jour, et aussi fait pour jeter la lumière sur une discussion. Les personnes peu familiarisées avec la science ne manqueront pas d'adresser de graves reproches au rapport de M. Double : elles regretteront sans aucun doute qu'on ne leur ait pas dit d'une manière tranchante : « Le choléra-morbus est produit par tel ou tel agent, et se peut guérir toujours par telle ou telle méthode. » Ceux au contraire qui savent de combien d'éléments se complique une question médicale, que de choses dans une maladie échappent à la vue de l'œil et à la vue de l'intelligence, quelles bornes sont nécessairement assignées à nos moyens d'action thérapeutique, ceux-là diront que le rapport a beaucoup fait, et ne pouvait guère faire davantage.

Parcourons-en les principales conclusions.

Un fait bien constaté est celui de l'identité du choléra morbus épidémique actuel avec celui qui a été observé dès la plus haute antiquité en Chine et qui est endémique dans l'Orient. Certaines nuances le séparent du choléra *bilieux* ou *Européen* observé à différentes époques des temps modernes, et particulièrement dans le dix-septième siècle par Sydenham. Il s'en distingue surtout, malgré les rapports d'analogie qui, du reste, les peuvent faire classer l'un et l'autre sous le même chef, par un caractère plus essentiellement spasmodique (ce qui lui a fait donner le nom de choléra *spasmodique* ou *Asiatique*); de plus les phénomènes fébriles et la nature bilieuse des évacuations qui s'observent dans l'un (le cholera Européen) manquent dans l'autre, au moins le plus souvent. Quant à ce qu'on a appelé le choléra sec (cholera *flatulenta*), ses rapports d'analogie avec l'épidémie actuelle ne le rapprochent pas plus de celleci que de plusieurs autres épidémies différentes qui ont sévi à diverses époques : car, d'une part, dans le choléra sec, on ne

voit point d'évacuations , phénomène constant et caractéristique de l'épidémie d'aujourd'hui ; et d'autre part, les symptômes de trouble nerveux et d'anxiété abdominale avec marche
très-rapide et très-promptement mortelle qui le caractérisent ,
lui sont communs avec plusieurs des affections que nous signalions tout-à-l'heure comme ses analogues , quoique ces dernières ayent encore quelque chose de spécial qui les différencie.
La *suette épidémique* , par exemple , qui ravagea plusieurs fois
l'Europe et en particulier l'Angleterre aux quinzième et seizième siècles , n'était-elle pas , si l'on veut , un choléra sec avec
une tendance critique particulière et distinctive ?

Les symptômes qui ont caractérisé le choléra actuel tant dans
l'Inde qu'en Russie sont les suivants : « Douleurs épigastriques ,
anxiétés, vertiges, vomissements répétés, selles fréquentes ; les
matières rendues, d'abord composées de substances récemment
ingérées, mais se montrant bientôt fluides, blanchâtres , crémeuses; crampes violentes, contractures des extrémités, refroidissement du corps , suppression d'urine, peau des mains
et des pieds pâle, humide et ridée, décomposition des traits,
face hippocratique, affaiblissement et disparition complète du
pouls, absence totale de fièvre.» Il faut ajouter à ces symptômes
les taches gangréneuses de la peau sur lesquelles M. Larrey appelle l'attention de l'Académie.

L'invasion de ces effrayants symptômes est subite : et pourtant,
suivant quelques docteurs anglais, un médecin exercé peut,
avant cette invasion, reconnoître l'imminence de la maladie à
une altération particulière des traits de la face et à une certaine
expression de la physionomie. Le malade peut rester dans cet
état un jour ou deux, au bout duquel temps la crise ordinairement se fait pour la vie ou pour la mort, après d'affreuses souffrances. Quelquefois elle est bien plus prompte; un médecin
Français, M. Foy, écrivait dernièrement de Varsovie à Paris :
« Nous ne savons plus que faire contre ce terrible fléau. Il arrive souvent que les malades sont emportés après quatre ou cinq
heures d'invasion. »

Pour les lésions organiques laissées par le choléra-morbus ,
voici ce que conlut le rapport de l'académie.

« Rien n'est plus variable que les relations transmises sur les caractères nécroscopiques de la maladie. Une méditation approfondie d'un très-grand nombre de cas particuliers d'ouvertures cadavériques que nous avons eus sous les yeux, mènent aux résultats qui suivent :

1° Les lésions pathologiques contractées à la suite de la mort causée par le choléra dans l'Inde, aussi bien qu'en Russie et en Pologne, sont légères, variables, diverses ou même opposées.

2° Dans un système d'organes donné, dans le cerveau et ses dépendances, dans le tube digestif et ses annexes, dans le cœur et les gros vaisseaux qui en partent, les lésions n'ont point de siége fixe; encore moins ont-elles un caractère arrêté.

3° Dans un grand nombre de cas, les observateurs les plus scrupuleux affirment n'avoir trouvé aucune altération appréciable.

4° Dans la plupart aussi, les lésions décrites n'offrent aucun caractère déterminé. Elles ne sont pas autres que celles qu'on observe après la mort, venue à la suite de quelques maladies aiguës, de celles surtout qui se font remarquer par l'effrayante rapidité de leur marche et par la promptitude de leur meurtrière terminaison.

5° On affirme généralement que plus la maladie était grave, c'est-à-dire, plus la mort était prompte, et moins étaient sensibles les lésions pathologiques observées après la mort.

6° L'intensité des lésions variables trouvées après le choléra a été souvent en raison directe de la marche de la maladie.

7° Un fait très-fréquemment constaté dans l'anatomie pathologique du choléra de l'Inde, c'est la matière crémeuse blanche que l'on trouve à la surface de la membrane muqueuse de l'intestin.

Quelques membres de l'Académie ont vivement réclamé pour qu'on ajoutât aux lésions remarquées sur les cadavres des cholériques les invaginations de l'intestin. Ils ont eu raison de demander qu'on fît cette mention pour l'exactitude du rapport ; ils ont eu tort de paraître attacher à leur réclamation une haute importance. Car les invaginations se rencontrent sur un grand nombre de cadavres qui n'ont point appartenu à des cholériques, et on doit en dire ce que le rapport dit des rougeurs de l'intestin, de l'injection des vaisseaux spinaux, etc. , *que ces lésions ne sont pas autres que celles qu'on observe après la mort, venue à la suite de quelques maladies aiguës.*

Il résulte de l'ensemble des conclusions citées que l'anatomie ne donne point de quoi *caractériser* le choléra-morbus. C'est un principe général de médecine pratique qui trouve ici sa preuve : que pour connaître le *caractère* et la *nature* d'une maladie, il ne la faut point chercher sur le mort, mais sur le vivant ; que c'est dans l'observation du mode de réaction vitale de l'organisme contre les causes morbifiques qu'il faut puiser *l'idée* de la maladie et des indications curatives. Nous signalons en passant cette vérité qui fonde la médecine sur l'observation réelle et positive des lois de la nature vivante, et qui, dans la question actuelle, a paru si évidente à tous les yeux. En partant de ce point de vue non pas anatomique et mort, comme on le prétend aujourd'hui, mais médical et vivant, comme le veut la nature, M. Double a établi d'après l'observation des causes et des symptômes de la maladie :

« Que le choléra résulte d'une *altération profonde du système nerveux et d'un mode particulier de l'état catarrhal* ;

» Que l'un et l'autre de ces états morbides sont susceptibles de dominer au point de réclamer plus particulièrement l'attention du médecin, suivant les complexions individuelles, les époques différentes de la maladie ;

» Que la prédominance de l'état catarrhal sur l'état nerveux, et réciproquement, change principalement avec les périodes de la maladie ;

» Que dans la première période c'est souvent l'affection catarrhale gastro-intestinale qui l'emporte ;

» Que dans la seconde période, les symptômes de l'affection nerveuse se montrent toujours en saillie ;

» Que presque toujours cependant les deux périodes s'unissent, se mêlent, se confondent et qu'avec elles se mêlent et se confondent aussi les caractères phénoménaux des deux états pathologiques ;

» Que c'est là la maladie poussée à son plus haut point d'intensité ;

» Qu'il est besoin de toute l'attention, de toute la sagacité de l'observateur éclairé pour saisir ces nuances. »

En appréciant le caractère d'une épidémie avec les éléments que nous rencontrons dans les maladies ordinaires, il n'est pas possible que la détermination à laquelle nous nous efforçons d'arriver ne laisse pas quelque chose, et même beaucoup à désirer. Car il y a dans une épidémie, tant pour l'ensemble de ses symptômes que pour son traitement, une physionomie *spéciale* qui ne se réfléchit exactement dans celle d'aucune maladie non épidémique. Sous ce rapport, l'idée du choléra-morbus donnée par le travail de la commission n'est pas exempte de la loi commune; il nous semble toutefois qu'elle est aussi fidèle qu'elle peut l'être, et qu'elle dit ce que jusqu'ici il y a à dire quand on veut parler du caractère et de la nature de la maladie qui nous occupe. On a reproché le vague des mots *état catarrhal* et *altération profonde du système nerveux*. Le médecin qui a employé ces mots peut répondre qu'il n'a pas prétendu ni pu prétendre donner une expression algébrique du choléra, mais une expression approximative, comme on est forcé d'en donner en médecine.

On a objecté encore que le mot *d'inflammation* intestinale serait au moins plus convenable que celui de *catarrhe* intestinal, parce que la soif inextinguible, la chaleur épigastrique et abdominale, si vive et si douloureuse, annonçaient une grave inflammation du canal digestif, et que la nécropsie venait souvent à l'appui de cette opinion.—La réponse n'est-elle pas facile? M. le rapporteur ne nie pas qu'il y ait quelquefois inflammation, et même il l'avoue en disant que la constitution du sujet et l'aspect des symptômes pourront exiger la saignée? Mais comme souvent il n'y a aucune trace de phlegmasie sur le cadavre, qu'il y en a d'autant moins que la maladie a été plus intense et plus rapide, comme il n'y a point de réaction fébrile, comme les symptômes, en un mot, sont de toute évidence du genre nerveux plutôt que du genre inflammatoire, il se garde de donner pour fondamental un phénomène (l'inflammation), qui n'étant pas constant ne peut être essentiel à la maladie. L'idée de catarrhe, au contraire, ne vient-elle pas naturellement à l'esprit, quand on voit cette pluie incessante de matière blanchâtre qui a lieu sur la surface du canal intestinal, dès l'invasion? Et quiconque a observé et étudié les affections catarrhales et sait que la peau et le tissu cellulaire sous cutané reçoivent la première impression des causes du catarrhe, refusera-t-il de reconnaître un certain caractère catarrhal dans cette coïncidence de refroidissement extérieur subit, de suspension de toutes les sécrétions, cutanée, biliaire, etc., et d'évacuations, si abondantes qu'en peu d'instants le malade est déformé par un prodigieux amaigrissement ?

La matière du catarrhe cholérique rendue par les vomissements et par les évacuations alvines est très-liquide, blanchâtre, crémeuse : il n'y a qu'un petit nombre d'exceptions dans lesquelles le choléra asiatique ou spasmodique se rapprochant du choléra européen ou bilieux, ce liquide est mêlé de bile ; et, suivant les médecins français de Varsovie, ce serait un signe favorable. On le conçoit, puisque ce mélange de bile annoncerait que la sécrétion du foie interrompue aurait repris son cours. Ce liquide rejeté par les vomissements et par les selles présente donc un caractère particulier : il a été étudié par plusieurs médecins et avec le plus de soin par le docteur anglais Christie. M. Christie a reconnu qu'il se compose d'une partie très-fluide, blanche, un peu aqueuse., dans laquelle nagent des flocons de matière blanchâtre, plus épaisse : de nombreuses expériences chimiques lui ont démontré que ces deux substances ont toutes les qualités du serum et de la fibrine, deux éléments constituants du sang. D'autre part, M. Christie a observé que le sang que l'on trouve dans les vaisseaux veineux et dans le cœur des cholériques ne contient pas ou presque pas de serum et de fibrine et ne paraît formé que de sa matière colorante, de sorte qu'on peut être amené à penser que dans cette prodigieuse perturbation de l'économie que nous appelons choléra, il se fait un départ des éléments chimiques du sang dont le serum et la fibrine se portent dans l'intestin tandis que la matière colorante reste dans les vaisseaux. Si les expériences de M. Christie se confirmaient, tel serait donc le résultat du mode particulier d'état catarrhal qui constitue un des éléments essentiels de la maladie.

MM. Larrey et Guéneau de Mussy, dans la discussion de l'académie de médecine, et M. Pinel dans une lettre adressée de Varsovie à l'Institut insistent beaucoup sur la coïncidence de l'intégrité des fonctions cérébrales et de la violence des symptômes nerveux abdominaux. Ils voyent là une preuve que le mal frappe primitivement et essentiellement le système des ganglions nerveux abdominaux, qui, comme on sait, ne dépend pas directement de l'encéphale. Les crampes douloureuses des membres s'expliquent, suivant cette opinion, par les rameaux nombreux de communication de la moëlle épinière avec le nerf grand sympathique. Cette considération ne manque assurément ni d'intérêt ni d'importance pour l'histoire du choléra morbus.

Voilà donc deux faits physiologiques capitaux, l'observation de M. Christie, et celle de MM. Larrey, Guéneau de Mussy et Pinel, qui se lient naturellement à l'idée qu'on doit se faire de la maladie, d'après l'ensemble et la marche des symptômes : *mélange d'état catarrhal et d'état nerveux tout-à-fait spéciaux produits par une cause inconnue dans son essence et dans sa nature.*

Cette cause essentielle qui a exercé son action avec la même intensité sous les températures les plus variées, au milieu des ardentes chaleurs de l'Asie, et des froids excessifs de la Russie, qui a traversé des mers et gravi des montagnes, qui a marché contre la direction de tous les vents, et qui ne paraît tenir que peu de compte de l'état atmosphérique de l'air, échappe jusqu'à ce jour à tous nos moyens d'investigation. Elle a paru suivre souvent le cours des fleuves et les grandes voies de communication humaine : que de fois aussi, après nous avoir mis sur cette trace, ne l'a-t-elle pas rompue? Elle est favorisée par toutes les causes physiques ou morales débilitantes qui disposent notre organisme aux impressions miasmatiques, mais elle n'en conserve toujours pas moins sa mystérieuse spécialité.

Abordons à présent cette question de la contagion, si simple dans son principe, et devenue si compliquée, si embrouillée par les discussions académiques et par les écrits de toutes sortes.

De quoi s'agit-il au fonds?

De savoir si la maladie se communique d'une personne malade à une personne saine. Au moins, c'est la question ainsi posée qu'on a toujours essayé de résoudre toutes les fois qu'il s'est agi de la contagion de quelque maladie épidémique, variole, scarlatine, croup, dyssenterie, typhus, etc. ; les bons observateurs qui

se sont livrés à ce genre de recherches ont cru avoir établi positivement la contagion, dès qu'ils ont eu prouvé que l'affection
était susceptible de se communiquer; et tout le monde l'a cru
avec eux.

Aujourd'hui il n'en est plus ainsi : *on change tout cela*, de même
que Sganarelle. De ce que les effets portés par les cholériques n'ont
pas donné la maladie, de ce qu'un certain nombre de personnes
se sont impunément mêlées aux malades, les ont impunément
touchés, se sont impunément inoculé leur sang et la matière de
leurs évacuations, de ce que le plus souvent le mal se propage
par la voie épidémique, on nie la contagion, et on se moque de
ceux qui y croient. Et pourtant les faits prouvent qu'on ne peut
pas toujours sans danger approcher les cholériques, respirer
avec eux le même air, s'exposer aux exhalaisons qu'ils répandent.
Les faits prouvent que des émigrations d'hommes infectés ont
importé le mal, et on n'en tient compte. Eh bien! adressez
à ces Messieurs deux questions : Une personne saine arrive dans
une ville infectée de choléra, rencontre un cholérique, est immédiatement atteinte, et tombe morte en quelques heures. La
maladie est-elle contagieuse? Ils vous répondent en souriant :
Non.—Une personne infectée de choléra entre dans une ville où
ce mal est inconnu; dans l'espace de quelques heures, plusieurs
de ceux qui ont été en rapport de commerce, d'amitié, etc.,
avec le cholérique sont atteints, et tombent morts. La maladie
est-elle contagieuse? Ils vous répondront encore : Non.—Qu'est-
ce donc?—Ah, disent-ils, c'est l'*infection*, non pas la *contagion*;
de sorte que, pleinement rassurés sur la contagion, ils mène-
raient volontiers leurs femmes et leurs enfants à Varsovie ou à
Pétersbourg....., n'était l'*infection*. Nos pères étaient bien simples, ils n'auraient pas imaginé cette subtilité là.

À l'heure qu'il est, la doctrine de la contagion est partout
battue en brèche; en même temps partout que la doctrine de
l'*infection* gagne et s'établit. À Moscou, par exemple, l'idée de
la contagion est universellement repoussée, on rit de ceux qui
osent encore en parler, et M. le docteur Jachnichen enregistre
les faits qui ne permettent plus de soutenir cette opinion; d'un
autre côté tout le monde est convaincu que la maladie peut
se gagner par l'absorption cutanée et pulmonaire, que les

cholériques forment des *foyers d'émanation* d'un dangereux accès, et M. le docteur Jachnichen fait là-dessus une nouvelle théorie, non pas de la *contagion*, mais, comme il dit lui, de la *pénétration*. De même à Pétersbourg, où le choléra s'éteint aujourd'hui, la contagion n'a plus de crédit : toutefois c'est une croyance générale à Pétersbourg, que le choléra y a été introduit par une personne qui venait de descendre la Néva dans une barque, que la deuxième personne atteinte fut un homme appelé par ses affaires à bord de cette barque dès son arrivée, que la troisième fut un soldat chargé de monter la garde dans cette barque pour empêcher sa communication avec la ville; et M. le docteur Remaun, de Pétersbourg, écrit à l'Institut de France que le choléra a été apporté en Russie par des voyageurs. A Varsovie, où l'idée de la contagion est également morte, personne ne doute qu'il faille isoler le plus possible les individus malades et les établissements sanitaires, et les entourer des meilleures conditions hygiéniques, afin qu'ils ne propagent pas le choléra. Quelle belle ressource pour les ennemis de la contagion que cette infection ! car trouvez-moi dans le monde quelque chose qui ressemble davantage à la contagion, sans l'être !

Cependant examinons à froid et constatons les faits :

Vous convenez que le choléra-morbus se propage d'individu à individu. Seulement le contact immédiat ou médiat ne paraissant pas une condition essentielle de cette propagation, vous rejetez le mot *contagion* et prenez celui d'*infection*. Or, c'est fausser le langage et conséquemment les idées. Si j'entre dans une prison, dans un hôpital encombré de blessés, de scorbutiques, de dyssentériques, etc., je respire un air *infecté* et je contracte par *infection* une maladie qui n'est ni le scorbut, ni la dyssenterie, ni, etc.; mais qui est le typhus, par exemple. J'entre dans une salle pleine d'hommes affectés de la petite vérole, et je contracte par *contagion* le germe de la petite vérole qui ne tarde pas à se développer. Telle est la distinction primitive, et fondée en nature, des deux mots *contagion*, *infection*. Les anti-contagionistes, forcés d'admettre les faits, tendent donc par l'usage du mot *infection* à dénaturer l'idée de la contagion qui est la transmission de la maladie elle-même d'un individu à un autre.

Et sur quoi se fonde-t-on pour pour nier la contagion du

choléra-morbus ? nous l'avons dit plus haut : sur ce que, dans la plupart des cas , c'est par la voie épidémique , non par celle de la contagion , que la maladie se propage ; sur ce qu'on a pu impunément coucher avec des cholériques , porter leurs habits , leurs chemises, s'inoculer leur sang, avaler la matière de leurs évacuations.

Mais, de bonne foi, cela touche-t-il seulement la question ? Je m'étonne que des médecins instruits tournent autour de ces puérilités pour résoudre un problème si grave. En disant que la maladie est contagieuse, nous n'avançons pas qu'elle le soit toujours, ni même qu'elle le soit souvent ; nous disons simplement qu'elle l'est. Il n'y a qu'à vérifier si quelques faits viennent à notre appui : or il en vient un bon nombre d'incontestables et d'incontestés. Et depuis quand une maladie, pour être contagieuse, a-t-elle besoin de l'être d'une manière plutôt que d'une autre, par contact plutôt que par émanation, par l'inoculation du sang plutôt que par l'absorption cutanée ou pulmonaire du miasme épidémique ? Ne sait-on pas que chaque épidémie, que chaque maladie a son mode spécial de contagion, lequel ne se développe que dans des circonstances spéciales ? La gale est contagieuse par contact, la vaccine par inoculation, la variole, la scarlatine, le typhus par l'absorption des principes morbifiques ; la coqueluche, l'épilepsie, par imitation ; la rage par l'insertion de la bave de l'animal sur une surface déchirée ou ulcérée. Couchez avec un enragé, touchez-le, et touchez-le mille fois, inoculez-vous son sang, avalez la matière de ses évacuations , vous ne contracterez pas la rage tant qu'il ne vous aura pas mordu, tant qu'il n'aura pas déposé sa salive dans une blessure faite à votre peau. Il y a des épidémies qui sont contagieuses primitivement, d'autres secondairement. Quelquefois c'est dans sa première période, quelquefois dans sa dernière qu'une maladie est contagieuse, c'est-à-dire susceptible de se communiquer. Pourquoi n'en serait-il pas de même du choléra-morbus ? Pourquoi n'aurait-il pas de même son mode spécial, ses conditions spéciales de contagion ? Et alors, qu'on ne vienne pas nous citer victorieusement un certain nombre de circonstances dans lesquelles la contagion n'a pas eu lieu : il nous suffit d'en avoir nombre d'autres dans lesquelles elle a eu lieu. Le caractère contagieux n'est point un caractère absolu, toujours et nécessairement attaché à une épidémie : il veut, pour se manifester, telles ou telles circonstances dont l'étude et l'appréciation sont l'objet de l'observation médicale.

En admettant que certaines conditions sont nécessaires au développement de la contagion, n'est-il pas facile de s'expliquer pourquoi tous les médecins, soit des Indes, soit de la Russie, n'ont pas admis la contagion du choléra-morbus? C'est simplement parce que tous ne la rencontraient pas ; ce qui n'empêche pas que quelques-uns l'aient rencontrée.

Du reste, nous ne prétendons pas qu'il soit sans importance de constater que le contact, dans la plupart des cas, n'est pas la voie de propagation de la maladie. Loin de là, nous pensons que le mode de la *contagion* cholérique, ou si l'on veut, de la propagation, doit être étudié avec soin. Tout ce que nous voulons, c'est qu'on nous accorde ce que les faits démontrent, savoir que la maladie se propage d'individu à individu autrement que par la voie épidémique, et que des mesures sanitaires soient prises pour empêcher cette contagion.

Il est de toute évidence que le gouvernement ne pouvait ni ne devait attendre la fin de la discussion sur la *contagion* et *l'infection*, pas plus qu'accéder à la demande *d'expériences en grand* sur la côte nord-ouest de France, faite par M. le docteur Chervin. Les officiers du lazareth de Marseille ne s'occupent jamais des questions de contagion. Ils savent que s'ils abolissaient les quarantaines ils seraient lapidés le jour même par la population marseillaise : cela leur suffit. M. d'Argout aurait pu faire cette simple réponse à la lettre de M. Chervin, lettre remarquable sous tant de rapports, que nous devons la faire connaître à nos lecteurs au moins par un extrait :

« On se procurerait facilement, *dit-il*, sur les divers points du littoral de la Baltique où règne le choléra-morbus, des effets tels que chemises, caleçons, draps de lits, etc., ayant servi aux individus atteints de cette fatale maladie ; on recueillerait ces différents objets dans le plus grand état d'impureté où ils pourraient se trouver, on en ferait constater l'origine de la manière la plus authentique et la plus circonstanciée ; on les enfermerait ensuite hermétiquement, et ils seraient expédiés sans délai pour le lieu de l'expérimentation ; un bateau à vapeur chargé de ce service ferait ces transports avec toute la célérité possible, et, peu de jours après la mort des victimes du choléra-morbus, des hommes sains se seraient déjà revêtus des divers effets qui, durant leur maladie, auraient été en contact immédiat vec leur corps, et seraient imprégnés des matières de leurs différentes évacuations, matières qu'on obtiendrait d'ailleurs séparément pour les faires servir à des expériences variées. Enfin, malgré la rapidité que présente souvent la marche du choléra-morbus, on parviendrait sans doute à se procurer des malades qui fourniraient un nouveau moyen d'expérimentation, et partant d'arriver à la vérité. »

Il n'y a point de compliments à adresser à M. d'Argout pour son refus : M. Chervin seul, ministre, aurait pu accepter la proposition de M. le docteur Chervin.

En reconnaissant la contagion comme un fait, et en repoussant les subtilités ridicules par lesquelles on a cherché à la nier, nous n'avons l'intention d'effrayer personne ; nous voulons dire ce qui est vrai, afin que ni le public ni le gouvernement n'ignorent ce qu'ils ont à faire. Quant aux peureux, on ne les empêchera pas d'avoir peur, quoi qu'on dise : ce sont gens que toute chose naturellement fait trembler, et qui ne seraient pas plus rassurés par l'opinion de la non-contagion. Nous déclarons ne point nous occuper d'eux, en indiquant les mesures préservatives et les moyens curatifs que l'expérience a jusqu'à présent consacrés. Si vous me dites : « J'ai peur du choléra-morbus. » Je vous répondrai : « Tant pis pour vous ! » Si vous me dites : « Je voudrais me préserver du choléra-morbus dans le cas où il viendrait en France ; et en guérir, dans le cas où j'en serais atteint. Que faut-il faire ? » Je vous répondrai ce qui suit :

Les mesures prophylactiques ou préservatives du choléra-morbus qui ont été indiquées comme les plus utiles dans les différentes correspondances reçues des pays ravagés par l'épidémie, sont celles que prescrivent au médecin l'expérience et le raisonnement. Quoique, comme nous l'avons déjà dit, la cause spécifique de l'épidémie ait frappé souvent dans les circonstances les plus variées, il n'est pas moins vrai que certaines causes ont paru *déterminer* son développement, et qu'en les évitant il y a de beaucoup plus grandes chances d'échapper à la maladie. Parmi ces causes *déterminantes*, les principales sont les changements brusques de température, l'habitation des lieux bas et humides, les rassemblements nombreux d'hommes, l'épuisement nerveux qui résulte des excès de tout genre, l'abus des liqueurs alcooliques, l'usage d'aliments épicés, de viandes ou de poissons salés capables de laisser les organes digestifs dans un état d'irritabilité et d'impressionabilité fâcheux, la misère, la malpropreté. On mettra le plus grand soin à se soustraire à ces mauvaises conditions hygiéniques. Pour beaucoup de personnes, la chose est facile : pour d'autres, elle est impossible. Ne se soustrait pas qui veut à la malpropreté, à la misère, au refroidissement, à une habitation insalubre. Notre conseil n'en conserve pas moins toute sa force, seulement ajoutons qu'il s'adresse à ceux qui, par leur position sociale, peuvent porter à la classe pauvre les secours d'une utile charité. Nous, médecins, nous descendrons dans ces demeures tristes et privilégiées de l'épidémie pour sauver la vie ou du moins adoucir les maux de ceux qui y souffriront. Vous, riches, vous, puissants, n'y viendrez-vous pas disputer à la mort quelques victimes par l'aisance que vous y pourrez répandre, par les éléments de salubrité que vous y pourrez apporter? Je le répète avec Bordeu : «Dans les temps d'épidémie, tout homme est médecin. »

Il sera important, afin de prévenir ces refroidissements subits et ces défaillances soudaines par lesquels la maladie marque son invasion, d'avoir un régime un peu tonique et d'établir à la peau une chaleur également répartie : des pièces de laine sur les parties les plus susceptibles de saisissement par le froid, comme les pieds, la poitrine, la région épigastrique, rempliront convenablement ce but. En Allemagne, l'usage s'est introduit d'une ceinture de peau enduite de résine : l'avantage de cette ceinture est de soutenir les reins et l'estomac, en même temps que d'y entretenir de la chaleur, et de porter à une transpiration insensible et continue. Les lotions d'eau de savon, de vinaigre camphré ou d'eau-de-vie camphrée, à certains intervalles, agiront dans le même sens. Toutefois nous pensons qu'on doit user avec ménagement de tous les moyens qui, comme celui-ci, ne rentrent pas dans un régime simple et naturel, à raison du besoin qu'on pourrait en avoir après l'invasion de la maladie, l'expérience ayant formellement appris que tout remède dont nous avons l'habitude pendant la santé, perd beaucoup de l'action thérapeutique qu'il aurait sur nos maladies.

Le vin de mauvaise qualité produit facilement le vomissement, qui est tant à redouter aux approches du choléra : quand on ne pourra s'assurer d'une bonne qualité de vin, on fera bien de prendre pour boisson un mélange d'eau et d'eau de vie.

On recommande d'éviter de se couvrir extérieurement de vêtements de laine et de fourrure à cause de la faculté absorbante de ces vêtements, et de s'envelopper de tissus lisses, comme ceux de toile, etc. Mais cette précaution serait peut-être plus particulièrement utile pour les personnes qui, comme les médecins, les sœurs hospitalières, etc., seront exposés à l'atmosphère cholérique dans les hôpitaux et ailleurs.

Si on habite une contrée envahie par le choléra, on fera des fumigations dans l'intérieur de son habitation avec le soufre, avec le sel de nitre en projetant de petites quantités de ces substances sur un foyer ardent. Le chlore a, comme on sait, la propriété de neutraliser les miasmes délétères résultant des fermentations et des décompositions organiques. On s'en servira donc aussi avec avantage en fumigation dans le choléra comme il l'a été dans le typhus, quoiqu'il n'ait pas d'action directe sur le miasme épidémique. On l'emploiera soit en répandant quelque chlorure de M. Labarraque, soit en le dégageant d'un mélange de sel marin, de peroxide de manganèse et d'acide sulfurique, ainsi que cela se pratique dans les amphithéâtres et dans les hôpitaux.

M. le docteur Coster, dans un Mémoire publié par la *Revue Britannique*, trouve une grande analogie entre une attaque de choléra-morbus et un premier accès de *fièvre intermittente pernicieuse algide*. Tout en convenant que cette idée a besoin de confirmation, et en croyant toujours qu'il y a dans le choléra une *spécificité* autre que celle de la *fièvre pernicieuse algide*, nous adoptons la conclusion de M. Coster, qui, si elle n'a pas la haute importance que lui attribue son auteur, peut au moins être utile, et n'a, en tout cas, point d'inconvénient : « Puisque le quinquina a une action spécifique sur la *fièvre pernicieuse algide*, qu'il guérit constamment administré à temps, ne peut-il en avoir une spécifique aussi sur le choléra-morbus ? » D'après cela, M. Coster conseille l'usage du kina, comme préservatif dans les pays infectés. Certaines parties de l'Italie, exposées aux miasmes marécageux, sont constamment ravagées par des *fièvres pernicieuses*; on y fait un usage commun d'une liqueur de quinquina. Nous voudrions voir cet usage s'établir en France, si le choléra venait à y pénétrer. Il est bien entendu, d'après tout ce qui précède, que l'abus qu'on ferait du quinquina nous paraît aussi funeste que son usage raisonnable et modéré nous semble salutaire.

Nous avons dans cet ensemble de moyens prophylactiques une confiance d'autant plus grande que c'est généralement sur les camps et les lieux encombrés, sur les armées et les populations inférieures, qu'a sévi le fléau; et que l'épidémie ne peut arriver en France qu'affaiblie, et en quelque sorte banale, à raison de la position topographique de notre pays, bien moins exposé que tout autre aux grandes variations de température, à raison encore de sa civilisation avancée, qui, selon les lois ordinaires, devra ôter tant de prise à l'action épidémique.

Le caractère insidieux du choléra demande dans la prophylaxie le plus grand à propos. Si la contrée est envahie, toute ville, toute maison doit se considérer comme en état de siège et tenir prêts pour l'occasion son souffre, son chlore, son vinaigre, son alchool, son sable chaud, ses sinapismes, son quinquina, son opium, etc. C'est ici surtout qu'est juste le mot d'Hippocrate : *Occasio præceps*, *l'occasion est urgente!*

Tous les médecins se pressent d'agir dans les épidémies d'une acuité dangereuse, tant parce qu'ils craignent que l'indication des remèdes les plus puissants ne se présente plus, que parce que les maladies de ce caractère commencent par des atteintes moins fortes. Ajoutez que la vie ne s'éteint pas soudainement, *ex abrupto*, même par un coup d'apoplexie foudroyante. Si donc nous sommes prêts à aller au-devant de l'ennemi, si nous attaquons le mal avant qu'il ait tout-à-fait éclaté, tandis qu'il est encore en incubation, n'aurons-nous pas une plus grande probabilité de succès? Des attaques de peste ont été ainsi conjurées.

M. Desgenettes rapporte le fait suivant, dans son *Histoire médicale de l'armée d'Orient* : « Le directeur de la poste militaire de Damiette avait couché avec le garde-magasin, la même nuit où il se plaignit d'être malade (la peste régnait à Damiette) ; on prit des précautions nécessaires, mais un peu brusques à son égard ; cet homme d'un moral calme et d'une constitution forte ne fut pas même indisposé. » Tous les observateurs du choléra sont d'accord sur ce point, que la médecine est pleine d'espoir quand elle prend le mal dans son principe. Tenez-vous donc sur le qui vive dans le lieu où règne l'épidémie, et à la première menace d'invasion individuelle qu'annoncera l'altération des traits, ou un commencement de défaillance, ou un sentiment insolite de froid, déployez à l'instant vos moyens les plus énergiques, ceux sur lesquels vous comptez le plus.

Quels sont ces moyens?

Il n'est que trop vrai que nous n'avons pas contre le choléra de spécifique, de contre-poison; si les faits venaient à l'appui de M. Coster, le quinquina garantirait d'une attaque de choléra, comme il garantit d'un accès mortel de fièvre intermittente, pernicieuse algide. En administrant cette substance dans un bain chaud, ainsi que Barthes l'a fait le premier, on rappellerait la chaleur à la surface du corps, en même temps qu'on agirait contre le miasme à l'intérieur.

À défaut de spécifique, le caractère de la maladie ci-dessus tracé donne les indications à remplir : d'une part, supposer au mouvement centripète de la chaleur vitale qui fait affluer vers l'estomac et l'intestin, la plupart des éléments du sang, en provoquant un mouvement centrifuge de cette même chaleur pour rétablir l'équilibre normal ; d'autre part, apaiser ce spasme continuel du système nerveux abdominal, qui épuise la sensibilité et la vie, tant par les terribles souffrances endurées, que par l'énorme déperdition provenant des selles et des vomissements : en résumé, chaleur au dehors, calme au dedans. La nature approuve cette double voie curative, puisque la crise salutaire se fait presque toujours par une sueur chaude abondante et par une rémission qui porte au sommeil. Il y aura donc, si l'on veut, deux médications, l'une externe ou sur la peau, l'autre interne ou sur l'estomac et le système nerveux : ces deux médications devront être simultanées, et se combiner pour se prêter un mutuel appui. C'est à cette pierre de touche, pour ainsi dire, que le médecin appréciera la valeur de tant de remèdes préconisés. Que font-ils pour la crise désirée ? Afin de ramener la chaleur à la peau et d'exciter l'activité de la circulation du sang éteinte ou presque éteinte, les frictions sèches avec la laine, les onctions avec les huiles aromatiques, les lotions chaudes de vinaigre camphré ou d'eau-de-vie camphrée, les bains chauds d'eau ou de sable, les ventouses scarifiées, les sinapismes, les vésicatoires volants, et, ainsi que le veut M. Mathias Mayor, l'application de l'eau chaude sur différents points du corps au moyen d'un marteau trempé quelque temps dans l'eau bouillante.

En même temps, on fera prendre des antispasmodiques et des sudorifiques à l'intérieur. Mais, se rappelant que des vomissements continuels repoussent de l'estomac toute substance ingérée, lesquels administrera-t-on, excepté l'opium, qui a sur l'estomac une action directement calmante et sédative ? Le camphre, la salsepareille, et cette huile aromatique, tirée des îles Moluques, appelée huile de caieput, le bismuth et ses préparations, etc., n'ont pas une action dont nous soyons aussi sûrs que l'opium, qui a la triple vertu de calmer le système nerveux, d'activer la circulation, et de provoquer la chaleur et la moiteur de la peau. Or observez que plus les vomissemens se prolongent, plus le refroidissement se prolonge et devient mortel, car l'effet constant du vomissement est de refroidir la peau. Hâtez-vous donc de donner l'opium, de le redonner dès qu'il est vomi, et ainsi de suite jusqu'à ce que le malade tombe dans l'assoupissement ; qu'on n'objecte pas qu'il a été souvent inutile, ce n'est rien dire : il faudrait ajouter quand et comment administré, pour que nous en pussions juger. Jusque-là, nous le croyons héroïque entre les mains du médecin intelligent, comme il l'est dans le tétanos, contre lequel aussi pourtant on l'a vu ou plutôt laissé échouer. Il y a un savoir faire ici comme ailleurs : on ne saurait déterminer d'avance la quantité nécessaire ; on devra régler le nombre des doses sur celui des vomissements. L'opium sera donné avec le camphre, avec le calomel, avec l'eau-de-vie, avec l'alchoolat de menthe comme à Batavia, ou avec l'eau de tilleul, ou de camomille, peu importe, je crois, pourvu qu'il soit le fonds de la médication et qu'on en répète hardiment les doses jusqu'à la cessation des vomissements, du spasme et du froid. Une fois ce résultat obtenu, à quoi bon parler des autres périodes du choléra morbus, qui n'est plus désormais qu'une maladie intercurrente ? Le mal Asiatique est éliminé de l'économie ! la pratique ordinaire fait le reste du traitement.

G.

PHILOSOPHIE.

CORRESPONDANCE.

Nous mettons sous les yeux de nos lecteurs une lettre de M. Gœrres, qui nous est un précieux encouragement. MM. les professeurs de Baader et de Moye nous ont aussi adressé quelques lignes dont nous leur témoignons ici toute notre reconnaissance.

Nous sommes aujourd'hui à même de puiser à la source de la science Allemande, si riche, si féconde, et, dès notre apparition, prêts à tenir, sous ce rapport, toutes les promesses que le public a reçues de nous.

Messieurs,

J'apprends que le *Correspondant*, dont la rédaction vous était confiée, va désormais, séparé de la politique du moment, se transformer en recueil scientifique, sous le nom de *Revue Européenne*. Je suis heureux de voir que vous ne vous laissiez pas décourager dans votre résistance à un siècle d'erreur, de désunion et de confusion; et, tout en abandonnant les régions politiques à la garde d'une plus haute puissance qui s'occupe si évidemment de leur régénération, que vous ne quittiez pas le domaine intellectuel, mais vous vous prépariez à en défendre avec courage la partie la meilleure et la plus stable. Le *Correspondant* a obtenu, partout où il a pénétré, le plein suffrage de cette minorité qui sait ce qu'elle a à faire et où la pousse le cours des choses. Ses principes sont aussi instinctivement et pratiquement ceux de la grande majorité des contemporains. Entre cette minorité d'en haut, et cette majorité d'en bas est une région pleine de tempêtes et couverte de nuages; mais l'éclair a brillé, et, après le passage de l'orage, l'atmosphère intellectuelle s'éclaircira; il y aura union et fusion entre ce qui est en haut et ce qui est en bas. Je prendrai à votre œuvre qui, comme *Européenne*, devra surtout se répandre en Allemagne, toute la part que me permettra mon temps absorbé par d'autres travaux. Plusieurs de vos amis sont ici depuis quelque temps : je signalerai à leur attention ce que l'Allemagne produit, sous le rapport scientifique, de nature à intéresser votre entreprise. Je m'occuperai pour vous, si cela peut servir votre but, de la traduction d'un travail peu étendu que je me propose de faire prochainement, quand ce travail sera achevé. Enfin, je recommanderai votre recueil à la coopération de mes amis.

Je me réjouirai, si, par mon tribut, je puis être utile à l'entreprise d'hommes que j'estime et honore sous tous les rapports.

S. GŒRRES.

EXPOSITION

DU SYSTÈME PHILOSOPHIQUE

DE M. DE BAADER.

L'article suivant expose des idées avec lesquelles nous sommes généralement peu familiarisés en France. La lutte tracassière que le dix-huitième siècle avait engagée avec la religion, la manière étroite dont il avait conçu la science, nous ont trop fait perdre le goût de ces contemplations profondes de la nature humaine et de ses rapports avec la nature divine : nous voulons aujourd'hui faire nos études philosophiques, en écoutant quelque élégant et harmonieux orateur, ou en établissant, au sortir des leçons de la Sorbonne, quelque discussion d'amour-propre, dans laquelle puissent briller notre esprit et notre imagination, ou en lisant à la hâte quelque *Revue* dans un café, dans un cabinet de lecture. Il nous coûte de lutter contre cette paresse d'intelligence, qui nous porte sans cesse dans le monde des sens et de l'imagination, de nous mettre aux prises avec l'humanité et son histoire, afin de pénétrer dans les mystères de notre origine et de notre destinée. De là, la nouveauté, l'étrangeté, pour nous, de ces méditations approfondies, auxquelles se livraient avec tant d'ardeur toutes les grandes intelligences du moyen âge. Et pourtant, croit-on que le domaine de la science soit une région où il n'y ait à recueillir que faciles et délicieuses impressions, où la connaissance des secrets de la nature s'élève tout-à-coup dans notre âme, comme une douce image ou une tendre passion naît et se développe dans le cœur du jeune homme? Croit-on qu'un vague amour de la vérité, le désir passager des conquêtes intellectuelles puisse nous faire jouir de ces extases que donne à l'homme de génie sa longue et pénible investigation? Non, la science, non, la philosophie ne s'achètent que par une consciencieuse étude. Elles ont leur joie pure et glorieuse, mais pour celui qui comprend les devoirs qu'elles lui imposent ; elles vous dédommagent amplement, elles font descendre en vous une sainte et grave volupté qui vous fait sentir la dignité de votre nature et la hauteur de vos destinées, mais à condition que votre cœur sera fort et courageux ; car aux lâches, rien n'est donné. C'est pour les hommes de bonne volonté que sont faites les belles et grandes choses de ce monde.

L'exposition des idées de M. de Baader fera sans doute naître des réflexions semblables à celles que nous venons d'exposer chez plusieurs de nos lecteurs peu faits encore à la pensée et à la langue philosophique de l'Allemagne. On ne doit point perdre de vue que le célèbre professeur laisse derrière lui tous les développemens élémentaires, qu'il s'élève au-dessus de l'estimable, mais superficielle philosophie écossaise, et que c'est dans l'histoire révélée de l'humanité, et au flambeau de cette histoire éternelle, que son génie va chercher la conception de tous les grands mystères religieux et philosophiques. Assurément il faut de l'attention, du travail pour le suivre dans cette haute région : aussi, nous le répétons, sans travail, sans méditation, point de science. Quant à la terminologie allemande, nous l'aurions évitée s'il eût été possible ; car, tout en avouant qu'à un ordre nouveau de pensées il faut peut-être un ordre nouveau de mots, il nous a semblé que ce pouvait être de prime abord un obstacle pour quelques esprits. Mais nous avons craint de nuire à la précision des idées qui devait d'abord être conservée, et nous avons espéré que cette difficulté seroit surmontée par une attention plus suivie. Du reste, jaloux de faire participer nos lecteurs au fruit des études allemandes, et conséquemment de leur présenter les graves et consciencieux travaux des plus savans professeurs de l'Europe, aussi bien que les productions plus agréables et plus gracieuses des écrivains du nord, nous sentons que c'est avec quelque réserve que nous devons offrir certaines idées, et que c'est peu à peu qu'on s'habitue à un langage qui est l'expression de si hautes et si belles inspirations.

La première question qui se présente dans la philosophie est celle de l'être et de ce qui le constitue ; et comme l'être n'est autre chose que Dieu, on peut dire que Dieu est pour la philosophie comme pour la religion, comme pour toute chose le commencement et la fin, l'alpha et l'oméga. De même que Dieu est le fondement et le principe de la philosophie et de la science en général, ainsi le Christ ou l'Homme-Dieu en est le centre et le médiateur. Comme le mode d'union entre l'humanité et la divinité est déterminé par la position dans laquelle l'homme se trouve vis-à-vis Dieu, position qui est l'effet de sa volonté propre, parce qu'en qualité d'être intelligent, il est doué d'une volonté libre, on peut dire que la question de la liberté est la question centrale de la philosophie et de toute la science ; enfin, comme la liberté ne nous a été donnée que pour que nous nous unissions à Dieu d'une union pleine et entière, et comme l'union personnelle de la divinité et de l'humanité n'a pour but que d'effectuer en chaque homme en particulier ce qui a été une fois accompli dans l'homme modèle, il est vrai de dire que l'union ou l'opposition consommée et éternelle de l'homme à Dieu est la question finale de la philosophie et de toute spéculation scientifique. Ainsi c'est toujours Dieu qui est l'objet de la science, et comme l'axe autour duquel s'exécute sa rotation. Dieu principe et modèle, Dieu médiateur et restaurateur, Dieu rénumérateur ou vengeur, tel est l'horizon de la philosophie. Baader l'a compris ou plutôt l'a pressenti ; car cet homme au génie puissant, à la contemplation audacieuse, ne combine point d'avance un plan, et ne trace point autour de son intelligence un cercle qui la retienne et la borne, son regard perçant s'élève ; il voit bien haut, ou plutôt il entrevoit, il devine quelque mystère sublime qui flotte dans les espaces intellectuels comme un nuage obscur ; il dit à son génie : « Pars, vole et contemple » ; et porté sur les ailes puissantes de la foi et de la science, il s'élance, il entre dans le nuage jusqu'au fond le plus ténébreux ; l'idée qu'il a vue face à face le préoccupe et forme l'élément dans lequel son intelligence vit et respire ; alors il écrit ce qu'il a vu et comme il l'a vu ; il ne discute point, il contemple ; cet homme est tout idée, tout intuition. Dans ses ouvrages vous ne trouvez point de transitions artistement ménagées. Les idées, chez lui, sont tellement pressées, et se pénètrent si étroitement, qu'elles se présentent à sa spéculation dans leur unité compréhensive. Il y a une région de l'intelligence, où l'espace et le temps disparaissent, et cette région est celle du génie ; aussi les ouvrages de cet homme exigent-ils pour être compris parfaitement une disposition qui approche du génie. L'éclair qui perce le nuage au bout de l'horizon, parcourt en un clin d'œil le sud et le nord, l'orient et l'occident, puis se renferme dans son obscurité ; l'œil faible n'a rien vu, qu'une lumière incertaine ; mais l'œil puissant et bien constitué a entrevu des choses admirables, et a suivi la trace lumineuse de la brillante étincelle. Il n'y a pas de suite non plus dans l'éclair; il y en a bien plus dans la lampe qui se consume lentement, et éclaire d'une faible lumière les objets qui l'entourent.

Baader a contemplé toutes les questions de la philosophie. On peut dire cependant que son génie plane entre deux questions principales qui en sont comme les deux pôles, celle de l'être, et celle de la liberté. C'est du haut de ces deux éminences philosophiques qu'il a découvert cet immense horizon de science intuitive; et comme il a déposé dans l'état de semence ou de germe toutes ses idées sur ces deux questions essentielles, sur l'idée de l'esprit fini devenu bon ou positif et de l'esprit fini devenu *non bon* ou négatif, nous essaierons d'en déduire un ensemble de ses vues les plus générales. Mais nous devons avant tout prévenir comme nous en a prié de le faire l'auteur lui-même, que ses écrits ne sont pas des livres élémentaires, qu'ils ne s'adressent qu'à ceux qui ont déjà parcouru une partie du domaine philosophique, et approfondi les hautes questions de la science. Que tous ne croient pas pouvoir approcher de ce sanctuaire, mais si quelqu'un, après une ou deux lectures, ne comprend pas encore, qu'il ne se décourage pas, car d'autres ont persévéré, et se sont trouvés largement payés de leurs efforts.

L'*être moi* parfait, substantiel et accompli, est constitué par trois termes unis, mais non confondus; distincts, mais non séparés, liés par un centre commun qui habite en chacun d'eux, habitant eux-mêmes l'un dans l'autre, et formant par leur trinité le *moi* parfait et essentiel. Le premier terme est comme le fond ou l'abîme de l'être qui s'ouvre dans le second et se referme ou s'embrasse dans le troisième. Ces trois termes ne sont que la potentialisation de l'unité absolue considérée comme renfermée en soi-même; et c'est après cette triple opération interne que l'unité peut produire au-dehors des images d'elle-même. Le premier terme, c'est la puissance de se prononcer ou de se nommer; le second est dans la prononciation ou la parole: dans le troisième l'être sort en soi et non hors de soi comme esprit ou volonté. Ainsi la parole est le caractère propre et constitutif de l'*être moi*, et comme le terme médiateur auquel les deux autres ont un rapport essentiel. Ainsi encore *s'égoïser* ou avoir la conscience de soi-même, (*selbst bewust seyn*), c'est se prononcer ou se nommer.

Dieu produisit au-dehors des images de son être, des personnalités douées de puissance, de parole et de volonté, et dans lesquelles ces trois termes étaient unis et liés en Dieu et par Dieu qui habitait en elles comme centre et support par une inhabitation immédiate et qui devait être rendue médiate ou confirmée par un acte qui leur fût propre, c'est-à-dire qui fût le résultat de leur puissance et de leur volonté. Car comme œuvres de Dieu elles étaient pures et bonnes; mais comme créatures elles avaient la possibilité de se déplacer du centre divin et de s'appuyer sur elles-mêmes, ou plutôt de se vider en quelque sorte en poussant hors d'elles le centre vrai pour se faire centre elles-mêmes. Elles étaient donc dans un état innocent à la vérité, mais indéterminé, et pour le déterminer, il fallait qu'elles se prononçassent, non comme voyelles ayant un son par elle-même, mais comme connsonnes formant un son à l'aide et avec l'union de l'Alpha éternel et divin. Car se déterminer, c'est se prononcer, et nous trouvons dans les langues allemande et française, le rapport entre la détermination et la parole ou la prononciation clairement exprimée dans le mot *bestimmen*, déterminer, racine, *stimme*, voix, et dans notre verbe *prononcer* qui signifie aussi déterminer. Or se prononcer, c'est se rendre témoignage; témoigner, c'est engendrer : *zeugen, bezeugen, erzeugen.*

Donc les esprits devaient se déterminer en engendrant une parole par laquelle ils se comprissent eux-mêmes tels qu'ils étaient. Or ils ne pouvaient se connaître ainsi qu'en se connaissant comme soumis à Dieu, et en reconnaissant Dieu comme leur auteur et leur appui, c'est-à-dire en l'adorant et s'humiliant. Car la connaissance d'un être au-dessus de soi, suppose l'admiration, l'admiration suppose l'adoration, l'adoration suppose la prière, la prière suppose l'humiliation, l'humiliation n'est que le sacrifice du moi particulier par lequel la créature se laisse couler à fond en Dieu, pour se tremper en quelque sorte dans sa substance et en sortir rayonnante et glorieuse. Cet acte était pour la créature une épreuve dont elle pouvait sortir par une victoire ou par une défaite. Or au lieu de s'égoï-

ser par la soumission et de se placer sous Dieu ; elle voulut être
non-seulement sans lui, mais au-dessus de lui et contre lui, elle
voulut se prononcer au-dessus de Dieu. Mais comme aucune
créature ne peut se prononcer de la sorte, la parole mortifère qui
s'efforce sans cesse de sortir est incessamment repoussée, et re-
tombe comme un poids énorme sur le cœur endurci de l'ange
rebelle. Et c'est cette impuissance de se prononcer ou d'engendrer un fils de son orgueil qui constitue cette angoisse de la vie
devenue désormais le centre de l'être fini désorganisé. Il y a donc
dans le mal quelque chose de positif et quelque chose de négatif ;
ce qui est positif en lui, c'est cet effort tantalique, par lequel
l'être mauvais veut se produire et prendre corps ou consistance ;
l'élément négatif, c'est l'impuissance pour lui de jamais prononcer effectivement, de jamais réaliser, cette parole ; car, au
moment où l'être rebelle allait la pousser contre Dieu et en
infecter le ciel, Dieu lui jeta la nature comme une limite et
une borne ; puis il créa l'homme qu'il établit son représentant
et comme son chevalier contre le diable et ses complices. Car
Satan avait entraîné dans sa chute un grand nombre de ses
compagnons plus ou moins coupables, mais tous moins coupables que lui, tandis que d'autres, humbles et fidèles, confir-
mèrent en eux le bien et le centre positif de leur être.

L'homme placé dans l'univers comme son roi, devait, soumis aussi à une épreuve, déterminer par un acte libre l'état futur et la constitution assurée de son être, et de l'être de la nature toute entière, qui, privée d'*égoïté* ou du troisième terme
qui complète le ternaire personnel, attendait de l'homme la
fixation de son état non-corrompu, mais non incorruptible ; car
de même que l'homme doué d'*égoïté* devait faire passer à l'état
permanent son état d'innocence amissible, en se fondant et se
constituant en Dieu comme dans un centre ; ainsi devait-il faire
passer la nature non corrompue et immatérielle, mais pouvant
cesser de l'être à l'état d'incorruptibilité et d'immatérialité, en
lui servant de centre, et en l'appuyant en quelque sorte sur un
être propre, devenu un point d'appui solide par sa soumission
et sa centralisation en Dieu. Alors Dieu aurait été le centre positif de l'homme, et par l'homme de la nature. Il aurait habité
dans les deux pour glorifier l'un et l'autre. L'homme placé sous

Dieu et au-dessus de la nature, devait en se personnalisant se soumettre à celui-là, et se soumettre celle-ci ; adorer, admirer l'un et dominer l'autre. Les anges qui pouvaient encore expier leur péché, auraient ainsi été délivrés par l'homme et le verbe de Dieu se serait ensuite uni personnellement à l'humanité : il aurait embrassé et glorifié l'homme, la nature et les esprits. Alors Dieu aurait été tout en tous, et tout aurait été glorifié en Dieu par le Verbe fait homme.

Mais l'homme manqua cette vocation sublime. Appelé par Dieu pour nommer, c'est-à-dire pour déterminer les animaux vivants soumis en qualité d'êtres non *égoïsés* ou non *ternarisés* (1) à la dualité, il imagina cette dualité pour lui-même : il trouva bon d'avoir un autre être avec lequel il pût produire son image : par là il s'abaissa d'un degré, il s'endormit, tombant par là dans le domaine de la nature ; et comme chaque région rend conforme à soi-même l'être qui est dans son domaine, la nature *dualisa dualisa* l'homme, ou plutôt l'homme se trouva transposé d'une région plus élevée, dans une région inférieure et partagé entre l'une et l'autre. Car en descendant dans la région inférieure, il ne perdit pas entièrement sa nature, mais il en conserva une partie qui se trouve maintenant en contradiction avec la nature plus basse qu'il a prise dans la région inférieure. Il fut ainsi coupé, (*sectus*, ancien supin, *sexum*), c'est-à-dire partagé en sexes, et cette division fut en même temps et l'expiation de la première faute et le préservatif contre d'autres plus grandes. Alors Satan put tenter l'homme ainsi dualisé, et pénétrer dans ce paradis que Dieu lui avoit donné pour demeure. C'était l'épreuve décisive dans laquelle l'homme pouvoit encore se mettre sous Dieu et au-dessus de la nature. Mais loin de là, il voulut élever celle-ci jusqu'à lui, et s'assimiller en quelque sorte à elle en se laissant aller au désir de manger le fruit défendu, puis après ce péché de bassesse, il désira d'être comme Dieu, mais non au-dessus de lui ou contre lui comme avait fait Satan. Celui-ci heurta en quelque sorte contre Dieu, d'une manière di-

____

(1) Le *moi*, l'être complet étant constitué par trois termes, comme on l'a dit plus haut, le moi *substantiel*, l'être accompli, le *ternaire* personnel sont des mots synonymes.

recte et centrale. La répulsion fut donc directe et centrale aussi, au lieu que l'homme se porta contre Dieu d'un mouvement oblique ; et comme toute obliquité renferme un commencement de retour, Dieu ramena l'homme en temporisant. Et telle est l'origine du temps, qui est l'effet de la chute oblique de l'homme, mais surtout de la miséricorde divine.

L'homme étant séparé de Dieu, la nature se souleva contre l'homme : et les esprits mauvais infectèrent la nature, et le dragon imprima en quelque sorte sa griffe sur tous les êtres. La discorde, la division s'introduisit dans toute la nature qui devint comme un champ de bataille où les bons et les mauvais esprits se disputent le plus petit espace de terrain. Tout se *déternarisa* et devint vide, pesant, épais et *abstrait* ou *transposé*. Et d'abord, l'homme qui avant la chute était plein, parce que Dieu était son centre, devint vide intérieurement. Dieu ne fut plus par rapport à lui qu'un centre négatif, qui au lieu de le remplir par le dedans, le prit et le comprima par le dehors. L'intérieur étant ainsi vide, devint pesant, car un être pèse, lorsque ne pouvant se tenir en soi-même à cause de sa vacuité, il est obligé de s'appuyer ou de peser sur un autre. Toute son énergie interne et centrale *s'extraligna*, se répandit dans la circonférence, s'épaissit formant cette croute épaisse de la matière qui enveloppe et opprime l'esprit. Dieu n'habitant plus en lui centralement, mais périphériquement, ne se manifesta plus à lui d'une manière centrale, mais seulement d'une manière périphérique et extérieure.

De là l'origine de la nécessité d'une révélation : et la vérité de cet être, de centre qu'elle était, devint aussi extérieure; de là, l'impossibilité d'avoir la conscience de soi-même si l'on n'est en rapport avec quelqu'être intelligent extérieur. La nature n'étant plus appuyée sur l'homme et *ternarisée* en lui *s'extraligna* de la même manière et dans son *excentration* se matérialisa. Son centre étant vide elle devint pesante, et tous les corps de l'univers pesèrent les uns sur les autres, emportés par une dépression incessante dans une chute sans fin. Chaque être avant le péché avait en lui son tems et sa durée et son espace : tems et espace parfaits et constitués par le ternaire des trois tems et des trois étendues qui par leur union formaient la trinité de l'espace et du tems. Car un être éternel et spirituel a un tems et un espace comme un être temporel et matériel. La seule différence qui existe entre l'un et l'autre, c'est que le premier a son temps et son espace en lui, au lieu que l'autre l'a hors de lui, et est obligé pour les remplir tous deux de se mouvoir par un mouvement successif, tandis que l'être éternel se meut au dedans de lui-même d'un mouvement simple et absolu. Mais après le péché disparut le terme médiateur de l'espace et du tems : le temps et l'espace dualisés s'*extralignèrent*, et s'étendant et se *fluidisant* formèrent par leur union ce que nous appelons la matière, et cette matière est en même tems un voile et comme la peau qui cache la plaie hideuse de leur nature. C'est la bonté de Dieu qui, par égard pour nous et pour nous épargner, a jeté ce voile bienfaisant ; de là le rapport de *schœn*, beau et *schonen*, épargner. Les êtres tombèrent dans un *devenir* mobile et flottant, et leur durée privée d'un ou de deux termes languit dans un passé sans mouvement ou erre dans un avenir inquiet, toujours privée du présent, terme complémentaire et médiateur.

La grâce divine, en temporisant, suspendit ainsi la punition et la vengeance que le péché méritait. Si cette punition avait eu lieu, les créatures coupables seraient passées tout de suite dans le temps éternel, dont le milieu ou le terme central aurait été, non un présent plein de développement comme dans le ciel, mais un passé sans espoir ni consolation. Un rédempteur fut promis, l'*homification* du Verbe eut lieu alors spirituellement et commença à *médiatiser* et à retenir l'ensemble des choses qui semblait devoir se dissoudre. Alors commença la passion de l'Homme—Dieu dans l'histoire essentiellement composée de quatre moments : Celui de la nature, celui de la loi, celui de la grâce, et celui de l'action dans lequel nous entrons et dans lequel on verra des peuples entiers prouver par leur action l'existence d'un Dieu, comme on verra des nations athées ou impies prouver par une action satanique l'existence du diable et de l'enfer. Tout fut souillé dans la nature : le diable qui pénètre et règne à la faveur de la division, entra ainsi dans le monde, imprima en quelque sorte ses formes, rendit constitutifs et essentiels dans certains animaux plus féroces et plus sauvages la fureur

et les excès des passions destructives , et sema dans les plantes
le poison mortel qui tue l'homme. Cependant tous les objets ne
furent pas également souillés. Quelques-uns, choisis d'avance
pour être les signes visibles de la grâce de Dieu, et comme les
conducteurs du fluide électrique divin, furent préservés de cette
corruption et devinrent en même temps pour l'homme, les
aliments ordinaires qui doivent sustenter sa vie corporelle. Parce
qu'il s'est soumis volontairement à la nature, il faut aujourd'hui
qu'il s'y soumette nécessairement dans la nutrition, et qu'il aille
puiser la vie à cette vie générale de la nature qu'il s'assimile ,
ou plutôt à laquelle il s'assimile dans l'alimentation , comme il
s'assimile au principe et au centre de la vie spirituelle dans la
nutrition eucharistique.

Ce serait ici le lieu de développer la théorie sublime sur le
sacrifice dans laquelle Baader semble s'être élevé au-dessus de
lui-même, et qui nous paraît la découverte la plus haute peut-
être de la spéculation scientifique. Le sacrifice est la suspension
de la totalité de la vie de celui qui est sacrifié en faveur de celui pour qui il se sacrifie ; car il y a une grande différence entre
la mort ordinaire et la mort violente du sacrifice. Dans celle-là,
le principe central de la vie peut rappeler à lui les principes
secondaires répandus dans tout le corps , et c'est ce que nous
voyons dans les maladies mortelles où la mort poursuit de partie en partie la vie qui se ramasse de tous les points de l'organisme , et se refugie vers le cœur où elle périt à la fois sous
le dernier coup de la mort ; mais dans la mort violente, la
vie est séparée et partagée en deux en quelque sorte : le principe central passe dans l'*au-delà*, et les principes secondaires
existant encore dans le sang qui ne se refroidit que quelques instants plus tard, restent *en-deçà* en communication avec le principe central qui est au-delà : de sorte que la vie est réellement
suspendue et partagée, et que l'être sacrifié vit en même temps
dans l'ordre général de la vie universelle par le principe central
qui s'y est réuni, et dans l'ordre particulier de la vie individuelle par les principes secondaires qui sont restés en deçà ; de
sorte encore qu'en participant à cette vie individuelle par les
principes secondaires qui sont dans le corps, on entre en rapport avec la vie universelle. Et nous trouvons ici la clef de toutes

les théories sur *le sacrifice*, sur la magie, et la divination par les entrailles des victimes palpitantes. Nous voyons aussi l'identité du sacrifice et de l'alimentation qui n'est qu'une immolation véritable de l'objet qui nourrit, et une participation à la vie universelle de la nature, par le moyen des principes secondaires restés dans le corps alimentaire.

Deux effets principaux ont résulté du péché : l'*abstraction* (1) de l'ordre actuel et le mutisme de la nature. On s'imagine que la matière est quelque chose de réel et de concret et que l'immatériel est quelque chose d'abstrait. Rien n'est plus faux. L'état réel, primitif et naturel, c'est l'immatérialité : c'est par le péché qui n'est lui-même dans son essence qu'une transposition que la nature a *été abstraite* de son état réel et *transposée* dans la matérialité. Pour la même raison le temps et l'espace tel que nous les avons aujourd'hui, ne sont que des abstractions du temps et de l'espace réel qui existaient avant le péché; car le troisième terme a été abstrait du temps et de l'espace qui, *d'organiques* qu'ils étaient, sont devenus *composés*; et c'est encore ici le lieu de faire remarquer la fausseté du préjugé, d'après lequel on confond la distinction et la composition, les membres et les parties. Dans un tout organique, il y a des membres distincts, mais il n'y a pas de composé ni de parties. La *partition* et la composition ont été introduites par une transposition et ne sont elles-mêmes qu'une abstraction de la distinction et de l'unité. De plus, la nature en se matérialisant est devenue muette pour l'homme et, selon la belle expression de Baader, elle passe dédaigneusement devant lui sans daigner lui adresser la parole, se contentant de lui indiquer avec le doigt son créateur et son maître. L'homme lui-même a perdu la langue et l'écriture primitive dont la langue actuelle n'est qu'une transposition ou une pâle traduction. Impuissant à penser s'il n'a une parole à laquelle il puisse attacher sa pensée, il faut qu'on lui parle sans cesse, et que des agents cachés pour lui mettent en mouvement son intelligence condamnée autrement à une éternelle immobilité. Au reste, l'homme ne connaît plus comme autrefois. Avant le pé-

(1) Qu'on n'oublie point qu'*abstraction* veut dire séparation, division d'*abstrahere*, tirer à part.

I.6

ché, l'être n'était point caché sous le voile épais de la matière, et comme Dieu, alors centre positif de l'homme, habitait en lui, l'homme connaissait *centralement* toute la nature : mais depuis que par le péché, la nature a été transposée et matérialisée, et que Dieu habite l'homme par le dehors, celui-ci n'a plus connu les choses centralement, et il aurait perdu entièrement la notion des objets matériels, s'il n'avait eu dans la parole un moyen de les spiritualiser et de les élever jusqu'à une sorte de parenté avec lui-même, comme il n'aurait pu connaître les objets spirituels si par la parole il ne leur avait donné un corps. La parole est donc la lumière ou plutôt l'élément constitutif de l'intelligence ; sans elle l'homme ne serait capable d'aucune fonction spirituelle : car nous ne savons que ce que nous faisons, et en parlant nous faisons véritablement ; et c'est dans l'identité de la parole et de l'action que se trouve la base de la certitude de notre connaissance. C'est par elle que l'élément *objectif* et l'élément *subjectif* forment (1) par leur union une connaissance assurée, et comme la parole nous est donnée extérieurement par la société dont elle *objective* en quelque sorte la raison ou la conscience, elle doit être reçue ou *subjectivée* dans la conscience individuelle par une foi obéissante et raisonnable en même temps, qui n'est pas quelque chose de purement passif, mais un acte au contraire plein d'*actuosité* et qui *subjective* la raison générale *objectivée* dans la parole. Ce serait ici le lieu de considérer les idées de l'auteur sur la société : mais ce travail, qui nous entraînerait trop loin, nous occupera plus tard, lorsque nous aurons occasion de parler de la philosophie sociale dont l'auteur s'occupe en ce moment.

Telle est l'esquisse bien abrégée des idées principales exposées dans l'un de ses ouvrages, car nous n'avons point prétendu donner un ensemble de sa doctrine ; ce travail serait lui-même le sujet d'un ouvrage entier qui paraîtra en son temps, nous en avons la confiance ; ce livre, s'il est fait avec méthode et clarté, offrira un tableau parfaitement harmonisé de toutes les sciences rattachées à la science par excellence, à celle

______

(1) Nous n'avons pas besoin de rappeler que l'élément *subjectif*, de *sujet*, c'est le *moi*, que l'élément *objectif*, d'*objet*, c'est le *non moi*, le monde extérieur

de la religion ; car c'est par l'étude de toutes les sciences, même des plus cachées, que Baader s'est acquis cette intelligence si volumineuse et si compréhensive : l'Ecriture sainte, la tradition catholique, la cabale ou la tradition juive, la philosophie des peuples de l'antiquité, celle du moyen âge, celle des temps modernes, la médecine, les mathématiques, la physique, la mystique, la magie, l'alchimie, la politique, les sociétés secrètes, leurs constitutions et leur esprit, le magnétisme, le somnambulisme, rien de tout cela n'est étranger à Baader et toutes ces connaissances se trouvent mêlées et fondues dans ses divers ouvrages, dont le titre rapproche presque toujours les sciences les plus disparates en apparence. Il n'a point d'ouvrage suivi, excepté peut-être ses leçons sur la dogmatique : ce sont toujours des traités sur quelque question qui lui a paru importante ou qui était particulièrement attaquée. Cependant il se trouve qu'il a parcouru de cette manière tout le domaine de la science. Ses ouvrages sont toujours difficiles à comprendre, même pour des Allemands, ce qui tient à la profondeur de l'auteur qui plonge tout d'un coup au fond d'une question à l'endroit le plus profond et le plus mystérieux. Toutefois si l'on fait attention qu'il a toujours combattu les philosophes les plus subtils et les plus obscurs, et qu'il les a suivis jusque dans les nuages ténébreux où ils échappaient aux regards de la multitude, on comprendra qu'il lui était difficile d'être aussi clair qu'il l'aurait été s'il avait exposé simplement une théorie.

Nous devons aussi faire remarquer : 1° Qu'en Allemagne les discussions philosophiques se sont portées depuis quelque temps sur le moi, sur la manière dont il se constitue ou *s'égoïse*. La philosophie n'a pas borné ses recherches sous ce rapport à l'égoïté créée ; mais elle a voulu sonder le mystère même de la personnalisation divine, et en pénétrer les trois moments éternels. Pour cela, il a fallu, par abstraction, supposer un instant où le moi divin n'était pas encore, un même instant où il se constituait actuellement, et un troisième où il était constitué ; et cette observation suffit pour déterminer le sens de certaines propositions qui pourraient choquer quelques personnes encore peu accoutumées aux hardiesses de la spéculation allemande. 2°. Que l'auteur a eu bien des fois en vue les philosophes de la nature qui tombent dans le panthéisme, en confondant la nature et la création avec le fils et la génération *immanente* du verbe, ou plutôt qui ne reconnaissent point de génération immanente, mais qui voient dans la production du fils une chute par laquelle l'idée tombe de Dieu, qui la rappelle à lui par la production de l'esprit. Il était d'autant plus important pour Baader de combattre cette erreur si dangereuse, que plusieurs hommes, chrétiens d'ailleurs, séduits par l'autorité de quelques grands noms, ont admis cette opinion destructive du christianisme.

Pour donner une idée du jugement que porte la science en Allemagne sur le philosophe Baader, nous croyons ne pouvoir mieux faire que de citer les passages suivants, extraits d'un ouvrage moderne, assez remarquable sur l'influence de la philosophie, relativement au développement de la vie intérieure, par Kreuzhager. A la fin de sa trente-deuxième lettre : « Pour conclusion de cette lettre, dit-il, je dois encore faire particulièrement mention du glorieux François de Baader; je n'ai retrouvé nulle part la plénitude compacte de ses pensées, excepté dans Haman, Hegel et Erigène. Si pour comprendre cet écrivain si connu, nous avons besoin de la plus grande intensité d'énergie spirituelle, c'est pour nous un encouragement de plus, et nous sommes bien payés par le riche butin de connaissances que nous y gagnons. Baader a élevé la philosophie au point de vue du christianisme, et cette philosophie religieuse qu'il a appelée à la vie et developpée, pénètre plus profondément dans la vérité, selon toutes les directions, que n'a pu le faire jusqu'ici la philosophie basée sur elle-même. » Et à la fin de sa trente-cinquième lettre : « la dogmatique spéculative de Baader pousse jusqu'au sommet ce combat intérieur de la positivité et de la négativité; car par les résultats profonds et sérieux de ses recherches dans le domaine de la philosophie religieuse, cette opposition intérieure a été portée jusqu'à la conscience. Avec un système philosophique abstrait, on peut penser profondement et cependant rester gai; on peut plonger son regard dans la vaste étendue et tenir un discours satyrique. Mais dans la dogmatique spéculative (de Baader), il n'en est pas ainsi ; car elle s'avance devant nous comme une vestale, revêtue de la majesté de la religion, pour nous instruire de l'objet de notre prière, du sens de notre piété, de l'énorme péché pardonné par le sang, et du nœud gordien de l'univers dénoué par la croix. »

Nous avons voulu présenter dans un ensemble les principales idées de Baader, afin de préparer les esprits à l'examen plus détaillé des diverses parties de sa philosophie qui nous occuperont plus tard. Nous sommes assurés de la coopération du disciple le plus distingué de ce philosophe, du docteur Hoffmann, qui nous a promis de travailler avec nous pour la *Revue Européenne* sur les ouvrages qui contiennent cette doctrine si substantielle et si profonde. Nous sommes convaincus que plus on entrera dans cette philosophie, plus on la trouvera belle et riche, malgré les épines qui enveloppent la fleur. Dans quelque temps la terminologie allemande n'effraiera plus, et l'on sentira que la science qui prétend ne s'exprimer que par des termes vulgaires ne peut être que médiocre et commune elle-même. Ce premier article, destiné à servir d'introduction à la traduction d'un ouvrage de Baader, est essentiel pour l'intelligence des articles qui suivront et qui n'en seront que le développement.

E. J.

BULLETIN BIBLIOGRAPHIQUE.

I. *Geschichte der Philosophie, bey Tixner.—Histoire de la philoso-phie*, par Tixner; deuxième édition. Munich.

L'histoire, ce n'est pas ce cercle extérieur où s'agitent les passions humaines, et où les hommes jouent à la face du ciel des farces à faire pleurer les anges, comme dit le poète anglais ; l'histoire, ce n'est pas seulement ce bruit des peuples qui se ruent les uns sur les autres, ce fracas des armées qui se mêlent, ce tumulte des nations qui s'approchent, ou des empires qui s'écroulent; l'histoire, ce n'est pas ce fleuve instable et sans consistance qui promène autour du monde ses flots de vicissitudes humaines ; ou bien encore ce n'est pas ce squelette décharné dans lequel je puis compter le nombre des os, et étudier la forme corporelle et inerte de l'être qui était autrefois, et qui maintenant est quelque chose de passé; mais c'est un corps vivant, dans lequel Dieu a soufflé un esprit qui éclaire et une âme qui anime, et qui, malgré ses déviations et ses altérations, renferme un principe unique, qui établit l'unité dans la variété, de telle sorte que les événements qui se succèdent sont toujours la continuation de la même vie, et comme la pulsation du même cœur. Jusqu'à présent on a séparé ces deux ordres naturellement inséparables, et on a présenté d'un côté le cadavre de l'histoire, la partie matérielle et extérieure, où l'on vous raconte sans miséricorde jusqu'aux plus petits détails, tous les siéges, combats et hauts faits de ce genre, et d'un autre côté, la partie spirituelle, qui n'est pas moins curieuse, et dans laquelle on vous détaille tous les combats d'orgueil et d'amour-propre que l'esprit humain livrés. Ainsi vous n'avez que des faits qui exigent une mémoire infinie, parce que, n'étant point rattachés à un centre commun, ils ne peuvent être compris sous une même formule. Vous avez des effets sans cause et des causes sans effet ; mais vous n'avez point de science ; car la science est toujours une intuition de l'effet dans la cause, ou une déduction de celui-là à celle-ci.

Nous aurons donc une science historique quand nous aurons un tout organique, où le domaine spirituel et le domaine extérieur se produiront dans leur état de pénétration mutuelle, et où toutes les sciences planeront au-dessus de l'histoire, comme des anges protecteurs ou perfides, pour la diriger ou la séduire. Cette histoire s'élabore maintenant : un génie puissant l'a conçue ; car la conception seule d'un tel plan demandait du génie. Mais jusqu'à ce que cette œuvre de création soit sorti de la pensée lumineuse de son auteur, nous serons obligés de compléter l'histoire des faits par celle des pensées et réciproquement, et la connaissance de l'histoire de la philosophie sera nécessaire non-seulement pour bien apprécier l'esprit humain dans ses progrès internes, mais encore pour comprendre l'histoire telle qu'elle se développe dans le domaine extérieur ou social. L'histoire de la philosophie est une des sciences dans lesquelles l'Allemagne peut réclamer une supériorité incontestable. En général, tout ce qui exige de la patience et des recherches convient au génie laborieux et érudit des Allemands: Mais comme des ouvrages trop-volumineux sur cet objet effraieraient la science française, qui n'est ni aussi patiente, ni aussi appliquée, et qui préfère le manuel abrégé aux ouvrages de longue haleine, nous croyons pouvoir recommander à ceux qui s'occupent de philosophie ou d'histoire l'ouvrage de Tixner.

L'auteur, disciple de Schelling, choisit pour épigraphe de son ouvrage ces paroles d'Hégel : « Si l'absolu aussi bien que la raison qui en est la manifestation est éternellement une seule et même chose, chaque raison, qui appuyée sur soi s'est reconnue elle-même, produit nécessairement une vraie philosophie, et a résolu avec exactitude le problème de la connaissance pris de son propre point central. A cause de cela, tout ce qui est propre à chaque philosophie particulière, et ce sur quoi elle est en désaccord avec les autres philosophies appartient seulement à ce point de vue particulier qu'elle a choisi. » Et ces autres de Bacon de Vérulam : « On doit considérer les philosophies qui diffèrent les unes des autres comme autant de gloses diverses du livre, toujours le même, de la révélation de la nature et de la raison divine, dont l'une aujourd'hui, l'autre demain peut-être, se trouvera plus exacte.» Ce principe entendu dans le sens qu'aucune philosophie ne peut être complètement fausse, et qu'il y a toujours un côté par lequel elle présente une des faces infinies de la vérité, peut être admis sans restriction, et sera même de plus en plus certain pour la science, mais si l'auteur a pris les paroles d'Hégel dans le sens qu'elles présentent naturellement, le principe est faux, inadmissible, et conduit à une conséquence qui détruit la nature même de la vérité. « On peut distinguer dans l'histoire, dit-il, la matière et la forme; celle-là se compose des événements et des phénomènes fortuits en apparence de la nature, qui agit sans avoir la conscience de son action, et de la liberté humaine qui agit avec conscience. Celle-ci est la découverte de la loi qui s'exprime dans ce hasard apparent; c'est la connaissance de la liberté dans la nécessité et de la nécessité dans la liberté. Tous ces phénomènes fortuits en apparence forment un ensemble plein de sens. Une branche particulière et plus importante de l'histoire de l'humanité, c'est l'histoire de la philosophie, c'est-à-dire l'investigation et l'exposition scientifique de l'origine et du développement successif de la science. La matière de cette histoire est donc la manifestation de l'esprit tendant vers la contemplation et la compréhension scientifique de soi-même, et parvenu réellement à cette contemplation. La forme est l'unité plus élevée de la vue rationnelle qui doit précéder cette étude pour saisir les différents systèmes philosophiques, non-seulement dans leur individualité et leur séparation des autres systèmes, mais encore dans leur rapport à l'organisme entier de la vue rationnelle et générale du monde, dont il fait une partie intégrante. On doit donc distinguer dans la philosophie comme dans l'organisme vivant deux éléments; l'un intérieur ou *idéel*, qui en est l'âme; l'autre extérieur ou *réel*, qui en est le corps. Le premier est *le principe* d'unité qui fait un tout vivant des parties qui le composent : le second n'est que le recueil des idées, du système et des pensées humaines dans leur état de division ou d'isolement. L'élément idéel est un et éternel, et la cause de cette unité se trouve 1° dans l'unité de la raison de tous les peuples et de tous les temps ; 2° dans l'unité du plus haut problème de l'investigation philosophique dans tous les systèmes; 3° dans l'unité du but théorique et pratique qui est de contempler tout comme quelque chose d'un, et se retrouve en Dieu lui-même, avec tout ce qui existe; 4° dans l'unité du rapport de la philosophie à la connaissance générale, puisque partout la philosophie se présente comme opposée à la prétendue sagesse populaire.»

Nous devons faire remarquer ici que ce principe de l'auteur, évidemment paradoxal dans le sens qu'il lui donne, et qui est déterminé par la manière dont il l'applique dans la suite de son ouvrage, l'a rendu plus d'une fois injuste dans l'appréciation des divers systèmes de philosophie et dans l'indication des vues dominantes chez des peuples particuliers. Ainsi il traite avec dédain l'école écossaise, précisément parce qu'elle a posé pour base de la certitude philosophique le sens commun, doctrine introduite plus tard en France par l'illustre auteur de l'*Essai sur l'Indifférence*, qui se l'est appropriée par la manière dont il l'a présentée; et nous croyons qu'il est au moins étonnant de ne pas trouver dans une histoire complète de la philosophie le nom de MM. de Bonald et de La Mennais. En général, l'auteur regarde les Français et les Anglais comme peu propres aux spéculations philosophiques : les premiers à cause de leur légèreté; les autres à cause de leur esprit mercantile. « L'éternité de la philosophie, dit-il, se manifeste dans l'éternité de la raison, dans l'éternité de la connaissance contemplative et compréhensive qui est son but. Chaque système a un côté vrai qui est éternel, et un côté imparfait, par lequel il est soumis aux conditions du temps. Toute bonne philosophie doit être organique, harmonique, spéculative et poétique. »

« L'histoire de la philosophie par rapport à celle de la culture de l'humanité en général ou de la culture politique en particulier est quelque chose d'intérieur, d'idéal et de purement spirituel. Une histoire quelconque de l'humanité, intérieure ou extérieure, doit présenter les mêmes époques et les mêmes périodes que nous observons dans la vie elle-même. Comme tout développement consiste en ce que ses éléments essentiels se produisent successivement dans leur état de particularité, jusqu'à ce que le cercle soit fermé, et que le dernier élément retourne à son point initial; ainsi nous voyons dans l'histoire des développements de l'esprit philosophique que la connaissance parfaite de soi-même par la philosophie conduit l'homme au point où le multiple est connu dans la science comme quelque chose d'un. Les périodes principales de l'histoire de l'humanité, et par conséquent de la religion, de la poésie et de la philosophie, sont — I. la période de l'unité de la vie originelle, qui ne réfléchit pas encore sur soi-même; époque pendant laquelle l'homme, n'étant plus instruit immédiatement de Dieu, mais étant sous la direction des disciples immédiats de la divinité, ne voyait par l'imagination et l'instinct rationnel qu'une seule vie qu'il contemplait sans la connaître encore scientifiquement. A cette période correspondent, 1° dans l'ordre religieux, la religion asiatique primitive, d'où sont sortis le polythéisme réaliste, le monothéisme idéaliste, et la doctrine chrétienne de la trinité, comme la glorification du polythéisme et du monothéisme compris dans une unité plus élevée; 2° dans la poésie, le mythe, les hymnes et les schalies; 3° dans la philosophie, la doctrine de l'un, comme produit de l'imagination et de l'instinct rationnel. — II. La période de l'esprit rentrant de l'extérieur dans l'intérieur, de la contemplation de la nature dans la contemplation de soi-même, époque où l'élément idéal domine sur le réel : c'est la période du christianisme comme Église , à laquelle correspond dans le domaine religieux la scolastique et la théosophie.—III. La période de l'harmonie parfaite de la vie extérieure et de la vie intérieure. C'est le second âge que vivifient et les arts et la science : âge dans lequel nous entrons, et auquel correspondent, dans la religion, le christianisme purifié comme religion rationnelle, et en même temps comme révélation divine de l'histoire; dans la poésie une pénétration mutuelle et une fusion de l'objectif et du subjectif, et c'est ainsi que la *Comedia divina* du Dante est comme une fusion de l'épopée, de la poésie lyrique, du drame, de la tragédie et de la comédie ; enfin dans la philosophie la doctrine de l'unité comme science rationnelle se comprenant soi-même ; époque où les deux éléments de l'idéalisme et du réalisme se concilient et se résolvent en l'unité. »

Nous ne prétendons point donner cet ouvrage comme parfait; mais il suffit pour donner une idée de l'ensemble de la philosophie ancienne et moderne. Il est un peu plus étendu que le Manuel de Tenneman, que M. Cousin a fait connaître en France, et renferme en trois gros volumes in-8° une esquisse des systèmes qui ont eu cours dans le monde philosophique. L'auteur ne dit presque rien de Hegel, dont l'importance scientifique est généralement reconnue en Allemagne. Pour suppléer à cette négligence, on peut lire un ouvrage moderne, très court, qui a pour titre : *Communications sur l'influence de la philosophie relativement au développement de la vie intérieure*, et dans lequel l'auteur, M. Kreuzhager, s'est particulièrement étendu sur Hegel. Cet ouvrage a été favorablement accueilli des savants allemands; et , quelque éloigné qu'il soit de notre manière de traiter la philosophie, nous ne pouvons que le recommander comme remarquable par la justesse des vues et la précision philosophique du style qui nous a paru en général aussi agréable que fort et énergique.

II. *Barnave*, par J. Janin.

Ce livre, ce roman, cette poésie, ce drame, cette histoire, comme on voudra, méritera notre examen. Nous ne faisons que l'annoncer.

M. J. Janin ne s'amuse pas à concevoir un plan, à créer une action, à imaginer une fable. Il vous jette dans un récit un premier personnage qui part et se précipite dès le début sans trop savoir où il ira, ni ce qu'il verra, ni ce qu'il dira; et pourtant il marche toujours, rencontrant toujours des événements qui se pressent, des accidents qui se

brisent, des héros, des femmes, des rois, des prostituées, tout cela mêlé,
confondu, agité; une reine emportée par une destinée fatale, une cour
qui se perd, un peuple qui s'abîme, Mirabeau qui pousse le trône dans
un gouffre et meurt empoisonné pour avoir voulu sauver le trône,
Barnave, qui remplace Mirabeau, et verse des larmes en jetant la reine
aux mains de la populace, le duc d'Orléans çà et là, avec de la bassesse
et de l'ambition, un crime vivant, à qui la pensée manque; tout cela,
dis-je, désordonné, mais plein de mouvement et de vie. Rien n'égale
la rapide mobilité de ces tableaux. On dirait des feux brillants au ciel,
qui se meuvent s'agitent et disparaissent. Le passé se mêle au
présent. Les filles de Séjan apparaissent dans une prison avec leur
bourreau, à côté d'une scène de sorcier chez madame de Polignac;
Cléopatre dans une nuit voluptueuse à Alexandrie, à côté de toute
une cour de grands seigneurs dans une nuit de folie à l'Opéra. Et
chaque chose est dite avec un style éblouissant, plein d'images, tantôt
irrégulier, tantôt élégant, se jouant sur des fleurs et sur un fumier,
peignant les grâces de la reine avec délice, et les voluptés d'un Crétin
avec enthousiasme. Je ne sais s'il faut admirer ou plaindre cette merveilleuse facilité de génie. Mais elle me charme, et même en murmu-
rant contre le hardi jeune homme qui met à nu devant moi la débauche effrontée, le vice hideux, toutes les scènes de corruption, une
maison de volupté, les amours cyniques comme les amours délicats,
je ne puis résister à cet attrait mystérieux qui me force d'aller jusqu'au
bout, de suivre ce flot, de respirer ces fleurs jetées sur des objets qui
font horreur.

J'ai lu d'autres écrits de M. J. Janin. Tout ce désordre brillant y
était! Il y a ici plus que du désordre; il y a souvent une pensée profonde d'historien, et souvent aussi une pensée ingénieuse de moraliste.

Dans ce livre d'un jour, il y a donc de l'avenir. Le jeune écrivain nous
annonce qu'il va *se poser*. Alors il aura pour lui-même la sévérité qu'il
m'a ôté le courage de lui témoigner.

III. *La Peau de chagrin*, roman philosophique, par M. de Balzac.

Ce roman a de la vogue et cela devait être ; car il est amusant et on ne demande rien aujourd'hui à la littérature que de l'amusement. Il est écrit d'un style vif, spirituel, brillanté ; c'est une suite de tableaux éblouissants qui vous passent devant les yeux avec une rapidité entraînante, sans vous laisser le temps de respirer. Sous ce rapport tous les romans du jour se ressemblent. Les auteurs y jettent à pleines mains les contrastes, les oppositions tranchées, les effets bizarres : on est sûr d'y trouver de l'éclat, de la facilité, de la hardiesse de pinceau ; mais rien d'étudié, rien d'approfondi, rien qui soit fait à tête reposée. Il est vrai qu'il faut au public de l'inattendu, du bizarre, de l'horrible, quelque chose qui le réveille et l'émeuve à tout prix : on le sert selon son goût. Quand la réalité est si dramatique, quand la tragédie court les rues, un pauvre écrivain a fort à faire pour soutenir la concurrence.

La *Peau de chagrin* s'intitule roman philosophique : qu'est-ce que cette philosophie ? Elle n'est pas très-neuve, mais qu'y a-t-il de neuf sous le soleil ? Ce qu'il y a de pis, c'est qu'elle n'est ni bien morale ni bien consolante. Raphael de Valentin, c'est le nom du héros, au moment de se jeter dans la Seine, parce qu'il a perdu son dernier écu dans une maison de jeu, trouve un singulier talisman : c'est une peau de chagrin dont le possesseur n'a qu'à exprimer un désir pour le voir accompli : mais à chaque désir la peau se rétrécit, et sa vie doit finir avec elle. Raphael préfère ce genre de suicide à celui qu'il avait d'abord choisi. Le talisman le rend riche, amoureux et aimé, il lui procure tout ce qui fait le charme de l'existence ; mais ces délices sont empoisonnées par le spectre de la mort qu'il voit approcher et grandir à mesure que la peau de chagrin diminue. Sa vie n'est qu'une longue et affreuse agonie qui se termine dans le désespoir. Sur ce fond sont brodées mille scènes variées et quelquefois un peu crues, où se reproduit toute la vie de l'homme civilisé, avec ses prestiges et ses jouissances, que suit pas à pas, pour les désenchanter, une ironie triste et amère. Le sens de cette donnée est facile à saisir. Chacun de nous a sa peau de chagrin dont le souvenir importun corrompt toute la prospérité des heureux du siècle. Pour un esprit capable de réflexion, que valent des plaisirs qui passent, des affections qui s'usent, un temps qui fuit sans s'arrêter jamais, une vie qui doit finir ? De tout cela, il n'y a que deux conclusions à tirer : ou celle de l'épicurien qui cherche un assaisonnement à ses jouissances dans l'idée de la mort et veut se couronner de roses, avant qu'elles ne se flétrissent, ou celle du philosophe chrétien qui ne voit dans cette vie qu'une épreuve, un voyage vers une autre vie de lumière, de joie et de paix, qu'il peut conquérir par un digne usage de sa volonté. L'auteur de la *Peau de chagrin* n'adopte ni l'une ni l'autre. Il ne prend pas en patience le vide et la brièveté des jouissances, comme l'épicurien : car il y a dans son livre un vif sentiment des misères humaines. Il met volontiers en saillie tout ce que le plaisir a de déboires, l'orgueil de tourments, l'amour de mécomptes ; la science de vanité et d'insuffisance : c'est une satyre perpétuelle de cette vie que Byron appelle une moquerie, et Voltaire, une mauvaise plaisanterie de l'Être suprême. À quoi bon tout cela, s'il n'y a rien de mieux en effet, si on ne peut pas mettre en regard de toute cette misère une espérance d'immortalité qui console et qui rafraîchisse ? Pourquoi nous montrer sans cesse ce néant, si ce n'est pas pour en tirer une instruction ? Mais aujourd'hui on ne sait ni se contenter de la vie présente, s'y concentrer et s'y vautrer, ni jeter un regard d'amour vers *cette terre où tout doit refleurir.* L'indifférence religieuse et le scepticisme philosophique mènent les esprits au fatalisme, ce qui est bien naturel à une époque où la vie est devenue si amère pour quiconque a placé dans les hommes sa foi et son espoir. Le fatalisme marque donc de son empreinte presque tous les écrits du jour. Nous essaierons bientôt d'examiner ce caractère particulier de la littérature actuelle, qui rend si douloureuse la lecture de ses productions, et nous développerons alors des considérations que nous ne pouvons qu'indiquer aujourd'hui. Certes, je ne prends pas trop au sérieux ce dégoût, ces angoisses, ces convulsions. Je sais que nos fatalistes, *s'ils sont assez fous, ne sont pas assez forts* (1), et se résignent plus facilement qu'ils ne le disent à ces jouissances dont ils peignent si bien le vide ; cela n'empêche pas qu'il n'y ait réellement dans les âmes un fond de désespoir qui énerve singulièrement et produit peut-être ce manque d'énergie, ce quelque chose d'usé qui frappe partout les regards. C'est au catholicisme à nous relever de cette déchéance, à *restaurer* à la fois l'homme et la société, et aussi à rendre à l'art la vérité et la profondeur. Alors on ne nous donnera plus pour de la philosophie une pensée circonscrite dans ce qui est de la terre ; on ne nous montrera plus une seule face, une hideuse face de l'homme, mais on nous le montrera tout entier avec son rayon céleste emprisonné dans un corps de boue, avec le pressentiment de son magnifique avenir, avec sa grandeur bien plus forte que sa misère ; « car c'est une des merveilles de la religion chrétienne de réconcilier

____

(1) Montaigne.

» l'homme avec soi-même en le réconciliant avec Dieu, et de lui rendre
» la vue de soi-même supportable (1). »

IV. *Le Roi des Ribauds*, par le bibliophile Jacob.

Le lecteur tient probablement assez peu à savoir d'une manière précise ce que c'était que le roi des ribauds. Les notes qui précèdent le nouveau roman que nous annonçons ne sont pas de nature à déterminer parfaitement son origine et ses fonctions. Officier du palais, chargé d'attributions analogues à celles qui sont aujourd'hui confiées au préfet de police et à des agents d'un rang inférieur, le roi des ribauds portait, dans son bizarre costume, les insignes d'un profession qui révolterait aujourd'hui la délicatesse de nos mœurs. Un des traits caractéristiques du moyen âge, c'est ce cynisme franc et naïf, qui ne corrompt point la masse des mœurs publiques, qui effarouche souvent la pudeur sans rien ôter à l'innocence. De là, pour les peintres de cette époque, un double écueil : s'ils peignent les mœurs populaires avec la foi ardente et unanime du temps, les pratiques religieuses, la franchise et la bonhomie des caractères, ils s'exposent à ne pas tenir assez de compte du mauvais côté du tableau : la haute et sainte institution de la chevalerie leur fait oublier l'immoralité des chevaliers, et la piété du clergé les mauvaises mœurs de beaucoup de prélats et de clercs. D'un autre côté, si l'on fait de la chronique scandaleuse, et qu'on s'efforce de mettre en relief tous les torts de conduite des classes élevées de cette société demi barbare ; si, descendant plus bas, on trouve dans le peuple des habitudes et un langage peu en rapport avec la délicatesse de nos mœurs actuelles, on tombe dans un travers opposé ; et l'un est injuste dans sa critique, comme l'autre dans son apologie. Le grand art serait d'arriver à la fusion des contrastes, et celui-là n'est guère compris. La même difficulté se présente dans les voyages en Espagne, en Portugal, en Italie, partout où il y a désaccord fréquent entre les mœurs et les croyances, sans que pourtant les croyances y soient impuissantes et les mœurs dépravées. Le bibliophile Jacob est un chroniqueur ; mais à travers son archéologie et son archaïsme, on sent battre le cœur, se mouvoir les sentiments et les idées d'un homme du dix-neuvième siècle, qui juge le règne de Louis XII de la rue Saint-Honoré.

(1) Pascal.

Il y a dans ce livre un casque assez heureux du langage, des habitudes, des usages, des costumes français au commencement du seizième siècle; mais comme l'auteur aspire moins à tout exposer qu'à révéler à ses lecteurs des anecdotes scandaleuses, il arrive qu'on ne trouve dans cet ouvrage qu'un seul côté du tableau. Ce sont bien là les fêtes, les bals, les mascarades, les tournois; j'admets que cette effroyable peinture de maisons de débauche soit exacte, je veux bien reconnaître que les désordres de la cour sont empreints d'un cachet de vérité, que vous n'avez calomnié personne, ni la reine Marie, à laquelle vous prêtez un rôle dont il n'y a pas trace dans l'histoire, ni Anne Boleyn, dont vous faites une prostituée, ni la duchesse de Norfolk, que vous faites descendre au rang de la dernière *ribaude* de la rue aux Ours; je consens à trouver de la vérité dans le *Magnifique*, dans son infâme complice Balthazar Villon, dans les terribles scènes de Montfaucon : soit; mais n'y avait-il donc que cela dans ce siècle? Ces tableaux isolés de l'ensemble des mœurs sociales, ne donnent-ils pas l'idée la plus fausse, la plus injuste, la plus absurde de cette époque? Qu'on lise Philippe de Commines après le bibliophile Jacob, et l'on comprendra mieux ma pensée.

Certes, l'ingénieux auteur des *Soirées de Walter Scott* est un homme d'esprit et de travail; mais il ne met pas assez de conscience, il ne porte pas une vue assez universelle dans son travail pour arriver à la vérité historique. Nous lui demanderons d'ailleurs, s'il est permis d'altérer les faits les plus connus de l'histoire, quand on aspire à une exactitude de détails presque minutieuse : si l'on peut, par exemple, faire mourir Louis XII tout autrement qu'il n'est mort; prêter au duc de Valois (François I*er*) des sentiments et des actes de pure invention, et se complaire à accumuler gratuitement toutes les turpitudes sur Anne Boleyn, à peine née au moment du mariage de Louis XII avec Marie d'Angleterre. Tous ces faits sont aussi connus que s'ils s'étaient passés au siècle dernier, et il faudrait au moins racheter de telles licences par des effets dramatiques du premier ordre. Le *Roi des Ribauds* en présente peu : pourtant, cette lecture attache; c'est un calque spirituel de formes et de langages, qui nous fait craindre que ce soit là le principal mérite du bibliophile. Attendons, pour le juger, les chroniques destinées à faire suite à celle-ci.

V. *Le Cardinal Dubois, proverbe : une Tuerie de cosabues, scène
d'invasion*, par Godefroy Cavaignac.

Tel est le titre de deux légères esquisses, qui révèlent dans leur
auteur une touche flexible et délicate, une imagination sinon énergique et riche, du moins pleine de naturel et d'une sorte de
sensibilité trop rare en ce moment. Ceci est plus vrai que la plupart
des scènes historiques qui nous sont fabriquées chaque jour. Nous
confessons que le nom de l'auteur et l'importance que de récentes circonstances lui ont acquise dans le parti républicain, nous avait préparés
à attendre ou plutôt à redouter tout autre chose de sa part. Des théories
politiques, fausses et étroites, que soutient un enthousiasme extati-
que et sans profondeur réelle, ne nous avaient pas paru comporter
un développement d'aussi heureuses qualités. Il y a dans la *Tuerie de
Casaques* surtout une intelligence réelle de la vie de famille et des habitudes militaires. Une passion malheureuse répand sur toute cette
scène un parfum de mélancolie. Un jeune homme qui, hier encore,
était insensible à tout autre sentiment qu'au besoin de vivre auprès
d'un être faible, des jours duquel il tient en quelque sorte la trame,
un jeune homme, jusque là sombre, sans sympathies énergiques, et
dont l'oreille comme le cœur ne paraissait pas s'ouvrir à un autre sentiment qu'à celui de l'amour le plus tendre et partant le plus égoïste,
devient en un instant un lion terrible, ivre de sang, respirant le car-
nage; il guide toute une population à la vengeance et à la mort. C'est
bien ainsi que se forme le héros populaire, celui qui devient puissant
et fort, parce qu'il est l'expression de la force de tous. Ainsi surgit un
Rienzi à Rome, un Mazaniello à Naples, un Wat-Tyler à Londres, un
Cathelineau dans la Vendée. Cette scène est dramatique à un haut degré, et le tableau final siérait bien au chaleureux pinceau d'Horace-
Vernet.

Le *cardinal Dubois* est une assez piquante peinture des saturnales de
la régence. Le misérable n'est encore qu'archevêque ; il aspire à la
pourpre, et ne sait comment confesser sa pensée au régent. Ce prince
arrive, une horrible conversation s'engage, trop fidèlement historique,
quoiqu'il y ait bien quelque exagération dans le portrait de Philippe
d'Orléans. Un brave curé d'Auvergne se fait à grande peine introduire chez le successeur de Fénelon, M. l'archevêque de Cambrai,
premier ministre; il ignore que l'abbé Dubois a caché sous ce glorieux
titre l'infamie de son nom. Ce curé a fait le voyage d'Auvergne pour

se plaindre d'une falsification commise sur ses registres, d'où plusieurs actes de mariage ont été frauduleusement soustraits. Or, cette soustraction est du fait de Dubois, marié, en effet, à Brives-la-Gaillarde, avant d'entrer dans les ordres. Madame Dubois arrive en face de son époux. Dubois tremble un instant pour lui-même, et au lieu de songer au chapeau, ne pense plus qu'à sauver sa tête ; mais la scène paraît si plaisante au régent, elle lui cause un tel enivrement de cynisme et de gaieté, qu'il veut couronner l'œuvre, et que, par partie de plaisir, il notifie à Dubois l'intention de lui obtenir le chapeau, afin que *rien ne lui manque.* C'est ainsi que *tout chemin mène à Rome.* Voilà le mot de ce proverbe, trop pénible à lire, sur lequel on ne doit pas plus s'arrêter que sur une mauvaise pensée. Somme toute, ces essais indiquent du talent littéraire.

VI. 15 *Septembre* 1831, par F.-Alph. de Syon.

Cette brochure, à laquelle son auteur a donné pour épigraphe le seul mot *legem*, est une sorte de traité de la légalité, dont M. de Syon fait la base, et, en quelque sorte, le terme définitif de toute civilisation. La conquête d'un ordre constitutionnel défini par des lois fondamentales, réglées par un code et à la majorité des voix, tel lui paraît être le résultat de toutes les révolutions véritablement progressives ; c'est la seule chose qu'il aperçoive surgissant du vaste mouvement européen. On dirait à la lecture de ces pages, que le droit, et j'entends ici par droit le droit écrit, la légalité parlementaire, est le seul élément de l'humanité. Une fois conquis, tout mouvement devient désordonné, car il est sans but et sans règle ; jusqu'à ce qu'il soit obtenu toute révolution est légitime : et ce qu'il y a de plus bizarre dans cette théorie, c'est que ce n'est pas seulement en France et en 1830 que se place l'auteur : il embrasse dans son point de vue et les siècles écoulés et les civilisations diverses, et au milieu de ces grandes crises intellectuelles et religieuses, sa seule idée lui apparaît toujours fixe, dominante, absolue. Pourquoi ces peuples se brisent-ils les uns sur les autres ? pourquoi des croyances succèdent-elles à d'autres croyances ? pourquoi l'humanité engendre t-elle dans le sang et les larmes des destinées nouvelles ? Dans un seul but : pour que chaque peuple ait une constitution écrite composée peut-être à la majorité d'une voix, à l'exécution de laquelle des préfets et des gendarmes tiendront la main, et que chaque citoyen aura la satisfaction de pouvoir mettre dans sa poche.

Malheureusement tout le monde ne porte pas à la *loi*, c'est-à-dire à la capricieuse décision d'une majorité mobile, le même respect. Tous ne lui reconnaissent pas le droit de disposer arbitrairement de leur sort, et d'enchaîner leurs vœux, leurs espérances, leurs théories. Les masses qui souffrent et manquent de pain n'ont pas en la légalité la foi civique que ses méditations, et peut-être aussi ses intérêts, suggèrent à l'auteur; de là les désordres et les émeutes. Le légitimiste, qui voit dans son système la base exclusive de l'ordre, ne saurait être converti à l'opinion contraire, parce qu'une majorité parlementaire a déclaré la sienne condamnable; le républicain enthousiaste ne soumet pas ses espérances au joug d'un décret ou d'une pénalité : le saint-simonien se considèrerait comme opprimé dans son droit si on l'empêchait d'enseigner une doctrine qu'il regarde comme devant dominer l'avenir, et le catholique s'indigne quand des hommes étrangers à sa foi osent s'introduire dans le sanctuaire, et prétendent circonscrire arbitrairement la sphère de sa liberté : c'est ainsi que de toutes parts et toujours la légalité est dépassée par la foi, dépassée par l'intelligence, dépassée par les passions. Elle ne peut donc pas se lever contre de telles puissances; son seul droit est d'assurer la liberté de tous, de régler leurs rapports mutuels; et cette puissance, dont les attributions sont ainsi circonscrites dans un cercle limité, porte alors beaucoup plus les caractères d'une loi de police que d'une institution fondamentale.

Or c'est aussi sous ce point de vue que M. de Syon finit par envisager la loi, après en avoir fait une bien inutile apothéose: nul n'a de plus généreuses pensées; son cœur est libéral et haut placé. Il comprend tout chez les autres, quoiqu'il ne paraisse pas avoir lui-même aucun de ces impérieux besoins d'intelligence ou de ces sympathies profondes, qui font souvent devancer les temps et sortir d'un siècle usé, impuissant, corrompu, pour se plonger par la pensée dans un avenir nouveau, dans une société régénérée. On voit que l'auteur n'ambitionne rien au-delà de ce qui est : l'humanité en sait assez; la France a assez de liberté, assez de gloire : elle est arrivée à l'apogée de la civilisation : qu'elle garde le ministère Périer, qu'elle résiste aux hommes ambitieux de réforme et de guerre étrangère, qu'elle se remette au jeu régulier de la machine constitutionnelle, que le gouvernement s'efforce de rattacher à l'ordre de choses fondé en juillet tout ce qui en est séparé ou par de vieilles affections respectables, ou par des impatiences de jeunesse, et tout sera pour le mieux dans le meilleur des mondes possibles.

L'auteur peut être classé parmi les plus spirituels défenseurs du *statu quo* intérieur et extérieur. Sa brochure est composée sous l'inspiration de cette probité politique qu'il faut reconnaître dans ce parti, alors même qu'on doit lui refuser une compréhension suffisante des besoins et du mouvement de la société. M. de Syon en sait pourtant plus long que la plupart des écrivains ministériels : on sent percer dans son travail cette conviction, que la légalité ne pourra enchaîner la manifestation des vœux, des espérances, des besoins divers qui agitent la France. La conclusion, ce semble, est naturelle ; élargissez-en la sphère ; que la légalité cesse de peser sur les partis comme un joug ; qu'on n'y voie plus un moyen d'assurer aux vainqueurs du moment un triomphe éternel ; faites-en tout bonnement un instrument d'ordre et de paix publique ; qu'elle ne s'efforce d'ôter à personne ses intimes espérances ; qu'elle laisse chacun caresser librement ses affections, ses théories, ses chimères ; et que sous sa protection tous puissent marcher régulièrement à la conquête de l'avenir. Renoncez donc à tout serment, à toute doctrine d'immutabilité, et n'imitez pas la fanfaronnade de ce monarque absolu, qui compare ses paroles aux décrets de la Providence. Si le pouvoir actuel est perdu, s'il est flétri dans l'opinion, si chacun lui dit en face son fait, et l'avertit que sa chute est prochaine, c'est parce qu'il a ainsi voulu enchaîner la conscience nationale. Il a suivi en cela les conseils des doctrinaires : hâtons nous de dire que ce ne sont pas ceux de M. de Syon. En témoignage de ses convictions progressives, et pour ne pas laisser porter sans réserve sur lui ce qu'il y a de désagréable dans une accusation de complicité avec la niaiserie et l'*inintelligence* des centres, nous citerons les passages suivants :

« Toutefois, il est une lacune importante que nous voulons signaler dans cette législation constitutionnelle, parce que nous ne doutons pas qu'on ne se voie incessamment forcé de la remplir : nous pensons qu'un article de la constitution eût dû organiser le progrès en organisant l'omnipotence parlementaire qui n'est que l'omnipotence nationale, sous la seule forme habituelle, compatible avec l'existence de la société. Nous pourrions dire l'omnipotence de la civilisation. Il eût fallu et il faudra constituer avec une grande prudence un moyen extraordinaire et régulier de recours à la souveraineté électorale pour modifier, quand le besoin en est généralement reconnu, tel ou tel point de la loi fondamentale. Ainsi l'on évitera à l'avenir tout mouvement irrégulier pour satisfaire ces nécessités, puisqu'on pourra toujours régulièrement les introduire dans la loi. D'un autre côté, l'on échappera à la doctrine subversive de toute stabilité, de toute sécurité, qui ne considère la loi fondamentale que comme de la même nature que les lois ordinaires, pouvant comme elles être altérée par une simple délibération législative. Alors seulement la loi sociale sera tout à la fois stable et progressive.

» ..... Nos doctrines étant éminemment, quoique sagement, progressives, nous ne doutons pas que les hommes chargés de les appliquer ne nous donnent autant et aussitôt qu'il se pourra tous les développements et améliorations que requièrent et admettent nos institutions et notre situation. L'organisation municipale va être appliquée ; on y joindra sans doute celle départementale. On décentralisera l'administration, et on reportera vers les membres du corps social la portion de la vie qui peut leur être donnée sans danger pour l'unité et l'énergie de l'action nationale. Nous croyons que cette organisation doit être faite de façon à avoir pour ainsi dire un pied de paix et un pied de guerre : à se développer, à se localiser en temps parfaitement régulier et normal ; à se concentrer, à se centraliser en temps de crise extérieure ou intérieure. La vie sociale doit, comme la vie individuelle, avoir une force d'expansion et une force de contraction, et ces deux forces, que l'auteur du système des compensations a aussi par trop universalisées, il faut les organiser, faire qu'elles vivent ensemble en bonne intelligence, et prépondèrent chacune en temps opportun. Il faudra aussi s'occuper de rendre à l'instruction l'indépendance et le concours, et de généraliser l'instruction primaire. La quantité et la manière de liberté et d'action départementale, municipale et d'instruction qui conviennent au pays sont pour nous des questions statistiques ; car le principe est décidé dans le sens absolu ; il ne s'agit que de savoir jusqu'à quel point l'état des choses permet de l'appliquer, d'approcher de l'absolu. Nous croyons encore qu'il faut se hâter autant que possible de faire graduellement rentrer les départements de l'ouest et du midi dans la loi commune, dans l'exercice complet de leurs droits politiques. Car on ne peut long-temps tenir sous une législation exceptionnelle et d'interdit une si notable portion du pays ; et un état de fermentation ne s'améliore guère par de si irritantes méfiances, par une telle suspension de vie publique régulière ; ce n'est pas le moyen de rallier les dissentiments. Il voudrait mieux, pour rattacher ces départements aliénés à notre régime de liberté, les en faire jouir pour qu'ils puissent l'apprécier et s'y affectionner. »

———

VII. *Histoire des ordres religieux* , par Henrion.

Il est assurément difficile, dans trois petits volumes, comme ceux que nous annonçons, de donner quelque développement à l'histoire des ordres religieux depuis leur origine jusqu'à nos jours, de montrer dans tous les détails de sa beauté cette expansion de l'âme du catholicisme sur le monde pendant tant de siècles. Mais c'est chose essentiellement utile que de nous offrir, même en abrégé, cette grande et magnifique histoire. Remercions donc M. Heurion de son ouvrage, et encourageons-le pour le volume qu'il doit encore donner l'année prochaine : remercions-le surtout des réflexions qu'il a répandues en passant sur les choses et les hommes, et du soin avec lequel il cherche à détruire les préjugés dont le protestantime et la philosophie ont pénétré notre société au sujet des instituts religieux. Les personnes, tant soit peu instruites et éclairées, celles qui se doutent au moins de la nature humaine et qui ont lu quelques pages d'histoire, n'ont plus guères, je pense, d'objections contre le célibat des prêtres, l'inutilité des monastères, le scandale de l'humilité de certains ordres, la cruauté de quelques autres, etc.—Il n'en est pas moins vrai que toutes ces pauvres idées étroites, que M. de Voltaire avait fait passer moyennant son esprit, subsistent encore dans quelques têtes, et que c'est un service envers la bonne cause que de montrer, sans prétention littéraire aucune, sans autre désir que celui de faire rendre hommage à la vérité, cette série admirable d'hommes et d'institutions qui tous sont venus donner au monde l'exemple d'une vertu surhumaine, et développer, chacun en son temps, l'idée dont le siècle voulait le développement : celle de la contemplation ascétique et de la vie érémitique, qui détache l'homme complètement de la terre, et, ne lui laissant qu'une pure et continuelle aspiration au bonheur céleste, attire par ses prières la miséricorde divine sur ses semblables ; celle de la vie laborieuse et savante qui défriche les campagnes, répand à flots la parole évangélique sur les peuples, et jette à la postérité les monumens d'une science et d'une philosophie incomparable, puisqu'elles sont écrites sous l'inspiration de l'Esprit-Saint ; celle de la pauvreté et de l'humiliation volontaires, de la douleur et des larmes continuelles, dont le spectacle frappe de néant ce qu'il y de plus éclatant sur le trône, de plus doux dans la famille, et même de plus beau et de plus pur sous le ciel ; celle de la charité ardente et insatiable, qui n'a de joie qu'à panser de dégoûtants ulcères, à respirer l'air fétide des prisons, ou à mourir dans le malheur avec le malheureux ; celle de la foi conquérante qui traverse les mers, les montagnes, et la haine des populations qu'elle vient convertir ; celle... laquelle dire encore ? Toutes. On ne saurait trop rappeler, on ne saurait présenter sous trop de formes ces idées, qui expriment, pour ainsi dire, autant de cris de la nature humaine et autant de ré-

ponses de la voix divine, de la révélation chrétienne. La *Société des
Bons Livres*, qui travaille surtout pour l'éducation des classes inférieures, remplira son but en leur mettant de pareils ouvrages entre les
mains. Emparons-nous, avec le dévouement que demande notre foi,
de tous ces excellens moyens d'instruction ; faisons connaître au peuple
la foi de ses pères en lui en développant l'histoire ; il n'y en a pas de
plus belle, pas de plus touchante. Plus on a calomnié, plus nous devons travailler à venger de la calomnie ceux que nous regardons comme
les bienfaiteurs de l'humanité et les amis de Dieu. Là est attaché notre
honneur !

VIII. *Le Protestant*, journal religieux, politique, philosophique et
    littéraire, avec cette épigraphe : *La vérité vous rendra libres ;* parais-
    sant trois fois par mois.
Le Semeur, journal religieux, politique, philosophique et littéraire,
    avec cette épigraphe : *Le Champ, c'est le monde ;* paraissant tous les
    mercredis.

Ces deux journaux qui viennent d'éclore à-peu-près en même-temps
ont beaucoup de rapport entre eux. L'un et l'autre commencent par
signaler, en gémissant, ce mal profond qui travaille la société française, le manque de foi, et ils cherchent comment on pourrait y remédier. Le remède, selon eux, ne se trouve ni dans la philosophie, soit
matérialiste, soit même spiritualiste, ni dans la doctrine de Saint-Simon,
ni dans le catholicisme, mais dans le christianisme évangélique. S'il y
a une différence entre le *Protestant* et le *Semeur*, c'est que le premier
adopte avec amour tout le passé de la réforme, se rattache de toutes
ses forces aux *vieilles*, aux *saintes églises françaises*, tandis que le
Semeur, s'isolant de Genève et de Wittemberg, semble se donner pour
l'organe d'une doctrine non encore constituée en secte ou en église,
n'accepte de nom que celui de chrétien, et prononce à peine le mot
de protestantisme. Ces deux recueils se distinguent également par
un ton de modération, de tolérance et de charité auquel nous applau-
dissons de tout notre cœur : notre catholicisme ne s'effraye que fort peu
de quelques objections mille fois répétées et mille fois réfutées : nous
n'avons pas peur que l'hérésie fasse aujourd'hui des conquêtes sur
nous : mais nous sympathisons volontiers avec des hommes qui, dans
ce siècle d'intérêts matériels et de préoccupations égoïstes, parlent de
Dieu, de Jésus-Christ, de christianisme, et crient que hors de l'Évangile, il n'y a point de salut même pour la liberté.

    « Oh ! si une pensée généreuse et grande était partout présente à l'esprit de nos trente-deux millions de citoyens, si cette flamme électrique circulait d'âme en âme, si une croyance en quelque chose, qui ne fût ni le soin de gagner son pain, ni le désir de faire sa fortune ou de faire son chemin, pénétrait les masses; si en un mot une religion (et il nous tardait d'en venir à ce mot, car il n'y a de foi durable que la foi religieuse); si une religion grande, éclairée, tolérante, une religion de paix, de morale et de liberté... remplissait la vie de la France, non de jours fériés, mais de jours féconds en bonnes pensées et en bonnes œuvres, quelle leçon elle donnerait au monde! quel poids elle jetterait dans la balance de l'Europe!.... Cette foi qui lui manque, cette religion qu'elle cherche, et qui seule nous sortira d'une anarchique incrédulité, nous croyons fermement que notre protestantisme est appelé à les donner à notre patrie.» Ainsi s'exprime le *Protestant*. C'est là une bien présomptueuse espérance. Le protestantisme est usé en France comme partout ailleurs : emporté par la force de son principe, il a tout critiqué et tout dissous; il s'est perdu dans le socianisme, puis dans un naturalisme vague. Le recueil dont nous parlons n'appartient point à cette théologie rationaliste qui, en Allemagne surtout, a comme anéanti les livres saints par une téméraire exégèse et qui donne à l'Evangile le nom de divin seulement en ce sens que tout ce qui est beau et vrai vient de Dieu : ses rédacteurs croient à une inspiration surnaturelle, à une révélation positive : mais là se borne le lien qu'ils veulent établir entre les hommes. Pourvu qu'on croie que la Bible est la parole de Dieu, on peut être en communion avec eux, en tirât-on des conséquences entièrement opposées sur les points les plus essentiels. C'est là qu'est la faiblesse de leur doctrine; elle ne peut convenir ni à ceux qui ont besoin d'unité, parce que, quoi qu'en dise le *Protestant, un culte commun est impossible sans une foi commune*(1), ni ceux qui veulent la liberté toute entière, parce que ceux-là ne veulent pas plus du joug de la Bible que de tout autre joug, et trouvent contre le dogme de la révélation immédiate autant d'arguments que contre les autres dogmes chrétiens.

Que les écrivains, dont nous parlons, s'efforcent de raminer parmi leurs coréligionnaires le sentiment religieux, nous les en louerons volontiers : car un protestant qui croit nous paraît fort préférable à un catholique sans foi : mais leur théologie de juste-milieu est trop faible et trop vacillante pour tenter personne, soit parmi nous, soit parmi les incrédules. Pour rallier les esprits livrés à l'anarchie, il faut un sys-

(1) « Consacrez le devoir de se séparer de ses frères pour croire, et non pour prier : prouvez la possibilité d'un culte commun sans une foi identique, et alors vous aurez établi la paix religieuse.» N° 5.

tème fort, vaste, complet, catholique en un mot, et les ennemis de toute croyance le sentent bien, car c'est le catholicisme seul qu'ils craignent, qu'ils haïssent, qu'ils comptent pour quelque chose. L'avenir est à nous ou à l'impiété ; et il est probable que dans un demi-siècle il n'y aura plus en Europe que des catholiques et des athées. Alors ceux de nos frères séparés, qui ont conservé l'amour du Christ et de son Évangile, forcés d'abandonner une position qui n'est plus tenable, et où ils ne peuvent rester chrétiens que par une honorable inconséquence, se réfugieront dans les bras de notre Église, pour y trouver enfin la plénitude de la foi et de la paix. Telle est notre ferme espérance que tout ce qui se passe sous nos yeux confirme chaque jour davantage.

MÉLANGES.

Angleterre.

—Impôts sur l'intelligence. — Aujourd'hui qu'il est si souvent question en France de la diminution des droits sur les journaux, il n'est pas sans intérêt de voir comment ce même sujet est envisagé au delà de la Manche. Les *taxes on knowledge* sont un des thèmes les plus usuels de l'opposition. La *Revue de Westminster* contient dans son dernier numéro un article remarquable dont nous présentons à nos lecteurs quelques aperçus.

« Dans quel pays un gouvernement a-t-il pu rendre une loi en vertu de laquelle il est interdit à tout homme de rien communiquer à son voisin, pour son instruction ou son amusement, pour lui faire connaître les lois auxquelles il est contraint d'obéir, à moins qu'il ne fasse payer ses avis et ses informations à tant la ligne? Exposons rapidement la nature de ces taxes imposées, même dans des circonstances pleinement étrangères à la politique, tels que de simples avis relatifs aux intérêts privés. Le crieur de ville était l'ancien instrument employé pour les communications entre concitoyens. Supposons que de nos jours on use encore du minstère de cet agent pour faire connaître un danger imminent, pour solliciter la charité publique, pour indiquer les moyens de se dérober à une calamité prochaine ; supposons qu'il soit chargé par une mère au désespoir de faire savoir à ses amis la mort d'une fille bien aimée. Il a réuni le peuple, il va procéder, après la formule ordinaire, à la lecture de sa commission, quand survient un personnage fourré d'hermine, qui, l'interrompant au beau milieu de sa lecture, lui dit : Sous peine de la prison et d'une amende de 20 livres sterling au moins, je vous commande, au nom du roi (1), de ne pas continuer

(1) Stat. 55 de Georges III.

avant de m'avoir payé 3 liv. 6 sh. (1) pour chaque avis que vous communiquerez au public. Certes, l'effet de cette interruption serait de faire assaillir l'interrupteur à coups de pierres, et pourtant tel est exactement le résultat de l'impôt contre lequel nous nous élevons. Chaque jour d'énormes taxes sont perçues par le fisc sur des avertissements de ce genre. Tout avis imprimé au public, pour secours en cas de disette, incendie, ravage, inondation, est impitoyablement taxé (2). Plusieurs mille livres sterling ont été dépensées en prix d'annonces lors des souscriptions pour le soulagement de l'Irlande, et cette odieuse taxe vient d'absorber une portion considérable de la somme recueillie pour les malheureuses victimes des inondations du Morayshire.»

»Dans quelques cas, ces impôts deviennent un très-grand obstacle aux échanges, et une calamité pour le commerce; dans d'autres, ils ont, sous le rapport intellectuel, les résultats les plus déplorables; trop souvent ils sont un empêchement à l'action de la charité publique, car il est de principe qu'un impôt n'est autre chose qu'une prohibition, pour qui ne peut le payer.

»Espérons que la chambre actuelle des communes remédiera à ces inconvénients : voici quelques conséquences de l'état actuel des choses. Les premiers résultats de l'impôt sur l'intelligence sont :

»De rendre les journaux chers, et de les mettre hors de l'usage habituel d'une très-grande partie de la classe moyenne et de presque toutes les classes laborieuses de la société;

» De restreindre le champ de la presse, de rendre presque impossible l'établissement de concurrences, et l'établissement de grands journaux ailleurs qu'à Londres, en créant ainsi une sorte de monopole en faveur de ceux qui existent. Les résultats moraux et politiques de cette interdiction sont d'une nature très-grave. »

L'auteur traite ici la question de l'instruction populaire, et n'a pas de peine à démontrer que la moralité publique, la diminution du nombre des crimes est en raison directe de la diffusion de l'instruction dans les masses ; il ajoute :

«Nous savons qu'il est maintenant devenu évident pour tous les ma-

(1) Environ 78 fr.

(2) On voit que notre législation, si fiscale encore, est pourtant infiniment plus libérale que la législation anglaise : cette observation s'applique à tout cet article. C'est ainsi, par exemple, que le transport des journaux par la poste, à un prix de taxe moindre que les lettres, a existé de tous temps chez nous; en Angleterre, ils sont distribués par des bureaux spéciaux. (N. D. R.)

nufacturiers éclairés que les plus ignorants des ouvriers sont non-seulement les plus dangereux, mais encore les moins utiles ; et qu'il vaut beaucoup mieux avoir affaire à des gens qui lisent qu'à des hommes qui, sans rien écouter, brûlent les machines. On a pu en voir de frappants exemples dans les derniers troubles. Des adresses et des proclamations furent alors distribuées ; les journaux exposèrent les pénalités attachées par les lois aux attentats qui se commettaient. Malheureusement ces journaux étaient hors de l'usage des classes laborieuses, de celles même qui savent lire, et elles se trouvaient alors dans un trop grand état d'irritation pour prêter attention à des adresses et à des proclamations faites pour ce moment même. Aussi vit-on des bandes entières d'ouvriers commettre des crimes capitaux, sans se douter le moins du monde du châtiment auquel la loi les condamnait ; presque tous ne s'attendaient à autre chose qu'à l'emprisonnement ; et il leur fallut voir le bourreau à l'œuvre pour être désabusés. C'est ce qu'a dû démontrer toute la procédure. Il est évident que la grande majorité de ces malheureux a été punie à raison de leur ignorance des dispositions de nos lois. S'il y avait eu antérieurement des moyens de communication établis avec eux, si des lectures usuelles leur avaient appris la législation du pays, que de malheurs n'auraient pas été évités ! Jamais il ne fut plus important qu'aujourd'hui, en politique et en morale, d'établir de nombreux et intimes rapports entre les diverses classes de la société. D'ailleurs, l'habitude de lire les papiers publics ne pourrait manquer d'affaiblir graduellement sur le peuple l'autorité de certains meneurs ignorants, dont les paroles seraient sans action, si elles avaient un contrepoids, quel qu'il fût, et si leur autorité seulement était divisée.»

Après avoir présenté longuement les raisons morales qui paraissent s'élever contre le système actuel, et font désirer une plus libre diffusion des journaux dans le peuple, l'auteur arrive à des résultats financiers, que nous nous bornons à indiquer.

« Grâce à l'impôt et aux règles actuellement suivies par l'administration des postes, toutes les relations entre l'Angleterre et ses nombreuses colonies sont, pour ainsi dire, interrompues. Comme si l'on avait craint la sympathie, l'union morale de la métropole avec les branches éloignées de l'empire britannique, on a eu soin d'ajouter des droits de poste aux droits de timbre et d'impression. L'impôt mis sur les feuilles publiques destinées aux Indes orientales et à la nouvelle Hollande, est si exhorbitant qu'un nabab seul pourrait le payer, et qu'il dépasse évidemment les facultés des autres classes de colons. Le vif désir qu'éprouvent ces colonies de connaître la situation de la métropole, de se conformer à ses mœurs, de s'assimiler ses idées, donnerait dans ces pays un très-grand débouché aux journaux, si les taxes n'étaient pas aussi énormes, et le trésor public ne pourrait qu'y gagner beaucoup. Il n'y a nulle exagération à affirmer que ces prohibitions avanceront de plusieurs années la séparation des colonies de la couronne d'Angleterre.

» Mais l'effet de la rapacité fiscale est surtout frappant en ce qui regarde la transmission des journaux anglais en France. Les commis de la poste ne font pas passer un journal quotidien en ce pays à moins d'une somme supplémentaire de 5 liv. 6 sh. 3 d. Un prix proportionnel est exigé pour les journaux et revues hebdomadaires. Aussi sur le continent, les papiers anglais se vendent-ils d'un shelling à un demi dollar le numéro. On peut donc dire que l'impôt équivaut à une prohibition absolue pour les journaux anglais au-delà des frontières : aussi voici le relevé du nombre des journaux de Londres expédiés à l'étranger pendant l'année 1829 : journaux du matin, 153 ; du soir, 163 ; paraissant trois fois par semaine, 130 ; hebdomadaires, 113 ! »

« De cet état de choses, il résulte que les idées et les habitudes anglaises n'ont aucun moyen de pénétrer en Europe, et de se mêler aux opinions étrangères. Qui peut douter que les théories politiques ne fussent modifiées, si l'on avait partout l'habitude de lire les débats parlementaires de la Grande-Bretagne ? D'un autre côté, combien ce pays ne gagnerait-il pas à se mettre en communication avec ses voisins, que de préjugés ne perdrait-on pas, si les gouvernements renonçaient de part et d'autre à leurs vieilles théories fiscales (1) ! »

A la suite de ces observations judicieuses, l'auteur place un projet de réforme pour toute cette partie de la législation anglaise. Il lui a été fourni par un comité de la société *pour la diffusion des connaissances utiles*, et un rapport fait à l'institution scientifique de Londres, le 3 janvier dernier. Nous ne le suivrons pas dans des détails purement techniques, et nous nous bornerons à mettre sous les yeux de nos lecteurs le passage suivant :

« En France, le retrait partiel des impôts de cette nature, quoiqu'encore bien incomplet, a produit un immense accroissement dans les moyens d'instruction publique depuis plusieurs années. En Angleterre, au contraire, la vente des journaux a diminué proportionnellement à l'accroissement de la population : ces résultats sont patents :

(1) La *Revue* indique ici avec satisfaction l'arrangement récemment conclu entre le gouvernement anglais et l'ambassade française pour le dépôt réciproque dans la bibliothèque royale des deux pays, de tous les ouvrages paraissant à Paris et à Londres.

en 1815, le nombre des journaux, qui partaient chaque jour de Paris
par la poste, était de 25,000 ; en 1829, il était de 58,000 ; en 1815,
le nombre des lettres partant journellement de Paris, était de 40,000 ;
en 1829, il était de 60,000. De telle sorte que l'accroissement du
nombre des lettres n'a été que de 50 pour cent, tandis que celui des
journaux a été de 80. En Angleterre, c'est le contraire précisément qui
a eu lieu. »

— *La littérature considérée comme profession.* — *Le New-Monthly
and London Magazine*, présente les réflexions suivantes sur l'influence
comparée des hommes de lettres en France et en Angleterre.

« Où nous adresser pour l'amélioration de la condition des hommes de lettres ? Le public est un corps trop vaste, une foule trop
grande et trop peu unie pour s'appliquer à ce sujet. Le grand nombre
ne modifiera pas son goût pour le bénéfice de quelques individus,
tout intéressants qu'ils soient. C'est aux hommes en pouvoir, qui peuvent quelque chose, et ensuite à eux-mêmes qui peuvent beaucoup,
que les enfants de la littérature doivent seulement regarder. A tous les
deux, nous oserons adresser quelques conseils.

Le moment actuel est peut être un des plus importants et des plus
critiques de notre histoire, celui du triomphe complet et, pour ainsi
dire, de l'avénement royal de l'opinion publique. Jusqu'ici nous étions
régis par une constitution, par des préjugés, par des castes, par une
aristocratie. Désormais, une opinion toute puissante, celle de la
majorité, nous régira : nous croyons que cette opinion sera modérée,
religieuse, juste, ennemie de tous les excès ; mais il n'est pas moins
vrai que la voix du grand nombre, non du petit ; de la raison, non
du préjugé ; de l'honneur et de l'intérêt public, non des vues étroites
de parti, deviendra l'arbitre de la destinée et de la conduite de
l'Angleterre. Dans ce nouvel état de choses, qui change tant la position
et l'influence relative de toutes les classes de la société, le plus grand
changement sera également subi par l'homme de savoir et de talent. Il
y a un an, il était condamné, pour peu qu'il aspirât à s'élever, à être le
client de l'aristocratie. Cette année lui a donné un autre patron : le
public ; et toute carrière d'ambition lui est à présent ouverte

Que les hommes qui ont entre les mains l'autorité, les nobles, les
hommes d'état considèrent et pèsent bien ce changement ; qu'ils se
rappellent que ce qui a précipité la première révolution de nos voisins
les Français, c'est que les hommes de lettres trouvaient leur intérêt,

leur intérêt sacré, la liberté de la pensée, — leur sentiment de dignité
et de fierté, — en opposition avec l'ordre de choses existant, et que leur
souffle a suffi pour en ébranler les fondements. — Certainement, en
Angleterre, il n'existe pas de sujets de plaintes semblables à ceux qui
existaient en France, mais il peut y avoir d'égales tentations de
destruction. Regardez l'état présent de la France ; là, l'extinction de
l'aristocratie et la faiblesse de la royauté ont laissé au talent la
première place : maintenant, le talent n'est pas moins lui-même que
ses frères, que tout autre principe de pouvoir. Il demande les places,
l'ascendant, le profit aussi aveuglément qu'ont jamais fait les gens de
naissance ; les rangs du parti modéré étant bientôt remplis par des
capacités suffisantes, le reste n'a plus qu'à se glisser dans l'opposition,
et fait appel aux passions les plus grossières et les plus mauvaises du
peuple. Cependant, le gouvernement de France a un lien, une prise à
offrir ; sans quoi en vérité nous croyons qu'il ne pourrait pas exister. Il
y a des centaines de places qui ne sont pas des sinécures, mais de petites
et honorables fonctions ; il y a des centaines de places de professeurs,
de préfects, de sous-préfects, pour contenter, gagner et faire taire
les talents actifs qui réclament. Aucun gouvernement, après juillet
1830, n'aurait pu tenir que celui-là.

A présent remarquez la position différente de l'Angleterre. Son ministère a de grands emplois lucratifs à donner ; mais pour les nombreux et humbles talents, à peine un seul. La juridiction locale et le
patronage en remplissent un grand nombre.—L'Église aussi les envahit
pour la plupart. Et cette dernière considération est un point grave :
l'Église et la science étaient autrefois synonymes, témoin le mot *clerc;*
d'immenses revenus lui appartenaient, autant pour protéger l'instruction que pour payer et soutenir l'orthodoxie. Mais la science a
depuis long-temps abandonné l'Église, et toutes les places de consolation, où les vétérans des lettres pouvaient si justement espérer et
attendre le repos, les librairies, les professorats, sont fermées pour
toujours au laïque. Se détournant de l'Église, le talent, pendant le dernier siècle, a fait sa cour à l'aristocratie, et s'est assis à la table des
lords. Là, un petit nombre d'heureux étaient gracieusement accueillis ;
on peut ici citer Burke et plusieurs autres. Dans ce siècle, le système
tory d'élever la médiocrité aux hauts emplois, et de la soutenir par
l'impudence, a prévalu, et heureusement depuis qu'il ne trouve plus
en sa faveur ni une voix éloquente, ni un esprit élevé, l'heure de sa
chûte et de sa dissolution finale est arrivée. Quant au talent, je crains
qu'il n'aiguise sa plume contre l'Église, et qu'il ne commence à tenir
haute, même en saluant, la tête qu'autrefois il baissait jusqu'au genou

devant un noble visage. Il y a là tort, égoïsme, conséquemment médiocrité ; mais c'est nature. La conclusion à tirer, est qu'il est de l'intérêt de ceux qui sont au pouvoir, comme de toutes les classes de la société, de faire que les hommes de talent soient les amis de l'ordre, des institutions et de la Religion. Si leur intérêt les porte à les haïr, à les mépriser, à les renverser, ils le feront.

A présent, un mot d'avis aux gens de lettres. Ils sont dans une fausse position, dans un pénible état de transition ; ils ont cessé d'être les serviteurs de l'aristocratie, tandis que le grand public qu'ils doivent servir ne paraît pas encore bien savoir qu'il leur doit en retour un certain degré de protection et de respect. Au lieu qu'en France, on passe de la chaire de professeur au ministère, du bureau de libraire à la tribune législative, en Angleterre, le mot *auteur* entraîne après lui une sorte de défaveur. Ce préjugé est sans doute injuste, mais les habitudes de la plupart des gens de lettres l'autorisent et le sanctionnent. Les écrivains anglais du jour sont généralement de purs instruments de divertissement public, légers, superficiels, hommes de plumes courantes et de pensées fugitives ; écrivains de nouvelles, et cultivateurs d'imagination. Même quand ils traitent des sujets sérieux, il y a un manque de profondeur, de maturité, de conscience, qui ne nous fait point honneur. Cela sans doute est en partie produit par un faux système d'éducation, qui nous fait regarder les bagatelles comme d'importants sujets d'étude, et qui nous laisse ignorer la vie publique, jusqu'à ce que des sentiments ou des relations, produits plus tard par le hasard, nous placent dans un parti et nous donnent une opinion qui a pour base, non la raison, mais des haines personnelles.

Sous ce rapport, les Français nous sont infiniment supérieurs ; leur éducation, en rapport avec les besoins et les habitudes du jour, donne davantage la connaissance du monde, et moins celle du cabinet. Mais surtout l'union de la politique et de la littérature imprime un caractère solide et propose un but élevé aux plus simples travaux, en même temps qu'elle donne de la dignité, de la grâce et de la hauteur à la presse politique. En Angleterre, malheureusement, il y a non seulement désunion, mais guerre entre les écrivains de la presse quotidienne et leurs confrères. Les derniers ont été, dans quelques circonstances, et dans quelques-uns de leurs ouvrages, prodigues d'un mépris qui n'était fondé que sur la médiocrité et l'étroitesse de leur esprit. Ce sentiment leur a été rendu, et la querelle s'est envenimée.

L'union, pour tout ce qui concerne les intérêts littéraires, est désormais le devoir de tout littérateur, en même temps que ce doit être la tâche de tout citoyen de joindre une instruction et des principes solides à l'éclat de l'imagination. Les connaissances politiques ne doivent jamais être négligées. Si les autres classes ont jusqu'ici eu le monopole de l'influence et du patronage, rappelons-nous que cela a surtout été à cause de leur monopole des connaissances politiques. A leurs yeux, la science, suivant la maxime, est la puissance; ceux qui la possèdent ne peuvent jamais, comme corps, être méprisés. Car cette autre maxime n'est pas moins vraie, que pour être respecté il faut être craint. »

———

— *Les Français jugés par un Anglais.* — « Ne s'imagine-t-on pas chez nous que les Français sont un peuple frivole; qu'ils n'ont point de vertus domestiques, que leurs femmes sont très-légères et ont même dans leurs principes et dans leurs manières quelque chose de peu délicat et de grossier? Il s'en faut que la vérité soit près de se faire jour en Angleterre. Nous pouvons assurer que les Français sont le peuple le plus grave et le plus sérieux de l'Europe dans toutes les matières qui demandent de l'attention; qu'ils sont les plus assidus des étudians; et que si la vivacité les distingue, c'est la vivacité de l'intelligence; prompts à saisir un faible, et prêts à repousser une attaque. De tous les *ménages* du monde aucun n'est plus heureux qu'un ménage français: l'attachement entre les parents et les enfants est d'une nature si douce et si puissante, qu'en général il pourrait servir de modèle en Angleterre. Les mariages paraissent aussi fidèles et plus heureux qu'en Angleterre pour les classes moyennes; quant aux cercles fashionables, en Angleterre comme en France, c'est un arrangement de convenance qui tient peu de l'esprit de famille. Une jeune dame française est mieux élevée, et se conduit mieux que son égale en position de l'autre côté de la Manche: ses manières sont formées sur un meilleur modèle, ses idées coulent d'un cours bien plus uni, elle est bien moins exposée aux machinations du séducteur; elle a à la fois l'esprit d'un tempérament plus juste, et le caractère d'une meilleure tenue. Parmi nos jeunes femmes, nous en avons qui font de brillantes exceptions, par leur grâce, leur beauté, leur élégance, leur délicatesse de sentiment et de conduite; mais comparativement aux dames de France nous devons dire qu'en général pour tout ce qui regarde l'éducation de l'esprit et du corps les nôtres sont très-inférieures. Ce qui doit être une consolation et un dédommagement pour celles-ci c'est, d'être, pour la perfection physique, sans rivales d'un bout du monde à l'autre.

De même pour les jeunes gens: placez un jeune Parisien ardent, de belle fortune et de bonne famille, à côté d'un garçon de Londres, de même condition, tout frais d'Oxford ou de Cambridge. Celui-ci, à quoi rêve-t-il? aux aventures, aux débauches, aux jeux de hasard, à l'écarté, aux courses d'Epsom, à sa danseuse d'opéra, ou à son groom, au costume de son jockey ou à sa partie de billard. Son étude importante est un livre obscène ou un bal masqué à Argyle-Room. Quel contraste avec le jeune Parisien! pour ce dernier, la science ou l'art sont sa passion : il est enthousiaste de Cousin, ou de quelque autre professeur de littérature et de philosophie; ses idées sont élevées, les besoins sensuels tiennent peu de place chez lui : il vit dans l'agitation intellectuelle et la recherche scientifique. Pour les manières, il est aussi différent du pléthorique dandy de Bond Street, que la tranquille et élégante jeune fille de Paris l'est de l'élève d'une pension à la mode de Londres. Le jeune Parisien est réservé et sérieux dans sa tenue, sec de complexion, peut-être un peu trop ami de la discussion, mais conversant toujours plus volontiers sur les sujets intellectuels, philosophie, arts, politique; l'air orgueilleux, le mépris aristocratique, l'indifférence pour tout ce qui touche les autres lui sont choses inconnues. Ses mœurs sont *domestiques*, ses sentiments solides : plein d'âme dans ce qu'il entreprend, à la fois grave et passionné, on ne trouve en lui ni fiel, ni hauteur. — Nous dirions volontiers : est-ce là la notion populaire du jeune Parisien; ou, y a-t-il au monde deux choses plus opposées que la notion que nous venons de donner, et celle qu'a généralement le peuple anglais?

(Westminster-Review.)

Irlande.

— *De la yeomanry en Irlande.* La Grande-Bretagne possède une institution que nous n'avons plus à lui envier aujourd'hui; notre garde nationale, quand elle comprendra véritablement sa mission de liberté et d'ordre public, et qu'elle ne sera plus un instrument de parti, est bien autrement favorable à la paix publique que la *yeomanry* trop vantée de nos voisins. C'est surtout en Irlande que cette force armée se présente avec un caractère de domination brutale et véritablement oppressive. On en jugera par les observations suivantes que nous devons à un écrivain, auquel sa qualité de protestant n'interdit pas l'impartialité.

« La plus insolente et la plus vile d'entre les créatures humaines est, sans contredit, le *loyaliste* protestant au cœur bas. C'est comme un reste unique et indigène d'un vieux et horrible système de gouvernement.

Ne pouvant se vanter d'autre chose que de son protestantisme, il croit naïvement que la suprématie de la caste religieuse, à laquelle il appartient, doit faire oublier sa bassesse personnelle. Il a un esprit de persécution inné. Vêtissez sa sordide supériorité d'un uniforme rouge, placez un schako sur sa tête, un sabre à son côté et un mousquet sur ses épaules, et vous avez un fanatique furieux, que la plus légère apparence de provocation met hors de lui-même, toujours prêt à célébrer des anniversaires insultants, et à terminer d'une manière sanglante les orgies de ce genre; vous avez, en un mot, l'*yeomanry* irlandaise personnifiée.

» En Angleterre, cette institution n'est pas dénaturée, comme en Irlande, par l'animosité religieuse; mais dans ce dernier pays, livré à toute la fureur des guerres civiles et de conscience, mettre des armes dans les mains de la minorité dominante, c'était livrer à sa discrétion une majorité impuissante à se défendre. Aussi, nombre d'hommes politiques, fort sincèrement dévoués à l'union avec la Grande-Bretagne, blâmèrent-ils la détermination d'armer la *yeomanry*, même en 1796, pour résister à l'insurrection et à l'invasion étrangère. Malheureusement cette mesure fut adoptée à cette époque; et, depuis, des atrocités furent commises, et toujours considérées comme preuve de zèle et de loyauté.

» Il faudrait trop de temps pour rappeler tous les crimes de la *yeomanry* irlandaise depuis l'acte d'union. Après le rétablissement de la tranquillité qui suivit l'insurrection de 96, presque tout ce qu'il y avait d'honorables protestants dans ce corps cessa, de fait, d'en faire partie; de sorte qu'il resta livré à la lie du protestantisme, surtout dans trois provinces. Si le gouvernement avait agi sagement, il l'aurait entièrement supprimé; ce qui resta de la *yeomanry* fut employé à des vengeances personnelles, à d'incroyables vexations, à des atrocités gratuites, des actes d'oppression et de spoliation particulière, dans l'intérêt des tyrans subalternes qui commandaient cette force armée. Le plus innocent usage qu'on en fasse est d'orner les pompes seigneuriales de quelque aristocrate de village. Sa radicale impuissance pour préserver la paix publique résulte suffisamment de ce seul fait, que M. Peel, pendant qu'il était secrétaire en chef d'Irlande, regarda comme nécessaire d'enlever aux magistrats ordinaires et à la *yeomanry*, les attributions de police pour les donner à des troupes stipendiées et aux constables.

» Après la grande insurrection, les catholiques furent quelque temps si accablés qu'ils pliaient sous tous les caprices de leurs vainqueurs; mais peu après ils reprirent le sentiment de leur dignité d'homme; les rues et les places publiques furent périodiquement arrosées de sang. Mais ce n'était pas là le plus grand mal. La justice fut corrompue dans sa source même; l'institution du jury devint un moyen non de sauver, mais d'assassiner l'innocent; de préserver, non de punir le coupable. La *yeomanry* orangiste eut de fait le monopole du jury, et renvoya absous tous ses partisans, malgré les preuves de culpabilité les plus évidentes. La chose fut poussée si loin qu'on songea enfin à arrêter la ferveur de la loyale *yeomanry* et à mettre un terme à sa domination. Lord Wellesley le premier lutta contre elle, et faillit mourir martyr de ses efforts : on sait qu'il y eut une tentative d'assassinat sur sa personne pendant qu'il était au théâtre. Le jury ne manqua pas d'absoudre l'assassin sous un frivole prétexte.

» Les *yeomen* sont encore moins redoutables comme corporation armée que comme membres d'une association secrète orangiste. Sous l'administration de lord Wellesley, ces sociétés secrètes protestantes furent également dissoutes; mais l'émancipation catholique seule leur a porté un coup mortel. Dès ce moment, la supériorité de caste fut attaquée par sa base; et tout l'ensemble du gouvernement doit nécessairement aujourd'hui se modifier à raison de la doctrine d'émancipation et de liberté générale.

» Nous n'hésitons pas à croire que, si le duc de Wellington avait été premier ministre, lors du récent massacre de Newtonbarry, il aurait, sans aucun doute, désarmé et dissous la *yeomanry* d'Irlande. Un soldat comme lui eût éprouvé trop d'horreur à la vue d'une exécution militaire sur une population qui fuyait sans défense, pour hésiter à détruire une aussi odieuse institution, avec cette énergie de volonté et cette persévérance d'efforts qui le caractérisent. »

—*Clergé protestant d'Irlande.* En Irlande, il y a pour 700,000 protestants, quatre archevêques et dix-huit évêques, tandis qu'en Angleterre, il n'y a que deux archevêques et vingt-quatre évêques. Dans un rapport fait récemment au parlement, le revenu de quinze diocèses Irlandais est ainsi évalué. Armagh, 15,080 liv. sterl. (environ 375,000 fr.). — Tuam, 5,548 liv. (139,000 fr.). — (Cashel, évaluation fort au-dessous de la réalité), 3,500 liv. (87,500 fr.). — Il n'est pas question de Dublin dans le rapport. — Clogher, 9.000 liv. (225,000 fr.). — Derry, 10,000 liv. (250,000 fr.). — Meath, 5,815 liv. (145,000 fr.). — Raphoe, 5,379 liv. (133,000 fr.). — Leighlin et Ferns, 5,000 liv. (125,000 fr.). — Ossory, 3,000 liv. (75,000 fr.). — Dromore, 4,863 l. (121,000). — Waterford, 5,000 liv. (125,000 fr.). — Cork, 3,000 l. (75,000 fr.). — Limerick, 2,915 liv. (97,900 fr.). — Cloyne, 2,000 l.

(5o,ooo fr.). Killala , 4,600 liv. (115,ooo fr.). Quant aux bénéfices , il paraît, d'après les rapports faits au parlement en 1828, que 1151 paroisses ont transigé pour leurs dîmes , et ont composé pour 278,o36 liv. (6,95o,ooo fr.). En portant à 225o le nombre des paroisses , la totalité des dîmes serait de 542,25o liv. (13,556,ooo fr.). Il résulte d'un rapport fait en 1824 qu'il y a 18,000 acres de glèbe , et en évaluant chaque acre une livre , les dîmes et le revenu territorial forment un total de 6a5,25o liv. (15,63r,ooo fr.). En Ecosse , l'église ne revient en tout qu'à 234,ooo l. (5,85o,ooo fr.). Le revenu de 33 chapitres et corporations de doyens peut être évalué sans exagération à 66,000 l. (1,65o,ooo f.). Les amendes ecclésiastiques montent à 187,000 liv.(4,675,ooo f.). Les recteurs de 48 paroisses à Dublin et dans quelques autres villes sont payés non en dîmes , mais par le gouvernement. L'université de Dublin doit avoir seulement en terres au moins 20,000 liv. (5oo,ooo fr.). Ces différentes sommes montent à 1,o53,ooo liv. (26,ooo,ooo fr.), équivalent de ce que paie la France, pays de trente millions d'habitants, pour pourvoir aux besoins religieux de toutes les communions chrétiennes, existantes dans le royaume.   (*Monthly-Review.*)

Allemagne.

Le déluge littéraire, qui a commencé en Allemagne en 1814, continue toujours à grossir. Au lieu de 2000 ouvrages , qui formaient alors le contingent annuel, nous en avons actuellement près de 6000. Le catalogue de la dernière foire de Leipzig (à la Saint-Michel 183o), contient 3444 articles dont 2764 sont actuellement publiés , et si on les ajoute aux 3162 annoncés dans le catalogue de Pâques , on a , pour la quantité de livres publiés en 183o, un total de 5962. En 1829, on en avait publié 5314 ; en 1820, 5654 ; en 1827, 3108 ; auparavant, le total n'avait jamais dépassé 5ooo. Les magasins et les encyclopédies populaires se sont accrues dans la même proportion , et le public a montré autant d'ardeur pour lire que les lettrés pour écrire.

—On publie à Stuttgard une collection des œuvres des philosophes les plus éminents qui aient fleuri depuis la renaissance des lettres jusqu'à l'époque de Kant. Elle comprendra Bacon, Descartes, Spinosa, Locke, Hume et des portions des œuvres choisies de Leibnitz.

Espagne.

—*Population de l'Espagne.* Il n'y a pas de pays dont la population ait éprouvé autant de variations, et surtout une décroissance aussi grande, en comparaison de ce qu'elle était d'abord, que celle de l'Espagne Cela tient à une grande quantité de causes dont un petit nombre aurait suffi pour produire cet effet. Parmi ces causes doit être d'abord mentionnée l'invasion du pays par les Maures, qui est justement regardée comme l'origine de la dépopulation qui s'ensuivit : les maladies épidémiques, qui, à différentes époques, désolèrent les provinces du sud et d'autres parties du royaume : une guerre de sept cents ans entre les Maures et les chrétiens, qui commença au neuvième siècle et ne finit qu'à la prise de Grenade, vers la fin du quinzième ; la proscription et l'expulsion de trois millions de Juifs et de Maures ; l'abandon de l'agriculture et la mauvaise direction donnée aux entreprises commerciales, par suite de la découverte de l'Amérique ; les déprédations des corsaires barbaresques sur les côtes méridionales ; enfin l'influence du gouvernement et de la législation civile. Les détails suivants sur ce qu'a été la population de ce pays aux différentes époques de la monarchie, montreront les oscillations extraordinaires qu'elle a subies.

Suivant l'opinion reçue, l'Espagne, sous les Romains, contenait quarante millions d'habitans, mais, en prenant cette évaluation pour très-exagérée, supposons que la population n'ait été alors que de 20,000,000. A la fin du quatorzième siècle, suivant plusieurs écrivains espagnols, elle était de 21,700,000 ; mais cette estimation, comme la première, est probablement exagérée, et il est à croire que la population alors ne dépassait pas 16,000,000. Sous Ferdinand et Isabelle, à la fin du quinzième siècle, elle montait, suivant les mêmes autorités à 20,000,000 qu'on peut réduire à 15,000,000. En 1688, elle était de 10,000,000 ; en 1700, à la mort de Charles II, de 8,000,000 ; en 1715, sous Philippe V, de 6,000,000 ; en 1768, sous Charles III, de 9,307,804 ; en 1787 et 1788, dernière année du règne de Charles III, de 10,143,975. D'après le recensement fait en 1797 et 1798, il paraît que la population alors dépassait 12,000,000. Il s'ensuit que depuis le temps des Romains jusqu'à l'année 1715, la population de l'Espagne a décru continuellement dans les proportions suivantes, savoir : depuis les Romains jusqu'à la fin du quatorzième siècle, période d'environ mille ans, de 4,000,000 ; depuis lors jusqu'à la fin du quinzième siècle, de 1,500,000 ; de la fin du quinzième siècle jusqu'en 1688, d'environ 5,000,000 ; de 1688 à 1700, en douze ans, de 2,000,000, et de 1700 à 1715, en quinze ans, aussi de 2,000,000. D'autre part, elle s'est accrue de 1715 à 1768, en cinquante-trois ans, de 3,307,804 ; de 1768 à 1788, en vingt ans, de 836,171 ; depuis lors jusqu'en 1806, de plus de 2,000 ; ce qui forme un accroissement total de plus de 6,000,000, de

1715 à 1806. Dans le *Diccionario geográfico* de Mignano, la population de l'Espagne en 1826 est évaluée à 13,732,172, ce qui donnerait depuis 1715, c'est-à-dire en cent onze ans, un surcroit de 7,732,172, et même on peut supposer que cette évaluation est au-dessous de la vérité. En prenant pour base le recensement de 1826, comme l'évaluation la plus exacte qui ait encore été obtenue, la population de l'Espagne comparée avec sa superficie (145,100 mille carrés) donnerait environ 90 ½ par mille carré, un peu plus de la moitié de ce que présente le même espace en France et en Angleterre, pays très-inférieurs à l'Espagne pour la fertilité du sol, les avantages du climat et en général tous les dons de la nature.

— *Antiquités romaines dans l'île de Majorque.* Il y a dans l'île de Majorque deux hommes de lettres, don Joaquin-Maria Bover et don Antonio de Juria, qui se sont livrés depuis leur jeunesse à l'étude du blason, de la numismatique, etc. Ils ont, pendant plusieurs années, recueilli des documents sur le royaume des îles Baléares, et ont rempli sur ce sujet 200 volumes. Leurs infatigables recherches dans les forêts et dans les cimetières des îles Baléares, les ont mis en possession d'une intéressante et riche collection de médailles romaines et de pierres monumentales. Une table de marbre, déterrée récemment, porte une inscription qui établit positivement la situation de l'ancienne ville de Palmaria fondée par le consul romain Q. Cecilius Metellus ; point que les recherches des savants n'avaient encore pu déterminer. Une partie des résultats de leurs travaux est sous presse.

Portugal.

— *Don Miguel et l'état du Portugal.* Le *Monthly Magazine* contient sur la position actuelle du Portugal vis-à-vis les puissances de l'Europe les réflexions suivantes, qui nous semblent traiter avec bon sens une question fort embrouillée par le libéralisme et la diplomatie.

» Nous n'avons pas besoin de dire que nous ne sommes pas les avocats du despotisme. Nous ne nous présentons pas comme les chevaliers de l'homme qui gouverne aujourd'hui le Portugal, mais nous ne pouvons nous refuser à croire que, dans ce pays comme dans le sien, Don Miguel lui-même a été la victime d'un système de calomnies qui lui a attiré une haine injuste. Nous sommes ici singulièrement ignorants sur l'état réel de l'opinion publique en Portugal, et le caractère de ce peuple. Il ne faut pas oublier que la longue et intime union d'une cour despotique et corrompue avec un clergé ambitieux, y a étouffé tout rayon de lumière, réduit l'esprit public aux plus étroits préjugés, et séché dans sa racine toute vertu civile ou militaire. Ce n'est pas une peinture exagérée des mœurs portugaises ; la vénalité et la corruption des classes élevées se trouve d'accord avec la superstition ignorante de la multitude. Et pourtant c'est sur ce sol qu'on a voulu, en 1821, implanter des institutions libres, expérience que tous les esprits réfléchis ont dès l'origine regardée comme chimérique.

« Que servent les lois sans les mœurs, » dit le poète romain. Cette observation est bien confirmée par l'exemple du Portugal. Les violentes révolutions qui, à différentes époques, ont déchiré l'Europe moderne, ne sont pas nées, nous en convenons, de l'esprit novateur des souverains et des hommes d'Etat, mais de leur attachement superstitieux à des formes vieillies et des principes empruntés à des siècles moins éclairés. Mais il est possible aussi de tomber dans l'extrémité opposée, et de faire beaucoup de mal à la société en imposant prématurément à un pays des institutions qu'il est entièrement incapable de supporter : c'est ce qui est arrivé en Portugal. Tous les actes des Cortès portugaises ont été signalés par un desir imprudent d'abolir les vieilles institutions de la monarchie, et cela dans un pays où le peuple se distingue par son attachement et son respect profond pour les anciens usages, pendant que d'un autre côté ils laissoient intacts les abus flagrants qui ont une si triste influence sur l'humble bonheur des masses. Comme une plante exotique transplantée sous un ciel étranger, la constitution Portugaise s'est desséchée bien vite : elle est tombée toute seule, et quelques-uns de ceux qui avaient les premiers déployé sa bannière, ont contribué à la renverser.

» La promulgation de cette constitution de fabrique brésilienne fut aussitôt suivie de l'insurrection du marquis de Chavès dans le Nord. Quand Don Miguel, peu de mois après, mit le pied sur les rivages du Portugal, les éléments d'une contre-révolution existaient dans la capitale, et elle était prête à éclater. Ce n'est pas la personne de Don Miguel, c'est la cause qu'il défend, qui est populaire en Portugal, et de là vient la stabilité de son gouvernement. Le droit qu'a chaque nation de choisir la forme de gouvernement qui lui convient, est devenu aujourd'hui un axiome politique. En proclamant roi Don Miguel, les Portugais n'ont fait qu'exercer un droit inhérent à la nation. Ils ont préféré le despotisme à la liberté ; nous pouvons avoir pitié de cette bassesse d'inclination, mais nous n'avons pas certainement le droit d'attaquer leur choix. Dénoncer comme impopulaire le gouvernement de Don Miguel, c'est aller contre l'évidence des faits : car un gouvernement ne peut subsister quand ses actes ne sont pas en harmonie avec l'opinion publique. Pendant l'expédition récente de l'escadre française, lorsque le sentiment de l'injure faite à la nation aurait dû allumer le mécontentement et produire une énergique réaction qui aurait trouvé dans les Français un puissant appui, il est de notoriété que loin qu'aucune démonstration ait été faite en faveur de la constitution, on n'a pas entendu un seul cri de *vive Dona Maria*. On objectera que le peuple était contenu par la présence de troupes dévouées au gouvernement ; mais qui ignore que les plus savantes combinaisons militaires sont impuissantes pour arrêter l'essor de la liberté? l'exemple récent de Paris et de Bruxelles l'a bien prouvé. La population de Lisbonne est d'environ 500,000 ames, et pendant les derniers événements la garnison n'était que de 5000 hommes ; s'il y avait eu un esprit général de mécontentement, aurait-il été réprimé efficacement par si peu de troupes?

» Beaucoup de personnes croient que si l'empereur Don Pedro débarquait sur quelque point du Portugal, il y aurait aussitôt un soulèvement général en sa faveur. Cette opinion nous semble tout-à-fait dénuée de fondement. Don Pédro a quitté le Portugal encore enfant : depuis lors, il n'est connu de ses concitoyens que par un événement qui fait naître dans l'esprit de tout Portugais (à quelque parti politique qu'il appartienne), un sentiment de douleur et d'indignation. La perte du Brésil, de ces vastes possessions qui seules donnaient au Portugal une importance politique, et d'un autre côté, le souvenir des indignes traitements soufferts par les troupes portugaises dans ce pays n'est pas effacé du cœur de l'armée. Si Don Pédro était assez fou pour tenter une pareille entreprise, sans être appuyé par des forces imposantes qu'il n'a pas le moyen de lever, au lieu d'une marche triomphale comme celle de Napoléon en 1815, l'ex-empereur risquerait d'éprouver le triste sort de Murat.

» Nous voudrions savoir d'après quel principe logique le cabinet anglais refuse de reconnaître le gouvernement de fait de Don Miguel. Par notre politique vacillante, nous avons aliéné même le parti modéré en Portugal ; et il est triste de penser que dans un pays où l'influence de l'Angleterre était autrefois toute puissante, le nom anglais est aujourd'hui en exécration. Il est clair que le gouvernement de Don Miguel ne doit rien à notre pays, tandis que les espérances du parti constitutionnel ont été tour à tour exaltées et découragées, flattées et déçues. Il n'y a probablement pas de classes d'hommes qui ait une plus mortelle haine pour nous, que les constitutionnels portugais : ils attribuent à la Grande Bretagne la ruine de leur pays; ils détestent le traité de 1810, qui, selon eux, a porté un coup fatal à leur commerce et à leur industrie, et a amené la séparation de leurs immenses colonies. Si ce parti triomphait, il y aurait un vigoureux système d'exclusion pour tous les produits anglais. Nous n'en concluons pas qu'il faut chercher à nous concilier le parti qui domine aujourd'hui en Portugal : la politique de l'Angleterre doit être fondée sur de plus nobles motifs que de sordides intérêts commerciaux. Mais au nom de la *consistance* politique, si elle existe dans ce monde, pourquoi hésitons-nous à reconnaître Don Miguel? Nous avons reconnu Louis-Philippe qui est assis sur le trône d'une famille pour laquelle nous avons dépensé tant de sang et d'or; nous avons reconnu la révolution de la Belgique dont l'union avec la Hollande était notre ouvrage : mais par un raffinement d'inconséquence politique, nous refusons de reconnaître le prince qui règne en Portugal, au même titre que Louis-Philippe et Léopold en France et en Belgique. Ce prince, il est vrai, ne peut nous inspirer aucune sympathie : mais pourtant son pouvoir émane de la même source, la source légitime de tout droit, la volonté de la nation.»

Asie.

—*Du dernier empereur de la Chine.* Les *Mémoires sur la Chine* d'un missionnaire portugais, qui a demeuré long-temps à Pékin, contiennent des détails curieux sur Kiaking, dernier empereur de la Chine, père du souverain régnant. «Chaque jour, dit le P. Serra, après avoir donné audience le matin, ce à quoi un empereur ne manque jamais, à moins d'indisposition sérieuse, et après avoir expédié les affaires qui lui étaient soumises, il rentrait dans ses appartements pour jouer des instruments et chanter avec des comédiens; puis il buvait jusqu'à ce qu'il fût ivre. Le reste du jour se passait ainsi. Le soir, il se rendait au sérail avec quelques uns de ses histrions masqués. C'est une particularité digne de remarque que ses deux plus jeunes fils n'ont pas la plus petite ressemblance l'un avec l'autre; l'un étant grand et mince, l'autre gros et court. L'empereur avait tant de goût pour les comédiens, qu'il les prenait avec lui lorsqu'il allait offrir le sacrifice dans les temples du ciel, de la terre et du soleil. Cette circonstance et quelques autres ayant été consignées dans un mémoire, par le célèbre syndic et ministre Sung-Keun, Sa Majesté en fut grandement courroucée et fit mander le coupable devant elle. Etes-vous l'auteur de cette admonestation? lui dit-il. Il reconnut qu'elle était de lui. On lui demanda alors quelle punition il méritait. Il répondit : D'être écartélé. On lui dit de choisir quelque autre chose. Qu'on me coupe la tête, dit-il. A un troisième ordre, il demanda d'être étranglé. Après ces trois réponses, il fut renvoyé, et le jour suivant, l'empereur le nomma gouverneur d'E-le (pays des bannis), rendant ainsi hommage à sa vertu, mais incapable de supporter sa censure. Ayant été rappelé à la cour, et ayant blessé le monarque par de nouvelles représentations, il fut privé de son rang que l'empereur actuel lui a rendu.

«La famille impériale semble être d'un caractère dissolu. Les deux frères de l'empereur régnant sont adonnés à l'ivrognerie et à la débauche, et le plus jeune a été dégradé par l'empereur, qui, dans l'édit rendu à cette occasion (février 1828), a déclaré que son frère avait été toute sa vie « un fainéant, dissipé et vicieux. »

Le père Serra semble croire que les prêtres de Fo-hi, qui sont nombreux à Pékin, et ont une grande influence sur les chefs tartares, (malgré le mépris qu'ont pour eux les Chinois) réussiront à changer la dynastie actuelle. Ces trames secrètes expliquent peut-être les troubles qui ont lieu constamment dans la Tartarie et dans les provinces nord-ouest de l'empire.

Amérique.

—*Antiquités mexicaines.* L'antiquaire doit être frappé de la ressemblance des anciens monuments du nouveau monde avec ceux de l'Egypte. Son œil retrouve les mêmes pyramides, les marques du même culte du serpent, l'écriture figurative des premiers anaglyphes de l'Egypte, un langage hiéroglyphique d'un genre symbolique et phonétique semblable, les traces du culte d'une semblable divinité solaire uniternaire, des temples, des sculptures et des statues qui; caractérisés par quelques distinctions particulièrement américaines, ont une grande analogie avec ceux de l'Egypte.

En voyant ces monuments, on est étonné qu'un aussi grand juge que Robertson, l'historien de l'Amérique, ait pu croire qu'il n'y avait pas dans toute la nouvelle Espagne, de monument ni de trace de monument qui remontât au-delà de l'époque de la conquête; que le temple de Cholula n'était qu'une masse de terre couverte de gazon, et que les habitations y étaient de simples huttes aussi grossièrement construites que celles des plus sauvages indiens. Le même historien parle, avec la même légèreté, d'une coupe d'or possédée par le comte d'Oxford, comme de la seule relique précieuse de l'antiquité mexicaine, et ayant recours à la roue chronologique (*chronological wheel*) publiée par Gemelli Carrieri, il dit froidement : « Si cette pièce est originale, elle prouve que les mexicains avaient outre les chiffres, des caractères particuliers représentatifs de diverses choses.» Sans parler de l'astronomie mexicaine, je veux faire remarquer le peu de valeur que l'historien attribue à un monument qui indiquait une civilisation aussi avancée, aussi supérieure à celle des conquérants européens; et rappeler les postes régulières, les routes, les canaux, la police des mexicains. Si Robertson avait vu la carte de l'ancien Mexique que possède M. Bullock, il aurait su que la cité de Mexico avait quelque chose de plus beau encore dans ses admirables institutions municipales et ses distributions paroissiales.

Les preuves surabondent pour démontrer que la civilisation mexicaine était à l'époque de la conquête bien plus avancée que ne l'a supposé Robertston : des routes, des aqueducs, des ponts, des palais, des temples, des monuments de tout genre de la plus grande magnificence des pyramides dont la base égale quatre fois celle des pyramides d'Egypte, des sculptures de toute beauté, des hiéroglyphes d'une forme élégante, et indiquant par leur construction une science aussi étendue que celle de la Chine; en un mot, partout une grandeur de plan et une habileté d'exécution prodigieuse.

Le costume des Tultecans (qui ont peut-être précédé les Mexicains) a les plus grands rapports avec le costume égyptien : un tablier couvert d'ornements, et recouvrant jusqu'à la moitié de la cuisse, analogue à la même partie du vêtement égyptien, et étant peut être l'origine du tablier militaire romain et du *philibeg* écossais. Souvent leur coiffure quoique plus bizarre qu'en Egypte, est généralement composée des mêmes objets symboliques. Leur collier et leur plaque pectorale auxquels est suspendue une image du soleil sont précisément ceux que portent les rois et les héros d'Egypte. Souvent une queue d'animal, comme on en voit aux héros et aux demi-dieux égyptiens, est portée par le héros Mexicain ou par le conquérant Tultecan. Les sandales ressemblent aux sandales grecques et romaines. L'usage de porter sur la coiffure des crêtes, des oiseaux, des têtes d'animaux, des instruments d'agriculture ou de musique, est commun aux Egyptiens et aux Mexicains. Les héros Tultecans sont représentés étendus sur des couches de modèle égyptien, c'est-à-dire, représentant des corps d'animaux soutenus par les griffes de ces animaux.

Ces circonstances indiquent une origine égyptienne. Cependant il y a au milieu des analogies que nous venons d'indiquer, des signes d'une distinction primitive qui ne doivent pas être perdus de vue.

Les bijoux des narines, des lèvres, des oreilles sont d'origine indienne, les brasselets sont entièrement d'Amérique. Les temples ressemblent davantage à ceux du Japon : la partie ornementale des sculptures, des portes intérieures, et surtout extérieures du *temple des fleurs* à Oaxala, est évidemment moresque et arabesque.

Le système astronomique des Mexicains leur est particulier et ne doit pas être confondu avec celui des Tultecans : quoiqu'il puisse dériver de celui-là, rien ne prouve qu'il en dérive. Ce système dont, malgré tous les efforts possibles, on ne saurait assigner la naissance, ni à Rome, ni en Grèce, ni en Égypte, ni en Asie, offrait un zodiaque divisé en vingt signes, et une année partagée en dix-huit mois, dont chacun avait vingt jours. Cette circonstance seule semblerait exclure tout lien entre les Mexicains et les anciens peuples dont nous avons parlé : ou s'il y avait quelque lien, il tendrait à établir le fait que les Mexicains furent une colonie chinoise chassée par une éruption de Tartares. Dans le fait, les calendriers des deux pays s'accordent d'une manière frappante : car tous les deux n'ont que trois cent soixante jours dans l'année, qu'ils divisent en mois de vingt jours chacun. Tous les deux commencent l'année au 26 février, et ajoutent cinq jours intercalaires à la fin de l'année. Mais en ce dernier point, ils s'accordent avec les Égyptiens. En Égypte, comme au Mexique, comme dans tout l'Orient, les jours intercalaires étaient consacrés à manger, à boire et à se divertir. Mais les Mexicains sont seuls à admettre un cycle de 52 ans, dont le double formait le siècle Mexicain.

Il paraît que le système astronomique mexicain, pris généralement, ne ressemble à aucun autre qu'au Chinois ; mais qu'il a une analogie partielle avec l'Égyptien, pour la disposition et l'emploi des jours intercalaires. Inutile d'insister sur la grande analogie des antiquités chinoises et égyptiennes, spécialement pour les hiéroglyphes.

Toutefois les rapports astronomiques sont les seuls qu'on puisse établir entre les Chinois et les Mexicains. Les hiéroglyphes de Mexico (ou plutôt de Tultèques), n'ont avec les Chinois qu'une ressemblance purement et évidemment accidentelle. La langue mexicaine est aussi opposée à la chinoise par sa dureté que les consonnes le sont aux voyelles. Elle n'en a pas davantage avec l'égyptienne.

On doit donc conclure que l'air de famille qui rapproche les monumens égyptiens et mexicains, justifie l'opinion de cette affinité naturelle, qui a sa marque dans les traditions religieuses et astronomiques de tous les peuples de l'antiquité.

(Gentleman's Magazine.)

REVUE EUROPÉENNE.

POLITIQUE GÉNÉRALE.

LETTRE A M. LE RÉDACTEUR
DE LA REVUE EUROPÉENNE (1)
SUR LA POLITIQUE RATIONELLE.

Votre lettre m'arrive au fond de ma solitude, mon cher ami; mais il n'y a plus de solitude pour un esprit sympa-

(1) Nous donnons à nos lecteurs ce travail remarquable, gage précieux de la bienveillante amitié de M. de Lamartine, en regrettant vivement de ne pouvoir le leur faire connaître que par fragments. La pensée de l'auteur a couru sur tout son vaste sujet, et il s'est trouvé avoir fait un livre alors qu'il croyait écrire une lettre. Cet ouvrage, qui dépasserait les bornes prescrites à ce recueil par sa nature même, paraîtra sous très-peu de jours chez Gosselin, libraire, rue Saint-Germain-des-Prés, n. 9: et au bureau de la *Revue Européenne*. Nous ne doutons pas que nos lecteurs ne s'empressent de suivre jusqu'au bout les développements féconds dans lesquels l'inspiration du poète s'unit si heureusement aux qualités qui font pressentir l'homme politique. La pensée fondamentale

thique et pensant : dans les temps laborieux où nous vivons, la pensée générale, la pensée politique, la pensée
sociale domine et oppresse chaque pensée individuelle ;
nous voulons la déposer en vain ; elle est autour de nous,
en nous, partout ; l'air que nous respirons nous l'apporte,
l'écho du monde entier nous la renvoie ; en vain nous nous
réfugions dans le silence des vallées, dans les sentiers les
plus perdus de nos forêts ; en vain, dans les belles nuits
de septembre, nous contemplons d'un regard envieux ce
ciel paisible et étoilé qui nous attire, et l'ordre harmonieux
et durable de l'armée céleste ; le souvenir de ce monde mortel qui tremble sous nos pieds, les soucis du présent, la pré-
vision de l'avenir, nous atteignent jusqu'à ces hauteurs
même ; nous revenons de ces demeures de paix avec un
esprit chargé de trouble ; une voix importune et forte, une
voix qui descend du ciel, comme elle s'élève de la terre,
nous dit que ce temps n'est pas celui du repos, de la contemplation, des loisirs platoniques, mais que si l'on ne
veut pas être moins qu'un homme, on doit descendre dans
l'arène de l'humanité, et combattre, et souffrir, et mourir,
s'il le faut, avec elle, et pour elle !

Vous le savez ; je n'ai point refusé ce combat ; je me suis
présenté à la France avec la conviction d'un devoir à remplir, avec le dévouement d'un fils ; elle n'a pas voulu de
moi ; je n'ai point manqué à la lutte, c'est la lutte qui m'a
manqué ; presque seul parmi les hommes qui n'ont pas re-

nous est commune avec l'illustre écrivain ; nous acceptons toutes les
applications qu'il en déduit ; et s'il existait entre lui et nous quelques dis-
sidences sur la manière de juger certains hommes et certaines choses,
elles ne constateraient qu'une chose : c'est qu'on peut appartenir à la
même école sans jeter ses pensées et ses sentiments dans un moule uniforme, et que l'unité de doctrines ne détruit en rien l'individualité.

nié ou combattu la restauration, j'ai affronté, pour accomplir ce devoir de citoyen et de Français, le sourire de pitié de nos Machiavels monarchiques, les insultes et les menaces du parti dont la politique n'est que de la haine, et qui appelle liberté la dérision de son despotisme de place publique; les uns n'ont vu en moi qu'un esprit faible, qui ne comprenait pas la neutralité dans les temps de lutte, ou l'habileté de l'inertie; les autres, qu'un ambitieux trop pressé, qui prenait un détour habile pour entrer avec les vainqueurs en partage de quelque honteuse dépouille; les autres enfin, qu'un absolutiste déguisé venant tendre un piége à la liberté pour la faire trébucher dans sa route, et rire ensuite avec ses complices de ce grand cataclysme de la civilisation moderne aboutissant à un coup-d'état, au profit de quelque impuissante ordonnance; ainsi sont jugés les hommes pendant qu'ils respirent dans cette atmosphère de corruption et de mensonge qu'on appelle les temps de partis. Je suis donc resté seul et dans le silence; mais seul avec une conscience qui m'approuve, avec un présent qui me justifie, avec un avenir qui du moins ne m'accusera pas! mais seul avec vous, avec tant d'hommes jeunes et sincères, avec tant d'esprits élevés et rationels qui ont fait de leur pensée politique un sanctuaire où l'intrigue et la passion ne pénètrent pas, qui cherchent la vérité sociale à la seule lueur de la vérité divine, qui placent la morale, le devoir, le salut et le progrès de l'humanité au-dessus de leurs théories d'école et de leurs affections de famille, qui ont dans le cœur autre chose qu'un nom propre, qui comprennent de l'humanité toutes ses époques, toutes ses formes, toutes ses transformations : esprits marchant en dehors, mais en avant des générations, comme la colonne de feu en avant de l'armée de Moïse, véritable majorité pensante de ce siècle, qui laissera seule peut-être une trace lumineuse quand tout ce désert aura été franchi, quand toute cette poussière sera retombée.

Vous me demandez deux choses dans votre lettre : une coopération personnelle au journal que vous fondez, et mon opinion sur les principes politiques qu'il doit arborer et propager.

Quant à la coopération, je suis à regret forcé de vous répondre : non(1). Je n'ai jamais écrit dans aucun journal ; je n'écrirai jamais dans un journal dont je ne serais pas seul responsable. Ne voyez pas dans ces paroles un superbe dédain de ce qu'on appelle journalisme ; loin de là. J'ai trop l'intelligence de mon époque pour répéter cet absurde non-sens, cette injurieuse ineptie contre la presse périodique, je comprends trop bien l'œuvre dont la Providence l'a chargée ; avant que ce siècle soit fermé, le *journalisme* sera toute la presse, toute la pensée humaine. Depuis cette multiplication prodigieuse que l'art a donnée à la parole, multiplication qui se multipliera mille fois encore, l'humanité écrira son livre jour par jour, heure par heure, page par page ; la pensée se répandra dans le monde avec la rapidité de la lumière ; aussitôt conçue, aussitôt écrite, aussitôt entendue aux extrémités de la terre, elle courra d'un pôle à l'autre, subite, instantanée, brûlant encore de la chaleur de l'âme qui l'aura faite éclore, ce sera le règne du Verbe humain dans toute sa plénitude ; elle n'aura pas le temps de mûrir, de s'accumuler sous la forme de livre ; le

(1) Nous n'avons jamais entendu proposer à M. de Lamartine d'accepter cette solidarité qui naît d'une coopération suivie et régulière à une œuvre périodique. Nous lui avons seulement demandé de nous choisir pour organe lorsqu'une pensée l'oppresserait, et qu'il aurait besoin de soulager son âme. Nous sommes autorisés à espérer que cette communication ne sera pas la dernière.   (*Note du rédacteur.*)

livre arriverait trop tard ; le seul livre possible dès aujour-
d'hui, c'est un journal. Ce n'est donc pas chez moi mépris
de cette forme nécessaire de publication, de cette démocratie de la parole ; non, c'est un respect religieux pour ma
conviction politique, conviction forte, absolue, entière,
que je ne pourrais associer à d'autres convictions sans
l'altérer souvent, sans la dénaturer peut-être ; l'association,
si utile pour agir, ne vaut rien pour parler ; la solidarité de
la pensée est celle qu'un esprit indépendant et convaincu
accepte le moins ; chaque pensée est un tout auquel on ne
peut ajouter ou retrancher sans changer sa nature ; c'est
l'unité morale.

I.

Quant à la haute direction politique dont vos amis et
vous avez déjà si heureusement et si courageusement reconnu les sommités dans le *Correspondant*, voici les principales considérations morales, historiques et philosophiques
qui la traceraient devant moi si j'avais la force et le talent
de coopérer à votre œuvre sociale.

II.

Lorsqu'un homme veut embrasser du regard un horizon
plus vaste, il s'élève à une hauteur proportionnée à celui
qu'il veut découvrir ; de là il plonge et il voit. Ainsi doit
faire le philosophe ; élevons-nous donc à ces hauteurs intellectuelles d'où l'œil contemple le passé, domine le présent,
et peut entrevoir l'avenir. Dépouillons-nous par la pensée
de nos qualités d'âge, de pays, d'époque, de nos préjugés,
de nos habitudes de patrie et de parti ; laissons au pied de
la montagne ces vêtements et ces sandales du jour, rédui-
sons-nous à la nature de pure intelligence, et regardons !
Ce sommet d'où l'homme peut contempler la route passée
et future de l'humanité, c'est l'histoire ; la lumière qui doit

éclairer à ses yeux ce double horizon, c'est la morale, ce jour divin qui émane de Dieu lui-même et qui ne peut ni égarer ni faillir ! Ainsi placé, ainsi éclairé, avec le cœur droit et l'œil pur, on peut présenter au philosophe le problème social le plus complexe, le plus obscur, il le résoudra; il le résoudra avec une précision métaphysique; à quelques accidents, à quelques siècles d'erreur près dans la durée des phases sociales dont la Providence se réserve le secret, sublime prophète de la raison, il écrira l'histoire de l'avenir ! Ce problème, les événements l'ont posé devant nous : chaque cœur le sonde en secret, chaque intelligence le scrute, chaque bouche répète : Où sommes-nous? où allons-nous? et que faire?

III.

Où sommes-nous ? — Non point à la fin des temps, non point au cataclysme suprême des sociétés humaines, non pas même à une de ces époques honteuses sans espérance et sans issue où l'humanité croupît dans une longue et vile corruption et se décompose dans sa propre fange; non : l'histoire et l'Évangile à la main, en voyant le peu de chemin qu'a fait l'homme, et la route immense que la raison humaine et le Verbe divin ouvrent à son perfectionnement ici-bas, nous sentons que l'humanité touche à peine à son âge de raison. D'un autre côté, en plaçant la main sur le cœur de l'homme social, en sentant battre en lui cette espérance indéfinie, cette ardeur et cette audace viriles, cette sève de force et de désirs qui tarit moins que jamais à notre époque, en écoutant ses paroles hardies, ses promesses aventureuses, en s'effrayant même de cette surabondance d'énergie qui le révolte contre tout frein, qui le brise contre tout obstacle, nous sentons que le principe vital est loin d'être affaibli dans l'humanité. L'humanité est jeune, sa forme sociale est vieille et tombe en ruines; chrysalide im-

mortelle, elle sort laborieusement de son enveloppe primitive pour revêtir sa robe virile, la forme de sa maturité;
voilà le vrai! Nous sommes à une des plus fortes époques
que le genre humain ait à franchir pour avancer vers le
but de sa destinée divine, à une époque de rénovation et
de transformation sociale pareille peut-être à l'époque
évangélique; la franchirons-nous sans périr? sans que quelques générations se débattent ensevelies sous les débris d'un
passé qui s'écroule? sans qu'un siècle ou deux soient perdus
dans une lutte atroce et stérile? Voilà la question : avant
le 27 juillet 1830, elle était résolue; le pont était jeté sur
l'abime qui sépare le passé de l'avenir ; la restauration avait
reçu d'en haut la plus belle et la plus sainte mission que la
Providence pût donner à une race royale, la mission que
reçut Moïse; de conduire la France, cette avant-garde de
la civilisation moderne, hors de la terre d'Égypte, de la
terre d'arbitraire, de privilège et de servitude; elle ne
l'a pas comprise jusqu'au bout; le suicide de juillet si funeste au présent fut le meurtre de l'avenir! La race de
saint Louis comme le prophète du Sinaï a péri pour son
doute avant d'avoir touché la terre des promesses ; mais
nous, génération innocente de cette faute, la verrons-nous
avant de mourir?

IV.

Où allons-nous? — La réponse est toute entière dans le
fait actuel : nous allons à une des plus sublimes haltes de
l'humanité, à une organisation progressive et complète de
l'ordre social sur le principe de liberté d'action et d'égalité
de droits; nous entrevoyons, pour les enfants de nos enfants, une série de siècles libres, religieux, moraux, rationels, un âge de vérité, de raison et de vertu au milieu
des âges; ou bien, fatale alternative! nous allons précipiter la France et l'Europe dans un de ces gouffres qui sépa-

rent souvent deux époques, comme l'abime sépare deux
continents, et nous mourrons en léguant à nos fils un
ordre social défait, des principes nouveaux, douteux, con-
testés, ensanglantés, le pouvoir impossible, la liberté im-
praticable, la religion persécutée ou avilie, une législation
rétrograde, une guerre européenne universelle, sans fruit
comme sans terme, la légalité de l'échafaud, la civilisation
des bivouacs, la morale des champs de bataille, la liberté
des satrapes, l'égalité des brigands ; et au milieu de tout
cela, une idée étouffée dans le sang, mutilée par le sabre,
germant çà et là dans quelques âmes généreuses comme
le christianisme dans les catacombes, rejetée cent fois aux
hasards des événements et des catastrophes, et ne refleu-
rissant sur la terre qu'après deux siècles de stérilité, de
servitude, de forfaits et de ruines? Ce choix se fait à
l'heure où je vous écris !

V.

Que faire donc? —Ce mot vous semble hardi, il ne l'est
pas ; Dieu, qui a donné la liberté morale à l'homme qu'il a
créé pour choisir et pour agir, lui a donné le même jour
la lumière pour éclairer son choix. La politique, dont les
anciens ont fait un mystère, dont les modernes ont fait un
art, n'est ni l'un ni l'autre : il n'y a là ni habileté, ni force,
ni ruse ; à l'époque rationelle du monde, dans l'acception
vraie et divine du mot, la politique, c'est de la morale, de
la raison et de la vertu !

Laissez donc le scepticisme se complaire dans son impuissance et nier la vérité sociale, pour n'avoir pas la peine
de la découvrir ou de la défendre ! Laissez le machiavé-
lisme, cette friponnerie politique prendre le genre humain
pour dupe et la providence pour complice ! Laissez le préjugé et la routine user leur force dans la stérile contemplation d'un passé qu'ils ne peuvent ranimer, car il est déjà

froid, et leur souffle n'a point de vie à lui rendre! Laissez enfin le fatalisme rêver le crime à défaut de la force, décimer l'humanité au lieu de l'éclairer, et du haut des échafauds jeter au peuple la terreur et la mort pour semer la vengeance et le sang! Systèmes atroces ou insensés, tristes produits de la faiblesse de l'esprit et de la perversité du cœur! Montez plus haut et vous verrez plus loin! et la lumière de la vérité même, qui n'est autre que la morale, éclairera pour vous cet horizon de ténèbres, de mensonges, d'illusions, qu'on appelle la politique! Tous les partis élèveront la voix pour vous accuser ou vous proscrire, tous ont intérêt à ces ténèbres, car tous ont quelque chose à cacher et quelqu'un à tromper! Le vôtre même s'inscrira le premier contre vous; mais la conscience du juste est d'airain : elle a à elle seule une voix plus forte que son siècle, qui retentit plus juste et plus haut que ces passagères clameurs, et, soyez-en sûr! c'est la seule voix qui ait son écho dans l'avenir et son applaudissement dans la postérité!

Votre théorie sociale sera simple et infaillible; en prenant Dieu pour point de départ et pour but, le bien le plus général de l'humanité pour objet, la morale pour flambeau, la conscience pour juge, la liberté pour route, vous ne courrez aucun risque de vous égarer; vous aurez tiré la politique des systèmes, des illusions, des déceptions dans lesquelles les passions ou l'ignorance l'ont enveloppée, vous l'aurez replacée où elle doit être, dans la conscience. Vous aurez saisi enfin dans le perpétuel mouvement des siècles, dans l'orageuse instabilité des faits des esprits et des doctrines, quelque chose de fixe et de solide qui ne tremblera plus dans vos mains!

VI.

Quatre grandes époques dominent l'état social des générations écoulées, semblables à ces époques créatrices que

le naturaliste croit reconnaître dans les développements sé-
culaires du globe ; l'âge théocratique, qui commence avec
le monde sortant des mains du Créateur et qui finit aux
temps héroïques ; l'âge tyrannique ou le règne de la force
brute, plus ou moins altérée par la législation commen-
çante, qui se lève avec les temps historiques et qui tombe
devant le Christ avec la polygamie et l'esclavage ; l'âge monarchique mêlé ou tempéré d'oligarchie, d'aristocratie, de
féodalité, de puissance sacerdotale, qui s'ouvre à Constantin et se ferme avec la tombe de Louis XIV, ou sur le rocher de Sainte-Hélène, dont le géant captif l'avait si glo-
rieusement, mais si vainement ressuscité ; nous touchons à
l'époque *du droit et de l'action de tous*, époque toujours as-
cendante, la plus juste, la plus morale, la plus libre de
toutes celles que le monde a parcourues jusqu'ici, parce
qu'elle tend à élever l'humanité toute entière à la même dignité morale, à consacrer l'égalité politique et civile de
tous les hommes devant l'état, comme le Christ avait consacré leur égalité humaine devant Dieu ; cette époque pourra
s'appeler l'époque évangélique, car elle ne sera que la déduction logique, que la réalisation sociale du sublime principe déposé dans le livre divin comme dans la nature même
de l'humanité, de l'égalité et la dignité morales de l'homme
reconnues enfin dans le code des sociétés civiles.

Chacune de ces époques a eu sa forme propre, son œuvre,
sa force vitale et sa durée avant d'en enfanter une autre ;
c'est d'abord Dieu tout seul se révélant par la nature et parlant par la conscience, le plus saint des oracles, si l'interprète n'eût pas été l'homme ! puis le héros, ou l'homme
fort, conquérant l'obéissance par la reconnaissance ou par la
crainte ; puis le tyran, ou le sénat, tyran à plusieurs têtes, ou
l'aristocratie, ou le régime sacerdotal imposant, à l'aide de
quelques-uns, sa volonté à tous ; puis le roi et ses pairs,

puis le roi et son peuple représenté devant lui par l'élection
et non par un droit de fait et de naissance, et le constituant
seulement organe et agent de la volonté universelle ; cette
forme se rapproche plus de la république rationelle que la
république fictive des anciens ; c'est l'époque présente, république véritable : nous ne disputons que sur le nom.

L'œuvre de cette grande époque, œuvre longue, laborieuse, contestée, c'est d'appliquer la raison humaine, ou
le Verbe divin, ou la vérité évangélique à l'organisation
politique des sociétés modernes, comme la vérité évangélique fut dès le principe appliquée à la législation civile et
aux mœurs ; remarquez-le bien ! la politique a été jusqu'ici
hors la loi de Dieu ! La politique des peuples chrétiens est
encore païenne ! l'homme ou l'humanité n'est à ses yeux
qu'un véritable esclave antique, né pour servir, payer,
combattre et mourir ! Horrible mensonge qui souille à leur
insu tant de cœurs chrétiens, tant de bouches même
pieuses ! L'homme social doit être désormais, aux yeux
du philosophe, aux yeux du législateur, ce que l'homme
isolé est aux yeux du vrai chrétien : un fils de Dieu ayant
les mêmes titres, les mêmes droits, les mêmes devoirs,
la même destinée devant le père terrestre, l'*Etat*, que devant le Père céleste, Dieu : c'est la forme que nous cherchons dans le droit et l'action de tous ; cette forme que
les modernes ont appelée démocratie par analogie inexacte
avec ce que les anciens nommaient ainsi, et qui n'était que
la tyrannie de la multitude ; ce nom de démocratie, souillé
et ensanglanté récemment parmi nous dans les saturnales de
la révolution française, répugne encore à la pensée, bien
que le philosophe lave les mots avant de s'en servir et pu-
rifie l'expression par l'idée ; nous nommerons de préférence
cette forme de gouvernement, la forme rationelle, ou le
droit de tous ; or la forme rationelle ou du droit de tous

ne peut être autre chose que la liberté, où chaque homme est juge et gardien de son propre droit; donc l'époque moderne ne peut être que l'époque de la liberté; sa mission est d'organiser le droit et l'action de tous, ou la liberté, d'une manière vitale et durable !

Toute organisation est lente et pénible; c'est l'œuvre de plus d'un jour, de plus d'un siècle peut-être; l'homme est homme; il se dégoûte, il se rebute, il se hâte de nier ce ce qu'il ne peut atteindre; ses réactions contre sa propre pensée sont promptes et terribles; elles le rejettent cent fois au point de départ, comme le vaisseau qui revient se briser contre le rivage, repoussé par le flot même qui devait le porter à un autre bord; ces réactions peuvent être longues : voyez Buonaparte ! Sublime réaction contre l'anarchie, il a duré quinze ans et pouvait durer un demi-siècle ! Les temps de l'œuvre sociale ne peuvent donc pas se calculer à quelques siècles près; Dieu seul les sait. Pendant qu'ils s'accomplissent, l'homme individu passe, souffre, espère, se plaint, et meurt; mais chaque vie individuelle a son œuvre complète et indépendante de l'œuvre sociale; un jour, une vertu lui suffisent. L'homme social ou l'humanité survit et s'avance vers une destinée plus haute et plus inconnue !

Il nous est peut-être déjà donné d'entrevoir au moins l'époque qui succédera à la nôtre; après les cinq ou six siècles qu'aura duré l'âge de liberté, nous passerons à l'âge de vertu et de religion pures, aux promesses accomplies du législateur divin, à l'époque de charité mille fois supérieure encore à l'époque de liberté, autant que la charité, amour des autres, sentiment divin émané de Dieu, est au-dessus de la liberté, amour de soi, sentiment humain émané de l'homme ?

Ces principes posés et admis, les applications à la crise

actuelle, les déductions politiques pour notre théorie sociale comme pour notre règle privée ou pour notre action publique, sont claires et incontestables; nous savons où nous sommes, nous savons où nous allons, nous savons par quelle route nous devons tendre au but prochain ou éloigné que la Providence, manifestée par les faits, pose sans cesse devant nous. Ces applications au temps actuel se présentent dans les innombrables questions qu'une révolution soulève, comme le vent soulève la vieille poudre du désert quand une pierre tombe de la pyramide des siècles.

Révolution, dynastie, légitimité, droit divin, droit populaire, souveraineté du fait ou du droit, pouvoir, liberté, forme et but du gouvernement, questions de culte ou d'enseignement, de paix ou de guerre, existence et hérédité d'un pouvoir aristocratique ou d'une pairie, législation, élection, extension ou restriction des pouvoirs de communes, de municipalités, de provinces, tout se classe, tout s'éclaire, tout se juge; la conscience politique n'a plus de doutes, le présent plus d'ambiguités, l'avenir plus de mystères; tout se résout dans ces seuls mots : Le bien le plus général de l'humanité pour objet, la raison morale pour guide, la conscience pour juge. A l'aide de ce grand jury, l'esprit humain peut citer devant lui le siècle et prononcer sans crainte son infaillible verdict (1).

. . . .

. . . .

Voilà, mon cher ami, les principaux délinéaments de la

(1) Ici commence une série de jugements remarquables sur toutes les questions agitées aujourd'hui entre les partis, et que nous sommes heureux de voir résolues par M. de Lamartine dans le sens de tous les principes que nous défendons. *(Note du Rédacteur.)*

route politique où je voudrais voir marcher nos amis et nos ennemis, où je voudrais que la presse et la parole, le pouvoir et les chambres guidassent la France et l'Europe; c'est la seule route qui n'ait pas un abîme à son terme et qui conduise à un avenir. Vous le savez, avant la catastrophe qui a affligé nos cœurs sans avoir étonné nos prévisions, car nous la pressentions prompte, certaine, inévitable au bout de la voie fausse, étroite, rétrograde où l'aveuglement et l'erreur poussaient ceux que nous aimions à avoir pour guides, et que nous suivions comme le soldat doit suivre son chef jusqu'à la mort, mais non jusqu'au suicide; c'étaient là nos pensées et nos paroles. Hélas! pensées et paroles stériles, que le souffle de l'adulation ou de l'intrigue ne laissait pas arriver jusqu'à l'oreille des rois, que le vent des passions populaires emportera peut-être de même aujourd'hui! N'importe: elles tomberont sèches et froides sur le sable ou sur le rocher; mais elles n'y mourront pas pour toujours: une idée vraie, une idée sociale descendue du ciel sur l'humanité n'y retourne jamais à vide; une fois qu'elle a germé dans quelques cœurs droits, dans quelques esprits logiques et sains, elle porte en soi quelque chose de vital, de divin, d'immortel qui ne périt plus tout entier; les passions, les vils intérêts, l'ignorance, l'habitude, les préjugés, la haine peuvent l'écraser sous leurs pieds, peuvent la mutiler sous le sabre ou sous la hache; ses fruits sont retardés d'un jour, d'un siècle ou deux peut-être, la Providence a la main pleine de siècles, et ne les compte pas dans son œuvre; mais au siècle marqué, mais au jour fatal, et peut-être y sommes-nous? l'idée vivace dont la semence a été répandue et multipliée par les orages même éclot dans tous les esprits à la fois, tous les partis la revendiquent comme leur, toutes les opinions l'avouent comme le fond de leur pensée commune; prévu ou imprévu, un évènement arrive, un accident peut-être, et le monde est renouvelé; l'idée de liberté a tous ces caractères. Si la France voulait, si le pouvoir savait, ce grand fait de rénovation sociale s'opérerait sous nos yeux : rien ne s'y oppose, rien ne résiste dans les choses comme dans les esprits; l'heure a sonné.

Mais la France veut-elle? mais le pouvoir sait-il? Oui, la France voudrait; mais elle veut faiblement; ses longues convulsions, son repos de quinze ans, sa position fausse entre un droit méconnu et un droit contesté, sa peur des nouveautés, sa lassitude des expériences, sa défiance de l'erreur, de la vérité même, son industrialisme, culte amollissant de l'or, son engouement prompt, son dégoût rapide, ses éblouissements de gloire militaire, sa secrète faveur pour un despotisme qui la flatte avec des conquêtes et qui l'étourdit avec des tambours; l'esprit de faction, de haine, de dénigrement mutuel, qui use ses forces contre lui-même; et surtout, disons-le, son peu de foi dans la haute morale; l'affaiblissement du sentiment religieux, sentiment qui vivifie tous les autres, héroïsme de la conscience sans lequel l'humanité n'a pas assez de foi en elle-même, ne comprend pas assez sa propre dignité, ne place pas son but assez haut, n'a pas assez la confiance et le désir de l'atteindre! Tout cela a altéré en nous le principe des grandes choses, le mobile des résolutions généreuses et fortes, la base morale de toute institution libre : la vertu politique. C'est la vertu politique qui nous manque, et c'est ce qui me fait douter de nous, et trembler sur nous! La vertu politique? je sais que la liberté la produit en l'exerçant; mais il en faut déjà pour supporter la liberté; quand Rome ne comptait plus qu'un Caton, César n'était pas loin !

Mais le pouvoir sait-il? Non : s'il continue à chercher sa base dans un élément qui manque dès aujourd'hui, qui manquera plus encore dans l'avenir, l'aristócratie ; dans la restriction et non dans l'expansion du droit et de l'action politiques ; s'il continue à resserrer la main au lieu de l'ouvrir toute entière ; s'il veut régner et non guider ; s'il veut dresser sa tente d'un jour, et forcer l'esprit social à une halte précaire dans le défilé où le dix-neuvième siècle est arrivé, et où il étouffera s'il ne le traverse pas avec un pouvoir hardi en tête de ses générations ; ainsi peut-être manque-t-il à la fois à cette époque deux choses sans lesquelles toute théorie tombe, toute espérance s'évanouit : un pays et un homme !

Faute d'un homme, d'un homme politique, d'un homme complet dans l'intelligence et la vertu, d'un homme résumé sublime et vivant d'un siècle, fort de la force de sa conviction et de celle de son époque, Bonaparte de la parole, ayant l'instinct de la vie sociale et l'éclair de la tribune, comme le héros avait celui de la mort et du champ de bataille, palpitant de foi dans l'avenir, Christophe Colomb de la liberté, capable d'entrevoir l'autre monde politique, de nous convaincre de son existence et de nous y conduire par la persuasion de son éloquence et la domination de son génie ; faute de cet homme l'anarchie peut être là, vile, hideuse, rétrograde, démagogique, sanglante, mais impuissante et courte ; car l'anarchie même suppose de la force. Le crime a aussi son parti en France, l'échafaud a aussi ses apôtres ; mais le crime ne peut jamais être un élément politique ; le crime est la plus anti-sociale des choses humaines, puisque la société n'est et ne peut être que de la morale et de la vertu ; ce parti est hors la loi du pays et de la civilisation, il est à la politique ce que les brigands sont à la société : ils tuent, mais ils ne comptent pas. La société n'a ni besoin ni appétit de sang ; elle n'a pas même à combattre, elle n'a rien à renverser devant elle, tout est nivelé sous ses pas ; cette admiration imitatrice pour les hommes et les œuvres de la terreur, n'est que du sophisme qui accompagne quelquefois le bourreau comme il le précède toujours, c'est un arrière-goût du sang versé et bu dans notre époque de honte que quelques insensés prennent encore pour de la soif, et qui n'est que le rêve du tigre!

Faute de vertu politique dans le pays, au premier tremblement du pouvoir, à la première bourasque sur la mer tempêtueuse de la liberté, une clameur générale s'élèvera : Retournons en arrière! Perdons plutôt tout l'espace déjà parcouru! Plions les voiles! Regagnons le passé! Le port le plus précaire sera bon; le plus obscur, le plus ignorant soldat, prendra le chapeau étriqué et la redingote grise, se croira un Bonaparte, sabrera la civilisation et la liberté des branches à la racine, et dira : Mon peuple, jusqu'à ce qu'on s'aperçoive que le héros n'est qu'un paillasse, et qu'on en cherche un autre qui porte moins mal la tyrannie et qui pare mieux la servitude! Ce peuple libre n'aime pas assez la liberté! Il croit toujours voir le temple de la gloire, avec un héros sur le seuil, ouvert pour le recueillir et le venger d'une nouvelle anarchie ; il se trompe ; le héros n'est plus, et la liberté est son seul asyle!

Cherchons donc la vertu politique. Cherchons-la pour nous et pour les autres, le temps se chargera de l'exercer! Cherchons-la où elle est, dans une conviction forte, dans une foi sincère à la destinée progressive de l'humanité, dans un religieux respect pour notre dignité d'homme, dans une contemplation sévère du but divin que Dieu a placé devant la société comme devant la vie individuelle; ce but, c'est lui-même, c'est le perfectionnement individuel, et le perfectionnement de l'être générique, l'humanité, qui doit rapprocher de Dieu l'homme vertueux et la société elle-même.

. . . .

Revenons au jour où nous sommes et concluons. Vous le voyez; espérance et lumière a un horizon éloigné, sur l'avenir des générations qui nous suivent; incertitude et ténèbres sur notre sort actuel, sur notre avenir immédiat ; cependant l'espérance prévaut; et si chacun de nous sans acception de parti, d'opinions ou de desirs, se plaçait dans la vérité qui est immédiatement devant lui, y cherchait son devoir du jour, et employait sa force sans la calculer, le résultat ne permettrait pas un doute; le monde social aurait fait un pas immense, et ses chutes mêmes l'auraient avancé de plusieurs siècles. Je ne suis pas prophète, mais la raison prophétise : une loi éternelle, une loi morale que les anciens appelaient fatalité, que les chrétiens nomment providence, et qui n'est autre chose que la volonté divine, enchaînant les conséquences aux principes, les effets aux causes, travaille éternellement pour ou contre nous, selon que nous partons du faux ou du vrai. Dans la vie privée de l'individu, comme dans la vie sociale des empires, cette loi se manifeste sans cesse par ses applications heureuses ou vengeresses; elle rétribue dès ce monde, rendant à chacun selon son œuvre, à chacun selon sa vérité et sa vertu ! C'est l'ombre de la justice céleste que l'on aperçoit de la terre; cette loi divine sous les yeux on peut prédire et l'on prédit en effet tous les jours avec une pleine et infaillible assurance.

.   .   .   .

.   .   .   .

Élevons souvent les regards des hommes, notre pensée et notre voix vers cette puissance régulatrice d'où découlent, selon Platon comme selon notre Évangile, la justice, les lois et la liberté, qui seule sait tirer le bien du mal, qui tient dans ses mains les rênes des empires, et qui les secoue souvent avec violence et rudesse pour réveiller l'humanité de son sommeil, et lui rappeler qu'il faut marcher dans la route de sa destinée divine vers la lumière et la vertu ! Cet élan de l'humanité vers le ciel n'est pas stérile ; c'est une force intime ; c'est la foi de l'humanité dans le progrès. Rappelons à nous cette force et cette foi des temps d'épreuve et de doute ! Confions-nous à cette Providence dont l'œil n'oublie aucun siècle et aucun jour ; faisons le bien, disons le vrai, cherchons le juste, et attendons.

Adieu, mon cher ami ; tandis qu'inutile à mon pays, je vais chercher les vestiges de l'histoire, les monuments de la régénération chrétienne et les retentissements lointains de la poésie profane ou sacrée dans la poussière de l'Egypte, sur les ruines de Palmyre ou sur le tombeau de David, puissiez-vous ne pas assister à de nouvelles ruines, et ne pas préparer à l'histoire les pages funèbres d'un peuple qui porte encore en soi des siècles de vie, de prospérité et de gloire ! Puissent les cœurs et les esprits généreux que cette terre produit à chaque génération sans s'épuiser jamais de génie et de vertu, étouffer leurs passagères dissensions dans le sentiment de leur commun devoir, et garder cette fortune de la France que la France seule peut ternir ou éteindre ! C'est là le vœu du plus dévoué de ses enfants, qui ne la quitte pour un jour que parce qu'elle ne le réclame pas, qu'elle peut rappeler à toute heure, et qui ne se croira libre de ses pensées ou de ses pas que s'il ne peut les employer mieux pour elle, et la servir ou l'honorer autrement !

AL. DE LAMARTINE.

Saint-Point, 25 septembre 1831.

POLITIQUE ÉTRANGÈRE.

DU SYSTÈME DE L'ÉQUILIBRE
A L'OCCASION DE LA NATIONALITÉ POLONAISE.

Aujourd'hui que la Pologne a succombé dans une lutte inégale autant qu'héroïque, on est contraint de parler le froid langage de la politique, après s'être laissé aller à l'entraînement de ses vœux et de ses espérances. On se borne à réclamer le maintien de la nationalité polonaise, telle qu'elle avait été garantie par les actes de 1815. Il règne à cet égard en France et en Europe une unanimité que nous ne prétendons contrarier sous aucun rapport. Toutefois nous pensons que l'opinion publique, qui s'est prononcée sur cette question avec tant d'énergie, n'a pas bien compris quelle est sa portée inévitable. La chambre surtout s'est étrangement trompée si elle a cru qu'en stipulant le maintien de la nationalité polonaise, elle donnait une garantie à la paix de l'Europe. Cette nationalité, circonscrite entre le Bug et la Warta, ne peut être que transitoire. Quant à la constitution, ou elle sera violée, ou si elle ne l'est pas, on arrivera promptement à énoncer publiquement par la tribune et par la presse des vœux de renaissance. La reconstitution de la Pologne, c'est-à-dire la guerre européenne, est toujours le dernier mot de ce problème, dont la solution n'est qu'ajournée. La question polonaise est si intimement unie à celle de la réorganisation politique de l'Europe, que les deux sujets ne peuvent être séparés. On s'en convaincra si l'on descend au fond de cette grande thèse, et si on la creuse dans ses conséquences. Tel est le but que nous nous proposons. Après avoir épuisé la question de la nationalité et des traités de 1815 sous le point de vue purement polonais, on verra que nous serons conduits à l'envisager sous un point de vue européen. De là, nécessité pour nous de rechercher si la situation actuelle des sociétés n'est pas telle qu'une perturbation complète dans leurs relations politiques soit un événement prochain, et sous quelques rapports désirable.

Quel intérêt la Pologne, partagée entre les trois puissances, a-t-elle à désirer le maintien de la semi-nationalité qu'elle doit aux stipulations de Vienne et à la bienveillance personnelle d'Alexandre ?

Certes, s'il ne s'agissait du bonheur matériel des quatre millions de Polonais, auxquels on a laissé le droit de porter le nom de leurs pères, nous serions loin de désirer pour eux cette indépendance dérisoire. Les faits autorisent à penser ainsi. Depuis le premier partage, l'époque la plus heureuse pour la Pologne, sous le rapport de l'ordre et de l'allégement des charges publiques, a été sans contredit le temps de la domination prussienne qui précéda le traité de Tilsitt et la création du grand duché de Varsovie. La situation de ce malheureux pays s'améliorait alors assez rapidement pour que le patriotisme polonais s'effrayât presque de voir un bien-être inaccoutumé effacer les souvenirs d'indépendance, en rendre le désir moins impérieux. Et depuis cette époque, personne n'a songé à comparer la situation du grand duché de Posen sous l'administration du prince Radzivill à celle du royaume de Pologne sous la vice-royauté du czarewitz. La

Gallicie, paternellement administrée par des hauptmans autrichiens, et à laquelle on a donné une espèce d'assemblée des notables pour le règlement des matières financières, la Lithuanie, régie par les ukases impériaux, combinés avec ses vieilles coutumes locales respectées par le vainqueur, n'avaient, matériellement parlant, que peu de griefs à présenter contre leurs maîtres ; elles trouvaient sous la domination étrangère un repos et une sorte de bonheur négatif que la malheureuse Varsovie ne connaissait pas. Croit-on, en effet, que cette ruine de la patrie ne fût pas pénible à voir? Comment empêcher que cette nationalité octroyée par des Cosaques ne parût une amère dérision? Qu'était-ce qu'une Pologne de quatre millions d'hommes, régie par un prince étranger, siégeant dans un palais sur lequel flottaient les drapeaux ennemis? Mieux aurait valu mille fois n'avoir pas devant les yeux cette ombre chérie qui vous appelait et vous échappait en quelque sorte. Si dès 1815, il eût été bien entendu qu'il n'y avait pas d'espoir de renaissance, si l'on avait cru que Dieu avait irrévocablement effacé le nom de la Pologne de la liste des nations, on eût fait comme font tous les hommes : on se fût consolé, en s'engourdissant dans une existence obscure. L'homme qui n'a plus d'espoir s'arrange de tout, même de ses chaînes; et leur poids finit à la longue par peser moins. Entrez dans un bagne, voyez ce forçat qui a passé un bail perpétuel avec l'infâmie et l'esclavage : il dort sous ses fers, il s'éveille résigné, presque joyeux; il chante, il rit, il engraisse. Mais cet autre, que vous apercevez pâle, méditatif et solitaire, dites-vous bien que son temps va finir, ou qu'il aspire à tromper la vigilance de ses gardes pour respirer encore l'air de la liberté.

Telle fut, pendant les seize dernières années, la situation de la Pologne. N'acceptant son état que comme provisoire,

toutes ses pensées étaient tournées vers la renaissance de
la patrie. C'était le but de toutes les espérances, l'objet de
toutes les conversations, la pensée qui unissait tous les citoyens dans l'armée, dans les administrations publiques,
dans le clergé et dans la noblesse. On ne regarda jamais la
semi-indépendance et la constitution octroyée par Alexandre que comme des moyens à employer pour arriver à ce
résultat. De là l'oppression et la brutalité du czarewitz, un
espionnage devenu insupportable, une inquisition qui ne
respectait rien. Une telle situation était forcée, et l'on ne
saurait précisément en faire un crime aux Russes : ils se défendaient, et voilà tout. La véritable faute fut dans la
création de cet état, si impuissant et si précaire. Aussi, dès
1815, et avant qu'on eût pu juger des résultats, les hommes d'état prévoyants, tout favorables qu'ils étaient à la
noble cause polonaise, traitaient-ils la semi-nationalité de
mesquine et insuffisante combinaison (1).

Ne blâmons pas pourtant Alexandre : pour bien comprendre la pensée qui présida à cette création, il faut connaître ses intentions premières, généralement ignorées.

En sanctionnant les arrangements relatifs à la Pologne,
le congrès n'eut aucune vue d'avenir. Il se borna à complaire à l'empereur, dont le cœur, ouvert alors à une noble
amitié (2), ambitionnait le titre de restaurateur de la Pologne.
Alexandre aspirait à couvrir de sa vertu la mémoire flétrie de
son aïeule. Les pensées de ce prince à Vienne se portèrent
d'abord sur le rétablissement de la Pologne, qu'il eût vou-
lue grande, forte, indépendante, sous un prince de sa famille. La Prusse n'eût pas été éloignée de se prêter à cet

(1) C'est, entre autres, l'opinion de M. de Pradt, judicieusement exposée dans son *Congrès de Vienne*, 2 vol. publiés en 1815.

(2) Le prince Adam Czartorynski, depuis président du gouvernement
national, exerçait alors la plus grande influence sur Alexandre.

arrangement, si on avait eu le bon esprit de lui sacrifier la Saxe, aujourd'hui morcelée, impuissante, aussi inutile à l'Europe qu'à elle-même. Mais de mystérieuses influences protégeaient la Saxe, tandis que la Pologne était seule avec ses malheurs et sa misère. La France abandonna cette cause européenne avec une facilité que l'histoire jugera ; les plénipotentiaires anglais, uniquement occupés à fonder la suprématie maritime de la Grande-Bretagne, ne prirent pas la question aussi sérieusement qu'elle eût pu l'être. Le généreux vainqueur de la Pologne restait seul pour la protéger : il fit à peu près tout ce qu'il put faire. Il promit de réunir au noyau de la Pologne royale les provinces polonaises de son empire. Si cette pensée, dont la réalisation eût au moins donné quelque consistance à l'état polonais, fut plus tard abandonnée, il faut l'attribuer à la réaction qui s'opéra dans l'esprit d'Alexandre lors des congrès de Carlsbadt et de Troppau. On sait que ses sentiments libéraux cédèrent alors à des terreurs fort légitimes, quoique peut-être exagérées. Ces influences agirent malheureusement aussi au moment même où la diète polonaise usait avec peu de prudence de ses prérogatives constitutionnelles (1). Dès lors le projet de réunion fut abandonné, et le royaume de Pologne se trouva placé dans une situation complètement fausse.

On sait par combien de vexations fut acheté ce leurre d'indépendance ; son seul résultat fut de préparer l'insurrection et de la rendre plus facile. Ce qui l'a favorisée, et lui a permis de s'étendre si promptement dans tous les palatinats du royaume, tandis qu'elle a pris peu de consistance en Lithuanie, en Volhynie, en Podolie, c'est l'organisa-

(1) Dans la session de 1819, la plupart des projets ministériels furent rejetés ; un acte d'accusation fut dressé contre le ministre qui avait signé l'ordonnance de censure.

tion nationale de cette partie du pays, la force morale que
la présence de la diète a dès l'abord donné au mouvement,
c'est surtout l'existence d'une armée exclusivement
polonaise. Si la Pologne avait été réunie, le succès de
l'insurrection du 28 novembre devenait impossible.

L'empereur Nicolas ne manquera pas de tenir compte de
ces circonstances, quand il s'agira de garantir le maintien
de la nationalité polonaise et de la constitution donnée par
son frère. Il se dira avec quelque raison que, si l'insurrection, et une insurrection facile, a été le seul résultat de
l'état de choses établi en 1815, la position est encore aujourd'hui bien autrement défavorable. Certes, la terrible
lutte qui n'est pas encore terminée, ne produira pas chez les
Polonais une soumission que la bienveillance d'Alexandre
ne put provoquer. La Pologne morcelée, irritée par la
présence du vainqueur, et toute rayonnante de gloire, la
Pologne de 1831 ne peut être qu'esclave ou révolutionnaire.
Si ce malheureux peuple tient à conserver encore sa semi-
indépendance, malgré les agitations inséparables d'une
telle situation, c'est uniquement parce que cette combinaison laisse plus de chances à l'avenir, et surtout parce
qu'elle lui permettra d'organiser de nouveaux moyens
d'insurrection, dans le cas où la situation si compliquée et
si incertaine de l'Europe en rendrait l'emploi plus heureux.
La restauration intégrale de la patrie sera donc, bien plus
aujourd'hui qu'en tout autre temps, le but des espérances
et des efforts de ces quatre millions d'hommes. Peut-être
des tentatives menaçantes ou d'autres évènements détermi-
neront-ils Nicolas à revenir sur les concessions qu'on le
suppose disposé à faire pour le moment, et alors le pouvoir en France peut, à raison des engagements pris avec les
chambres et avec le pays, être contraint de tirer l'épée :
peut-être aussi que ces mesures rigoureuses seront prévenues

par l'insurrection renaissante, et alors la question redevient européenne.

Les cabinets sont aveugles s'ils ne voient pas que le repos du nord de l'Europe ne peut être assuré que par le rétablissement de la Pologne dans ses limites naturelles et *imprescriptibles* : cette mesure, combinée avec une constitution qui rallierait les membres épars de la famille polonaise, est la seule garantie de paix qu'un homme politique, tant soit peu prévoyant, puisse accepter. La mort violente ou la renaissance future de la Pologne, voilà la question. Notre choix n'est pas douteux : nous voulons la renaissance, sans nous dissimuler à quel prix elle sera trop probablement achetée. Une conflagration générale menace l'Europe; c'est d'elle seule que sortira pour les peuples un avenir plus heureux dont aucun homme de la génération actuelle n'est peut-être appelé à jouir. Dieu interdit à son plus fidèle serviteur d'entrer dans la terre vers laquelle il avait conduit son peuple; et Moïse, du haut de la montagne d'Abarim, salua d'un regard mourant les plaines de Chanaan, objet de son amour et de ses espérances. Les hommes de paix et de bonne volonté, ceux qui croient voir, dans les évènements actuels, une force secrète poussant les pouvoirs comme les factions vers certaines voies où les uns et les autres répugnent à s'engager : ceux-là ressemblent à ce prophète; et l'avenir qu'ils promettent au monde n'est peut-être pas destiné à consoler leurs derniers jours. Placés entre des hommes de désordre, aux yeux desquels la perspective de toute conflagration révolutionnaire est douce, et des pouvoirs allant au rebours des nécessités sociales, leur position est cruelle. Bien souvent la plume s'échappe des mains, et la parole vient mourir sur les lèvres.

En pensant à ces calamités suspendues sur le monde comme un avalanche qui grossit aux pluies de l'hiver, l'on se surprend parfois donnant des conseils de temporisation dans l'espérance de détourner l'orage. Mais ce qui importe surtout, c'est de dévoiler les causes de ce malaise universel qui se trahit par tant de symptômes. Il est le résultat forcé de la situation actuelle de l'Europe qui tend à changer dans ses principales conditions. Nous marchons vers une altération complète dans tous les principes du droit international, dans la circonscription des états et leurs rapports mutuels. C'est là ce que révèle la question polonaise, comme tant d'autres questions qui ne trouveront leur solution définitive qu'après que ce vaste travail de destruction et de réédification aura été opéré.

Le maintien de la nationalité polonaise peut, sous certains rapports, être considéré comme devant hâter cette collision, puisque rien n'est moins *définitif* et plus visiblement précaire que la situation qu'on s'efforce en ce moment d'assurer à la Pologne vaincue. Cette thèse se lie d'une manière si étroite et si intime à la réorganisation européenne, qu'elle ne peut en être séparée. L'occasion nous provoque donc à traiter avec quelque étendue ce vaste sujet. Puissent nos lecteurs suivre avec un peu d'attention des développements dont nous avons dû élaguer une foule de faits et d'idées accessoires auxquels il leur sera nécessaire de suppléer. Laissant en ce moment de côté des intérêts isolés, matériaux destinés à se classer dans l'édifice de l'Europe nouvelle, nous posons en principe, que le droit politique consacré par les actes de Vienne et les traités antérieurs depuis Richelieu ne répond plus aux besoins de l'époque, et qu'il n'a pas mission de présider aux nouvelles destinées du monde. Étudions ce système politique et dans sa théorie et dans son histoire.

Le système des cabinets repose sur ce qu'on est convenu d'appeler l'équilibre des puissances, fiction analogue à celle de l'équilibre des pouvoirs. L'origine et les dates sont presque les mêmes. On s'est efforcé de maintenir la paix entre les peuples par la pondération des forces et des intérêts ennemis, comme on s'est évertué à faire sortir l'harmonie de la lutte des partis en les faisant peser d'un poids égal dans la balance constitutionnelle. Les cabinets ont cru à cet œuvre, comme Montesquieu croyait à sa théorie : malheureusement il est démontré qu'en droit public aussi bien qu'en droit constitutionnel, ces deux fictions ont toujours été également impuissantes, alors même qu'on leur faisait de très bonne foi les plus grands sacrifices. L'aristocratie dominait seule l'Angleterre, tandis que l'auteur de l'*Esprit des lois*, et plus tard l'avocat Delolme réglaient symétriquement la part que chacun des trois éléments avait dans la constitution de ce pays. Depuis la restauration française, la démocratie a lutté corps à corps, non contre l'aristocratie, mais contre la royauté ; aujourd'hui elle gouverne et continuera de gouverner, quoique puissent faire et dire les aristocrates ou les doctrinaires.

Il en a été de même dans le monde politique depuis la naissance de l'Europe diplomatique. Tantôt une nation s'est abaissée sous certaines causes qui annulaient son influence, tantôt une autre s'est élevée par des institutions bien réglées, la présence d'un grand homme, ou toute autre raison ; et à chaque modification le système a été renversé de fond en comble ; l'équilibre n'a rien prévenu, rien empêché. A chaque période de guerres et de calamités, il n'est d'ordinaire resté que des dettes et des flots de sang répandus pour défendre une combinaison dont, suivant les circonstances, on changeait périodiquement les principales bases. Il sera facile de montrer que pas une seule fois, dans le cours de trois siècles, ce merveilleux système n'a prévenu une collision, ni donné une garantie à la paix et à l'indépendance des nations. L'histoire aura ici plus d'autorité que de vagues assertions. Que dit-elle?

Au seizième siècle, le premier essai d'équilibre européen et de moderne diplomatie sortit des luttes acharnées de François Ier et de Charles-Quint, sous la médiation de l'Angleterre, dont le roi Henri VIII affectait alors le titre de modérateur de l'Europe, rôle dont héritèrent successivement Cromwel et Guillaume III. La prépondérance de Charles, maître à la fois de l'Espagne, de l'Autriche, des provinces unies, de la plus grande partie de l'Italie, chef du saint empire, et sur les domaines duquel le soleil ne se couchait jamais, cette prépondérance, que rehaussait encore la supériorité personnelle de ce prince sur son compétiteur, aurait nécessairement amené l'asservissement de l'Europe, si un principe nouveau ne s'était glissé au sein de l'empire pour le diviser contre lui-même. La ligue de Smalkalde vint d'abord révéler aux politiques qu'il y avait en ce monde autre chose que des questions de frontières et de finances. Henri IV entra dans la voie des alliances allemandes. Richelieu vint et sut profiter à la fois des réformes favorables à l'autorité royale, opérées par son bras de fer, et des circonstances extérieures, pour réduire à de justes proportions l'édifice gigantesque de la maison d'Autriche. Sa séparation en deux branches, la révolte des Pays-Bas, plus tard celle du Portugal, enfin la confédération protestante lui rendirent cette œuvre facile. Alors l'équilibre de l'Europe fut assis sur des bases que l'on crut à l'abri du temps et des vicissitudes de la fortune, et qui, pourtant, ne devaient pas durer vingt années. Les traités d'Osnabruck et de Munster établirent à la fois l'équilibre général sur l'alliance de la France, de la Suède, des états du nord de l'Allemagne, d'une part ; et, de l'autre, sur l'union des familles d'Autri-

che et d'Espagne, dominatrices de l'Italie. L'équilibre spécial de l'Allemagne fut assuré par l'égalité des deux religions, et les arrangements relatifs aux électorats.

L'Angleterre se tint, pour ainsi dire, en dehors de cette
combinaison, et resta dans cette position jusqu'à la révolution de 1688. Plus tard, elle sortit de ce quiétisme politique, et sut fort bien exiger qu'on lui fît une place dans le
système européen. Telles furent les principales combinaisons de cette fameuse paix de Westphalie, dont les contemporains disaient qu'elle rendait la guerre quasi impossible. On va voir quels démentis gardait, à ces conceptions
du génie, une prochaine expérience. Louis XIV prit les
rênes de la monarchie au moment où les dernières résistances
féodales étaient domptées. Colbert lui improvisa des finances, Louvois lui créa des armées : bientôt il prit le haut ton
en Europe, et conçut des espérances que Richelieu n'a-
vait point nourries. La paix de Nimègue consacra, au profit de la France, des altérations fondamentales dans le
système de l'équilibre. Elle enleva la Franche-Comté à
l'Espagne avec une partie de la Flandre, et arracha diverses
cessions à l'empereur. A Riswick la prépondérance française
dut encore être consacrée; à Utrech seulement on revint
au système d'équilibre : c'est que la France avait épuisé
sa jeunesse et sa force dans les folies et la gloire de son
maître. L'Angleterre, jusqu'à ce jour effacée, parut sur la
scène politique, tenant la balance entre l'Autriche, forte
de la dignité impériale, maîtresse des Pays-Bas et d'une
grande partie de l'Italie, et la France liée à l'Espagne par
le sang des Bourbons, à la Pologne et à la Turquie par des
intérêts communs, à la Suède par ce qui subsistait encore
des traditions de Munster. Mais ces traditions étaient désormais sans force : la Suède, que l'on comptait encore
dans la balance, n'y mettait plus aucun poids; elle suc-

comba, comme la France de Louis XIV, sous la gloire et l'imprévoyance de ses souverains, et ce fut pour ne plus se relever. Bientôt l'empire ottoman s'affaissa de même, la Pologne dut subir l'influence russe sous les Auguste, et la France se trouva sans alliés dans le nord et l'orient de l'Europe. Voilà donc tous les rouages essentiels à remplacer dans la machine politique détraquée. Voici surgir en même temps des peuples naissants, dont le nom avait à peine été prononcé à Munster; un électeur de Brandebourg qui s'est fait roi, un czar de Moscovie, au prédécesseur duquel le congrès avait refusé le titre d'altesse, comme on le refuserait peut-être aujourd'hui à Pétersbourg au khan de Bukkara, s'il lui prenait fantaisie de le demander. Que devient, au milieu de ces nations qui tombent et de ces peuples qui s'élèvent, l'équilibre européen? que devient l'*immuable* traité de Westphalie, qui devait assurer la paix du monde? Passons la régence et le ministère de Fleury. Voici la France épuisée comme son indolent et voluptueux monarque, voici que la Suède a disparu avec Charles XII; les princes d'Anjou ont déjà pris goût au cigarre et ont oublié Versailles; l'Espagne, d'ailleurs, menace de retomber aussi bas que sous Charles II; il faut donc que la France change toutes ses alliances sous peine de périr; il faut suivre les progrès du temps, c'est ce qu'elle fait. Elle s'allie à la Prusse, et s'imagine qu'avec cette puissance elle fera équilibre à l'empire. Malheureusement la Prusse a de l'ambition et de l'avenir; elle aspire pour elle-même à la domination de l'Europe, elle veut dépouiller la maison impériale, et commence par s'adjuger la Silésie.

La France s'effraie; des intrigues de ministres et de femmes se croisent dans tous les sens. Des hommes-d'état, des abbés de cour, des maîtresses veulent élever leur fortune sur un nouveau système, entièrement opposé à celui qu'on a suivi jusque là et que la paix d'Aix-la-Chapelle a récemment consacré. Le prince de Kaunitz profite habilement des éléments divers que l'intrigue et la corruption lui fournissent; et, au grand étonnement de l'Europe, la France qui jusqu'à ce jour avait pris son point d'appui dans le Nord, qui s'était considérée comme en état d'hostilité permanente contre la maison d'Autriche, déclare un beau matin que l'Autriche sera désormais sa plus fidèle alliée, et que l'équilibre de l'Europe exige qu'on dépouille immédiatement le roi de Prusse. Qui avait raison du duc de Choiseul ou du cardinal de Fleury? quand agissait-on d'après les vrais principes de l'équilibre; était-ce en 1748, quand on s'appuyait sur Berlin, ou en 1756, quand on s'appuyait sur Vienne? En vérité n'y a-t-il pas de quoi trembler pour la politique; et cette science n'est-elle pas encore plus conjecturale que la médecine? Cette pauvre France, ainsi livrée à deux systèmes opposés, rappelle le malade traité pour le même mal par des toniques et des débilitants. Bientôt l'alliance autrichienne attire la France dans une querelle qui lui est étrangère : battu par la Prusse, écrasé par l'Angleterre, humilié dans sa gloire, compromis dans ses intérêts coloniaux, le cabinet de Versailles doit signer la paix de 1763, qui, sous le rapport continental, remet les choses à peu près sur le pied où elles se trouvaient avant ces grands événements. Il n'y manque que tant de millions engloutis et ces milliers d'hommes tués pour établir la balance politique, hier sur l'alliance de la Prusse, demain sur celle de l'Autriche et l'union du Dauphin avec la fille de Marie-Thérèse.

Ici s'arrête à bien dire l'histoire de l'équilibre, qui jusqu'à ce moment, comme on voit, ne mérite guère les actions de grâce de l'humanité. Après la paix de 63, on entre dans une ère de spoliation et d'assassinat politique. La philoso-

phie athée porte ses fruits, et les souverains les plus philosophes appliquent les premiers aux nations le système de
la force brute. La Pologne disparaît d'abord. Bientôt
Kaunitz et Joseph menacent l'Allemagne ; la Bavière n'est
sauvée que par l'énergie du vieux Frédéric, auquel le
partage de la Pologne pèse, sinon comme un remords, du
moins comme une faute. Joseph et Catherine reportent
alors vers la Turquie des vues ambitieuses dont l'orage
révolutionnaire qui gronde sur l'occident de l'Europe suspend
seul l'exécution.

Ainsi cette théorie de balance politique, qui fit répandre des flots de sang, qui provoqua à elle seule bien
plus de guerres qu'elle n'en empêcha, n'aboutit en définitive qu'au droit du plus fort et à la morale du lion. En
veut-on une preuve de plus? on la trouve dans l'histoire de
Napoléon : ce prince eut aussi des vues politiques, des idées
de paix, de conservation et d'organisation régulière. Au
début de sa carrière, à Leoben, à Campoformio et à Lunéville, il posa à peu près les principes traditionnels de l'équilibre, tant par rapport au système général de l'Europe
que relativement à l'Allemagne en particulier. Eh bien!
que sont devenus, trois ans après, ces barrières, ces garanties,
ces gages de paix fondés sur la possession d'une forteresse
ou du cours d'un fleuve? Tout ce régime artificiel, toutes
ces combinaisons écrites sur parchemin ont-elles arrêté un
seul jour dans sa marche le fléau de Dieu, le missionnaire
de la providence? Et quand après s'être laissée fouler aux
pieds du géant à Tilsitt, à Presbourg et à Schœnbrun, l'Europe s'est réveillée pour la vengeance et la liberté, croit-
on que ce soit aux traités de Kalisch et de Chaumont qu'elle
soit redevable de sa délivrance? Le général York, voilà le
vrai diplomate de ce temps. N'est-ce pas la dilatation de
cette force populaire si long-temps comprimée par un

orgueilleux vainqueur, qui deux fois permit aux cosaques d'éclairer nos places publiques des feux de leurs bivouacs?

La diplomatie a été constamment marquée, depuis la révolution de 89, d'un signe éclatant d'impuissance. Pas une vue d'avenir ne perça au congrès de Vienne : les influences les plus contraires et les plus égoïstes s'y croisèrent. On y inventa la doctrine de la légitimité, en l'honneur de laquelle on conserva douze cent mille sujets au roi de Saxe, uniquement afin qu'il pût trôner, ce qui suffisait pour sauler le principe. De droits imprescriptibles, de vieilles légitimités historiques, pas un mot. Cette brutalité était tempérée, quelquefois de la manière la plus bizarre, par les bouffées de libéralisme de l'empereur Alexandre. Du reste, il n'entra pas même dans cet incohérent édifice une vue sérieuse d'équilibre, suivant les vieilles doctrines; chacun tira de son côté : et les charlatans diplomatiques, qui croyaient tenir dans leurs mains les destinées du monde, se passèrent la rhubarbe pour le séné. Parmi leurs conceptions, aucune n'a été célébrée avec plus d'enthousiasme par les administrateurs de l'équilibre que la réunion de la Belgique à la Hollande (1), et l'on sait pourtant dans quel étroit égoisme l'Angleterre conçut cette pensée. Cette combinaison devint, en quelque sorte, le pivot du système européen, qui s'appuyait en même temps sur le maintien de la maison de Bourbon sur le trône de France.

Mais voilà que la providence qui, depuis long-temps, se charge de faire ses affaires elle-même, vient de renverser ces bases d'airain. Trois jours ont suffi pour Paris, une soirée pour Bruxelles : après avoir déjà déchiré la majeure partie des transactions de 1815, il lui sera facile, je pense, d'a-

(1) Voyez surtout M. de Pradt, *loco cit.* M. de Flassan, *Histoire du Congrès de Vienne*, 3 vol.; Heeren, *Système de l'Europe et de ses colonies.* Appendice.

voir bon marché des protocoles de 1831. Tout cela est frappé
d'une nullité radicale. En voulez-vous connaître le principe? Le voici. Un jour, au milieu des ardents débats, auxquels donnait lieu la déclaration de guerre au roi de Hongrie et de Bohème, un girondin, pauvre tête politique, du
reste, prononça ces mots : « La France a pour ennemis tous
les despotes, et pour alliés tous les peuples qui aspirent à
être libres. »

Quoique ces paroles fussent une rhapsodie, cet homme
n'enterra pas moins pour jamais la diplomatie ; il fut le fondateur d'une nouvelle ère politique : par cela seul qu'un
peuple acceptait avec enthousiasme la mission que lui oc-
troyait ainsi un tribun, la politique sortait des questions
de frontières, de lignes militaires, de subsides et de suppu-
tations par âme, pour rentrer, comme au moyen âge, dans
la voie des sympathies populaires, des analogies morales et
religieuses, des affinités de race. Telle est aujourd'hui la seule
base possible d'une véritable organisation politique. Quel
est, dès à présent, le système d'alliance assez fort, les frontières assez bien garnies, les places assez bien bastionnées,
pour empêcher une idée de faire son chemin et de renverser tôt ou tard, si elle répond à un besoin universel et intime, tous les obstacles d'un genre purement politique?
Un peuple qui a raison, quelque faible qu'il soit, est
aujourd'hui en état de résister à toute puissance, quelque
formidable qu'on la suppose. C'est parce que la cause polonaise était bonne, que les Polonais ont résisté si long-
temps; et, s'ils ont succombé, tenez pour certain que, sur
le tombeau de cette héroïque nation, la Providence a écrit
de sa main : *Resurgam*. C'est parce que la Grèce avait
raison, qu'elle est émancipée. C'est parce que la Belgique
avait raison, qu'elle est, au détriment de l'équilibre, séparée pour jamais de la Hollande. Dites-vous bien que si les

patriotes italiens n'ont pu engager le combat, c'est qu'ils n'avaient pas raison. Qu'on ne voie pas dans ces paroles un optimisme ridicule, et moins encore une théorie philosophique. Elles n'ont rien de systématique ni d'absolu. Je veux dire seulement que l'adhésion morale de l'Europe prête aujourd'hui une force incalculable aux causes avec lesquelles la véritable opinion publique sympathise. Ce fait résulte des communications plus intimes des nations entre elles, de la solidarité qui s'établit de plus en plus entre les cabinets et les peuples ; du système de crédit, qui livre même les gouvernements absolus au jugement de l'opinion. Le libéralisme ne manquera pas de citer, pour contredire cette assertion, l'exemple de la sainte alliance, et c'est précisément cet exemple qui la corrobore d'une manière éclatante. A part les principes absolus, et par conséquent faux, sur lesquels elle s'est si imprudemment appuyée, la sainte alliance n'a guère agi que dans un sens favorable à la civilisation, au repos et au bien être de l'Europe. Elle a sauvé l'Allemagne du joug de fanatiques imberbes ; si elle n'a pas fait tout ce qu'elle eût pu pour l'Espagne et l'Italie, elle a au moins empêché que la bande noire des révolutionnaires cosmopolites ne démolît de vénérables édifices qui n'ont besoin que d'être réparés : mais quant aux causes de véritable régénération et d'indépendance nationale, où a-t-on vu que la sainte alliance les ait étouffées ? Ne sont-ce pas ses vaisseaux qui brûlaient la flotte turque à Navarin, et ses ministres qui, en juillet 1827, signaient à Londres le traité des trois puissances pour l'indépendance et la pacification de la Grèce ? Qui d'entre elles a essayé de remettre les colonies émancipées sous le joug de l'Espagne ? ces puissances ne viennent-elles pas de consacrer le principe de la séparation de la Belgique ? sont-elles intervenues d'une manière hostile dans la lutte polonaise ? Et qu'on se garde d'alléguer la mauvaise volonté, les répugnances et les retards des cabinets dans ces grandes transactions : ces répugnances sont évidentes ; qui le nie ? mais c'est précisément par là qu'on peut prouver l'action de l'opinion contemporaine sur le pouvoir et le contrôle souverain qu'elle exerce. C'est à elle que viennent aboutir toutes les questions : elle décide en dernier ressort de la guerre et de la paix. Les cabinets ne sont plus assez forts, assez indépendants du pays et des intérêts privés, pour s'engager dans un système offensif, par suite des vues personnelles de quelques hommes d'état. De là, la difficulté de faire de pures guerres d'intérêts, comme celle du dix-huitième siècle, pour quelques bicoques, ou quelque île ignorée de la mer du Sud. Il faut dans ce temps-ci que la nécessité de la guerre soit mathématiquement démontrée aux yeux de tous. Aussi voyez l'impuissance du propagandisme systématique pour ébranler l'inertie des masses. La Russie est peut-être la seule puissance qui puisse encore tenter des guerres d'agrandissement : c'est une guerre de ce genre qu'elle a faite en 1828 à la Porte ottomane. Et certes, si l'Europe n'eût pas été retenue par des influences morales, si puissantes déjà dans leur action quoique encore si obscures dans leur principe, l'occasion eût été belle pour revenir au système d'équilibre, et opposer au colosse du nord l'alliance de l'Europe occidentale. Au dernier siècle la Russie n'eût pas impunément porté ses frontières au Danube et sur l'Araxe : c'est qu'alors la société était organisée pour la guerre offensive, et qu'aujourd'hui la guerre défensive semble seule possible.

La difficulté d'entreprendre la guerre extérieure, que nous ressentons déjà sans trop nous en rendre compte, résulte de ce fait, que la force gouvernementale s'affaiblit à mesure que germent les idées de liberté locale, individuelle, religieuse, et à mesure que l'esprit de parti tue l'esprit national. Si ces idées, encore vagues et incohérentes, trouvent leur application dans une large et vaste constitution fédérale, l'état cessera de former un être abstrait, ayant des intérêts *publics* distincts des intérêts *privés*; le système des grandes armées permanentes devant être abandonné, la guerre ne se fera qu'avec des gardes nationaux, *landwerh*, *yeomen*, c'est-à-dire avec des *individus* ayant les sympathies, les habitudes et les intérêts pacifiques de chefs de famille. L'état également cessera d'avoir, dans cette hypothèse, la disposition d'un budget général, que remplaceraient quelques dépenses centrales, auxquelles présiderait une rigoureuse spécialité, et des dépenses locales librement votées dans des intérêts déterminés.

Il est des publicistes qui, tout en admettant que la France gravite en effet vers une organisation nouvelle, repoussent peut-être les conséquences auxquelles nous arrivons par rapport à un nouveau système européen. La situation des puissances étrangères, qui n'a pas encore subi d'altération fondamentale, leur paraît rendre impossible cette sorte de paix obligée, dont nous trouvons le gage dans l'abolition des armées permanentes et un changement de système financier. Ils auraient raison si le mouvement actuel était français et non européen. Mais tel est son véritable caractère : il se manifeste bien plus clairement qu'en 89. Napoléon a avancé de deux siècles la révolution européenne. Patience donc, car les nations étrangères marchent à grands pas au but vers lequel nous avançons nous-mêmes : qui sait si plusieurs ne l'atteindront pas avant nous? Sous quelques rapports la Belgique nous devance; l'Allemagne méridionale fait chaque jour des progrès dans la carrière d'une liberté sérieuse, et l'on peut affirmer que le seul réveil de la Pologne a déjà fort avancé l'ère de la réorganisation européenne. Patience aussi pour nous-mêmes, car la France n'achèvera pas son évolution avant que l'Europe n'ait accompli la sienne. Tous les peuples chrétiens se tiennent ; rachetés par le même sang, ils marchent dès ici-bas vers des destinées communes. Quel est, depuis l'invasion des barbares, la grande crise intellectuelle ou sociale qui n'ait pas été européenne? C'est précisément à raison de la solidarité qui lie ses destinées à celles des autres nations, que la France ne saurait être définitivement constituée avant que le mouvement européen n'ait parcouru ses principales phases. Croire qu'aujourd'hui une restauration française pût s'opérer par une pure substitution de nom propre, par le triomphe isolé d'un principe politique sur un principe différent, ce serait faire une question de parti d'une question d'humanité. Autant vaudrait soutenir que la féodalité ne se serait point établie par toute l'Europe, si, en 987, Hugues Capet n'avait pas détrôné Charles de Lorraine.

Les défenseurs les plus éclairés de l'hérédité monarchique ont le sentiment de cette vérité à un degré remarquable. Nous citerons surtout la *Gazette de France*, qui, en fait d'instinct politique et d'habileté, laisse loin derrière elle tous les organes du parti royaliste. Elle paraît comprendre qu'un des plus puissants moyens d'agir sur les esprits, en faveur du principe qu'elle défend, c'est de le présenter comme essentiellement favorable à la régénération politique de l'Europe; aussi ses rédacteurs ont-ils eu le bon esprit de s'emparer de ce qu'il y a de vital dans la révolution belge, par exemple; et de porter au pouvoir de juillet le défi de faire pour la nationalité polonaise ce que la France de la restauration eût pu tenter, sans compromettre ses intérêts et sa sécurité. Quoi qu'on puisse penser de cet argument, on doit y voir un indice important du besoin des intelligences. Une réorganisation européenne est peut-être en ce moment la nécessité la plus universellement sentie. Nous avons dit quelles

conséquences nous semblaient devoir en découler, quant
à la constitution intérieure à la paix et à l'indépendance
des nations : reste à rechercher par quelles voies s'accom-
plira cette œuvre du temps et de la providence.

De nombreux intérêts sont liés aux choses qui ont long-
temps duré, comme le lierre aux vieilles murailles, qu'il
embrasse et défend dans leur chute. De là les difficultés qui
retarderont des changements, désormais inévitables dans la
forme et la circonscription des états ; de là, l'imminence
d'une guerre, qu'on ajournera sans en détourner le principe. Si des peuples souffrent dans cette lutte, ce seront
surtout ceux dont la puissance est le résultat d'arrangements
artificiels, de conquêtes que n'a pas sanctionnées la fusion des
intérêts et des nationalités. Les cabinets dont la prépondérance fût l'œuvre spéciale de la diplomatie, céderont le pas à
ceux dont la force est l'œuvre et comme le vœu même de la
nature. On pourrait formuler le travail qui s'opère dans les
deux mondes, en le définissant la violente transition d'un
état de choses fondé sur les combinaisons arbitraires de la
diplomatie des trois derniers siècles, à une situation plus
naturelle, qui reposera sur les agglomérations sympathiques,
les circonscriptions par races, et les assimilations libres et
volontaires. C'est dire assez que l'Angleterre éprouvera des
perturbations considérables, dans son organisation actuelle
qui s'étend, comme un réseau d'oppression, du Sund au cap
de Bonne Espérance et à la muraille de la Chine : insupportable dictature, qui est, de fait, le résultat le mieux constaté du système d'équilibre, combiné dès Utrech par l'habileté de Guillaume d'Orange.

L'aigle autrichienne, constante alliée du léopard
britannique, n'étouffera plus dans ses serres des populations palpitantes : l'Italie respirera librement sous son
beau ciel ; et si ce pays n'est pas régi par une puissance

nitaire, idée toute spéculative, qui n'a rien de populaire au delà des Alpes, il cessera d'être sous le joug étranger : une fédération italienne réunira les intérêts épars des peuples ultramontains.

La Russie, à laquelle la guerre de Pologne a révélé bien des choses, ne finira-t-elle pas par comprendre aussi que son intervention en Europe fut le résultat déplorable de la politique du dix-huitième siècle; que ce système renversé, elle n'a que faire ni sur l'Oder, ni même sur la Vistule; et n'entrera-t-elle pas dans les voies de grandeur et de gloire qui lui sont ouvertes vers l'Asie? Le cabinet russe, depuis 1746, époque où, pour la première fois, ses troupes ont paru sur le Rhin, a été visiblement détourné de sa mission par la diplomatie. Ce peuple se consumant à retenir la pauvre Pologne sous son joug, tandis que l'islamisme à l'agonie lui livre sans défense les plus beaux pays qui soient sous le ciel, ressemble fort à ceux qui bâtirent Calcédoine, ayant l'emplacement de Byzance devant les yeux. Pour que la Russie renonce à la vanité d'exercer de l'influence à Madrid ou à Lisbonne, pour qu'elle consente à donner place entre elle et l'Allemagne à la Pologne ressuscitée avec tous ses enfants réunis, comme les juifs après la grande captivité, il faudra sans doute bien des événements : on peut compter qu'ils ne manqueront pas. Qui sait, d'ailleurs, combien on comptera de Russies avant la fin du siècle? Les destinées des nombreuses populations slavonnes de l'est de l'Europe, sont encore fort incertaines. Il est difficile de pressentir ce qui sortira pour elles du déchirement de l'empire ottoman, des agitations de la Hongrie et des événements dont l'empire russe peut devenir le théâtre.

L'œil embrasse mieux l'avenir de la Germanie. Berlin, Munich et Vienne sont trois centres, vers lesquels gravitent toutes ces populations : un nouveau traité de Lunéville élèvera tôt ou tard sur les ruines de cette mosaïque féodale, sur les débris du système *par âme* et par lieue carrée des négociateurs de Vienne, l'édifice de la véritable nationalité allemande. Si des intérêts légitimes étaient froissés dans ces bouleversements, un bon système fédéral pourrait leur conserver une place. Le grand problème pour l'Allemagne est de respecter, autant que possible, les individualités politiques réelles et vivantes, et de créer en même temps, pour tout ce vaste pays, des centres d'esprit public auxquels tous les grands intérêts sociaux ressortissent. Cette tâche ne fut pas même effleurée en 1815. On ne comprit alors que la nécessité de pondérer, tant bien que mal, les deux principales puissances, et que l'obligation de faire droit aux stipulations qui avaient antérieurement assuré à chaque souverain un certain nombre de sujets à prendre de la Vistule au Rhin et à la Meuse.

Il est évident que dans la réorganisation européenne la position de la France est fort simple. Elle ira jusqu'où la porteront les sympathies françaises : les limites de sa nationalité seront ses meilleures limites défensives. La Belgique, dont l'éternelle séparation de la Hollande est une nécessité, mais dont l'existence indépendante paraîtra bientôt une chimère, la Savoie toute française, probablement une portion de la Prusse Rhénane viendront compléter cette masse compacte vivifiée par une organisation énergique.

La chute du système diplomatique doit nécessairement influer aussi sur l'existence des peuples méridionaux : avec de bonnes institutions locales, il n'y a pas plus d'incompatibilité entre les Espagnols et les Portugais, qu'entre les Suédois et les Norwégiens. Ce qui entretint, depuis Philippe II, la haine des deux peuples, ce furent d'abord les influences anglaise et française qui dominaient à Lisbonne et à Madrid ; c'était surtout l'opposition des intérêts maritimes et coloniaux : aujourd'hui que l'Espagne et le Portugal ont perdu leurs colonies, leurs relations doivent nécessairement changer. Aussi remarque-t-on déjà dans la classe élevée en Portugal moins de répugnance pour l'union avec l'Espagne; les évènements qui, depuis huit ans donnent le Portugal en si triste spectacle au monde, ne peuvent que développer cette heureuse tendance.

Ainsi donc, en résumé, plus d'efforts pour arriver à une égalité de puissance impossible; plus de sacrifices arrachés aux vœux des peuples pour créer des frontières militaires, qui jamais ne sauvèrent une nation, mais un système dans lequel les chances de paix seront en raison directe de la difficulté de faire la guerre, et du peu d'intérêt qu'on y trouverait; enfin proclamation solennelle de cet imprescriptible principe : que la seule condition pour faire un peuple, c'est d'avoir une langue, une histoire, des mœurs et des souvenirs communs. Telles sont les bases fondamentales de l'édifice à l'ombre duquel se reposera le monde, quand le jour du repos sera venu.

Il faut que ces principes de régénération soient proclamés avant que tu sortes, noble Pologne, du tombeau qu'un joug de fer ou une main de plomb va river encore sur toi. On ne te contestera pas une histoire : ta mission fut pendant quatre siècles de protéger l'Europe chrétienne; et l'Europe a pendant cent années fomenté les vices de ton orageuse liberté, puis t'a jetée dans les fers, comme ces pères libertins qu'une lettre de cachet débarrassait d'un fils trop faible pour résister à leurs impures leçons. Tes souvenirs, ce sont les seuls glorieux de l'époque actuelle; tes mœurs, elles ont été à toujours retrempées par ce dernier baptême de sang. Laisse des esprits qui se croient politiques, et qui ne sont que routiniers, disserter spirituellement sur la difficulté de concilier les intérêts de tes spoliateurs, sur l'impossibilité de faire une nation avec des frontières ouvertes, et sur la nécessité de maintenir au prix de ton existence l'équilibre si solidement établi en Europe. Cet édifice, auquel on prétend donner pour base le cadavre d'une nation, ressemblera fort, je le crains, à ce mont volcanique sous lequel s'agitait Encélade après sa chute, et qu'il ébranlait de ses convulsions gigantesques).

> Et fessum quoties mutat latus, intremere omnem
> Murmure Trinacriam.

ÉTAT RELIGIEUX ET INTELLECTUEL
DE L'ALLEMAGNE.

Bavière.

Plusieurs lettres insérées dans *le Correspondant* ont donné sur l'Allemagne, et sur Munich en particulier, quelques détails nécessaires et qui devaient précéder d'autres détails plus étendus, destinés à mettre dans tout leur jour les avantages qu'offre le séjour de l'Allemagne pour la science en général, et pour chaque science en particulier.

Il importe, pour bien faire connaître toutes les ressources de l'Allemagne, de donner une idée exacte du caractère, des mœurs, des coutumes, de l'état des différentes classes de la société, car il n'y a pas de rang si inférieur qui ne donne sa part d'influence, et qui n'ait son importance et son poids. Je me bornerai pour cette fois à la Bavière, parce qu'il me semble que c'est ici que la science catholique trouve le plus de ressources pour un véritable développement.

En Allemagne, les esprits sont plus posés, les volontés plus fermes, les âmes plus patientes, la vie plus paisible qu'en France, et quoique ce peuple ne le cède en énergie à aucun autre, cette énergie est bien plus intérieure qu'extérieure. On peut dire que chez nous il n'y a jamais équilibre parfait entre les hommes et les choses : mais que toujours un des deux pôles est plus élevé et abaisse l'autre : c'est pour cela que le développement est presque toujours le résultat d'une révolution, tandis que de l'autre côté du Rhin les hommes et les choses se modifient et s'informent mutuellement, ce qui fait que le développement, s'il est plus lent, est aussi plus durable.

En Bavière, le peuple est profondément et radicalement catholique, et cet attachement à la foi, cette piété sont d'autant plus admirables en lui qu'il n'a sous ce rapport ni les exemples, ni les encouragements de la cour, et qu'il ne voit en général dans le clergé qu'une faiblesse et une apathie déplorables, ou une irrégularité et une inconduite plus déplorable encore. Le peuple aime sa religion d'un amour inébranlable : toutes ses espérances, toutes ses joies, tous ses plaisirs se rattachent à quelque souvenir religieux ; ses églises sont ornées avec magnificence, ses solennités célébrées avec pompe, et les arts, fils de la religion, jouent comme de joyeux enfants autour de leur mère dans ses jours de fête et de gloire, et lui rendent l'éclat qu'ils en ont reçu. Quoique les églises aient beaucoup perdu de leurs richesses par la spoliation exercée sur les ordres religieux, il y a encore néanmoins quelques restes de la splendeur du moyen âge.

Ce serait ici le lieu de faire remarquer l'énorme différence qui existe entre les prêtres allemands et les prêtres français ; et certes la comparaison serait toute entière à l'avantage de ceux-ci ; mais je me contenterai de toucher en passant quelques points qui feront mieux voir ce qui manque aux uns et aux autres, et en quoi ils pourraient se compléter réciproquement. Deux excès opposés règnent dans les deux pays : en France une sévérité outrée qui éloigne ou qui du moins est propre à éloigner bien des âmes, ici une facilité excessive trop propre à les endormir. En France cette sévérité vient de plusieurs causes : 1° les prêtres, pour la plupart, n'ont jamais vécu dans le monde qu'ils ne connaissent que par ce qu'ils en ont lu ou entendu dire ; et quand une fois ils sont dans le ministère, ils vivent plus retirés du monde que jamais, et perdent souvent ainsi une partie de l'influence salutaire qu'ils pourraient encore exercer sur cette classe de la société plus disposée à aimer Dieu parce qu'elle est plus malheureuse et qu'elle a moins de consolations sur la terre. 2° On ne peut se dissimuler qu'il y a toujours eu dans le clergé de France une prétention, sous quelques rapports bien fondée, à la supériorité sur tous les autres clergés, tant pour la pureté de la morale que pour l'observation de la discipline. On se borne d'après ce principe aux théologiens français, dont aucun ne me semble mériter une préférence aussi exclusive, et on laisse de côté les moralistes des autres parties de la chrétienté, ou si on les consulte, c'est avec une opinion déjà arrêtée d'avance, et avec des préjugés qui leur sont défavorables. 3° Le jansénisme a répandu dans toute la France une atmosphère de rigidité que respirent à leur insu ceux mêmes qui en sont le plus éloignés. En Allemagne, le défaut opposé vient d'une cause contraire, car les prêtres allemands vivent avec le peuple, font partie du peuple, et sont en quelque sorte la chaine de ce tissu si compact et si serré de la nationalité allemande. Cette popularité, bonne en elle-même et nécessaire pour que le ministère sacerdotal fructifie, devient dangereuse et pour le clergé et pour le peuple quand elle est poussée jusqu'à l'excès ; et c'est vraiment le cas en Allemagne. Il en résulte chez les prêtres une dissipation qui n'est souvent que le moindre mal ; une grande négligence dans l'observation de la discipline ; et comme tout se tient dans la religion, en sorte que la discipline est à peu près à la morale ce que la morale est au dogme, et que la morale se relâche quand la discipline s'affaiblit, de même que la foi s'éteint quand les mœurs se corrompent, on peut se faire une idée des abus qui peuvent résulter de l'infraction des lois de l'Église, même de celles qui paraissent les moins importantes. Ainsi on peut regarder comme quelque chose d'assez indifférent en soi, qu'un prêtre porte l'habit que l'Église lui prescrit et qu'il se dispense de ce précepte ; cependant il faut avouer qu'une grande partie des abus qui existent chez le clergé allemand cesserait s'il observait cette règle ; car distingué du peuple par son habit, il serait forcé tout naturellement de s'en distinguer par un extérieur plus digne et plus posé : cette majesté habituelle respirerait surtout dans le lieu saint, et particulièrement à l'autel qui est en quelque sorte le trône du prêtre, dont la royauté s'y déploye dans toute son étendue et dans toute sa force. Une autre cause contribue encore à augmenter cette facilité excessive et cette mollesse qui caractérise une partie du clergé allemand : c'est le contact perpétuel avec les protestants. Sans doute il est bon et utile que le clergé catholique ne se sépare pas des chrétiens des communions dissidentes ; mais s'il est nécessaire de se mêler avec les personnes et de les pénétrer, il n'est pas moins important de se tenir en garde contre les abus ; on peut très bien concilier la charité et les convenances sociales avec la rigueur et l'exactitude des principes. Sous ce rapport la Bavière est plus favorisée parce qu'elle est presque toute catholique ; cependant l'Allemagne entière est comme imprégnée d'une atmosphère protestante qui pénètre subtilement partout, amollit le dévouement de la foi et relâche un peu les liens de la discipline. En général, on peut dire que la partie spéculative ou théorétique est ce en quoi excellent les Allemands. Quant à la pratique ils sont communément beaucoup plus faibles. Ceci s'applique d'une manière plus spéciale à la religion et à la science. Dans celle là on ne considère en quelque sorte que la foi, qui en est la partie théorétique, et dans celle-ci on ne voit que la spéculation. Le clergé, les savants, et le peuple même sont dominés par cette influence, qui est comme une disposition inhérente au caractère allemand.

En France, les évêques peuvent tout dans leur diocèse, et leur puissance n'est point limitée par celle d'un Chapitre dont les membres sont pour la plus grande partie nommés par le gouvernement ou par le Chapitre lui-même, comme il se pratique en Allemagne, ce qui ne permet pas aux prélats bien disposés d'exercer aussi utilement qu'ils le pourraient l'influence que leur donne leur caractère. Je ne sais, à la vérité, si, en général, l'inconvénient qui résulte de cette pratique n'est pas moins grand encore que celui qui résulterait d'un usage contraire, car les évêques d'Alle-

magne sont presque toujours des hommes de cour, et par
conséquent des hommes faibles et sans énergie, et comme
les chapitres, en Bavière, par exemple, sont nommés pour
la moitié par le gouvernement, on ne peut guère attendre non plus des membres qui les composent une énergie
qui corrige la faiblesse des évêques; c'est ainsi que le relâchement et la langueur descendent des plus hauts degrés
de la hiérarchie jusqu'aux degrés inférieurs. Ajoutez à cela
que le gouvernement se jette à la traverse de toutes les entreprises que le siècle pourrait suggérer à un évêque : aussi
la glorieuse qualité et le titre divin de fonctionnaire céleste
s'effacent-ils pour ne laisser paraître en quelque sorte que le
modeste titre de fonctionnaire du gouvernement. Toutes ces
dispositions au relâchement sont encore augmentées par le
manque d'éducation cléricale. C'est surtout ici que l'on sent
combien sont précieuses ces maisons où les jeunes fleurs qui
doivent parer le sanctuaire sont cultivées et entretenues
avec soin, et qui sont si bien appelées petits séminaires.
En Bavière, on n'a en quelque sorte pas l'idée de cette institution, et, si l'on excepte une ou deux maisons qui ne peuvent être comparées à nos petits séminaires de France, on
ne trouve rien sous ce rapport. Les jeunes gens qui se des-
tinent à l'état ecclésiastique fréquentent les gymnases avec
les autres enfants, puis ils passent aux cours universitaires,
et là comme au gymnase ils sont abandonnés à eux-mêmes
sans surveillance particulière ; ce n'est que depuis quelques semaines que l'archevêque de Munich a soumis à une
sorte d'inspection morale les étudiants ecclésiastiques de l'U-
niversité. Enfin, quand arrive le temps de recevoir les ordres, on entre dans un séminaire, on s'y exerce une année
seulement aux exercices de piété qui doivent précéder l'entrée dans le ministère, et on se trouve, après un an de séminaire, chargé de diriger les autres, lorsqu'on peut à peine
se diriger soi-même. D'après la règle communément admise,
les exercices du séminaire devraient durer deux ans; mais

comme la plupart de ces maisons sont sans ressource, on est obligé de réduire à une année le temps fixé.

Cette insuffisance de l'éducation cléricale est à mon avis la grande plaie du clergé, et tous les prêtres vraiment pieux le sentent bien. L'éducation est presque nulle; l'instruction presque toute profane. Aussi trouve-t-on beaucoup de prêtres qui n'ont rien de sacerdotal que le nom, et l'habit quand ils sont à l'église. On peut comparer le clergé allemand à un fruit dont une moitié est gâtée, dont la partie qui se trouve plus près de cette moitié est molle et sans consistance, et dont une autre partie enfin est ferme et excellente. Et d'abord on distingue, chose inouïe en France, on distingue ici les prêtres célibataires et les prêtres anti-célibataires; les premiers, tenant à la loi et à la sainte tradition ecclésiastique; les autres, désirant que l'Église les dispense d'une obligation qui leur paraît un joug insupportable; et parmi ceux-ci, il y a une partie pleinement gâtée qui agit comme si la dispense était déjà accordée. Détournons nos regards de cette plaie honteuse, et considérons plutôt la partie pieuse et vraiment ecclésiastique du clergé. Là, on trouve lumière et chaleur, sainteté et amabilité, dévotion et science : chez eux les exercices de piété laissent une place aux contemplations de la science et aux récréatives occupations des arts ; dans la bibliothèque savante du prêtre, on trouve un piano et un cahier de musique ouvert, ou quelque beau tableau qui charme le goût en même temps qu'il édifie l'âme : c'est là qu'on trouve et cette simplicité d'enfant jointe à la profondeur et à l'étendue des connaissances, et cette douce gaieté unie à un sérieux habituel dans la conduite. Partie vraiment admirable, qui, grâces à Dieu, augmente tous les jours et augmenterait encore bien davantage si les circonstances permettaient un contact plus immédiat et plus habituel avec le clergé de France.

Avant de parler de ceux qui dirigent le mouvement intellectuel en Allemagne, il n'est pas inutile de faire connaître

·on peu quelle est la forme de l'éducation qu'on y donne aux
jeunes gens, car on n'ignore pas quelle influence l'éducation du premier âge a sur la destinée des hommes les
plus remarquables. Je dois avertir encore ici que je parle
spécialement de la Bavière, parce que je ne puis juger
que ce pays comme témoin oculaire. Ici l'enseignement
n'est pas libre, mais dans un pays où il n'y a en quelque sorte qu'une manière de penser et de sentir, et où
toutes les intelligences se rencontrent dans le foyer commun
d'une même foi et d'un même culte, on conçoit que ce manque de liberté peut ne pas avoir les mêmes inconvénients
qu'en France, par exemple. Au moins ici l'enseignement
est gratuit : on le peut diviser en cinq degrés, car on distingue les écoles, les pro-gymnases, les gymnases, les lycées et les universités ; à quoi il faut ajouter, pour les ecclésiastiques, les séminaires. Dans chaque paroisse, il y a une
école gratuite où l'on peut apprendre à lire et à écrire. Dans
toute ville un peu considérable, il y a un pro-gymnase où
l'on étudie pendant trois ans les éléments des langues latine
et grecque, et un gymnase où l'on poursuit ses études jusqu'à la rhétorique inclusivement : il y a encore plusieurs
lycées où les jeunes gens consacrent deux années à l'étude
de la philosophie conçue sur une notion plus vaste qu'on
ne la conçoit en France. De plus, dans chaque gymnase il y
a un professeur qui explique la religion et qui est prêtre, un
professeur pour le français, et un autre pour le dessin. Après
le lycée viennent les études universitaires qui doivent durer
trois ans, de sorte que le temps consacré à l'éducation est
de douze ans. Chacun, comme on le voit, peut se procurer,
sans qu'il lui en coûte rien, une éducation solide, et pour
ceux qui sont obligés de se déplacer parce qu'ils ne demeu-
rent pas dans des villes, les frais sont très-peu de chose,
outre qu'il y a beaucoup de *stipendia* ou bourses de fondation. Pendant tout ce temps les étudiants sont abandonnés à
eux-mêmes, jouissant d'une liberté dont on n'a pas l'idée chez

nous dans ces maisons de détention appelées colléges de l'université, et où le pauvre détenu est continuellement placé entre le devoir et la verge d'un pédant ; aussi le sentiment de la dignité humaine, la passion pour la liberté, est-elle pleine de vie dans ces jeunes âmes, et les mœurs sont incomparablement plus pures que dans la jeunesse française, qui presque toujours se flétrit dans les colléges où elle est obligée d'aller chercher la science, science qui coûte si souvent l'innocence et la pureté du cœur. Un étudiant de l'université est un personnage important qui a ses priviléges. Et d'abord il est inviolable : on ne peut l'arrêter sans une autorisation du recteur de l'université dont il est justiciable ; puis il peut entrer au théâtre pour un prix moindre du tiers que le prix ordinaire, et, quoique les vieilles traditions se soient affaiblies, il y en a cependant encore des restes qui les font reconnaître. Il y a entre les professeurs et les étudiants des rapports bien plus intimes qu'en France ; chaque professeur a un cercle de jeunes amis qui vont passer chez lui la soirée, et s'y entretenir de choses qui instruisent sans fatiguer l'attention ; sa maison, ses conseils, ses avis, ses entretiens sont ouverts à ceux qui lui témoignent de la confiance : dans les conversations et dans les cercles, la supériorité disparaît, et c'est là que se montre dans toute sa naïveté la bonne franchise allemande ; la cérémonie est mise de côté d'une manière qui scandaliserait quelquefois la délicatesse française. Je suppose qu'un jeune allemand eût été, il y a deux ans, recommandé à quelques-uns de nos professeurs de Paris, je doute que ces messieurs eussent porté la complaisance jusqu'à chercher avec lui un logement, et à grimper pour cela à un troisième ou quatrième étage. Cette complaisance, je l'ai éprouvée moi-même ici de la part d'un professeur qui, aux talents les plus distingués, joint le zèle le plus ardent pour la sainte cause de la religion, et dont le dévouement à la foi est connu des catholiques de France par les articles si remarquables sur l'état de la Bavière, insérés dans le *Correspondant* et dans l'*Avenir*. On peut dire que l'université de Munich est peut-être celle qui offre le plus de ressources pour un jeune étudiant catholique, sous le rapport des professeurs dont il peut entendre les leçons, et de la familiarité desquels il peut profiter. Je citerai d'abord Gœrres et Baader, qui sont ici les deux colonnes de l'université catholique, et dont le nom est catholique aussi. Le premier, homme de génie dans sa vie comme dans son style, et qui empreint de sa forte individualité tout ce qu'il pense et tout ce qu'il fait : véritable poète et artiste de la science, qui peint de couleurs vives et éclatantes comme celles de l'orient les pensées les plus profondes, et qui fait résonner en périodes harmonieuses les idées les plus abstraites. Véritable Protée, qui tantôt brille, éclate, pétille, consume, mord et dévore comme le feu ; tantôt coule et s'insinue comme l'eau, tantôt se subtilise comme l'air et caresse l'esprit d'un petit souffle léger et invisible, vrai géant intellectuel qui a commencé sa carrière à l'âge où l'on est encore enfant, et qui, emporté d'abord par la fougue d'une imagination impétueuse, a été ramené au pied de la croix par la science et par une raison droite et mûre ; homme admirable dans ses écrits, plus admirable encore dans l'intérieur de sa famille et dans sa vie privée de chrétien, qui réunit dans un degré éminent la prudence du serpent et la simplicité de la colombe ; tout ce que la franchise a de plus simple, tout ce que le génie a de plus humble et de plus modeste, tout ce que la bonhomie a de plus facile et de plus négligé, vous le trouvez dans cet homme. Toutes ces qualités si précieuses sont en lui produites par la foi et par une piété véritable, et c'est cette même piété qui tempère une sorte d'amertume répandue dans son regard et sur ses traits, et qui annonce un homme qui a beaucoup souffert dans sa vie de l'injustice des hommes. Il y a véritablement dans son regard toute une histoire à lire et une vie toute entière à étudier. La présence seule d'un tel homme suffirait déjà aux jeunes Français qui

sentiraient le désir de connaître l'Allemagne, pour choisir
de préférence Munich, où ils jouiraient de plus des entretiens si doctes et si instructifs du célèbre Baader, philosophe
vraiment péripatétitien, qui dans ses promenades vous
inonde d'idées qui coulent et jaillissent d'un fonds toujours
plein. Homme ingénieux et extraordinaire dont la pensée
toujours jeune rafraîchit la vieillesse, et qui est encore à la
fleur de son génie, à un âge où beaucoup ont déjà terminé
leur carrière scientifique ; aussi clair, aussi limpide dans ses
conversations qu'il est difficile et concis dans ses ouvrages,
il a coutume de dire lui-même que l'écriture est un mal nécessaire, et que c'est la parole vivante qui instruit véritablement. Spirituel dans ses saillies, piquant dans ses images
et ses jeux de mots, comme il est sublime et profond dans
ses contemplations, il unit tout ce que l'esprit français a de
plus aimable et tout ce que l'intelligence allemande a de
plus élevé. Disciple de Jacob Boehm, qui n'était qu'un pauvre cordonnier, et dont les ouvrages si difficiles exercent depuis quinze ans sa patience infatigable et son génie ; et de
notre St-Martin, trop profond et trop élevé pour son époque,
que laisse dans un oubli honteux cette France dont il est un
des plus beaux génies, Baader a réuni en lui toute la profondeur de l'un et tout l'enthousiasme de l'autre. Travaillé
d'un inexprimable besoin de se communiquer et de dé-
charger son esprit plein d'idées, il semble que vous lui
rendez un véritable service en l'écoutant ; et vraiment ces
conversations feraient le sujet d'un bien bel ouvrage ; car
il ne dit jamais rien qui soit inutile, et il y a toujours à
gagner avec lui, même quand il ne fait que plaisanter. J'ai
parlé dans une autre occasion de l'abbé Dœllinger, à qui
ses vastes connaissances historiques ont acquis un nom
cher aux catholiques. Son histoire ecclésiastique, qui est
une continuation de celle de l'abbé Œrtig, et qu'il commence avec la réforme, est un modèle d'impartialité et de
clarté, et c'est un des ouvrages qui mériteraient le plus d'être

traduit dans notre langue, afin de suppléer notre indigence dans cette partie.

Je dois citer encore Schubart. Hélas ! il n'est pas des nôtres : mais ses vues, sa science, la direction de son esprit, tout en lui est catholique. Une bonté et une affabilité paternelle, un cœur caressant, un ton simple et familier, une piété tendre, tels sont les caractères qui distinguent dans sa vie privée cet homme si remarquable, que vous trouvez chez lui se délassant de ses travaux par des exercices de piété ou en jouant des airs religieux, des psaumes sur son piano; que vous voyez prier avec dévotion avant de prendre son repas, parler avec amour et attendrissement du Sauveur des hommes N.-S. J.-C., et avec admiration de tous les mystères de la religion catholique. Sa foi et sa tendresse se peignent dans son style comme sur ses traits. J'aurai occasion de parler de ses divers ouvrages, qui ont donné aux sciences naturelles une direction toute religieuse et toute mystique. Plein d'admiration pour notre Saint-Martin, il en a traduit l'ouvrage intitulé : *De l'Esprit des choses*, et s'occupe maintenant de construire une physique religieuse. Toutefois on sent dans ses livres qu'il lui manque quelque chose qui donne le nerf, la vigueur et la vie, et que le catholicisme, en élargissant ses vues, lui donnerait un degré de force dans la spéculation qu'on regrette de ne pas trouver en lui. Le piétisme, en détrempant son âme, a amolli son génie.

Les leçons et les entretiens de Schelling offrent encore ici une ressource bien précieuse : cet homme d'une destinée extraordinaire, disciple, puis maître de Fichte, après avoir commencé aussi sa carrière dans l'adolescence, s'est vu assez long-temps le dictateur de la science; sa philosophie a été, pendant plusieurs années, comme le centre de tout le système des connaissances humaines, qui prenaient toutes pour règle les principes que l'illustre philosophe avait pris pour point de départ. Depuis long-temps il n'a rien fait paraître, et l'Allemagne attend avec impatience un ouvrage qui lui explique les véritables opinions de cet homme célèbre, que des études plus mûres et plus profondes ont modifiées, et que peut-être il n'a pas encore suffisamment déterminées pour les livrer au monde scientifique. Il a fait, ce dernier semestre, un cours sur la philosophie de la mythologie, et doit s'occuper, dans le prochain, de la religion considérée sous un rapport scientifique. J'espère parler plus en détail de ses ouvrages et de sa philosophie, quand une étude plus approfondie m'aura permis de tenter un travail dont je sens toute la difficulté.

Après avoir parlé des savants, je ne puis passer sous silence les artistes, autre genre de savants dont les idées vivent sur une toile ou dans un marbre animé par leur génie. Ici les arts ont pris une direction toute religieuse parce qu'on a jeté les regards vers le moyen âge. La magnifique collection de MM. Boisserée et Bertram, qui fait maintenant partie de la galerie royale de Schleissheim, a donné un nouvel élan, et a fait revivre des talents oubliés. On ne connaissait plus de l'ancienne école allemande que Cranach, Durer et Holbein ; on n'avait qu'une idée superficielle des productions d'Eyck, et les admirables peintures de Hemling, Mabuse, et du pieux Schoorce étaient négligées et comme perdues, quand les soins et le goût de M. Boisserée les ont rendues à l'admiration des connaisseurs et des artistes. J'aurai occasion plus tard de parler des lithographies qui se publient maintenant, et qui peuvent donner aux étrangers une idée de l'ancienne école allemande. Les richesses de la galerie Boisserée sont devenues, par ce moyen, européennes, et chacun peut se les approprier. Cet élan religieux a été puissamment aidé par Cornelius. Génie profondément catholique et entièrement original, il a su étudier ses modèles sans les copier, et a donné à l'art religieux une physionomie toute nouvelle. Je me hâte de citer ses premiers ouvrages, l'histoire de Nibelungen, l'histoire de

Faust, admirable composition, *dont un de nos peintres français a su profiter*, les figures du Dante les plus remarquables,
dans lesquelles l'auteur a développé toutes les richesses du
génie, et j'arrive à cette œuvre divine que vient de créer la
pensée de son cœur, à cette composition qui produit sur
celui qui la contemple l'effet d'une véritable révélation, et
qui a soulevé plus haut ce voile étendu devant le ciel de la
poésie et des arts ; épopée sublime réunie dans un seul tableau, qui retrace à l'âme chrétienne la vie toute entière
de l'individu et du genre humain. Cette œuvre, c'est un
carton représentant le Christ sur la croix, et qui doit servir pour la peinture à fresque de l'église Saint-Louis. A
la vue de cette étonnante composition, l'âme est saisie de
je ne sais combien de sentiments divers, qui tous, comme
autant de sons dissonants en apparence, viennent s'unir et
s'harmoniser dans une piété triste et résignée ; comme
toutes les figures du tableau, dont chacune est l'expression
d'une pensée et d'un sentiment céleste, ou terrestre, ou
infernal, viennent s'harmoniser dans la figure aimante et
mourante du Sauveur des hommes. Le Christ est au haut du
tableau ; il en est comme le ciel et la lumière ; à gauche le
mauvais larron sur lequel une horrible figure de démon attache ses griffes ; à droite le bon larron, au-dessus duquel
plane un ange qui lui tend les bras avec un sourire plein
d'amour. La figure du bon larron est un chef-d'œuvre : le
peintre a su y exprimer le crime, le repentir, un commencement d'amour et une inquiétude amère ; son regard fixé
sur Jésus, l'interroge avec anxiété et attend la parole consolatrice. A droite sont les Juifs, à gauche les gentils ;
ceux-là paraissent s'éloigner, ceux-ci se rapprocher du Sauveur. Au pied de la croix est la sainte Vierge, admirable figure, S. Jean dont le visage est illuminé par un rayon d'a-
mour ; plus bas sont les soldats qui tirent au sort, d'un air
d'indifférence, la robe sans couture du Crucifié. L'harmonie,
la symétrie la plus parfaite règnent dans l'ensemble ; toutes

les lignes principales sont doubles ; chaque côté se réfléchit
en quelque sorte dans l'autre, et la croix forme comme l'axe
de cet univers : c'est un des plus beaux livres de piété que
je connaisse.

J'oubliais de parler de sa traduction d'Homère, peinte
dans la glyptothèque, traduction vraiment fidèle, et où
l'on retrouve toutes ces antiques et imposantes figures de
l'Iliade ; chaque idée principale y est exprimée, et chaque
chant de cette épopée en peinture présente un ensemble
significatif. Mais depuis que j'ai vu son Christ et ses figures
de saints, je ne me sens plus le courage de parler de ses
figures mythologiques. Cornélius est un peintre catholique.
C'est le catholicisme et la Bible qui l'ont fait. Plus libre
et plus développé, plus *génial,* quoique aussi catholique
et aussi religieux qu'Oberbeck, cet homme est appelé, je
n'en doute pas, à commencer la régénération de la peinture religieuse. Formé par l'étude de la Bible, du Dante
et des grands maîtres de l'école toscane, Cimbue, Giotto, etc.,
il a su prendre un sublime élan, et empreindre de son
individualité toutes ses compositions. Oberbeck est plus enfant, trop fidèle disciple de l'ancienne école allemande : mais
quelle grâce ! quel charme ! quelle naïveté dans ses ouvrages ! quelles pages touchantes de piété et de dévotion !
Oh ! si quelques jeunes artistes français venaient ici s'inspirer de la foi et du génie de notre Cornélius, (il est à
nous, car il est catholique, bien plus qu'allemand dans
son art) ; si notre peinture froide, compassée, maniérée,
peu naturelle comme notre style, venait s'enrichir et se
réchauffer près de ce maître catholique ! je leur promets
d'avance toute son affection, toute sa familiarité paternelle et toute l'amitié de ses élèves les plus distingués, qui tous verraient en eux des frères et des amis,
comme ils me l'ont dit eux-mêmes. Tous aiment Cornélius
comme un père, et lui, quand il parle des fils de son
génie, il s'attendrit comme un enfant. Il aime les Fran-

çais ; il reconnaît en eux le germe du plus haut talent, et ce germe ne demande pour être développé que la sève d'un catholicisme pieux et plein de foi. Je suis heureux de pouvoir vous promettre, pour votre recueil auquel il s'intéresse vivement, quelques-unes de ses idées sur son art, que je recueillerai dans ses conversations et que je vous traduirai. Son génie a déjà formé quelques jeunes gens de la plus haute espérance, parmi lesquels je citerai seulement M. Hermann, qui peint, dans le temple protestant, des anges purs et innocents comme lui ; et qui, quoique protestant dans sa confession, est catholique et dans son art et dans son cœur ; quand il le sera complètement, son talent acquerra ce qui lui manque encore ; M. Fritz, jeune catholique, qui a aidé Cornélius dans les peintures de la glyptothèque, et qui aide maintenant M. Hess dans les peintures de la nouvelle chapelle de la cour ; quand son talent plus mûr aura gagné plus de liberté, il honorera certainement son pays et ses arts ; ses figures sont pleines de cette candeur et de cette simplicité qu'on admire dans le moyen âge. La sculpture catholique a aussi ses hommes de génie. Ce sont des hommes vraiment admirables que ces deux frères Éberhard, débris vivants du moyen âge, qui sont restés dans leur art, dans leur vie, dans leurs manières, dans leur intérieur, ce qu'étaient leurs pères du treizième ou quatorzième siècle ; leur figure même est un type parfaitement conservé de ces temps chrétiens. Leur atelier est plein de sculptures, dont les plus modernes remontent au quinzième ou seizième siècle ; leur bibliothèque est composée de quelques volumes, dont les plus récents ont deux cents ans de date à peu près : la Bible et quelques légendes. Les frères Éberhard sont à peu près en sculpture ce qu'est Oberbeck en peinture, moins riches cependant que ce dernier dans l'exécution et moins libres encore que lui : chez eux la pensée est toujours pure, la conception pieuse, l'idée profonde et significative ; mais l'exécution manque de ce fini qu'on désirerait trouver dans leurs compositions, qui sont toujours simples comme eux.

Ainsi tout en Allemagne se prépare à une régénération : la science, les arts, le clergé ; car, comme j'ai eu occasion de le dire dans une autre circonstance, il y a dans le jeune clergé un grand mouvement, et le *Kroenzchen* de Munich ne peut manquer d'avoir une grande influence sur les autres diocèses, qui tiendront à honneur de ne pas rester en arrière. L'article que le *Correspondant* a bien voulu insérer sur ce *Kroenzchen* a produit un bon effet et redoublé l'affection de ces jeunes âmes pour la France et pour le clergé français. A la séance d'adieu, le président a lu, en allemand, cette lettre : tous ont fait des vœux pour la réunion de la science et de l'esprit des deux nations ; et, sur la demande d'un des professeurs qui assistaient à cette fête, un toast a été porté à cette réunion. C'était un spectacle nouveau pour un jeune Français, que cette réunion ecclésiastique, à laquelle étaient invités les professeurs catholiques et protestants, où l'éloquence, la poésie, la musique charmaient successivement l'esprit, le cœur et l'oreille, et qui finissait par une fête joyeuse et sans apprêts. Je crois à une alliance prochaine des deux nations catholiques, parce que je crois à une régénération, qui partira de la France, en ce qui concerne l'action, et de l'Allemagne, en ce qui concerne la partie spéculative.

LITTÉRATURE.

MARION DE LORME,

DRAME EN CINQ ACTES ET EN VERS, PAR M. VICTOR HUGO (1).

C'est un événement qu'un ouvrage de M. Victor Hugo, et nous ne nous croyons pas dispensés de parler de *Marion de Lorme* parce qu'elle a deux mois d'existence, et que tous les curieux de littérature l'ont vue ou lue. *Marion* n'a pas fait le même bruit qu'*Hernani*, venu à une époque plus heureuse, où l'on avait le loisir de se passionner pour ou contre une tragédie nouvelle, et où le retentissement d'un grand succès ne se perdait pas dans le fracas des empires qui s'écroulent : mais aujourd'hui un lauréat littéraire ne peut attendre de nous qu'une attention d'un moment, un embrassement précipité et l'oubli ; comme Agricola à la cour de Domitien. *Exceptus brevi osculo et nullo sermone turbæ servientium immixtus est.* Aussi le nouveau drame de M. Hugo n'a-t-il obtenu de la critique que des analyses super-ficielles et hâtives, faites sous le coup des impressions du théâtre : mais pour des jugements sérieux, approfondis, mé-

(1) Chez Renduel, rue des Grands-Augustins.

dités dans le silence du cabinet, quelle figure feraient-ils
dans les feuilles quotidiennes, à côté de cette polémique
si rapide, si vive, si orageuse? Pourtant l'art et la poésie
ne sont pas choses indifférentes, même politiquement parlant. Rien n'influe sur l'état moral d'une nation comme les
pièces qu'on lui joue et les livres qu'on lui fait lire : mais
surtout rien ne constate mieux ses opinions et ses mœurs.
Voyez ce qui lui plaît, ce qu'elle applaudit dans les créa-
tions de ses poètes, vous saurez ses sympathies, ses haines,
ses désirs, ses espérances : or, est-il une étude plus importante pour l'homme d'état ou le philosophe?

Il y a beaucoup à apprendre sous ce rapport dans les ouvrages de M. Hugo : homme d'une volonté forte et systématique, chef de parti brillant, novateur audacieux, tous
nos jeunes hommes de lettres le reconnaissent pour leur maître et s'inspirent de ses conceptions. Il a dévoué sa vie à
une seule entreprise, celle d'imposer au siècle sa religion
littéraire : il passe par tous les genres, ode, élégie, drame,
roman, et partout il laisse des traces profondes : il fait arme
de tout : royalisme, catholicisme, libéralisme, tout lui est
bon pour atteindre ce but de poète et d'artiste auquel il a
subordonné tout le reste. A force d'activité, de zèle, de
talent, ses amis et lui ont accompli la moitié de leur tâche :
car le vieux classicisme est enterré à l'académie, d'où il dé-
coche de temps en temps à son robuste rival d'impuissantes
épigrammes, *telum imbelle, sine ictu.* Le public est passé du
côté des romantiques : la victoire est décidément à eux,
mais le plus difficile leur reste à faire, rebâtir, reconstruire,
créer enfin. A ce nouveau travail, M. Hugo est, sans comparaison, celui qui apporte le plus de puissance et de fécondité : lui seul produit des œuvres hardies, fortement
conçues, largement proportionnées, qui étonnent ceux-
mêmes qu'elles ne satisfont pas. Signaler ce qui manque à

M. Hugo, montrer comment les idées fausses qu'il a reçues
de son siècle, font souvent avorter les qualités précieuses
que la nature lui a départies, c'est instruire le procès de
l'école nombreuse qu'il traîne à sa suite. Ainsi tous les reproches que l'on peut faire à *Marion de Lorme* tombent sur
une infinité de drames et de romans nouveaux qui exagè-
rent les défauts du maître sans reproduire ses beautés.

Je serai sévère pour M. Hugo et pour son drame : je
lui prouverai par là le cas que je fais de son talent, et
combien je crois à l'influence heureuse ou funeste qu'il
peut avoir sur son époque. La médiocrité seule a droit à
l'indulgence, parce qu'il est injuste de lui demander plus
qu'elle ne peut. Quelque mal que je traite les ouvrages de
M. Hugo, il va sans dire que pour la pensée comme pour
l'exécution, je les mets fort au-dessus de la foule des productions du jour, même les plus louées et les plus applau-
dies. Je le crois digne d'entendre la vérité, pourvu qu'elle
soit dite sans malveillance : je le crois même capable d'en
profiter. Schiller commença par les *Brigands* et l'*Intrigue
et l'Amour*, drames énergiques, passionnés, enivrants,
mais pleins d'enflure, de sophismes, de mauvais goût, de
fausse exaltation : c'est à l'aide de méditations et d'études
plus sérieuses que son génie, débarrassé de ce fatras senti-
mental, s'éleva aux beautés pures et fortes de *Wallenstein*
et de *Guillaume Tell*.

La donnée de *Marion de Lorme* est heureuse et puisée
dans les profondeurs de la nature humaine. C'est la courtisane relevée de sa déchéance, et réhabilitée en quelque
sorte par un amour pur, ardent, désintéressé; y puisant
une nouvelle âme et comme la virginité du repentir, et
expiant sa vie passée à force de dévouement, d'abnégation et d'héroïsme. Ce sujet est en lui-même éminemment
chrétien, puisque le christianisme, qui repose tout entier

sur une idée d'expiation., élève le repentir si haut qu'il
semble presque le préférer à l'innocence. Cette douce et
tendre compassion pour la faiblesse humaine respire à
toutes les pages de l'Évangile : c'est elle qui a dicté les tou-
chants épisodes, qu'on me passe le terme, de l'enfant prodigue, de la Samaritaine, de la pécheresse, de la femme
adultère, etc., etc., et le divin oracle : « Il lui a été beaucoup pardonné, parce qu'elle a beaucoup aimé. » De là,
cette ineffable bonté du Sauveur pour les pécheurs et les
femmes de mauvaise vie, qui scandalisait tant les Scribes
et les Pharisiens ; de là, le haut rang qu'occupent dans nos
respects et dans ceux de l'Église, les Madelaine, les Thaïs,
les Marie Égyptienne, etc. Il est dans la nature qu'un amour
humain pur et légitime, puisse opérer à quelques égards
les effets de l'amour divin dans une âme dégradée par le
vice, la mettre, pour ainsi dire, à moitié chemin du
ciel ; et l'on conçoit quelles ressources cette purification
du cœur par le feu, cette rénovation complète de l'être
moral doit prêter à la poésie. Ayant choisi si heureusement
son sujet, M. Hugo devait, ce me semble, le creuser, l'ap-
profondir, le développer largement dans une action simple
et peu chargée, prendre dans le cœur humain et non
ailleurs toutes ses péripéties. Mais, au lieu de cela,
il a étouffé toute la partie morale de son drame sous la
chaîne la plus compliquée d'intrigues et d'événements et
sous une profusion de hors-d'œuvres historiques. C'est une
faute grave, et que Shakspeare n'a jamais commise : il n'affaiblit point ainsi l'intérêt en le divisant. Dans Othello,
dans Roméo, il met constamment en relief les passions et
les caractères : il rejette sur le dernier plan les peintures de
mœurs, la couleur locale, tout ce qui est étranger à sa
donnée. Dans ses pièces historiques, au contraire, il n'est
plus que chroniqueur : les événements et les tableaux se

succèdent presque sans liaison et l'unité n'existe plus que dans sa pensée de moraliste, qui domine un ensemble où paraît d'abord régner la confusion. M. Hugo a essayé d'amalgamer dans sa pièce le drame passionné de Racine, la tragédie chronique de Shakespeare, et la comédie d'intrigue de Calderon. La fusion était impossible, et elle n'a pas réussi. Malgré l'extrême habileté avec laquelle la pièce est nouée, l'unité d'intérêt a disparu : l'amour de Marion trouve à peine à s'exhaler au milieu des événements qui l'emportent; et on l'oublie tout-à-fait, lorsque le poète nous introduit dans le palais de Louis XIII, lorsqu'il fait poser devant nous, pendant tout un acte, le mélancolique fils d'Henri IV, et cette cour tremblante que remplit Richelieu, *derrière un voile, invisible et présent.*

En embrassant tant de choses à la fois, M. Hugo s'imposait de grandes obligations. Ses personnages devaient être vrais, non seulement comme hommes, mais comme Français du dix-septième siècle : il lui fallait être à la fois peintre profond du cœur humain et peintre exact des mœurs d'une époque. Or le caractère de Didier, l'amant de Marion de Lorme, est un anachronisme qui *saute aux yeux d'abord.* Ce misanthrope rêveur, avec sa mélancolie farouche, son dégoût de la vie, son désespoir perpétuel, qui s'appelle *funeste et maudit* parce qu'il est bâtard et pauvre, toujours occupé de sa destinée qui gâte toutes celles qu'elle touche, n'a jamais existé sous Louis XIII. Ce langage, ces sentiments sont ceux de J. J. Rousseau dans ses *Rêveries*, de Werther, de René, de Charles de Moor, des héros de Lord Byron. Ce caractère vaporeux d'homme repoussé par les hommes ou se croyant tel, plus propre à se lamenter sur un malheur réel ou imaginaire qu'à lutter par le courage et l'activité contre l'ascendant de la fortune, est un produit particulier de notre siècle, et en général des époques de dissolution sociale et d'anarchie intellectuelle. Puisque M. Hugo voulait faire de Didier un homme poussé par la souffrance dans le fatalisme, il fallait que son fatalisme eût le cachet du temps, il fallait qu'il crût aux étoiles et à l'astrologie comme Wallenstein, ou bien encore qu'il se montrât imbu des tristes et farouches doctrines de Calvin sur la prédestination : mais son désespoir vague, son austérité purement stoïcienne ne sont pas de cette époque, qui était très-positive dans ses croyances. Didier parle toujours en déiste, et dans ce siècle d'hérésies vivaces, il n'y avait point de déiste sérieux, mais seulement des non croyants qu'on appelait *libertins*, gens qui ne pensaient qu'à se débarrasser d'un frein incommode pour mieux jouir de la vie. Si M. Hugo eût fait son héros calviniste rigide, ou, par une légère anticipation sur les temps, janséniste, s'il eût mis aux prises avec son amour ses sombres habitudes de sectaire, il eût pu tirer de cette combinaison un caractère neuf et original : mais Didier, tel qu'il l'a conçu, se trouve partout : c'est un type inévitable que tous les écrivains romantiques ont représenté avec plus ou moins de succès, et que tous les jeunes gens qui ont un peu lu s'imaginent reproduire pour peu que quelques contrariétés, quelques souffrances de cœur ou d'amour propre leur aient fait croire qu'ils ont un *astre mauvais* et que le *destin* leur fait l'honneur de s'amuser à les tourmenter. Un autre sentiment tout moderne, dans le rôle de Didier, c'est sa révolte haineuse contre les supériorités de naissance : la noblesse, qui, du reste, avait, je crois, moins d'impertinence que ne lui en prête M. Hugo, était encore forte et puissante sous Richelieu : ce n'est qu'à leur déclin que les institutions aristocratiques cessent d'inspirer ce respect que chacun accorde à des lois qu'il a trouvées tout établies et que personne ne conteste : mais, lorsque les classes supérieures ont perdu leur puissance morale et conservé leurs prétentions, il se fait un

déchaînement général de toutes les jalousies plébeïennes ;
la lutte s'engage parce qu'il y a réellement rivalité, comme
à la fin du dix-huitième siècle où tous les drames mettaient
invariablement en opposition la vertu et les beaux sentiments d'un bourgeois avec les vices et la bassesse d'un
grand seigneur. Je ne dis pas que M. Hugo ait reproduit
ces niaiseries surannées ; mais il n'en est pas moins vrai
que Didier est un représentant du dix-neuvième siècle, tran-
sporté dans le dix-septième : il est possible que ce soit un
moyen de rehausser notre mérite par le contraste ; mais
alors il ne faut plus parler de couleur locale.

Marion de Lorme est-elle une création plus vraie et
plus heureuse? Rappelle-t-elle ces personnages si charmants,
si poétiques de Desdemone, d'Imogène, de Marguerite,
évoqués par les Shakespeare et les Gœthe? Non assurément.
Le plan de M. Hugo ne comportait pas ces détails naïfs,
ces traits délicats qui rendent un caractère vivant, réel,
original : il ne s'amuse pas à sonder les replis du cœur, tant
il a hâte d'arriver aux grandes complications, aux situations
tragiques, aux fortes émotions. Aussi Marion, hors de ces
moments terribles, est-elle commune et peu étudiée. Dans
le premier acte, avant et pendant sa scène d'amour avec
Didier, on voudrait assister au travail intérieur de cette
àme étonnée de l'invasion d'un sentiment nouveau, on
voudrait la voir sérieuse et pensive, tantôt se sentant relevée à ses propres yeux par cette affection pure et ardente ;
tantôt accablée par le souvenir amer de sa honte, et par
l'idée poignante qu'elle trompe l'honnête homme qui l'aime.
Mais non : le langage de Didier l'amuse, lui semble piquant.

    .... Je crois qu'il me fait de la théologie....
    Vous êtes singulier, mais je vous aime ainsi...

Ce n'est encore là qu'une amourette et non un amour

profond. Mais il semble que M. Hugo ne sache point peindre les
passions hors de ces positions violentes où l'âme fait explo-
sion et se jette en quelque sorte hors d'elle-même; car ce
n'est qu'alors qu'il lui arrive d'être vrai, éloquent, pathétique. Aussi multiplie-t-il à l'infini ces occasions où le langage sort forcément de la situation, et où il ne s'agit que
d'exprimer avec éclat et avec énergie des sentiments que
tout homme ou toute femme éprouveraient à la place de
Didier ou de Marion. Le difficile, c'est de peindre la passion profonde, intime, cachée dans les abîmes de l'âme et
se trahissant involontairement dans les circonstances les
plus vulgaires.

Un double sentiment d'amour et de repentir devrait percer sans cesse dans le rôle de Marion : la courtisane purifiée
devrait se montrer plus souvent: surtout il n'aurait pas
fallu la dégrader de nouveau comme dans le révoltant
incident qui amène la catastrophe; car cet horrible sacrifice serait plus supportable arraché à une femme irrépro-
chable qu'à elle, relevée de sa déchéance et lavée de ses
souillures par l'expiation. Pour achever mes critiques sur
ce rôle qui offre pourtant çà et là de fort beaux traits, je
dois dire un mot du style qui choque souvent par une trivialité affectée. Ce n'est rien moins que de la vérité; car
d'abord Marion, courtisane de distinction, habituée à parler et à entendre le langage du grand monde, ne doit pas
dire au roi :

> *Tenez : pardonnez-leur. Vous savez? la jeunesse...*
> *Dire* que vous pouvez d'un mot sauver deux têtes :
> Ah ! je vous aimerai, sire, si vous le faites.

Elle ne doit pas dire à Didier, lorsqu'il la reçoit si durement dans sa prison :

> Vous êtes mal pour moi : vous avez quelque chose.
> Il faut me dire tout : vous savez : on suppose
> Souvent le mal , et puis plus tard on est fâché.

C'est bien ainsi qu'une *grisette*, brouillée avec son *amoureux*, sollicite un raccommodement : mais ici ce ne peut être ni le style du personnage, ni celui de la situation. Dans un moment aussi terrible, la passion relèverait et anoblirait jusqu'aux expressions de la grisette elle-même : son langage resterait simple et énergique, mais il se purgerait de sa vulgarité et de sa niaiserie.

Mais que dire des personnages historiques ? que dire de Louis XIII, de ce roi qui ne veut pas faire grâce parce qu'il a *trop péché la veille* ; qui annonce au duc de Bellegarde qu'il répétera le soir, à Richelieu, la conversation qu'ils viennent d'avoir sur son compte ; qui demande si *Satan ne pourrait pas s'être fait cardinal* ; qui croit bonnement que son fou va être pendu pour avoir prêté son épée à un duelliste ; qui pour toute consolation l'*embrasse par son cou* et le prie de revenir de l'autre monde le faire rire : que dire de tant d'autres traits qui font une véritable caricature d'un prince faible et égoïste sans doute, mais non imbécille et dégradé à ce point. C'est apparemment pour se mettre à la portée d'un parterre des boulevards, que le poète a ainsi forcé et chargé ce caractère qui demandait à être touché avec mesure et délicatesse. Cela est d'autant plus regrettable que plusieurs traits fins et vrais montrent assez que M. Hugo était en état de le bien rendre s'il avait su s'arrêter. Je ne parle pas du fou l'Angely , *près duquel Pluton est un rieur*, comme dit quelqu'un dans la pièce : ces rôles ironiques, qui demandent à la fois de la profondeur dans la pensée et une légèreté brillante dans l'expression, n'ont guères réussi qu'à Shakespeare.

Le cardinal de Richelieu ne paraît point dans le drame de M. Hugo : mais il le domine tout entier : il y tient la place que le destin occupe dans certaines tragédies antiques. Or, tous les ressorts qui vont aboutir à lui manquent encore de vérité historique. M. Hugo en fait un véritable buveur de sang ; son nom ne paraît jamais qu'avec un accompagnement de bourreaux, d'échafauds, de têtes coupées, de cadavres ; et il vient voir l'exécution de Didier et de Saverny parce qu'*il est malade* et *qu'il a besoin de se distraire*. Certes, Richelieu ne reculait pas devant un meurtre juridique, mais il fallait qu'il fût poussé par quelque grande pensée politique ou d'ambition personnelle, et jamais un pareil homme n'a tué pour le plaisir de tuer. On ne comprend pas pourquoi il tient à la mort de deux jeunes gens dont l'un surtout, par son obscurité, a tous les droits possibles à sa clémence, comme s'il s'agissait de Cinq Mars ou de Marillac. Cela va si loin qu'il annulle des lettres de grâce, signées par le roi, ce qui est parfaitement invraisemblable. Le cardinal gouvernait durement Louis XIII, mais il n'était pas homme à avilir ainsi son souverain à ses propres yeux et aux yeux de son peuple. Il avait pour cela une trop haute idée de cette dignité royale qui lui servait d'instrument. Laffemas, ministre de ses cruautés, Jago sans profondeur et sans énergie, fait comme son maître le mal pour le mal : c'est un monstre hors de nature, chez lequel rien ne rappelle l'homme. Saverny et Nangis sont mieux traités : c'est bien le jeune gentilhomme, avec son étourderie, sa générosité, son insouciance, et le vieux seigneur de la cour de Henri IV, regrettant le bon vieux temps,

> Où palpitait encore un peu de seigneurie,

représentant de cette féodalité énergique et fière dont Richelieu fauchait les débris : le discours de Nangis à Louis XIII est digne de Corneille : mais ce personnage ne rappelle-t-il pas un peu trop le vieux Silva d'*Hernani*.

Il y a un reproche bien plus grave à faire au drame de M. Hugo, c'est que le fatalisme le plus désolant y respire d'un bout à l'autre. Comment voulez-vous que le peuple croie à une Providence, c'est-à-dire qu'il croie au bien et au mal, si vous lui montrez sans cesse au-dessous des événements humains, je ne sais quelle mauvaise étoile, je ne sais quelle destinée inexorable, alliée fidèle des tyrans, des oppresseurs, de tous les méchants, mais se faisant comme un malin plaisir de déconcerter les efforts des bons, et de faire tourner contre eux leurs plans les mieux combinés. Si c'est courir à sa perte que de suivre les élans généreux de son cœur, s'il est vrai que le malheur s'attache à la vertu comme l'ombre au corps, qui voudra désormais être juste, qui ne dira à la vertu comme Brutus mourant : « Tu n'es qu'un mot, » ou plutôt qui ne la fuira comme un piége ? Telle est la fable de *Marion de Lorme*, que, dans l'accumulation d'infortunes qui amène la catastrophe, il n'en est une qui ne soit le résultat d'une bonne action. C'est lorsque Didier vient d'arracher Saverny au fer des assassins, que se prépare leur duel : c'est en voulant sauver son amant que Marion le livre à ses bourreaux : plus tard, c'est la générosité de Saverny, qui dresse son propre échafaud. Encore si, comme les prédicateurs, le poète présentait toujours l'autre vie avec ses compensations, mais il n'y en a pas un mot, pas plus dans *Marion* que dans le *Dernier jour d'un condamné* ou dans *Notre-Dame de Paris*. Didier, au moment de mourir, parle de l'*âme immortelle qui sort sans tache et sans blessure;* mais il ne sait pas où elle va, ni si celui qui l'a faite s'apprête à la recueillir : il n'est pas même bien sûr qu'elle existe, puisque là, au pied de l'é-chafaud, il s'écrie :

Oh ! pourvu que tout meure ,
Pourvu que rien d'un cœur dans la tombe enfermé
Ne vive pour haïr ce qu'il a trop aimé.

C'est un triste jeu d'esprit, surtout pour un homme que la muse chrétienne a si bien inspiré dans ses chants lyriques, de renoncer ainsi , comme artiste, à toutes ses croyances, pour se placer dans le point de vue du fatalisme païen, sans même le revêtir de cette majesté terrible que lui donne la foi de l'antiquité. Rien n'est plus dangereux que de prêcher une pareille doctrine à un siècle amolli, que de convier au désespoir toutes ces âmes énervées par une vie d'amour-propre et de plaisirs, qui vont chercher des émotions au théâtre pour se réveiller. Les cœurs faibles n'ont que trop de pente à laisser là l'espérance et les idées de devoir qu'elle suppose, mais leur fatalisme n'est pas celui du Portique, celui de Caton et de Brutus, c'est celui de Sardanapale et d'Othon, qui les précipite dans les plus viles jouissances, puis dans le suicide quand tout est épuisé (1).

Grâce à Dieu, la doctrine du fatalisme n'est pas moins fausse qu'elle n'est immorale. Non, il n'est pas vrai que dans ce monde la prospérité soit pour le vice, et l'infortune pour la vertu : il n'est pas même vrai que les biens et les maux soient également distribués. Dieu a des favoris qu'il éprouve, qu'il fortifie par la lutte avec l'adversité, parce que c'est un spectacle qu'il aime : mais soyez-en sûrs, ce ne sont pas ceux-là qui se lamentent, qui blasphèment, qui désespèrent. Ceux-là sont pleins de foi, d'amour, de résignation. « Chose étrange ! dit M. de Maistre, c'est le crime qui se plaint des souffrances de la vertu ! c'est le

_____

(1) Il y a bien de la profondeur dans le mot de saint Paul : *Desperantes tradiderunt sese immunditiæ.*

coupable, et souvent le coupable, *heureux* comme il veut l'être, plongé dans les délices et regorgeant des seuls biens qu'il estime, qui ose quereller la Providence lorsqu'elle juge à propos de refuser ces mêmes biens à la vertu. » Le triomphe constant, paisible du crime, est heureusement une exception, et on ne peut pas être vrai en représentant des exceptions. Le méchant est toujours puni par lui-même, sinon par les autres, et la plus grande masse de bonheur, même temporel, appartient, non pas à l'homme vertueux, mais à la vertu. Que ceux qui doutent de ces consolantes vérités, lisent l'admirable livre des *Soirées de Saint-Pétersbourg*.

M. Hugo me dira peut-être qu'il sait tout cela aussi bien que moi, mais que le public est blasé, paresseux ; que, pour lui plaire, il faut le terrifier, l'écraser, lui donner des émotions pareilles à celles que les Romains éprouvaient lorsqu'on jetait devant eux les martyrs aux lions ; que le poète est obligé de frapper sur lui à coups redoublés. Alors qu'on ne parle plus de réforme pour l'art, d'ère nouvelle pour la poésie, car jamais le *beau* ne sortira que du *vrai*. J'ai toujours remarqué avec peine dans les préfaces de M. Hugo, l'importance excessive qu'il attachait au matériel, à l'extérieur de la poésie, à des coupes nouvelles d'hémistiches, à la suppression des unités, à la forme classique ou romantique. Prendre l'art pour but de l'art, ne pas lui donner pour base une pensée d'ordre supérieur, une haute philosophie, c'est le rapetisser et le retrécir, c'est oublier que le poète a une mission, qu'il est, lui aussi, ministre et dispensateur de la vérité ; qu'il se ravale s'il ne veut qu'amuser les hommes, non les instruire, les calmer en les fortifiant, élever leur ame plus haut que la terre. Aujourd'hui l'on cherche avant tout à remuer fortement, à tirer des larmes ou même à donner des convulsions. Je ne veux pas citer ici les mâles paroles de Platon.

qui n'aimait pas les lamentations du théâtre, « parce qu'elles
réveillent et flattent en nous cette partie faible et plaintive
qui s'épanche en gémissements et en pleurs» (1), cette sublime
et profonde morale d'un païen serait trop forte pour les
hommes de ce siècle, mais je leur dirai que celui qui fut en
quelque sorte l'inventeur du pathétique, celui qui le premier s'attacha systématiquement à donner des émotions par
la peinture des douleurs humaines, Euripide, est regardé
par les connaisseurs en haute poésie comme bien inférieur à
Eschyle et à Sophocle, poètes si purs, si grandioses, si
religieux, chez lesquels respire toute la sainteté des mystères d'Eleusis ; que, malgré son génie, il ouvrit la porte
aux lieux communs et à la déclamation et commença la décadence de la poésie grecque. J'ajouterai que cette sentimentalité délirante, ce tragique outré, cette morale vague
et relâchée sont bien plus du dernier siècle que de celui-ci,
que c'est un vieux fonds avec des formes nouvelles, et qu'il
aura beau être mis en œuvre par un homme comme M. Victor Hugo, sa puissance de tête, sa force d'imagination , sa
prodigieuse habileté d'exécution ne parviendront jamais à
le féconder. Une nouvelle littérature ne peut sortir que de
nouvelles doctrines, non littéraires, mais philosophiques,
politiques, religieuses. Cette brillante constellation poétique de l'Allemagne moderne n'est sortie que d'un grand
mouvement de réaction contre le dix-huitième siècle et la
philosophie moderne, dirigé par des âmes pures et fortes ;
par des esprits pénétrants et méditatifs. Le jour où nous suivrons ce noble exemple, où nos hommes de talent se réuni-
ront pour lutter hardiment par la science, l'intelligence et la
liberté, contre les idées fausses et vides qui coulent chez
nous à pleins bords, notre régénération littéraire sera possi-

(1) *Republ.*, L. x.

ble, et elle surpasserait alors celle de l'Allemagne de la hauteur
dont le catholicisme surpasse toute autre philosophie, toute
autre religion.

Ces considérations m'ont mené bien loin de *Mario n de
Lorme*, je veux pourtant y revenir et terminer cet article par
un parallèle qui paraîtra sans doute curieux et piquant. Il
y a un poète dramatique qui a traité, comme M. Hugo, le
sujet de la courtisane amoureuse : il a, comme lui, entre-
lacé des peintures de mœurs avec le développement de sa
donnée principale ; comme lui, il a amalgamé le tragique
et le comique ; comme lui enfin, il a fortement compliqué
l'intrigue de son drame ; mais il a heureusement évité les
écueils où M. Hugo s'est brisé, mais surtout il a répandu
sur son ouvrage un parfum de vertu, de haute moralité, j'ai
presque dit de christianisme, dont l'absence se fait regretter
dans *Marion*. Ce poète était adorateur de Brahma et régnait
dans l'Inde, il y a deux mille ans. Son drame, intitulé *Mrit-
chtchakati*, a été traduit du samskrit en anglais par M. Wil-
son, et de l'anglais en français par M. Langlois(1).

Le brahmane Tcharoudatta, héros de la pièce indienne, est
malheureux comme Didier : il est tombé de l'opulence dans
la misère, et il ressent vivement l'abandon où l'ont laissé
tous ceux qui l'entouraient autrefois : mais quelle noblesse,
quelle résignation dans les plaintes qu'il adresse à son ami
Metreya ! « De la pauvreté, dit-il, procèdent tous les maux
qui tourmentent l'humanité !.. On peut m'en croire, ce
n'est pas pour moi que je regrette ma fortune passée : mais
je gémis de voir que les fils de l'amitié soient rompus parce
qu'un homme est pauvre, etc. » Il prie Metreya d'aller pour
lui rendre ses hommages à certains dieux : « Moi, non vrai-

(1) *Chefs-d'œuvre du théâtre indien*, traduits de l'anglais en français, par
M. Langlois. Chez Dondey-Dupré, ue de Richelieu. 1828.

ment, » répond celui-ci. — *Tchar.* Et pourquoi donc. — *Mat.* A quoi cela peut-il servir? Vous avez honoré les dieux, qu'ont-ils fait pour vous? C'est une peine inutile que de les adorer. — *Tchar.* Gardez-vous de prononcer ces paroles profanes. Tel est notre devoir, et les dieux, n'en doutez pas, aiment ce qu'on leur offre d'un esprit humble et respectueux en pensée et en action et avec une pieuse abnégation de de soi-même. Allez, allez, et présentez votre offrande. » Le caractère de ce personnage se soutient pendant toute la pièce à la même hauteur. C'est une élévation sans fastes, un désintéressement, une sensibilité qui ne se se démentent ni dans la prospérité, ni dans l'adversité. Tcharudatta n'est point un soupirant de comédie. La courtisane l'aime la première, attirée qu'elle est par ses vertus, et le brahmane, moins touché de ses charmes que des nobles penchants de son ame, lui accorde plutôt une tendre compassion qu'un amour passionné qui dérogerait à son caractère.

Vasantasena est une création charmante. La courtisane indienne ressemblait beaucoup par l'éducation et la position sociale à l'*Hétaire* grecque : cependant les mœurs indiennes, sans être aussi sévères que les nôtres, l'étaient plus que celles de la Grèce, et dans le *Mritchakati*, cette femme, qu'on nous montre habitant un palais magnifique, entourée de tout l'éclat du luxe et de l'opulence, est souvent traitée avec un mépris que n'inspirait certainement pas Aspasie aux Athéniens. Il y a dans le caractère de Vasantasena un mélange d'amour et d'admiration pour le brahmane, de pudeur délicate, de douceur et d'humilité qui rend ce personnage singulièrement gracieux et intéressant. Poursuivie par le beau-frère du roi, dont elle repousse l'amour, et chez lequel ses refus excitent une haine furieuse contre elle, elle se réfugie chez Tcharoudatta. Samsthanaka fait sommer le brahmane de la lui livrer. « Elle a fui dans

votre maison , fait-il dire dans son message, après m'a-
voir forcé d'user de violence pour m'assurer d'elle. » « User
de violence pour s'assurer d'elle, s'écrie Vasantasena; ah !
je suis honoré par ces paroles. » Comme elle cherche à se
relever aux yeux de celui qu'elle aime, avec quelle humilité elle lui parle ! « Je vous ai offensée, dit-elle, en en-
trant dans une maison dont je ne suis pas digne; ma tête
doit s'humilier dans la posture du respect et de l'humiliation. » Aussi Tcharoudatta s'écrie-t-il : « Oui, cette femme
peut devenir un trésor de vertu. » La première moitié du
Mritchakaty n'est qu'une pastorale gracieuse et poétique
dans le genre du *Pastor fido*, où tout est heureusement
subordonné à cet amour enthousiaste et timide de Vasantasena, et à la régénération qu'opère dans l'âme de la courtisane ce sentiment pur et vif, qui n'est que l'admiration
exaltée de la vertu dans l'infortune.

Mais bientôt la tragédie commence. Vasantasena rencontre dans un jardin solitaire où elle croyait trouver son
amant, ce prince Samsthanaka, dont elle a repoussé les of-
fres au commencement de la pièce. Il se jette à ses genoux;
mais elle le repousse du pied avec mépris. Cet outrage excite sa fureur : il veut en tirer vengeance, et fait à son esclave Sthavaraka les plus magnifiques promesses pour
l'engager à tuer Vasantasena. Cette scène est curieuse et
fait honneur, ainsi que toute la pièce, à la moralité générale
du temps où vivait son auteur, le roi Soudraka. L'esclave refuse de commettre le crime qu'on lui demande : « Eh quoi,
lâche, lui dit le prince, ne suis-je pas ton maître?

Sthav. Vous l'êtes, seigneur; mon corps est à vous, mais
non mon innocence. Je n'ose pas vous obéir.

Samst. Toi, mon serviteur, que peux-tu craindre?

Sthav. L'avenir.

Samst. Et quelle est, je te prie , cette personne, l'avenir?

Sthav. C'est celui qui tient compte de nos bonnes et de nos mauvaises actions.

Samst. Et quel est le prix des bonnes actions?

Sthav. Des richesses, un pouvoir comme le vôtre.

Samst. Et le prix des mauvaises?

Sthav. C'est de manger, comme je le fais, le pain de l'esclavage. Je ne ferai donc pas ce que je ne dois pas faire.

Samst. Tu ne veux pas m'obéir? (*Il le bat.*)

Sthav. Battez-moi, si vous voulez: tuez-moi, si vous voulez: je ne saurais faire ce qui ne doit pas être fait. Le destin m'a déjà puni, par la servitude, des fautes d'une première vie, et je ne veux pas courir le risque d'être châtié encore en naissant esclave une seconde fois.»

Le prince éloigne son esclave et reste seul avec Vasantasena.« Je vous donnerai de l'or, lui dit-il, je vous traiterai avec tendresse, j'abaisserai à vos pieds ma tête et mon turban. Ah! si vous me repoussez toujours, si vous refusez de m'accepter pour esclave, qu'ai-je désormais à faire au monde!

Vasant. Pourquoi hésiterais-je?.... Je vous méprise; et, quelque abjecte que soit ma condition, vous ne pouvez me tenter avec votre or. L'abeille ne fuit point le lotus quoique ses feuilles soient tachées par le limon, et mon cœur ne sera point infidèle à l'hommage qu'il rend au mérite, malgré la pauvreté de celui qui en est l'objet. Tant de vertu a exalté mon âme, a enflammé mon amour et répand une sorte d'éclat sur mon humble destinée. Et pourquoi y renoncerais-je? Puis-je quitter la tige majestueuse du manguier pour embrasser le vil et indigne dhâka?

Samst. Quoi vous osez comparer le mendiant Tcharoudatta au manguier, et moi au dhâka. Est-ce ainsi que vous me traitez et que vous conservez la pensée de Tcharoudatta?

Vasant. Comment puis-je cesser de penser à celui qui habite pour toujours dans mon cœur!

Samst. Nous allons bientôt l'éprouver : nous allons étouffer à la fois toutes ces pensées et vous-même. Attendez, amante d'un brahmane mendiant!

Vasant. Paroles délicieuses ! Continuez , vous faites mon éloge.

Samst. Qu'il vous défende, s'il peut.

Vasant. Qu'il me défende? Je serais sauvée s'il était ici.

Samst. Quoi donc! est-il Sakra ou le fils de Bali? Makéndra ou le fils de Rembhâ?... fût-il tous ces héros ensemble, il ne pourrait te secourir.

(Il la saisit.)

Vasant. O, ma mère chérie! O mon bien aimé Tcharoudatta ! trop courts, trop imparfaits ont été nos amours ! Trop tôt je vais mourir ! — Si je criais pour appeler au secours.... Mais non, conservons la décence. Un seul mot sortira de ma bouche : sois béni , sois béni, ô mon Tcharoudatta.

Samst. Toujours, toujours ce nom ! Dis-le donc encore.

(Il la saisit à la gorge.)

Vasant. D'une voix étouffée : Béni soit Tchamonroudatta.

Samst. Meurs, misérable, mœurs!»

(Il l'étrangle avec ses mains.)

Cette belle scène, d'un pathétique si simple et si déchirant, ne justifie-t-elle pas l'opinion de M. le baron d'Eckstein (1), qui place le roi Soudraka au-dessus de Voltaire, et à côté des Schiller et des Corneille. Vasantasena est rappelée à la vie par un mendiant Bouddhiste : pendant ce temps son meurtrier va accuser Tcharoudatta de l'avoir assassinée : plusieurs circonstances donnant de la vraisem-

______

(1) Voir le *Catholique,* n. 31.

blance à l'accusation, il est condamné à mort et marche au
supplice, accompagné des regrets universels et même de
ceux des Tchândalas, hommes de la caste réprouvée,
chargés d'être ses bourreaux. Au moment où ils vont le
frapper, malgré leur répugnance, Vasantasena survient et
les arrête : pendant ce temps une révolution qui a été préparée dans le cours de la pièce et qui produit une double
intrigue très habilement liée aux amours du Brahmane,
précipite du trône le roi, beau-frère de Samsthanaka : le
nouveau monarque livre ce misérable, à Tcharoudatta, qui
lui accorde la vie, que ce lâche lui demande à genoux. Le
poëte a eu l'art de tempérer par le ridicule, l'odieux de ce
personnage, en sorte qu'on n'est point blessé de l'indulgence
extrême qui laisse son crime impuni. On sent qu'une fois
dépouillé du pouvoir, il est trop nul pour nuire désormais ;
on l'abandonne à son abjection.

Le dénouement de ce drame, où le brahmane, déjà marié,
prend Vasantasena pour seconde et légitime épouse, choque nos mœurs et nos idées, quoiqu'il soit bien plus délica-
tement amené que dans le roman chinois d'*Iu Kiaoli*. Le
poëte a eu l'adresse de rejeter tout-à-fait sur le dernier
plan la femme de Tcharoudatta ; et elle est si peu nécessaire
à l'action, qu'il pouvait faire son héros veuf ou célibataire
sans avoir rien à changer à son drame. On couvre Vasantasena d'un voile qui indique sa purification, sa renoncia-
tion à son ancienne profession ; et l'épouse de Tcharoudatta
l'embrasse et l'appelle sa sœur. A cela près, il règne dans
toute la pièce une pureté, une élévation, une délicatesse
de sentiments qu'on ne croirait pas pouvoir exister hors
des mœurs chrétiennes.

Ce qui m'a surtout porté à opposer le *Mritchakati* à *Marion de Lorme*, c'est la haute intention morale qui en domine toute la conduite. M. Hugo, comme nous l'avons vu,

s'est fait le poète de la fatalité, parce qu'il a cru y voir une source de grands effets tragiques : le roi indien, au contraire, est constamment le poète de la providence. Si, chez l'un, les vertus semblent attirer toujours l'infortune, chez l'autre, il n'y a pas une bonne action qui ne trouve sa récompense, et les souffrances y ont ce caractère d'épreuves sans lequel l'aspect du malheur n'est plus qu'une tentation. Ce sont les vertus de Tcharoudatta qui lui valent l'amour dévoué de Vasantasena : c'est la vénération qu'il inspire qui retarde son supplice, et donne à ses libérateurs le temps d'arriver, parce que les bourreaux ne peuvent pas se décider à remplir leur terrible ministère et se disputent à qui ne donnera pas la mort à cet homme de bien. Le nouveau roi qui vient le délivrer et lui rendre son opulence passée a été sauvé par lui ; le mendiant bouddhiste, qui rappelle Vasantasena à la vie, a été délivré par elle de l'esclavage où il allait être réduit pour une dette de jeu : enfin il n'y a pas un petit événement qui n'ait sa moralité. Ce point de vue est, je le crains, bien négligé par nos jeunes écrivains, et pourtant l'art gagnerait beaucoup en vérité et en profondeur à ce qu'ils eussent une philosophie et un but moral. Dois-je leur citer à cet égard l'autorité de Racine : « Je n'ai point fait de pièce, dit-il, dans la préface de Phèdre, où la vertu soit plus mise en jour que dans celle-ci : les moindres fautes y sont sévèrement punies : la seule pensée du crime y est regardée avec autant d'horreur que le crime même. Les faiblesses de l'amour y passent pour de vraies faiblesses ; les passions n'y sont présentées aux yeux que pour montrer tout le désordre dont elles sont cause... C'est là proprement le but que tout homme qui travaille pour le public doit se proposer, et c'est ce que les premiers poètes tragiques avaient en vue sur toute chose. Leur théâtre était une école où la vertu n'était pas moins bien enseignée que dans les écoles de philosophie, etc. »

Croit-on que ce but sublime, que ces hautes et austères pensées ne relèvent pas, n'anoblissent pas le caractère et la mission de l'artiste ; croit-on qu'elles arrêtent l'essor de l'art? Le poète dramatique fait des événements à l'imitation de Dieu, il reproduit cette lutte du bon et du mauvais principe qui forme toute l'histoire pour quiconque sait y lire : peut-il être vrai, s'il n'a pas étudié et médité les voies de la Providence, s'il ne sait pas pour quelle fin l'homme et la société sont créés, s'il ne comprend pas la grande loi d'expiation et de rémunération qui gouverne le monde des intelligences et des volontés libres? J'ajouterai que le drame doit être plus moral que l'histoire, parce que le poète n'a pas, comme la Providence, l'autre vie à sa disposition pour rétablir l'équilibre.

Les reproches que nous adressons à M. Hugo sur son fatalisme tombent à peu près sur toute la littérature d'aujourd'hui : car presque tout ce qu'on nous donne de romans ou de drames est bâti sur ce fondement. On voit que nous ne faisons pas avec les romantiques une critique d'hémistiches, que nous ne nous portons pas chevaliers des unités, ni du classicisme académique, que c'est au fond et non à la forme de leurs compositions que nous nous attaquons. N'est-il pas affligeant en effet de voir des hommes de talent s'engager dans la voie étroite et monotone du fatalisme, lorsqu'ils ont près d'eux une mine à peine exploitée, le catholicisme; doctrine large et féconde, qui a produit le Dante et Calderon, comme l'auteur de *Polyeucte* et celui d'*Athalie*, qui ne s'enchaîne pas plus à des formes littéraires qu'à des formes politiques, et qui ne cherche pas les règles du beau dans Aristote le païen, ou dans Boileau le janséniste, mais dans ces lois mystérieuses qui unissent le ciel à la terre, et qu'elle est venue révéler aux hommes? Si M. Victor Hugo produit des œuvres aussi remarquables en se plaçant dans le faux, que ne ferait-il pas lorsqu'il conformerait sa pensée d'artiste à la vérité qu'il connaît et qu'il aime comme homme. Ce qui lui fait faire fausse route, c'est le besoin de plaire au public, c'est la croyance qu'*il faut étudier sans cesse le public* (1), et le servir selon son goût: grave et déplorable erreur! De même qu'aux époques de foi, de dévouement, de poésie, l'artiste doit réfléchir en lui la société, de même aux époques de doute, de dissolution, d'égoïsme, il faut qu'il s'élève au-dessus d'elle par une doctrine puissante et généreuse; il faut qu'il se sépare d'elle, qu'il sorte de la sphère de ses passions, de sa mollesse, de ses folies. Il peut et doit compatir à ses souffrances, mais de la hauteur d'une âme où il a vaincu l'anarchie, où il a établi l'ordre et le calme par une volonté forte et droite. Alors il ne rabaisse pas sa pensée pour se rapprocher des hommes, mais il les appelle là où il est monté; il leur porte les échos du ciel; il chasse au son de sa harpe le démon qui les tourmente, il est ce que Platon veut qu'il soit, l'interprète de Dieu sur la terre.

(1) **Préface de *Marion de Lorme*.**

STATISTIQUE.

ÉTAT

MILITAIRE DE LA RUSSIE.

Cet article que nous extrayons d'un recueil militaire anglais (*the United service Journal*) nous a paru de nature à intéresser vivement nos lecteurs. Les données qu'il fournit s'accordent avec des renseignements sur la vérité desquels nous sommes autorisés à compter. Une administration mal réglée et corrompue, une armée tourmentée de mécontentements et d'agitations, une organisation intérieure pleine de difficultés, aucune force morale pour rallier cette immense multitude d'hommes à mœurs si diverses et en partie barbares, ne sont-ce pas là autant de symptômes d'une faiblesse réelle ? Et après les désastreuses victoires de ces dernières années et les ravages du choléra-morbus, le vainqueur de la Perse, de la Turquie et de la Pologne n'a-t-il point un triste regard à jeter sur l'avenir de son empire ? on va en juger :

« Les hordes asiatiques qui inondèrent les vastes plaines de la Russie vers le commencement du 5ᵉ siècle, étaient , conformément aux usages de cette époque, divisées en deux classes : l'une destinée à cultiver le territoire conquis, l'autre à le défendre par la force des armes. De là l'origine des nobles et des serfs. Les plus vaillants et les plus puissants trouvèrent aisément des moyens d'engager dans leurs intérêts un grand nombre de leurs frères d'armes, et ; en se plaçant à la tête de quelques associations, de former des principautés. Par la suite, plusieurs de ces principautés furent réunies par des liens de famille ou par la force des armes , jusqu'à ce que, vers le milieu du 9ᵉ siècle, le plus grand nombre fut assejéti à un même gouvernement , dont Rurik fut le premier czar.

Les nouveaux vassaux ne furent pas tenus de donner à leur souverain autre chose que leur service personnel en cas de guerre. Dans les dissensions intestines, le parti le plus faible se fortifiait en armant les serfs, ou en prenant les hommes libres à sa solde. De là l'origine de la milice et des recrues.

Telles étaient les forces dont était encore composée l'armée russe dans le 16ᵉ siècle; cinq classes entraient alors dans sa composition :

1° La haute noblesse (princes, knias) qui étaient exempts de porter personnellement les armes, mais forcés de fournir à leurs dépens un certain nombre d'hommes proportionné à l'étendue de leurs possessions.

2° Les nobles inférieurs (boyars), qui avaient des fiefs, et devaient servir à cheval , formant ainsi la cavalerie.

3° Les nobles de ville, qui, dans leurs propres districts, occupaient les emplois civils, et qui , en temps de paix, se livraient au commerce et aux différentes branches de l'industrie. En temps de guerre, ces demi-nobles et demi-bourgeois servaient sous le commandement de leur maire (golowa).

4° La noblesse de Moscou , dont une partie formait la garnison de la capitale , tandis que le reste gardait la plaine.

5° Les troupes régulièrement nourries et payées ; comme

les hordes asiatiques, les Baschkirs, les Tartares, etc., et les bandes sans habitations fixes, sans terre ni propriété.

Ces diverses troupes étaient armées de sabres, d'arcs, de flèches et de lances; les armes à feu étant restées inconnues aux Russes jusqu'au commencement du 16ᵉ siècle. Le service des troupes n'était exigé que pendant la guerre; après quoi elles retournaient chez elles.

Vers l'an 1554, le czar Ivan Wassiliewitsch Grosnvi forma avec ses serfs le premier corps de troupes régulières et permanentes connu en Russie, et les arma de mousquets, d'où ils reçurent le nom de strelits, qui veut dire fusiliers. Peu d'années après, les Russes furent pour la première fois exposés au feu de l'artillerie qui fut employée contre eux par le prince Witold de Lithuanie, au siège de Porchow, dans le gouvernement actuel de Pskow. Peu après, un Italien (Aristote de Bologne) leur apprit à tirer le canon, dont ils firent le premier usage vers la fin du 16ᵉ siècle, au siège de la forteresse de Fellin, pendant la guerre de Livonie. À cette époque, quelques troupes furent armées de mousquets, mais la plus grande partie portait encore des lances et des hallebardes. Leur ordre de bataille était semblable à celui qu'ils mettent en usage aujourd'hui. L'armée était divisée en centre, ailes gauche et droite, avant-garde, arrière-garde, corps de réserve et détachements de cavalerie légère pour le service extraordinaire. Après le règne du czar Ivan Wassiliewitsch Grosnvi, un corps de cavalerie régulière et permanente fut aussi formé.

Les progrès de l'organisation et de l'instruction militaire russe furent très-rapides au commencement du 17ᵉ siècle sous le czar Alexis Michaelowitsch, qui prit des officiers étrangers pour discipliner les Russes, et qui fit composer en langue russe un ouvrage de théorie militaire semblable à ceux que possédaient les autres nations. En 1656, l'armée russe était composée de 9000 hommes, commandée par des officiers étrangers, régulièrement organisée et disciplinée d'après le système généralement adopté en Europe. Le nombre des forces régulières fut ensuite augmenté par Pierre Ier, qui, pendant la guerre de 1696 contre les Turcs, leva 29 nouveaux régiments formant à peu près 30,000 hommes. En 1707, l'armée régulière se composait de 50 régiments d'infanterie et de cavalerie, et de 3 régiments de gardes, montant ensemble à 60,000 hommes. Après la bataille de Pultava, la force militaire fut encore considérablement augmentée, et monta en 1710 à 50,000 fantassins, 28,000 cavaliers, 56,000 hommes de garnison, et 15,000 hommes de corps détachés destinés à protéger les frontières des provinces septentrionales récemment conquises. Ainsi cette année, l'armée russe était forte de 149,000 hommes, sans compter l'artillerie et le génie.

Vers le milieu du 18e siècle, l'armée russe s'éleva au nombre de 164,000 hommes; en 1771, à celui de 198,000; et en 1794, à celui de 313,000, avec 60,000 hommes de troupes de garnison, et 70,000 de forces irrégulières, telles que cosaques, Bashkirs, Kalmuks, etc. Les troupes de ligne avaient 204,000 fantassins, 80,000 cavaliers et 29,000 canonniers.

A la fin de 1803, l'état des forces russes était le suivant :

1° INFANTERIE.	Gardes.	9,305	hom.
	Troupes de ligne.	219,125	
	Troupes de garnison.	70,884	
	Total de l'infanterie.		299,314
2° CAVALERIE.	Gardes.	3,316	
	Troupes de ligne	49,738	
	Cavalerie irrégulière.	100,400	
	Total de la cavalerie.		153,454
3° ARTILLERIE.			43,919
4° INVALIDES.			12,770
Force totale de l'armée.			508,457

L'armée russe est maintenant recrutée, tous les trois ou tous les six ans, parmi les paysans et dans les classes inférieures des habitants des villes. Les hommes pris pour le service militaire sont généralement dans la proportion de 1 à 2 sur 500. Mais comme il n'y a pas de loi fixe à ce sujet, l'autocrate ordonne souvent des levées arbitraires qui, pour les cas urgents, sont faites dans la proportion de 5 ou 10 hommes sur 500. Évaluons la population entière de la Russie à 50 millions : si de ce nombre nous déduisons celui des femmes (qu'on peut supposer former la moitié de la population), ainsi que 5 millions de sujets exempts du service militaire, il nous restera 20 millions d'hommes qui, pris dans la proportion de 1 à 10 sur 500, fourniront de 40 à 400 mille recrues. Ce calcul pourtant est loin d'être exact. On peut assurer que toutes les listes officielles de la population de l'empire sont fausses, et que le nombre réel des habitants de la Russie est beaucoup plus considérable que celui qu'elles portent. Les motifs de cette erreur sont faciles à expliquer. Tous les paysans, ainsi que les classes inférieures des villes, sont tenus de payer une capitation pour laquelle les receveurs de l'état n'ont d'autre guide que les registres officiels. Il est impossible à l'Isprawnik (fonctionnaire qui préside à l'administration de chaque district) d'exister avec les faibles émoluments de sa place ; c'est pourquoi, dans la plupart des cas, il est d'intelligence avec les propriétaires, qui déclarent un nombre de paysans moins grand pour payer une taxe moins forte. Les employés supérieurs, généralement très-corrompus, sont de connivence pour cette fraude ; conséquemment nous risquons peu en établissant que la population russe dépasse d'un sixième le chiffre des registres civils.

Même en adoptant l'exactitude du premier calcul, nous arrivons à cette conclusion que l'armée russe, régulièrement recrutée suivant la proportion la plus considérable, peut entrer en campagne avec 5 ou 600,000 hommes. D'où vient

donc que les Russes n'entrent jamais en campagne avec plus
de 100 ou 150,000 hommes? On peut donner de ce fait l'explication suivante :

En premier lieu, on peut dire que tout conscrit est regardé
comme perdu pour sa famille et ses amis : du moment qu'il
quitte la maison qu'il ne doit plus revoir, ses parents le pleurent ainsi qu'un homme voué à la tombe. C'est ce qui fait
que dans les villages on choisit les plus mauvais sujets, les
débauchés, les hommes à constitution délabrée, et souvent
ceux qui sont affligés de plusieurs espèces d'infirmités. Ces
conscrits sont conduits aux capitales des divers gouvernements,
et, d'après les règles, ils doivent être habillés et munis d'une
certaine somme d'argent. Les officiers chargés de les recevoir et de les examiner s'entendent avec ceux qui doivent les
accompagner à leurs régiments. Il arrive souvent que ces recrues ne paraissent même pas à leurs corps respectifs, de sorte
qu'en fait l'enrôlement se réduit à un véritable commerce.
Lorsque, dans une inspection, un régiment se trouve manquer
du nombre d'hommes voulu, le médecin, dont l'expérience
ne le cède pas en pareille matière à celle de ses camarades
de trafic, ne se refuse jamais à fournir les certificats nécessaires de malades et de morts, qui figurent sur les listes, sans
avoir jamais été vus au régiment. En temps de guerre, ces
pratiques frauduleuses sont encore mieux cachées. Tandis
que le général en chef, dans les bulletins qu'il adresse à son
souverain, s'efforce de diminuer le nombre des morts et des
blessés, les officiers, dans leurs rapports aux généraux, cherchent à exagérer les pertes en hommes et en chevaux, dans
l'intention de cacher leur déficit réel.

Les officiers non commissionnés de l'armée sont choisis
parmi les soldats qui ont la meilleure conduite, parmi les
enfants de soldats qui ont été élevés dans les écoles militaires, parmi les jeunes nobles qui servent seulement trois
mois dans ce grade avec l'espérance d'être nommés officiers
à la promotion suivante, ou parmi les enfants de bourgeois

qui sont obligés de servir de quatre à douze ans pour obtenir le rang d'officier.

Tous les enfants de soldats appartiennent à l'état et sont obligés de s'enrôler. Dans chaque gouvernement il y a une école où ils sont élevés et apprennent la lecture, l'écriture, le dessin, les éléments d'arithmétique et la théorie militaire. On peut estimer que l'armée reçoit par an de ces établissements plus de 3000 officiers non commissionnés, et ce sont toujours les meilleurs. Pour perfectionner l'instruction des officiers, il y a à Pétersbourg deux corps de cadets, et un corps de pages d'où l'on sort avec le rang d'officier des gardes, une école d'artillerie, une école de génie et plusieurs établissements d'ordre inférieur. A Moscou, il existe également des écoles militaires, et à chaque université est attaché un professeur d'arts et de sciences militaires. Dans les corps d'élite comme l'état-major, l'artillerie, le génie, etc., les meilleurs officiers sont étrangers, surtout Allemands et Français.

En général, ce qui caractérise l'armée russe, c'est l'amour de la guerre. A raison du peu de solde que reçoivent les officiers et les soldats, ceux qui n'ont pas de fortune à eux vivent dans un état de pauvreté. Par exemple, un lieutenant-colonel d'état-major reçoit 1200 roubles en papier, (à peu près 1000 francs.) Le fourrage n'est pas fourni aux officiers de cavalerie qui, sous ce rapport, dépendent des commandants des escadrons; et ceux-ci fournissent souvent aux premiers des rations qu'ils ont économisées sur le fourrage des escadrons même; ajoutons que les logements sont si sales et si malsains que, sans réparations, un homme habitué aux aisances ordinaires de la vie ne peut y rester, et que ces réparations sont faites par ceux qui les désirent. Mais dès que la guerre est déclarée, c'est un changement de scène; la solde est alors donnée en argent, c'est-à-dire que sa valeur est quadruplée. Les officiers reçoivent du fourrage et des allocations extraordinaires sans parler de ce qu'ils espèrent trouver à l'étranger. Ces avantages exercent une influence magique sur ceux qui sont sans fortune, et ceux qui sont riches voyent d'avance réalisés tous leurs rêves de gloire et d'avancement.

Avant la dernière guerre contre la Turquie, l'armée était divisée en plusieurs corps considérables : 1° La première armée stationnée dans le centre de l'empire avec ses quartiers-généraux à Mohilew sur le Dnieper. Ce corps s'étendait sur les frontières de l'Autriche, de la Pologne et de la Prusse. 2° La seconde armée, stationnée vers le midi de l'empire, et qui résista aux Turcs ; ses quartiers-généraux étaient à Tulezin. 3° Les corps détachés du Caucase, de Sibérie, d'Orenbourg, de Finlande et de Lithuanie. 4° Les Cosaques. 5° Les hordes asiatiques. 6° La garde intérieure. 7° Les colonies militaires. 8° La garde impériale. L'état numérique de l'armée était le suivant :

Première armée.	380,000 hommes.
Deuxième armée.	130,000
Corps du Caucase.	80,000
Corps de Sibérie.	6,000
Corps d'Orenbourg.	15,000
Corps de Finlande	25,000
Corps de Lithuanie.	30,000
Corps de Cosaques et de Bashkirs . .	120,000
Garde intérieure	120,000
Colonies militaires	60,000
Garde impériale	40,000
	—————
	1,006,000

L'esprit qui animait ces diverses portions de l'armée était essentiellement différent. Dans la première armée, la discipline était très-sévèrement observée, surtout dans les dernières années ; des officiers très-distingués étaient souvent renvoyés pour cause d'insubordination ou de prétendue incapacité quand ils avaient déplu à leurs chefs, et même relégués en Sibérie. Personne ne se hasardait à faire entendre la plus légère plainte sans encourir une arrestation immédiate, ou son renvoi à quelque forteresse, ou son exil en Sibérie. Des officiers même faisaient partie de la police secrète, et généralement ils vivaient entre eux plutôt comme des voisins jaloux que comme des frères ou de francs camarades. Spécialement au quartier-général de Mohilew, presque tous les individus étaient des agens de police. Des symptômes de mécontentement se manifestèrent bientôt, principalement parmi les Russes natifs. Ils ne pouvaient oublier quel nombre d'Allemands, depuis le feld-maréchal Barclay, avait envahi tous les hauts grades, et ce souvenir excitait au plus haut degré leur haine et leur envie. Le général Yermolof étant entré un jour dans la salle d'audience du feld-maréchal, et voyant une foule d'officiers et d'aides-de-camp allemands, les salua avec la plus exquise politesse et leur dit : « Messieurs, si quelqu'un de vous comprend le russe, aurait-il la bonté de m'annoncer au feld-maréchal ? »

Un esprit tout-à-fait différent dominait dans la deuxième armée qui se distinguait par un mouvement plus libre, une plus grande vivacité, une discipline moins rigoureuse, et qui pour cette raison était fortement soupçonnée de complots révolutionnaires. Les événements de 1825 justifièrent ce soupçon. Un militaire mécontent cherchait ordinairement à passer du premier corps dans le second, où il était sûr d'être reçu à bras ouverts.

Le corps de Lithuanie présentait un caractère particulier; la plupart des soldats et des officiers étaient Polonais, et étant stationnés en Lithuanie se trouvaient en contact continuel avec leurs compatriotes. Le corps du Caucase absorbait annuellement un nombre considérable de recrues. L'insalubrité du climat, la mauvaise qualité de la nourriture à laquelle les soldats n'étaient pas accoutumés; les escarmouches continuelles avec les montagnards qui les harcelaient par des embuscades journalières, toutes ces causes, même en temps de paix, enlevaient un tiers de ce corps; c'est pourquoi le gouvernement offre toujours de grands avantages aux officiers civils et militaires qui veulent se rendre à une destination si dangereuse. Leur paye est double et leur avancement beaucoup plus rapide.

Les gardes impériaux sont, généralement parlant, les plus belles troupes de la Russie. Dans ces régiments, la majorité des officiers appartient aux meilleures familles de l'empire ; leur éducation est suivie avec beaucoup de soin ; avantage dont ils sont surtout redevables à leurs gouverneurs étrangers, à leurs fréquents voyages dans les pays civilisés de l'Europe , à la facilité qu'ils ont de lire les meilleurs ouvrages, défendus, il est vrai, par la censure, mais qui se trouvent dans les bibliothèques des personnes distinguées , enfin à la société des étrangers éclairés qu'ils rencontrent à Pétersbourg.

Les gardes n'ont pas oublié que toute révolution faite dans le gouvernement ou dans le cabinet l'a été par eux. En outre, il y a toujours un certain nombre d'officiers qui appartiennent directement aux anciennes dynasties, et dont l'attachement à la famille régnante de Holstein ne peut-être sincère. Sous ce rapport, l'esprit de parti en Russie est toujours en éveil , et le gouvernement a depuis long-temps le système de confier exclusivement à des étrangers les postes civils et militaires les plus importants.

Même les simples soldats des gardes sont mieux élevés qu'on ne l'imaginerait d'abord. Ils sont habituellement en garnison à Pétersbourg : cette circonstance met à leur disposition les ressources de la lecture et des relations sociales.

Le devoir de la garde intérieure est de maintenir l'ordre et la tranquillité publique, de protéger les autorités civiles en cas de besoin , d'escorter les criminels, les convois de marchandises , etc. Ce corps est organisé comme les troupes de ligne, excepté qu'il porte un uniforme différent et qu'il est divisé non en régiments, mais en brigades et en bataillons. Il est armé, instruit à l'exercice, et muni de toute chose nécessaire pour entrer en campagne, si besoin est.

Les cosaques forment une espèce d'État dans l'État. La base d'après laquelle ce corps est organisé est une singulière combinaison de républicanisme et de despotisme militaire. Ils ont leurs lois et leurs juges, et on ne peut exiger leur service qu'en temps de guerre. Ils ne payent aucune contribution et ne reçoivent aucune solde. Chaque souverain, à son avènement au trône, est obligé de reconnaître et de ratifier leur charte militaire. Il n'y a presque point de rapports entre eux et les autres sujets de la Russie, contre lesquels ils forment à l'intérieur une sorte de puissance auxiliaire. Pour conserver ce dernier avantage, le gouvernement leur accorde beaucoup de distinctions. Malgré le privilége qu'ils ont de choisir leur chef (appelé Attaman) parmi eux, à une époque que nous pouvons appeler récente, le jeune grand-duc Alexandre-Nicolavitch fut élevé à cette dignité. Cette mesure eut pour effet de concilier les différents partis qui aspiraient à ce poste important, en même temps qu'elle assura l'influence du gouvernement sur les affaires intérieures des cosaques. Le trait caractéristique de ces troupes est l'indifférence la plus absolue pour tout ce qui n'est pas guerre, pillage, dévastation. Chez eux, ils sont riches en argent, en or, en perles, en diamants; leur simplicité de vie s'oppose à la dissipation de ces trésors qui sont le butin de plusieurs siècles. Un étranger parvient rarement à voir leur richesse, car il n'y a qu'un degré extraordinaire de confiance qui puisse engager un cosaque à recevoir une visite dans les appartements qui contiennent les précieuses collections d'objets transmises à sa famille de génération en génération.

Les autres hordes asiatiques, quoique ressemblant aux cosaques pour l'organisation, sont moins faites à la discipline et aux fatigues de la guerre.

. . . .

Depuis la guerre de 1812, le caractère de l'armée russe a totalement changé. Avant cette époque, les soldats russes étaient des brutes dans toute l'acception du terme. L'influence des évènements a produit sur eux son effet accoutumé et nécessaire. Le grand nombre de prisonniers français et autres qui ont séjourné en Russie ont changé l'esprit, non-seulement de la petite noblesse et des paysans dans les rangs desquels l'armée se recrute, mais celui de l'armée elle-même. En outre, les troupes russes ont mis le pied sur le sol étranger à une époque où les proclamations les plus libérales excitaient chez les Prussiens le plus haut degré d'enthousiasme. Leur séjour prolongé en Allemagne et en France leur a donné comme une nouvelle vie. Les officiers et les soldats, mis en contact immédiat avec toutes les classes d'habitants des pays civilisés, apprirent à voir, à entendre, à comprendre. Combien profonde a dû être l'impression faite sur le soldat russe, lorsqu'il vint à réfléchir sur la supériorité de condition des troupes prussiennes et françaises, et à comparer leur situation avec la misère et l'esclavage qui l'attendaient, lui, dans son pays! mais ce fut surtout l'armée d'occupation, laissée en France de 1815 à 1818, qui eut sous les yeux un spectacle capable de la frapper. Les divers liens contractés par cette partie de l'armée dans un but scientifique ou politique, la formation de loges de maçonnerie militaire, etc., donnèrent naissance à un nouvel esprit chez elle. L'empereur Alexandre sentit bien ce changement de dispositions, lorsqu'à son retour en Russie il jugea nécessaire de répandre dans d'autres régiments les hommes qui avaient fait partie de l'armée d'occupation. Loin d'être favorable au dessein de l'empereur, cette disposition fut une espèce de propagande militaire. Les proclamations adressées par Alexandre à la nation et à l'armée polonaise, aussi bien que la constitution accordée à la Pologne, produisirent une vive sensation sur l'armée russe, et firent naître

dans le cœur de tout russe patriote l'espérance de voir un
jour dans son pays succéder le gouvernement constitutionnel au gouvernement arbitraire. Cette espérance avait été
autorisée par Alexandre lui-même quand, à l'occasion de la
première diète tenue à Varsovie, il déclara avec emphase sa
résolution d'accorder à tous ses sujets les bienfaits d'une
constitution semblable à celle qui était accordée ou du moins
promise à la Pologne. Malheureusement les mesures violentes adoptées par le gouvernement russe furent en opposition avec cette promesse. Les soupçons de l'empereur s'ac-
crurent par l'effet de dénonciations secrètes, et, en proportion de leur accroissement, la police secrète militaire se dé-
veloppa, et les persécutions arbitraires, les arrestations, les
sentences d'exil en Sibérie se multiplièrent de plus en plus.
Cet abus de pouvoir inspira un mécontentement général
dans l'armée. Pendant que l'empereur était à Laybach, un
régiment des gardes de Siméonow leva l'étendard de la révolte. L'exemple aurait infailliblement été suivi par les
autres régiments des gardes sans la prudence et l'énergie de
quelques officiers supérieurs qui furent assez heureux pour
calmer la tempête. Le régiment de Siméonow fut licencié,
et les officiers et les soldats en furent incorporés dans les
régiments de ligne. Cette mesure fut suivie d'effets semblables à ceux qu'avait produits la dispersion de l'armée d'occupation en France. Chaque soldat des gardes prêcha l'insurrection à ses camarades de la ligne. Cette révolte fut la
cause d'enquêtes militaires, de bannissements, de condam-
nations capitales. Quatre colonels (Watkowski, Koschkaref,
Tarmolajew, et le prince Tscherbatow) furent jugés par une
cour martiale à Witepsk, et condamnés à mort.

Mécontent de la conduite des gardes en général, l'empereur résolut de les punir en les renvoyant de leurs quartiers
de Pétersbourg dans les villages de Lithuanie, où ils devaient rester jusqu'à ce que l'esprit de désaffection qui régnait parmi eux fût apaisé. Ils furent entourés d'espions et

d'agents de police. Une fois l'empereur fit envoyer par un des chefs de la police militaire un agent fidèle dans les cantonnements des gardes à Wilna, pour sonder leurs opinions, surtout celles de certains régiments. Le fonctionnaire supérieur confia cette tâche importante à un de ses subalternes les plus expérimentés qui, de retour, présenta à son chef, au lieu de rapport, une feuille de papier blanc avec sa signature seule, et qui, sommé de s'expliquer sur sa manière d'agir, répondit que le témoignage de ses yeux et de ses oreilles l'avait amené à conclure que tous les gardes méritaient d'être transportés en Sibérie, ou qu'il méritait lui-même d'être pendu comme faux témoin, et qu'en conséquence il priait son supérieur de remplir le papier blanc de la manière qui lui paraîtrait le plus convenable. En revenant du congrès de Véronne, l'empereur passa en revue les gardes, et fut accueilli par eux avec des marques d'un enthousiasme tel qu'il publia sur le champ un ordre qui les rappelait dans la capitale.

Cependant le mécontentement général de l'empire était partagé par toute l'armée, et était arrivé à son plus haut période, quand Alexandre termina sa carrière à Taganrog. Cet événement inattendu rendit la succession au trône douteuse, et occasionna la révolte des gardes à Saint-Petersbourg, en décembre 1825, ainsi que quelques insurrections partielles dans les autres corps de troupes, et même après que le calme fut rétabli, il exista encore une grande fermentation dans l'armée et dans toutes les classes d'habitants de l'empire.

À ces fâcheuses circonstances, au milieu desquelles l'empereur Nicolas prit les rênes du gouvernement, se joignirent des difficultés qui le jetèrent presque forcément dans la guerre contre la Turquie. Le pays était ruiné par les entraves de toute espèce qui avaient détruit son commerce tant intérieur qu'extérieur. Les finances, livrées à la dilapidation suffisaient à peine à l'entretien d'une armée considérable. Par dessus tout,

I.15

il était indispensable d'occuper l'activité des soldats et de tourner vers un but extérieur l'attention du peuple.

Nous avons déjà remarqué qu'à cette époque l'armée russe s'élevait à 1,006,000 d'hommes. Il est donc bon d'expliquer ici pourquoi la Russie mit alors en campagne si peu de troupes. Nous parlerons d'abord de la force numérique, ensuite de la force morale.

Quiconque a eu l'occasion de voir l'armée russe et de recueillir sur elle de bons renseignements, reconnaîtra l'exactitude de l'évaluation suivante.

Du total de l'armée on peut déduire	1,006,000
1° Malades, invalides, absents,	113,000

Il est incontestable qu'un régiment russe n'est jamais au complet. Les officiers reçoivent des fonds pour l'admission et le classement des hommes, etc., mais ils sont obligés d'avoir quelques centaines d'hommes de moins que le nombre prescrit par raison d'économie, afin de pourvoir aux dépenses extraordinaires du régiment pour lesquelles le gouvernement n'accorde aucune allocation.

2° Ouvriers, domestiques des hôpitaux, des écoles, etc., employés de toute sorte dans les divers établissements militaires de l'empire	148,000
3° Valets et serviteurs des officiers et des employés de l'armée	92,000

Chaque officier-général a pour son service personnel de 8 à 18 domestiques ; les majors et les colonels de 3 à 6, et chaque officier inférieur 1 ou 2. Les différents employés de l'armée, de l'intendance, des établissements militaires ont un nombre de domestiques relatif à leur rang.

Même les femmes des officiers et des employés ont des soldats à leur service.

Il y a donc à déduire en tout jusqu'ici   353,000

et il reste à mettre en ligne   653,000

De ce dernier nombre il faut encore retrancher :

1° Le corps du Caucase   80,000

2° Le corps de Sibérie, celui d'Orenbourg, qui étaient occupés à observer les frontières du sud-est   21,000

3° Le corps de Finlande   25,000
destiné à occuper cette province récemment conquise, et à observer la Suède.

4° Le corps de Lithuanie et la garnison russe de Varsovie   40,000

Ces dernières forces, placées sous le commandement du grand-duc Constantin, n'étaient pas disponibles à raison de leur position vis-à-vis de l'Autriche.

5° Les colonies militaires qui, dans les cas urgents seulement, fournissent   60,000

6° Les cordons militaires destinés à agir pour la levée de l'impôt   6,000

7° Un tiers des cosaques et des hordes asiatiques qui restaient dans leurs provinces   40,000

8° Garnison de Moscou, Pétersbourg, Cronstad, et autres places fortifiées   80,000

9° Garde intérieure   120,000

Total du nombre déduit   472,000

Le total des forces disponibles employées contre la Turquie et l'Autriche s'élevaient à 181,000 hommes, dont

100,000 étaient destinés à border les frontières de l'Autriche; l'armée d'invasion pouvait donc se composer de 81,000 hommes. Ce fut avec des forces si disproportionnées que fut réellement faite la première campagne, et les pertes énormes qu'essuya l'armée, engagèrent le gouvernement à recourir à de nouvelles levées, jusqu'à ce que la dernière réserve de recrues fût épuisée. Les deux campagnes de Turquie ne ressemblaient pas mal à la conduite d'un joueur, qui, après avoir perdu la plus grande partie de sa fortune, en rassemble les faibles débris et les joue sur une seule carte avec l'idée de réparer ses malheurs par une tentative audacieuse, et qui, perdant son argent, n'a plus d'autre ressource que de se brûler la cervelle. Les Russes furent presque toujours obligés de laisser une partie de leur armée à découvert, et ils eussent été infailliblement écrasés s'ils n'avaient eu en leur faveur l'incapacité des généraux turcs.

Quel sentiment peut allumer l'enthousiasme dans le cœur du soldat russe? celui de l'honneur? Il ne connaît même pas ce mot, qui n'est à l'usage que de ses chefs. Celui du patriotisme? Il ne connaît pas de patrie; il n'en a pas. Depuis le moment du recrutement, il est séparé pour toujours de sa terre natale, et irrévocablement voué au service du despotisme. Dès ce moment, ses parents, ses frères, ses sœurs, ses amis le regardent comme un misérable instrument de la tyrannie qui pèse sur eux; dès ce moment il ne possède ni terre, ni propriété : ses enfants même ne sont pas à lui, et sont forcés de devenir soldats comme lui, parce qu'il l'est; on le traîne de Sweaborg à Tiflis, d'Ochotsk à Polangen, et, à la fin de sa carrière, ses os sont enfouis dans une terre étrangère. Le courage avec lequel il fait face à la mort n'est que l'aveugle résignation du désespoir..... Le caractère des Russes n'est pas aussi superstitieux qu'on le dit généralement. Le soldat russe brave volontiers la mort pour son Obras (idole, ou image de saint), quand sa dévotion est soutenue par l'argent, la viande, l'eau de vie; mais pour son Obras seul il marche lentement, et a besoin d'être stimulé par le bâton et le knout.

Tout pas fait en avant par les Russes leur coûte d'énormes sacrifices; toute victoire inutile est achetée par eux au prix d'un nombre considérable de morts. Si nous examinons le caractère du soldat turc, nous le trouvons composé de bien meilleurs éléments. Quoique soldat, il est encore citoyen, et même très-bon citoyen. Le mahométisme exerce une puissante influence sur l'individualité de l'homme, sur ses désirs, ses sentiments, par l'espérance de l'avenir mystérieux qui doit succéder à la vie terrestre. De là, le courage, l'ardeur, l'enthousiasme des Turcs. De plus, ainsi que la plupart des asiatiques, ils sont d'une admirable sobriété : là où vivront aisément 100,000 Turcs, 50,000 Russes mourront de faim.

Quant à la cavalerie, il est vrai que le cavalier russe prend soin de son cheval, parce qu'il est surveillé de près par ses officiers ; mais, quand ceux-ci sont absorbés par la fatigue, le soldat ne pense plus à son cheval ; le Turc, au contraire, comme tout habitant de l'Asie méridionale, a une affection particulière pour son cheval, qui est sa propriété ; il le regarde comme quelque chose de sacré, et s'exposerait lui-même plutôt qu'il n'exposerait son coursier favori à une fatigue forcée et à la privation. Les cosaques aussi aiment leurs chevaux, mais cet attachement vient de l'espérance qu'ils conçoivent de pouvoir, avec leur aide, surpendre un ennemi et enlever du butin. Cette espérance est-elle trompée, ils ne se donnent plus de peine, et même, dans ces occasions, ils font preuve de cette lâcheté et de cette bassesse de cœur qui caractérisent les voleurs de grands chemins.

Quoique, pendant les deux campagnes de Turquie, les Russes eussent reçu des nouvelles recrues et de toutes les forces disponibles de l'intérieur de l'empire jusqu'à 200,000 hommes, les pertes furent si énormes qu'à la fin de la deuxième campagne, l'armée était réduite à 50,000 hommes. La guerre avait donc coûté aux Russes plus de 250,000 hommes, outre beaucoup d'excellents officiers; et ces déplorables sacrifices faits pour obtenir un objet inutile n'auraient pas suffi pour sauver l'armée d'une destruction totale, si les Turcs avaient eu un seul général qui connût la tactique militaire. Jamais une armée ne fut si exposée à une ruine inévitable que le fut l'armée russe dans le passage du Balkan, et peut-être que dans les annales de la guerre il sera difficile de trouver une page empreinte de l'ignorance et de la stupidité que déployèrent les généraux turcs dans cette mémorable occasion. Les deux campagnes avaient non-seulement désorganisé, mais démoralisé les troupes. Outre cela, les énormes pertes essuyées par le matériel de l'armée, placèrent le gouvernement dans une situation difficile. Il était impossible de cacher les déplorables résultats de cette guerre, qui affectaient visiblement le peuple et les autres divisions de l'armée, et que l'opinion publique attribuait à l'incapacité des généraux étrangers placés à la tête des troupes. Mais plus le peuple russe témoignait de mécontentement des mesures du gouvernement, plus étaient grandes la protection et la faveur que le gouvernement accordait à ceux dont la conduite était le sujet du mécontentement universel : et l'éloignement des officiers influents fut la conséquence naturelle des soupçons qu'on avait conçus.

Telle était la situation de l'armée russe quand la révolution de Varsovie éclata.»

CORRESPONDANCE.

M. le docteur Lingard nous adresse la lettre suivante par laquelle il nous promet sa savante et honorable coopération. En offrant ici au célèbre historien de l'Angleterre l'expression de notre vive reconnaissance, nous ne pouvons nous empêcher de nous féliciter, devant le public, d'un suffrage aussi flatteur et aussi encourageant.

MONSIEUR,

J'ai lu avec grand plaisir le prospectus de la *Revue européenne*. Cette œuvre est si louable, si nécessaire dans l'état actuel de l'ancien monde, que j'espère la voir couronnée de succès par la bonté céleste. Je vous prie de me considérer comme un de vos souscripteurs.

Je serai fier de coopérer, de si loin que ce soit, à cette honorable entreprise. Vous pouvez réclamer mes faibles services, si vous le jugez à propos. Dans votre lettre, vous m'avez indiqué deux ou trois sujets, mais je désirerais voir un ou deux numéros de la Revue avant de vous envoyer ma réponse, afin d'avoir une idée plus nette de votre plan et de m'y mieux conformer. Naturellement, tout ce que je puis est de vous faire parvenir des documents sur lesquels vous travaillerez et que vous emploierez de la manière qui vous conviendra.

J'ai l'honneur d'être, Monsieur, etc.

John LINGARD.

Quelques observations nous ont été adressées au sujet de l'exposition du système philosophique de M. de Baader contenu dans notre premier numéro. La lettre suivante qui nous a été adressée par un ecclésiastique, reproduit quelques-unes de ces observations.

MONSIEUR,

Au milieu de l'admiration que j'éprouve en lisant votre premier numéro du 15 septembre, et particulièrement l'exposition du système philosophique de M. de Baader, je ne puis m'empêcher de vous faire part de quelques difficultés auxquelles il vous sera, sans doute, facile de répondre.

Rien de plus beau, rien de plus sublime que votre passage sur la Trinité, à moins de lire le discours de Bossuet sur le même mystère : rien ne montre mieux la grandeur de l'homme et l'excellence, la dignité de son âme, que ce qui le concerne, dans cet article. Je crois bien que si l'homme placé dans le paradis terrestre, eût fait un saint usage de sa liberté, *Dieu alors aurait été le centre positif de l'homme, et par l'homme de la nature qu'il aurait fait passer à l'état permanent d'incorruptibilité et d'immutabilité....* Ouï, mais comment entendre ces mots : *les anges qui pouvaient encore expier leur péché*, auraient ainsi été délivrés par l'homme.

Il me semble que ce système est contraire à la foi. Du moins je désirerais connaître quelques citations d'un Père ou d'un auteur célèbre, avant d'y donner mon adhésion.

En effet, en quel sens pourra-t-on alors interpréter ces mots de S. Pierre, dans le second chapitre de la 2ᵉ épitre : *Dieu n'a point épargné les anges qui ont péché, mais les a précipités dans l'abyme où les ténèbres leur servent de chaînes, pour être tourmentés et tenus comme en réserve jusqu'au jugement.*

Le Père Berruyer, dans son 1ᵉʳ volume de l'Histoire du Peuple de Dieu, parle bien de la création des anges, et commente plusieurs passages de S. Augustin et des autres Pères, relatifs aux bons et mauvais anges qu'ils entendent par la séparation des ténèbres et de la lumière ; *et divisit lucem à tenebris* ; mais il ne dit point que : *les anges pussent encore expier leur péché*, avant de décrire l'horrible lieu dans lequel la main de la justice divine les précipita.

Le profond philosophe, M. de Maistre, à la fin de son 2ᵉ volume des soirées, dans l'éclaircissement sur les sacrifices, cite ces mots d'Origène :

« Que le sang répandu sur le calvaire n'avait pas été » seulement utile aux hommes, mais aux anges, aux astres, » et à tous les êtres créés ; » et ceux-ci de S. Jérôme : « Que » la rédemption appartenait au ciel autant qu'à la terre » ; et plusieurs autres textes remarquables ; mais il me semble qu'il n'y a rien là qui puisse m'expliquer cette proposition extraordinaire : *Les anges qui pouvaient encore expier leur péché, auraient été délivrés par l'homme, s'il n'eût point préféré sa volonté à celle de Dieu.* Comment l'homme serait-il devenu le sauveur du démon ? Je ne puis le croire d'après vous : car, vous ajoutez ces paroles qui réfutent votre proposition :

« *Le démon heurta en quelque sorte contre Dieu d'une manière* » *directe et centrale. La répulsion fut donc directe et centrale* » *aussi.* »

Pourquoi et comment l'ange rebelle aurait-il donc pu expier son péché par lui ou par l'homme ? Non : Isaïe, d'après l'interprétation des Pères, nous prouve la fausseté de ce système :

Detracta est ad inferos superbia tua. Cap. 71 , xiv.

Quomodo cecidisti.....? qui dicebas in corde tuo: In cælum conscendam, super astra Dei exaltabo solium meum... similis ero Altissimo. — Le démon avait bien mérité l'enfer... et dans l'enfer, plus d'espérance et de pardon : *Nulla apud eum redemptio.*

Pardonnez-moi, Monsieur le Rédacteur, la liberté que je prends de vous exposer mes difficultés. *Mon œil faible n'ayant vu dans ce passage qu'une lumière incertaine*, j'ai besoin d'éclaircissement, et je crois y avoir droit en qualité d'abonné ancien, présent et futur du *Correspondant*.

Daignez me répondre ou directement ou indirectement.

J'ai l'honneur d'être, etc.

Nous répondrons d'abord à cette lettre, que nous ne prenons pas la responsabilité de toutes les opinions du célèbre philosophe allemand : mais que nous voulons seulement faire connaître un système dont le fond et l'intention sont profondément catholiques, et où nous sommes bien sûrs que M. de Baader désavouerait tout ce qui serait en contradiction avec la doctrine de l'Eglise. Quant à cette proposition, que *les anges pouvaient encore expier leur péché et être délivrés par l'homme*, nous supposons que M. de Baader l'a recueillie dans les traditions de la Synagogue défigurées, mais pourtant conservées dans le Talmud et les livres cabalistiques. Sans nous charger de la défendre directement, nous ferons observer que la Bible ne nous a révélé que dans quelques paroles courtes et mystérieuses, les temps qui ont précédé la création de l'homme, et spécialement l'histoire de la chute des anges ; que, si l'Esprit saint a voulu que ces faits primordiaux restassent dans une obscurité impénétrable, parce qu'après tout, l'homme déchu n'est pas fait pour connaître, mais pour croire, quelque liberté peut être laissée aux conjectures dans une matière où l'erreur même ne pourrait avoir de résultats bien fâcheux, pourvu que toutes les hypothèses soient dominées par un esprit de docilité et de soumission à l'autorité catholique.

La *Gazette littéraire* a donné, il y a quelque temps, une notice sur la littérature russe, répétée plus tard par le *Correspondant*. Un de nos abonnés nous adresse la lettre suivante, destinée à rectifier des renseignements inexacts et des jugements hasardés sur les écrivains de son pays. Il veut bien nous faire espérer des communications ultérieures sur un mouvement littéraire remarquable, mais peu connu en France.

MONSIEUR,

Je me décide à vous communiquer aujourd'hui quelques remarques et réflexions que m'a suggérées la lecture de l'article de la *Gazette littéraire*.

Je commencerai par rectifier quelques erreurs de fait. Le poème d'Alexandre-Pouchkine, qu'on intitule dans l'article qui m'occupe *Russlan et Swetlana* porte le titre de *Rousslan et Ludmila*. *Swetlana* est une charmante ballade dans le genre d'*Eléonore* de Burger, de la composition de Ioukofsky, l'heureux fondateur, en Russie, de la nouvelle école poétique. Alexandre Pouchkine a fait paraître depuis peu, outre Onéguine et Poltawa, Boris Godounof. Cet ouvrage est un des premiers essais dans le genre de la tragédie moderne qui ait paru en Russie (1). Le drapeau du romantisme vient d'être implanté sur la scène russe, qui a parcouru, à peu de chose près, toutes les phases de la scène française ; et cependant elle ne date son existence que d'une époque où les héros du classicisme en France étaient depuis un siècle réduits en poussière. Nous avons aussi notre grand tragique aux trois unités ; Ozerof, dont les beaux alexandrins seront long-temps encore, comme ceux de Racine, récités avec admiration, tandis que la monotonie d'action de ses pièces fait bailler les spectateurs. *Boris Godounof* a surgi libre des liens de ce bon Aristote, qui ne se

(1) Il a été publié quelque temps auparavant une tragédie de la même école qui a pour titre *Ermac*, de M. Homiakof.

doutait probablement pas qu'il tiendrait en laisse vos grands
auteurs du dix-septième siècle, et les nôtres de l'âge actuel.
Des scènes en prose viennent se mêler dans ce drame aux
beaux iambes à cinq pieds non rimés, à la manière allemande ;
l'action dure plusieurs mois, et Pouchkine y a même introduit une scène burlesque, où les interlocuteurs, des soldats de la milice étrangère du czar Boris, parlent français et
allemand. Mais si notre hardi poëte se permet de donner accès,
dans son œuvre dramatique, à une langue étrangère, il se
garde bien de faire de la langue nationale une langue étrange,
comme, soit dit sans malice, cela se voit ailleurs. Rien de
plus correct et de plus élégant que le style de Pouchkine ;
et c'est aux romantiques que la langue russe doit son perfectionnement, ce qui, soit dit encore sans malice, ne se voit pas
toujours ailleurs. A tout prendre, ce drame, le premier qu'il
ait livré à la publicité, n'est encore qu'une belle esquisse,
mais tout y porte l'empreinte du pinceau plein de génie
de Pouchkine. Sa jeunesse semble nous promettre un brillant avenir, et les plus grands succès dans la nouvelle carrière poétique où il a été précédé par Schiller, Goethe et
Byron.

Le nombre des almanachs qu'on a publiés l'année passée,
à Pétersbourg et à Moscou, se monte à 14, et celui des
feuilles littéraires à 12, sans compter celles qui peuvent paraître dans la province. Si toutes ces productions n'ont point
un égal mérite, du moins décèlent-elles les dispositions poétiques de la nation, son goût pour la littérature, et les progrès rapides que fait la pensée européenne dans des pays
où règne encore l'apathie morale des Asiatiques. Tandis
que des almanachs paraissent en Sibérie, on imprime des
journaux littéraires et politiques à Tiflis (1), au milieu du
cliquetis des *chachkas* (2) tcherkesses et des bayonnettes rus-

(1) Il y a deux ans qu'un journal politique et littéraire a été publié à
Tiflis. J'ignore s'il continue de paraître.

(2) C'est ainsi que les montagnards du Caucase appellent leurs sabres.

ses qui portent la civilisation aux peuples du Caucase, en les forçant à la paix, et l'on voit en même temps les Kirguises nomades, perdre leurs goûts vagabonds dans des écoles qui s'élèvent au milieu de leurs stèpes.

Examinons à présent la justesse de l'inculpation portée contre les Russes, leur littérature, et Alexandre Pouchkine en particulier. Français, Allemands, Anglais, dit-on, les Russes, imitent tout le monde. Je ne disconviens pas qu'une certaine manie d'imiter ne soit notre travers, c'est une conséquence de la place qu'est venue occuper la Russie dans la suite des temps. Les autres pays de l'Europe ont été obligés de tirer la civilisation du sein de leur propre terre; ils en ont fait mûrir les fruits à la sueur de leur front. Le ciel qui a toujours gâté la Russie, lui a épargné cette peine. Elle n'a eu qu'à tendre la main et à prendre les fruits tout venus. Moi, qui suis fort paresseux de mon naturel, je remercie très-humblement ceux qui ont bien voulu tirer pour nous les marrons du feu. Mais à présent, nous ne leur donnerons plus cette peine. Les dernières récoltes en Europe ont été fort mauvaises et je vous promets que vous n'aurez plus à nous reprocher d'aller fourrager chez vous. Nous avons encore de cette bonne graine qui nous est venue jadis de la bonne vieille Europe; elle a pris admirablement dans notre patrie; et s'il plaît à Dieu, elle ne nous donnera bientôt que des récoltes tout-à-fait russes. Aussi nous nous moquons bien de cette jeune Europe qui fait tant de bruit, qui est si *glorieuse*, mais qui toute *forte femme* qu'elle est, fait boire à ses poupons à bonnet rouge, du sang au lieu de lait; tels sont les sentiments de mes compatriotes; de tous ceux au moins qui méritent le nom de Russes.

L'Allemagne vient de découvrir dans son sein une mine qui enrichira l'humanité de tous les âges. Elle a trouvé l'or de la science passé au creuset de la foi chrétienne; or pur et sans alliage humain qui désormais fera disparaître la fausse monnaie du philosophisme et de la civilisation

payenne. Déjà la France d'un meilleur âge (dont vous êtes
l'organe, Monsieur, ainsi que vos amis) s'apprête à y puiser.
La Russie aussi ne tardera pas à en profiter.

Voilà pour ce qui est des dispositions des Russes au cosmopolitisme; quant à notre langue, elle n'a pu que gagner
à la faculté qu'elle a de s'approprier le génie de toutes les
autres; aussi les classiques grecs, latins, français et allemands, traduits en russe, conservent dans notre langue
leurs formes poétiques originales; c'est une qualité précieuse qu'elle partage avec l'allemand, et qu'elle possède
même à un plus haut degré. La langue russe reproduit tour
à tour la majesté du grec, la gravité du latin, la profondeur
de l'allemand, et la légèreté spirituelle du français, ou plutôt
l'essence de la langue russe se compose de l'esprit de toutes
ces autres langues. Afin de ne point paraître partial dans
mon jugement, je vous citerai le témoignage d'un de vos
compatriotes, le seul peut-être qui connaisse à fond la langue russe et la Russie, quoiqu'il n'y ait séjourné que 30 ans,
et non six mois. M. Masclet, qui a traduit, depuis peu, en
vers français, *Krilof* et *Hemnitzer*, nos deux grands fabu-
listes, dit, dans l'une de ses préfaces, que la langue russe
est une des plus belles langues qui aient jamais été parlées.
Je compte vous faire connaître, quelque jour, plus particulièrement cette traduction faite avec une exactitude précieuse aux Russes et d'une élégance digne d'une production originale. Vous pourrez alors juger par vous-même si
c'est *Krilof*, notre Lafontaine, qu'on caractérise, en disant
que ses fables sont *spirituelles et bien versifiées*.

Si nos œuvres littéraires ont eu toujours la couleur du siècle
qui les a produites, il ne s'ensuit pas de là, que notre littérature n'ait pas conservé son indépendance. Elle a sa nationalité
tout en ayant emprunté l'esprit et les formes étrangères, ou
plutôt des formes communes à toutes les autres littératures,
au mouvement desquelles elle s'est associée. En admettant
cette singulière manière de juger une littérature, nous de-

vrions conclure que la littérature française n'est pas originale, parce qu'elle a pris pour modèle le genre espagnol,
grec, romain et allemand ; que la littérature allemande a
été calquée sur celle des Anglais ; ainsi de suite ; et nous
pourrions soutenir que Corneille et Molière ont imité les
Espagnols, Racine et Boileau les Grecs et les Romains, que
Schiller a imité Schakespeare, que Goethe a imité Schiller(1),
que Byron a imité Goethe. A ce titre je vous accorde qu'A-
lexandre Pouchkine est l'imitateur de Byron. D'ailleurs, indépendamment de l'influence que peut avoir sur un poëte
un genre en vogue, il existe parfois une identité de facultés entre deux génies originaux, qui donne à leurs productions un air de ressemblance. Jamais poëte n'a moins mérité l'épithète d'imitateur qu'Alexandre Pouchkine. Il s'atta-
cherait même à copier un genre, qu'encore l'originalité de
son génie percerait malgré lui ; aussi, s'il voulait faire du
Byron, on retrouverait Pouchkine dans Byron. Vous remarquez bien dans ses ouvrages quelques traits qui semblent
appartenir au sombre poëte anglais ; mais c'est plutôt un
air de famille qui fait reconnaître deux frères. Un imitateur
n'est qu'un grimacier ; et où peut-on trouver plus de naturel, plus d'abandon, plus de vérité que dans les œuvres de
Pouchkine ? L'analyse de quelques-uns de ses poëmes aurait
fait bientôt justice de ces fausses assertions. Je suis fâché de
ne pouvoir me livrer, pour le moment, à ce travail.

Je ne vois pas non plus que *Rousslan et Ludmila*, le poëme
cité dans la notice, reproduise les formes françaises. C'est
l'ouvrage par lequel Alexandre Pouchkine a donné l'éveil sur
l'originalité de son génie. Son poëme est tiré d'un ancien
conte populaire, et il traite son sujet avec toute l'indépendance consacrée par la nouvelle école. Si je devais comparer *Rousslan et Ludmila* a quelque production étrangère, je

(1) Je n'ai pas besoin d'observer que cela ne peut s'entendre que par
rapport aux formes dramatiques qui ont été communes à Schiller et Goethe,
quand celui-ci n'a point reproduit les formes françaises ou antiques.

trouverais plutôt que cet ouvrage rappelle l'*Oberon* de Wieland.

Notre littérature, si jeune d'années, est vieille de gloire. Elle peut sans rougir se placer à côté des autres littératures de l'Europe; surtout pour ce qui est du genre où domine l'imagination. Cependant elle se ressent du malaise général qui a frappé la sphère de l'inspiration; et ici je partage pleinement l'opinion de MM. de Merode et Beaufort, sur les causes de la décadence de la poésie (1). Un nouvel avenir se prépare pour le culte du beau, par le retour des sciences et des arts au christianisme. La Russie chrétienne, et *très-chrétienne* même, quoiqu'elle ne reconnaisse pas la domination du pape, est peut-être destinée à donner le signal du nouvel élan de l'humanité vers les régions du véritable enthousiasme (2). Le sentiment religieux y est peu altéré par la corruption du siècle. C'est lui qui a produit les plus beaux monuments de la poésie russe. L'Ode intitulée *Dieu* de Desjavine a été traduite dans toutes les langues et même en chinois.

Agréez, Monsieur, etc.

     Un Russe de vos abonnés.

(1) Voir le *Correspondant* du 23 août, n° 50.
(2) Il ne faut pas oublier que c'est un Russe qui parle. (*N. du R.*)

BULLETIN BIBLIOGRAPHIQUE.

I. *Fragments de géologie et de climatologie asiatiques*, par A. de Humboldt; 1 *vol.*, 1831, chez A. Pihan de Laforest, rue des Noyers, n° 37.

Ces fragments sont en partie un recueil de mémoires lus en 1830 et en 1831 à l'académie royale de Berlin et à l'institut de France, et en partie l'extrait d'un ouvrage inédit que M. de Humbolt fera paraître en allemand sous le titre de *Entwurf einer physischen Weltbeschreibung (Essai sur la physique du globe)*, et qui est la base des leçons faites par lui à Berlin en 1827 et 1828.

Nous n'avons rien à dire au public sur ce que peut être un ouvrage de l'illustre savant prussien, et sur le prix qu'attache le monde savant à toute production d'un homme auquel il a voué depuis si longues années une si grande admiration. Nous nous contentons d'indiquer aujourd'hui le sujet des principaux mémoires contenus dans ces deux nouveaux volumes que nous n'avons fait que parcourir, mais dont l'importance exige que nous donnions plus tard à nos lecteurs une analyse plus détaillée.

Le premier mémoire de ce recueil, relatif aux *chaînes de montagnes et aux volcans de l'Asie intérieure*, ainsi qu'à *une nouvelle éruption volcanique dans la chaîne des Andes*, offre des détails géographiques d'un haut intérêt sur la grande dépression de la portion septentrionale occidentale de l'Asie, dont la mer Caspienne et le lac Aral forment la partie la plus basse, et sur les grands systèmes de montagnes qui coupent l'Asie intérieure de l'est à l'ouest. Les phénomènes volcaniques dont ces systèmes, et en particulier celui du Thian-Chan offrent l'exemple, et dont l'histoire est rattachée aux traditions des indigènes et aux plus curieuses considérations d'histoire naturelle sont analysées avec cette sagacité de vue et cet éclat d'imagination scientifique dont M. de Humbolt ne saurait se défaire, et dont il devait, dans un sujet si riche, se défaire moins que jamais. Ces mêmes phénomènes de volcanicité, dont les diverses nuances offrent, chacune à leur manière, de si pittoresques tableaux en même temps que de si intéressantes leçons aux géologues, depuis ces colonnes de feu que l'on voit sortir du sein de la terre comme par enchantement pour y rentrer aussitôt, et ces jets de terrain liquéfié, jusqu'aux plus terribles commotions du sol suivies d'affreux torrents de lave qui descendent pour engloutir des peuples et des villes, ces phénomènes, dis-je, produits par l'action des forces élastiques souterraines sont encore étudiés par l'auteur en Chine, au Japon, et dans le reste de l'Asie orientale.

Presque tout le second volume est consacré à des *Considérations sur la température et l'état hygrométrique de l'air dans quelques parties de l'Asie*. La connaissance des précédents travaux de M. de Humboldt sur la détermination des *lignes isothermes* ne peut être qu'un encouragement à connaître ces nouvelles considérations. C'est un point de vue d'une si belle fécondité que la discussion de toutes les circonstances météorologiques qui, à raison de l'inégalité du sol, donnent souvent la même température à des lieux de latitudes fort différentes, et réciproquement; et la recherche de la position des lignes qui unissent tous ces lieux d'égale température est pleine de tant de difficultés, demande tant de travaux et d'expérience, qu'on ne peut qu'applaudir au zèle infatigable du naturaliste qui ne cesse de répandre la lumière sur cette importante étude : et ici je ne parle encore pas de cette puissance de coup-d'œil qui embrasse avec vivacité et à la fois des rapports si éloignés pour des yeux vulgaires, mais si rapprochés pour la nature et pour l'homme de génie, qui sait montrer entre les choses des analogies si vraies, si lumineuses, qu'on n'aurait jamais aperçues soi-même, et dont on est si reconnaissant à quiconque les fait voir.

I. *Traité complet de physiologie de l'homme*, par FRÉD. TIEDEMANN, professeur d'anatomie et de physiologie à l'université de Heidel-

berg, traduit de l'allemand par A.-J.-L. JOURDAN, D. M. P.
1re et 2e partie. — *Physiologie générale et comparée.* — Paris,
chez Baillière, rue de l'École de médecine. — 1831.

C'est particulièrement aux étudiants que le savant professeur de
Heidelberg consacre son *Traité de physiologie;* il le dit positivement dans sa préface, et souvent, surtout dans l'introduction, il
est facile de voir, par la complaisance avec laquelle il entre dans
quelques détails, qu'il ne perd pas de vue son intention primitive.
Toutefois nous devons dire qu'il y a là ample moisson à faire pour
tous, étudiants ou maîtres. L'ouvrage de M. Tiedemann, dont nous
n'avons encore que deux volumes, répond au besoin de la science
actuelle qui tend à généraliser la connaissance de l'organisation
de l'homme par sa comparaison avec celle des êtres qui l'entourent
dans la nature. La science de la vie doit chercher ses ressources et
ses lumières dans l'observation de tous les êtres vivants, et c'est en
parcourant cette grande échelle d'êtres qu'on peut arriver à une
idée complète du développement et du jeu des organes humains :
de même aussi c'est par la comparaison de l'ensemble des qualités
que nous offrent d'une part les êtres inorganiques ; d'autre part les
êtres organiques, que l'on peut acquérir une notion exacte, non pas
de l'essence même de la vie (puisque nous ne pouvons pénétrer
l'essence et le principe primitif, si je puis ainsi dire, des choses),
mais de ce qui la constitue phénoménalement, et de ce qui trace
la ligne de démarcation entre l'existence vitale ou organique, et
l'existence non-vitale ou inorganique. On conçoit l'intérêt et en
même temps la difficulté qui s'attache à cette étude large et complète de la nature, quelle science de faits et quelle fermeté de vue
sont nécessaires pour suivre ainsi dans les différentes classes d'êtres
le développement de la vie, depuis celle qui anime les masses
amorphes que nous écrasons avec le doigt, et auxquelles nous donnons ainsi trois ou quatre vies au lieu d'une, jusqu'à celle que possède l'homme et qu'il a la puissance de répandre autour de lui !
Si quelqu'un est capable de cette science, c'est assurément M. Tiedemann, et on peut promettre, sous ce rapport, à quiconque voudra étudier avec soin son livre, la jouissance d'un temps bien employé et d'un travail fructueux. Il y a de nos jours peu d'ouvrages
aussi pleins de suc scientifique.

Après la comparaison *entre les corps vivants et les corps sans vie*, l'auteur arrive au parallèle entre les animaux et les végétaux, et après avoir établi leurs principales et fondamentales différences sous le rapport de la composition matérielle, il examine, toujours comparativement, les manifestations d'activité ou de vie des uns et des autres. Les fonctions qui se rapportent à la nutrition végétale ou animale, telles que l'alimentation, la respiration, la circulation et les sécrétions sont passées en revue, et c'est une idée féconde que M. Tiedemann fait ressortir avec tout le succès dont sa science le rend capable que celle de cette force vitale ou plastique, sous l'influence de laquelle se développe et se conserve le corps vivant, et qui forme comme une grande sphère contenant dans son enceinte les sphères d'ordre inférieur à fonctions particulières, à vitalité spéciale : admirable ensemble dont il ne faut point chercher, avec nos faibles moyens d'investigation, le principe essentiel que Dieu a mis entre lui et nous (car nous ne le trouverions pas); mais dont il faut contempler et étudier avec amour la merveilleuse structure.

Après la nutrition viennent le *dégagement des fluides impondérables*, tels que la chaleur, la lumière, l'électricité, etc., et *les mouvements :* parties de la physique non moins importantes par elles-mêmes, et non moins fécondes sous la main d'un aussi habile maître.

—

III. *Histoire de la restauration et des causes qui ont amené la chute de la branche aînée des Bourbons,* par un homme d'état. 1er et 2e vol.

Cet ouvrage peut être rangé au nombre des plus importantes publications de l'époque actuelle. Écrit, assure-t-on, par M. Capefigue, sous l'inspiration directe de M. Decazes, et sur des documents fournis par lui et par MM. Molé, Pasquier, de Dalberg et autres hommes politiques de la même école, on voit d'avance dans quel but et dans quel intérêt il a été composé. Le but est fort simple : c'est de prouver que la monarchie constitutionnelle, entendue à la manière des gens du centre, a été, depuis le commencement de la révolution, le seul vœu de la France ; que les ennemis de cette forme de gouvernement ont toujours été les hommes du mouvement et les anciens royalistes ; que Louis XVIII par sa haute sagesse parvint à maîtriser les uns et les autres, tandis que M. le comte d'Artois, par le seul fait des engagements de toute sa vie, donnait une force immense aux partisans de l'ancien régime. L'intérêt est plus simple encore, c'est d'établir que les hommes qui ont soutenu Louis XVIII dans sa lutte de huit années contre le jacobinisme et l'ancien régime, sont les seuls capables de fonder une monarchie constitutionnelle, que hors d'eux et de leur système il n'y a rien qu'anarchie ou réaction contre-révolutionnaire Cet ouvrage écrit avec une sorte de sagacité assez remarquable, avec une pénétration des causes secondes, qui indique le coup d'œil exercé d'un homme politique, atteste en même temps de la manière la plus évidente le manque absolu de vues élevées, de pensées de régénération et d'avenir qui caractérise le milieu. Pas une seule idée forte et féconde pour rallier les partis, pas une tentative pour réunir leurs tendances diverses dans ce qu'elles ont de légitime, toujours du mécanisme représentatif et des questions de majorité. Du reste, les premiers temps de la restauration sont assez heureusement décrits : ce sont bien, là ces tristes pastiches monarchiques, ces calques de langage de parlement, ces prétentions vaniteuses de cour, ce réveil des plus sottes et des plus dangereuses vanités ; ce sont bien aussi, d'un autre côté, ces bonapartistes convertis en libéraux du jour où ils ont passé du corps législatif à la chambre de 1814, esclaves insolents qui se redressent droits comme un arc courbé pendant vingt-cinq ans. La partie des cent jours est très-bien traitée. L'auteur a puisé à des sources qui jusqu'ici n'avaient pas été accessibles au public. En lisant l'*Histoire de la Restauration*, on s'émerveillera davantage encore de la miraculeuse incapacité et de la superbe confiance des hommes auxquels Louis XVIII avait remis l'exercice d'un pouvoir, qui, à la veille du débarquement de Fréjus, lui semblait mieux consolidé qu'à aucun autre temps de l'histoire de sa dynastie. Aussi jusqu'au dernier moment, c'est une confiance à faire trembler : les Tuileries ressemblent à l'hôpital de Charenton. Tout le monde y a perdu la tête, c'est à peine si on la retrouve à Gand. L'écrivain s'est arrêté assez long-temps sur les opérations du congrès de Vienne, qu'il connaît mal. Bien des intrigues se sont croisées sur ce terrain, et on ne lui a pas tout dit. Le

morceau qui précède le 20 mars, le tableau du directoire et de
l'empire ne manquent pas d'intérêt, quoiqu'ils manquent parfois
d'exactitude. Cette histoire secrète de l'émigration avec sa diplomatie, ses intrigues, ses espérances, n'était faite jusqu'ici que par-
tiellement. Il a compilé très-grand nombre de mémoires particuliers.
Des antipathies pour d'augustes victimes, que le malheur devrait au
moins protéger sur la terre d'exil, ont porté plus d'une fois l'écrivain à avancer des faits hasardés, sur des autorités au moins suspec-
tes, et qu'il suffirait de nommer pour les décréditer. Cette remarque s'applique surtout à ce qui concerne le séjour de M. le comte
d'Artois à l'Isle-Dieu. Nous ne prétendons pas tout excuser, mais
il nous semble aussi que l'auteur a tout condamné sans preuve.

Les deux premiers volumes vont jusqu'à la seconde rentrée de
Louis XVIII : nous attendons les suivants avec impatience. Cet
important ouvrage sera pour nous l'occasion de travaux sérieux,
dans lesquels nous présenterons très-prochainement notre opinion
sur l'histoire contemporaine. Nous dirons alors ce qu'était à nos
yeux la restauration dans l'ordre providentiel et dans l'ordre politique, et nous rechercherons comment on l'a perdue en voulant
en faire tout autre chose que ce qu'elle était réellement. Nous ne
sommes les hommes d'aucun parti, dès-lors nous avons droit de
tout dire, et nous en userons.

—

IV. *De la pairié, des libertés locales, et de la liste civile*, par
M. Fiévée.

Cette brochure embrasse, comme on voit, les grandes questions
du moment. M. Fiévée effleure ces objets avec son aisance ordinaire; il coule élégamment sur la superficie des choses, tout en
ayant l'air d'en sonder la profondeur. Cette dernière observation
porte sur les deux premières parties de la brochure, dont nous ne
nous occuperons pas; le chapitre de la liste civile est tout-à-fait
vide, quoique ce fait de la liste civile, qui paraît si simple, soit,
selon M. Fiévée, presque aussi compliqué qu'une constitution. Il
résulte seulement de ce chapitre que le moment est favorable pour

réduire la dotation royale, parce que la loi qui la concerne est encore à faire, et qu'il faut la débarrasser des charges onéreuses qui, sous le prétexte d'encourager les arts, de conserver des monuments historiques, de soutenir les manufactures dites royales, introduisent l'arbitraire des dépenses et peuvent favoriser la corruption politique. Depuis la publication de la brochure de M. Fiévée, la discussion à ce sujet a fait quelque progrès : la chose devient assez importante pour que nous nous y arrêtions un instant.

La question de la liste civile, examinée de près et en détail, devient d'une discussion si délicate pour ses défenseurs, que ceux-ci ont recouru, pour la soutenir, aux théories les plus épineuses de l'économie publique. On a rappelé cette doctrine étrange, que les millions prélevés par l'impôt sur l'industrie, retournent à l'industrie, et qu'en conséquence il ne faut point en considérer la dépense comme perdue. Cela veut dire qu'on ne prend pas cet argent dans nos poches pour le jeter par la fenêtre, mais bien pour en jouir ; en d'autres termes, pour commander une certaine quantité de travail, destiné nécessairement à la jouissance de quelqu'un, prince, courtisan, valet, peu importe. L'axiome est d'une justesse parfaite ; mais suit-il de là que personne n'ait à se plaindre, et qu'on puisse grossir l'impôt sans scrupule pour en gorger les riches, sous prétexte que les riches font travailler ? L'ouvrier à qui, sous titre de contribution directe ou indirecte, vous enlevez une partie de son salaire journalier, se consolera-t-il en apprenant que cette part n'est pas détruite, et qu'elle alimente quelque autre branche de l'industrie nationale ? A quoi bon une prospérité *générale* qui nous écrase en détail ? Il n'est pas vrai d'ailleurs que l'industrie nationale n'y perde rien ; quand l'impôt devient exorbitant, on a beau en employer le produit à payer de l'ouvrage, la somme du travail universel n'en décroît pas moins en proportion du découragement qu'on jette parmi les petits industries ; cette langueur engendre la misère, prépare les convulsions ; nous approchons assez de cet état terrible pour chercher à diminuer par toutes les économies possibles l'énormité du budget, au lieu de l'enfler encore de toutes les prodigalités d'une cour.

On a dit dans une réunion politique : Ce sont les départements qui paient la liste civile, c'est Paris qui la mange. On dit encore : C'est la liste civile qui entretient les manufactures de luxe, et donne l'élan au génie des beaux-arts. Que Paris dévore ce que les provinces feraient mieux de garder pour elles, c'est un abus qui, nous l'espérons, marche à sa fin. Mais il est ridicule de faire de cet abus un système économique, et de croire que cet encouragement factice est réellement utile aux manufactures qui en profitent momentanément. Ces manufactures appuyées sur le faste des cours crouleront dès qu'il tombera, ce qui ne saurait tarder; et de grandes avances seront nécessairement perdues. Les institutions démocratiques vers lesquelles nous marchons ne mettront, certes, nul obstacle à la division croissante des fortunes; or, la simplicité des fortunes moyennes exclut le luxe; l'esprit de luxe cessant d'être entretenu dans les hautes sphères, s'éteint dans la nation. Ainsi, en paraissant encourager les fabriques d'objets de luxe, on leur tend un piége; ainsi il serait plus juste, plus sage, en même temps que plus conforme aux progrès sociaux, de laisser l'industrie suivre sa marche naturelle, au lieu de lui imprimer une direction précaire en sens inverse de celle de la fortune publique.

Mais les beaux arts !...... s'écrie-t-on. Est-ce que les beaux-arts datent de la liste civile ? Est-ce qu'ils ne sont faits que pour les demeures royales ? Les peuples n'y comprennent-ils rien ? Certes, si on abandonnait le sort des beaux-arts à l'inspiration populaire, non-seulement leur part ne serait pas moindre que par le passé, mais ils y gagneraient encore un caractère moral, une destination haute et généreuse, qu'on leur trouve rarement aujourd'hui. Comment le peuple peut-il faire ces choses? comme il fera bientôt tout le reste; par l'esprit patriotique, par les franchises locales. Supposons une province assez libre dans l'application de ses revenus et de ses établissements publics, pour pouvoir consulter ses goûts et ses besoins, ce qui en ferait bientôt une personne politique à l'honneur de laquelle ses habitants pourraient se dévouer : croit-on que cette province négligerait les prestiges de l'art dans ses constructions municipales, dans ses établissements d'utilité publique? Croit-on que ces constructions ne seraient pas plus nobles et plus nombreuses qu'elles ne le sont? Croit-on que l'instinct religieux, s'il se sentait libre, ne donnerait rien à faire au sculpteur et au peintre ? Ce qui tue les beaux-arts, c'est le matérialisme administratif, qui, au lieu de les consacrer à Dieu dans les temples, et au pays sur tous les points de la France, les amoncèle à Paris pour les empri-

sonner dans un musée ou les étouffer à l'Opéra. Je sais une ville
de l'Artois où l'on démolit les belles ruines de la vieille abbaye de
Saint-Bertin pour avoir des pierres, avec lesquelles le génie administratif construira quelque façade grecque ou romaine pour la
mairie. La liste civile peut payer des danseurs et des danseuses;
l'instinct populaire du moyen âge a créé des cathédrales, des hô-
tels-de-ville, des collèges, qui sont encore nos principales merveilles. L'instinct populaire ferait encore tout cela aujourd'hui
avec plus de ressources, et ses encouragements auraient quelque
chose de plus moral et de plus fécond que ceux de la liste civile.

Du reste, sous ces divers prétextes, fort peu spécieux en faveur
de la liste civile, se cachent certaines raisons politiques que nous
comprenons. Mais cette politique là, nous le comprenons aussi,
n'est point destinée à jouer un long rôle. La justice l'emportera; la
justice qui veut que l'impôt soit utile à la société; et certainement
celui de la liste civile, telle qu'on la veut, ne l'est en aucune façon.
Les corruptions se cacheraient difficilement; la magnificence de
cour n'a plus d'illusions. Une cour, avec ses pompes d'étiquette,
au sein d'une constitution démocratique, et au milieu d'une grande
détresse, serait un sarcasme amer contre le bon sens et la nation.
Le faste n'est plus que de la comédie, un riche appareil n'a plus de
sens; pour en avoir, il faudrait qu'il se rattachât à quelque chose
de grand; or, comme chacun ne représente plus que soi, comme
il n'y a plus de ces hommes en qui s'incarne tout un peuple avec
ses croyances et son caractère, rois, favoris, ministres, tout cela
est réduit à la taille commune. Résignez-vous donc à n'être que des
hommes : les masses un jour sauront où placer la magnificence et
la pompe, et elles la placeront bien, car elles ne la placeront que
là où la magnificence sera l'expression d'un sentiment public :
c'est le seul moyen d'en faire autre chose qu'une mascarade de
théâtre.

Ces réflexions nous ont été inspirées par la brochure de M. Fiévée, précisément parce qu'elles ne s'y trouvaient pas.

V. *Histoire romaine*, par Michelet, 2 *vol.*, chez Hachette, rue
Pierre-Sarrasin, n° 21.

C'est un des faits les plus remarquables et les plus importants de notre siècle que la rénovation qui s'opère dans les sciences historiques; rénovation qui commence seulement et dont les conséquences doivent être immenses, parce que rien n'a contribué comme la fausse histoire à propager la fausse politique. L'antiquité, le moyen âge sont tout autrement jugés aujourd'hui qu'ils ne l'étaient au siècle dernier : si la foule vit encore sur les décisions tranchantes de l'école voltairienne, les hommes instruits savent qu'il n'y a rien de moins philosophique que cette prétendue philosophie de l'histoire qui ne s'est pas même doutée de tout ce qu'il y a de mystérieux dans l'organisation et la vie des sociétés humaines. Nous commençons à nous enquérir des travaux de la docte et laborieuse Allemagne, matériaux immenses, dont les résultats ne pourront devenir européens que lorsque la France les aura mis en œuvre avec sa langue universelle et son infatigable esprit de prosélytisme. C'est l'esprit français qui a mis en circulation toutes les idées fausses qui courent aujourd'hui le monde : c'est à lui à guérir les blessures qu'il a faites. La méthode, la clarté, la rapidité du style, nous ont été données parce que nous sommes les missionnaires du genre humain. La pensée française vole comme l'éclair, se communique comme l'électricité : puisse-t-elle être aussi puissante pour répandre la vérité qu'elle l'a été pour propager l'erreur.

Ces réflexions se présentent d'abord à l'esprit lorsqu'après avoir lu l'*Histoire romaine* de Nieburh, si savante, si profonde, si monumentale, mais si rude, si sévère, si rebutante même pour quiconque n'a pas un intrépide amour de la science, on lit celle de M. Michelet, où l'érudition prend des formes vives, animées, pittoresques, où la clarté de l'exposition et l'intérêt du style rendent accessibles à tous même ces hautes et obscures théories sur les origines de Rome, dont le savant allemand ne songe point à parer l'âpreté. Le livre de Nieburh, avec son immense mérite, est difficile et fatigant, tandis que je connais peu de livres sérieux aussi agréables à lire que celui de M. Michelet. Ce sera donc chez celui-ci qu'on ira de préférence recueillir les découvertes de la science moderne. Du reste, qu'on nous comprenne bien, nous ne voulons pas représenter le jeune professeur comme n'ayant fait qu'orner et mettre en ordre les travaux de Nieburh : ce serait une grande injustice. Ce n'est que dans les premières pages de son ouvrage que M. Michelet se rencontre avec son docte prédécesseur,

et loin de l'avoir suivi servilement, il a souvent fait bon marché de
ses audacieuses hypothèses. D'ailleurs, passé les quatres premiers
siècles de Rome, l'Allemagne ne fournit aucun secours, et certes il
ne doit à personne ses jugemens si neufs et si ingénieux sur les
phases diverses de cette longue décomposition de la société romaine
qui aboutit à César et à Auguste.

On sait que la science moderne a tout bouleversé dans les temps
primitifs de la ville éternelle. Ce n'est pas d'aujourd'hui que la
critique a osé attaquer ces origines romaines si brillamment racon-
tées par Tite-Live. Dès le seizième siècle, un professeur de belles
lettres au collége deFrance,Glaréanus,exposa des doutes,quoiqu'avec
prudence et timidité. Plus tard le Hollandais Perizonius signala plus
hardiment les contradictions et les invraisemblances qui fourmillent
dans les récits des anciens : mais le véritable réformateur fut un
Français, Louis de Beaufort, qui fit un procès en forme à l'histoire
convenue des premiers temps de Rome. Beaufort n'avait fait que
détruire ; il n'avait travaillé qu'au profit du scepticisme. Le Napo-
litain Vico devina à travers toutes les fables cette vieille Rome que les
vastes recherches de Nieburh devaient achever de reconstruire. On
cesse de s'étonner que le texte primitif de l'histoire romaine ait été
ainsi modifié et falsifié, lorsqu'on observe partout des métamorphoses
analogues. Les traditions des peuples de l'orient, celles des nations
germaniques, débutent par des fables poétiques qui ont pourtant
leur vérité, leur réalité, si on sait ne pas les prendre à la lettre, mais
en pénétrer le sens et l'esprit. Ce sont aussi des chants populaires
qui ont servi de base au solennel roman de Tite-Live, et il n'y a
pas de certitude historique avant le sixième siècle de Rome. Aussi
M. Michelet, au lieu de nous répéter tout ce que nous savons sur
Romulus, Numa, Tarquin et Lucrèce, cherche-t-il à dégager du
symbole l'idée qu'il renferme, et s'attache-t-il à nous montrer sous
tous ces faits la croissance progressive de la plus forte constitution
politique qui ait jamais existé. La civilisation romaine a, selon lui,
trois âges. L'âge italien ou national finit avec Caton l'ancien; l'âge
grec qui commence sous l'influence des Scipions donne pour fruit le
siècle d'Auguste en littérature, en philosophie Marc-Aurèle. Enfin
l'esprit oriental, introduit dans Rome plus lentement et avec bien
plus de peine, finit pourtant par vaincre les vainqueurs de l'orient.
Deux Syriens, Hélagabale et Alexandre Sévère, leur imposent les

dieux de leur pays quatre cents ans après que Cybèle a été apportée
en Italie. Un siècle plus tard le christianisme prend possession de
l'empire avec Constantin. L'histoire politique de Rome, celle de la
cité romaine, comporte une division analogue. Dans la première
époque la *cité* se forme et s'organise par le nivellement et le mélange des deux peuples contenus dans les murs, patriciens et plé-
béiens : l'œuvre est consommé vers l'an 55o avant l'ère chrétienne.
Dans la seconde époque l'*empire* se forme par la conquête, le mélange et le nivellement de tous les peuples étrangers : l'empire s e
forme, mais la cité se dissout et se déforme. « Le moment où Rome
cesse de flotter entre plusieurs chefs pour obéir désormais à un
seul général ou empereur, dit M. Michelet, ce moment coïncide
avec l'ère chrétienne. L'empire s'unit et se calme comme pour recevoir avec plus de recueillement le Verbe de la Judée et de la Grèce.
Ce Verbe porte en lui la vie et la mort : comme cette liqueur terrible
dont une seule goutte tua Alexandre, et que ne pouvait contenir
ni l'acier ni le diamant, il veut se répandre, il brûle son vase, il
dissout la cité qui le reçoit. En même temps que par la proscription
de l'aristocratie romaine et l'égalité du droit civil commence le nivellement impérial, la doctrine du nivellement chrétien se répand
à petit bruit. La république invisible s'élève sur les ruines de l'autre
qui n'en sait rien. Jésus-Christ meurt sous Tibère. »

   Les deux volumes publiés par M. Michelet ne forment que la
première partie de son *Histoire romaine* : ils finissent avec la république. Cet ouvrage mérite mieux qu'une simple annonce, et nous
comptons lui consacrer plus tard un examen sérieux et approfondi.
Nous nous bornons pour aujourd'hui à le signaler comme un des
plus substantiels et des plus intéressants qui aient paru depuis long-
temps. Notre point de vue n'est pas tout-à-fait celui de M. Michelet, qui, dans ses autres ouvrages surtout, a exposé sur les destinées du genre humain et la lutte de la fatalité et de la liberté dans
le monde, des théories au moins incomplètes : mais l'élévation de
ses pensées, son amour de la science, la chaleur enthousiaste de
son âme, sont des qualités trop rares et trop précieuses par le temps
qui court pour que nous ne nous plaisions pas à leur payer notre
tribut d'éloges.

VI. *Lettre des nègres français aux libérateurs de juillet*, par un avocat à la cour royale de Paris.

Cette brochure, à part le ton de déclamation qui y règne, est fort instructive. Elle nous a révélé des faits sur lesquels la pensée publique devrait s'arrêter davantage.

Il est une vérité que rien ne doit faire perdre de vue à des hommes, et surtout à des chrétiens : c'est qu'il y a un million d'hommes, abrutis par le travail et la douleur, auxquels les premières, les plus indispensables notions de la vie morale et religieuse sont à peine révélées, qui vivent sous un climat meurtrier, étrangers à tous les sentiments de la famille et de la nature, à toutes les lois de la pudeur, impuissants à se reproduire, puisqu'un affreux trafic doit combler chaque année les vides immenses que la souffrance laisse dans leurs rangs ; des hommes enfin livrés, comme sous le vieux droit des nations, antérieurement à la loi de grâce et de liberté, à tous les caprices d'une race de maîtres étrangers. Il faut, quand on s'occupe des noirs, faire sans doute une large part aux lieux communs, et ne pas se laisser prendre aux banalités d'une philanthropie révolutionnaire. Encore plus faut-il, dans la vie législative, résister à l'entraînement des sentiments les plus généreux, et bien mesurer la portée de ses paroles et de ses actes. Pourtant, quelque exagération qui puisse régner dans le tableau des barbaries coloniales, on doit reconnaître que le principe de cette barbarie réside au fond même de la nature humaine. Dès que vous assujettirez une race à une autre race, dès que vous effacerez parmi les hommes la notion de fraternité, vous donnerez, par cela même, une irrésistible puissance aux instincts de barbarie et de volupté qui se croisent et se marient, pour ainsi dire, dans les plus inaccessibles replis de notre corruption originelle. De là le caractère de toutes les civilisations antiques, et celui de l'esclavage aux colonies. Je ne connais rien qui puisse m'expliquer l'existence romaine, cette union de tous les contrastes en civilisation et en cruauté, en développement intellectuel et en dégradation morale ; je ne connais rien, en un mot, qui puisse rappeler l'existence païenne aussi bien que la vie coloniale. C'est la même mollesse, la même énervation morale, et surtout la même conviction du *droit* originel du maître sur l'esclave. Tout cela est heureusement tempéré par le christianisme, et, dans nos colonies françaises, par la douceur du caractère national.

Pourtant, d'après les faits allégués par l'auteur de la brochure, qui a long-temps exercé dans le pays des fonctions publiques, faits qui tous paraissent porter un caractère d'authenticité, les colons de la Guadeloupe seraient bien loin, sous ce rapport, de comprendre tous leurs devoirs. Il raconte, entre autres, l'histoire d'un colon nommé Semmsbert, qui fait trembler. Ce monstre, dont on n'aurait pas *cru* que le modèle pût exister hors d'*Atar-Gull* ou de toute autre composition romantique, a été *acquitté* par un jury composé de blancs. Il paraît que la morale publique reçoit souvent de ces éclatants outrages. Mais ce qui nous a prodigieusemennt étonnés dans ces révélations, c'est que, d'après l'auteur, le gouvernement, presque toujours influencé et circonvenu par les colons, est loin d'être entré dans ces voies d'adoucissement et d'émancipation graduelles d'où sortira un meilleur avenir pour les esclaves, évidemment incapables, quoiqu'il en puisse penser, de supporter une liberté générale subitement décrétée.

Croirait-on, par exemple, que dans les dernières années une ordonnance royale a été rendue à la Guadeloupe concernant les nègres marrons (échappés), dont l'article 4 porte textuellement :

« Le nègre tué en maronnage sera payé sur la caisse des nègres justiciés, 1,000 fr. » (1)

Croirait-on que, pour contrebalancer l'effet d'une superstition de ces malheureux par suite de laquelle ils croient pouvoir, en se tuant, retourner dans leur patrie, dans cette patrie dont on les a arrachés, et y reprendre le cours des occupations de leur enfance : la guerre, la pêche, la danse ; on autorise les propriétaires à mutiler horriblement le cadavre de leurs esclaves, à séparer leurs membres de leurs corps, pour *prouver* aux survivants qu'ils ne peuvent aller en Afrique ?

L'auteur révèle aussi les nombreux obstacles apportés par la législation coloniale à l'affranchissement par manumission. L'esclave ne peut plus se racheter, même quand des parents libres offrent de payer sa valeur vénale. Une législation, qui ne remonte qu'au milieu du dernier siècle, a réservé au gouvernement seul la faculté de délivrer des patentes de liberté. Le propriétaire ne peut émanciper un esclave qu'il n'en ait obtenu la permission, et le

(1) *Gazette de la Guadeloupe*, ordon. du 25 octobre 1817.

gouvernement, ajoute l'auteur, ne manque pas de la mettre à un si haut prix qu'il faut le plus souvent y renoncer. Nous sommes heureux de contribuer à faire connaître ces faits à la France, et nous appelons sur ce sujet la méditation, non des démagogues qui, pour être conséquents avec eux-mêmes, devraient admettre l'esclavage en principe, comme ils l'ont toujours établi en fait; mais de ceux qui savent pourquoi l'humanité est sacrée, pourquoi l'égalité et la charité sont les deux grandes lois de ce monde.

—

VII. *La Croix du Meurtre*, dernier roman d'Auguste Lafontaine, traduit par Mme Elise Voïart.

Qui ne connaît les innombrables romans d'Auguste Lafontaine, qui n'a passé de longues soirées sur ces pages, banales sans doute, mais d'où s'exhalent pourtant une sorte de poésie qui souvent a du charme? Vous me direz que toutes ses figures se ressemblent, d'accord; que c'est toujours un révérend ministre ayant des filles bien sensibles et bien pauvres; de jeunes seigneurs fort amoureux, fort riches, gouvernés par d'orgueilleux parents; des nourrices et de vieux serviteurs empressés à seconder l'amour des jeunes gens, puis par-ci par-là un jaloux tuteur, un scélérat bien blême comme à la Gaieté; tout cela est vrai, mais qu'importe? il est des moments dans la vie où l'on aime à s'arrêter sur de tels tableaux; leur monotonie et le vague de leurs couleurs, loin de repousser, attire: l'âme s'y laisse prendre, et se repose dans cette atmosphère plus tiède et plus douce. C'est de la sentimentalité, soit; mais cela ne vaut-il pas mieux pour une heure que cette existence toute d'égoïsme, toute d'intérêt, toute de désenchantement que nous traînons après nous comme une longue chaîne à laquelle chaque jour ajoute un anneau de plus? On est heureux d'oublier par moment les réalités qui pressent et étouffent: quand on souffre, on aime encore à penser que d'autres sont plus heureux, alors même qu'on a cessé de rien espérer pour soi. Nul d'ailleurs n'a tellement épuisé la coupe d'amertume, qu'il ne soit resté un peu d'espérance au fond du vase. Aussi se prête-t-on parfois à tous les rêves; et l'on veut bien croire, ne fût-ce que pour un quart d'heure, qu'il y a quelque part un monde ainsi fait, où tous les hommes sont bons, toutes les filles belles, toutes les vertus récompensées, tous les crimes punis: car, vous le savez, s'il y a quelquefois dans le roman de Lafontaine des obstacles au bonheur, ils disparaissent vite, tout finit bien;

et quand la jeune lectrice, les yeux rouges de larmes, le sein
gonflé de soupirs, est arrivée au quatrième volume, elle est bien
sûre de voir les amants unis, heureuse si on lui fait grâce de l'histoire de tous les enfants.

La *Croix du Meurtre*, roman posthume du fécond écrivain,
rappelle toutes ses autres productions avec leurs qualités et leurs
défauts. Mais jamais peut-être Auguste Lafontaine n'avait eu plus
de poésie dans le style, plus d'exaltation dans la pensée. C'est un
chant, une longue idylle en quatre volumes, où peu de choses sont
neuves en fait d'inspiration, mais dont l'ensemble brillant rappelle ces longs thèmes des meilleurs improvisateurs italiens.

Ce ne sont que festons, ce ne sont qu'astragales.

Ou, si vous l'aimez mieux, ce ne sont qu'amoureux discours, ra-
vissantes mélodies, soupirs, air embaumé, nuits parsemées d'étoiles,
promenades au clair de la lune, serments gravés sur des hêtres,
bosquets de chèvrefeuilles, ruisseaux argentés, sourires d'anges,
chevelures errantes au gré du vent. Jamais il n'y eut dans un
livre plus d'intrigues amoureuses croisées : ici un jeune homme
contraint de se déguiser en femme, s'éprend d'une jeune personne
à laquelle il donne pendant long-temps le tendre nom de sœur ;
là, un autre devient amoureux à deux lieues de distance, en rencontrant dans son télescope de beaux yeux au lieu d'un astre; ailleurs, on s'adore sous le masque et l'on s'épouse parce qu'on s'est
rencontré un quart d'heure dans une auberge, et que la jeune fille
a levé les yeux au ciel pendant que le jeune homme parlait des
soucis de la vie.

Amours et mariages se consomment avec une prodigieuse rapidité : le bon Lafontaine octogénaire ressemble à ces beautés devenues faciles à force de céder : on dirait qu'il a peur de faire lan-
guir, et il y a bien au moins vingt couples heureux dans *sa Croix
du Meurtre*.

C'est dire assez qu'il ne faut pas juger l'ouvrage à son titre, et
qu'on n'y trouvera aucune de ces scènes d'horreur qui font pâmer
aux boulevards la partie la plus sensible du public parisien.

Errata du précédent numéro.

Page 70, au lieu de S. Gœrres, lisez J. Gœrres.
Page 96, au lieu de Tixner, lisez Rixner.

REVUE EUROPÉENNE.

POLITIQUE GÉNÉRALE.

SITUATION POLITIQUE.

La monarchie de juillet a depuis quelques semaines sur-
monté de telles résistances, elle a obtenu de l'Europe des
gages si peu équivoques de dispositions pacifiques, que bon
nombre d'esprits, auxquels sa chute immédiate paraissait
naguère inévitable, considèrent aujourd'hui sa consolidation comme assurée, et se rattachent à une combinaison à
laquelle il ne manqua jamais, pour avoir droit à leur dévouement, que la certitude d'un avenir. Peut-être y a-t-il trop
de confiance en ce moment, comme il y en avait trop peu
alors. La consolidation de l'ordre actuel, si l'on entend par
là un état de choses calme et permanent, dans lequel le
pouvoir et la société marcheraient de conserve vers un
développement commun, peut paraître encore probléma-
tique, aussi bien qu'au milieu des grandes crises qui fail-

I.17

lirent étouffer la nouvelle royauté au berceau. Pendant que les obstacles matériels disparaissent à l'envi, des dangers éloignés, mais sérieux, sortent chaque jour pour le pouvoir de l'isolement systématique dans lequel il se tient à l'égard de toutes les idées destinées à avoir de l'avenir. Il peut être important de mettre en regard les dangers que le gouvernement actuel est parvenu à conjurer, et les périls d'une autre nature auxquels il reste incessamment exposé, et dont l'action sera d'autant plus puissante peut-être que les premiers obstacles auront disparu.

Un gouvernement fils d'une insurrection pouvait redouter de voir les barricades dressées victorieuses en face des Tuileries, s'élever bientôt menaçantes devant le Palais-Royal. Cette crainte était d'autant plus fondée que le peuple de Paris, qui avait pris pour signe de ralliement dans le combat le drapeau tricolore, n'avait pas à coup sûr l'intention de rester dans les limites rigoureuses de la Charte et du droit public consacré par elle. Que la conservation de la Charte et de la paix fût le vœu de la majorité nationale, c'est ce que l'on doit admettre, sans méconnaître pour cela les dangers qui menaçaient cette monarchie sans racine, débris jeté sur le rivage par le flot populaire, et qu'un autre flot pouvait remporter. Le grand péril pour le nouveau pouvoir était d'avoir chaque jour à combattre contre la force même qui l'avait fait, et qui, en élevant un trône sur les ruines de celui qu'elle avait mis en poudre, avait agi sous des inspirations si différentes de celles qui ont prévalu.

L'ordre de choses fondé par la révolution avait en sa faveur dans le pays une sorte de majorité numérique, moins à raison d'un attachement qu'il était assez difficile d'éprouver pour lui, que parce qu'une fois établi, il eût fallu pour le renverser une révolution nouvelle, et qu'avant tout, le pays avait peur de révolution. L'opinion consultée se fût prononcée dans ce sens, à quelque système électoral qu'on se fût arrêté. Après les ordonnances, les trois journées et le départ de Cherbourg, les cent écus, les deux cents francs, les deux degrés et le suffrage universel eussent probablement donné des résultats analogues : et c'est une faute irréparable pour le pouvoir actuel d'avoir reculé en août 1830 devant l'épreuve d'un appel à la nation, qui lui eût vraisemblablement alors été favorable, comme tous les appels au peuple tentés par les gouvernements qui se sont succédés depuis 89.

Le pouvoir n'avait donc pas à s'inquiéter du pays : il pouvait compter sur cet assentiment négatif qu'il accorde depuis quarante ans à tous les gouvernements établis, quel que soit leur forme et leur principe. S'imaginer que la France régulièrement consultée l'eût repoussé, à raison de son origine et comme opposé aux doctrines de sa constitution séculaire, c'est partir à la fois de deux hypothèses un peu hasardées : la première, que la France a une constitution vraiment inamovible; la seconde, qu'elle connaît cette constitution, et qu'elle la vénère. Là n'était pas la véritable difficulté. Elle consistait tout entière dans cette lutte acharnée livrée par un parti peu nombreux, mais puissant, pour reprendre les restes d'un manteau royal dont il avait permis à un prince de se revêtir, à l'exemple de ces préfets du prétoire, auxquels des centurions conféraient la pourpre pour les traîner le lendemain aux Gémonies. Pendant une année, le sort de la France fut ainsi balotté; tous les jours une émeute mettait en question des intérêts bien autrement précieux que ceux d'une royauté envers laquelle la fortune n'eût pas été injuste si elle l'avait fait finir comme elle avait commencé : dans les nombreux mouvements populaires que nous avons vus se succéder, la paix du monde, les têtes de la moitié des Français, la sûreté de leurs propriétés et de leurs familles, l'avenir de la civilisation tout entière, étaient à chaque instant compromis, et tous ces grands intérêts ont maintes fois dépendu du succès d'une charge de cavalerie ou du courage d'une patrouille.

Or qui n'a pas cru long-temps que ce mouvement précipiterait son cours, et renverserait bientôt ces digues impuissantes? Cette appréhension, la France l'a eue, et nous l'avons eue comme la France. C'est qu'en effet, toutes les analogies étaient favorables à une telle opinion, et qu'il n'y a pas jusqu'à ce jour d'exemple d'un mouvement révolutionnaire s'affaissant ainsi sur lui-même. Cette énervation d'un sentiment si puissant naguères, cette éclatante victoire des *intérêts* sur les *principes*, prouvent que ces *principes* ont perdu leur souveraine efficacité, et que le génie qui en 1789 opérait en France une œuvre de destruction et de rénovation sociale, a rempli sa redoutable mission. Mais si l'énergie révolutionnaire s'est éteinte parmi nous à raison du peu d'éléments propres à l'entretenir, elle eût trouvé dans sa dilatation au dehors une incalculable puissance. La France ressemble à ces vastes terrains des colonies américaines, antiques forêts où la main de l'homme porta jadis l'incendie. Vainement essaieriez-vous de l'y propager encore; car le sol est rasé, et la flamme ne peut s'attacher à rien qu'à de la cendre. Mais qu'un violente tempête s'élève, que le vent disperse des cendres brûlantes encore, et bientôt cette lave se répandra au loin sur les campagnes en un torrent de feu.

Toute la question se réduisait donc à empêcher la propagation de l'incendie au dehors : on pouvait devenir maître de la révolution, si on la parquait à l'intérieur; la guerre étrangère lui rendait une effrayante intensité. Aussi, depuis le premier jour, tout a-t-il été subordonné au problème de la guerre et de la paix. L'Europe ne s'y est pas trompée ; elle a compris l'imminence du danger ; il n'est pas une puissance qui se soit dissimulé la responsabilité qu'elle assumerait devant l'histoire, si elle provoquait une telle collision. La pensée politique des cabinets de Madrid et même de Pétersbourg, n'a pas cessé un instant de s'accorder en cela avec celle des cabinets de Londres ou de Berlin, quels que fussent d'ailleurs les sentiments des souverains. Cette volonté bien arrêtée est enfin parvenue à triompher de tous les obstacles accumulés par une suite inouie d'événements Le traité imposé par la conférence n'a laissé aucun doute sur des intentions que des esprits prévenus pouvaient jusque là méconnaître. Nous ne nous portons pas défenseurs de la combinaison arrêtée, et surtout du droit public qu'on prétendrait faire découler à jamais de cet arbitrage de la force. Aussi bien que personne nous savons que l'intelligence des besoins de l'époque manque à la plupart des cabinets, et nous avons prouvé dans ce recueil même que la situation politique de l'Europe tend à changer dans ses principales conditions. Mais il n'y a rien que de très-légitime dans le desir éprouvé par les hommes d'état dirigeants, de retarder ces grandes conflagrations, ou de les rendre moins violentes, en substituant la lente action des idées et du temps au choc des forces révolutionnaires. Tel est leur premier devoir envers les peuples : nous croyons que tous doivent leur savoir gré de l'avoir rempli. En intervenant entre la Belgique et la Hollande, les puissances médiatrices n'ont point eu pour but d'imposer des conditions aux belligérants. Elles ont cru seulement se devoir à elles-mêmes d'empêcher que les premiers intérêts des nations ne se trouvassent forcément engagés dans une lutte dont les suites allaient au delà de toutes les prévisions humaines ; elles n'ont fait en cela qu'user du droit de se défendre et de se préserver. C'est en vertu du même principe que fut *imposé* en juillet 1827 le traité de pacification entre la Grèce et la Porte. Ce traité déplut alors à Napolie et à Constantinople, comme l'acceptation des 24 articles a trouvé de la résistance à Bruxelles et à La Haye. Concilier deux peuples sans imposer à l'un et à l'autre des sacrifices, c'eût été un miracle d'habileté que personne n'avait droit d'exiger de la conférence. Elle a fait le moins mal possible; et, bien que sa création diplomatique ne soit pas appelée à un long avenir, les principales bases de cette transaction ont été conçues dans un esprit de modération, d'équité et de bonne foi. Nous n'avons pas à les examiner en elles-mêmes; il nous suffit de constater l'influence du traité de paix sur la situation intérieure de la France.

Cette influence est immense. Le traité des cinq puissances est un de ces événements décisifs qui impriment une direction nouvelle au mouvement social. La plupart des dangers matériels peuvent être désormais conjurés, et la tranquillité intérieure doit être regardée comme assurée pour un assez long espace de temps. Nous sommes loin de croire sans doute aux éternelles destinées du pouvoir fondé en juillet; et cet horizon, qui paraît si radieux aux organes ministériels, est pour nous couvert de nuages. Nous savons quels éléments de faiblesse ce gouvernement porte en lui-même, quels points d'appui lui manquent pour dominer la nation et contenir les résistances; nous comprenons aussi bien que personne les répugnances qui en séparent; enfin nous croyons voir surgir de toutes parts certains besoins et certaines idées avec lesquels il s'est jusqu'ici établi en état d'hostilité permanente : tous ces symptômes de faiblesse, tous ces pressentiments d'avenir doivent faire regarder la mission de la royauté de juillet comme purement transitoire. Néanmoins sa chute peut être lente, et c'est peut-être par années qu'il faut désormais compter avec elle.

L'Europe étant désintéressée dans nos affaires, et la guerre ne venant plus ranimer la lave du cratère éteint de 91, reste à rechercher, pour obtenir une appréciation exacte de la situation du pays, de quelles forces les partis peuvent disposer contre le gouvernement actuel. Or nous pensons que le résultat de cet examen assure au pouvoir des chances d'une assez longue durée. S'il n'y a plus à tenir compte de la crainte d'une guerre européenne, quelque faible qu'il soit, il est encore plus fort que les partis qu'il peut contenir l'un par l'autre. Du jour où l'industrie repeuplerait les ateliers, les émeutes républicaines perdraient jusqu'à leur importance de curiosité, et du moment où les campagnes cesseraient d'être dans l'appréhension de levées militaires, il ne resterait rien à tenter pour des soulèvements dans un autre intérêt. Alors les partis devront lutter par les voies régulières, et aspirer à un triomphe parlementaire. Or on peut poser en fait qu'aucun ne sera de long-temps en mesure de l'obtenir, et que nul d'entre eux n'est encore assez fort pour supporter la victoire.

En commençant par les républicains, que voyons-nous dans leurs rangs qui puisse leur concilier la majorité numérique, soit dans une chambre, soit dans un congrès qui exprimerait les vœux de la nation? A l'exception de quelques rares disciples de l'école américaine, la masse des républicains ne conçoit pas la réalisation de son utopie autrement que par la guerre, la conquête, l'esclavage au dedans et l'asservissement de l'Europe. Ce parti vit sur un fond d'idées romaines antipathiques aux mœurs nationales et à la civilisation moderne : aussi quelle ignorance, quel mépris profond des faits, quel intolérable rabachage ! Les hommes qui exploitent aujourd'hui les idées républicaines, soit à la

tribune, soit par la presse, étalent presque tous une médiocrité qui rend parfois confus de l'importance qu'on leur
accordait il y a quatre mois.

Ce n'est pas pourtant qu'il ne faille pas tenir compte de
cette école : son influence sera grande quand ses idées auront subi une transformation inévitable si la paix de l'Europe est consolidée. De ce mouvement précoce et avorté
vers la république restera toujours un fond de théories sociales favorables aux classes populaires, à leur émancipation successive, à une plus égale répartition des jouissances
et des droits entre les hommes. Le républicanisme est
moins éloigné qu'on le pense de donner la main au saint-
simonisme; et ce qu'il y a d'applicable et de vrai dans
cette masse d'idées analogues se ralliera, par des affinités
peu sensibles jusqu'ici, au mouvement d'ascension du catholicisme, et aux idées qui surgissent de toutes parts au
sein du royalisme régénéré. Nous indiquerons en terminant
cet ensemble de vues sympathiques qui, des points les plus
opposés de la circonférence, se pénètrent et se combinent
en quelque sorte sous la puissance d'un centre commun
d'attraction.

Entre les républicains et les amis de l'ancienne dynastie
se place un autre parti, que rallient des souvenirs bien
plus que des principes, et qui n'a pour agir sur les masses
que la puissance d'un nom porté par un héritier inconnu
d'elles. Ajoutez à cela que le prince sur lequel s'arrêtent
ces espérances, est dans la volonté ou du moins dans l'obligation d'y demeurer étranger, et vous comprendrez quel
est l'embarras du bonapartisme pour prêcher une doctrine,
laquelle se réduit en définitive à un nom propre qu'on
n'est pas même autorisé à prononcer. Là gît le principal
obstacle ; car si le prince dont il s'agit pouvait vouloir se
prêter aux vues des amis de sa famille, cette substitution

serait peut-être le fait d'une simple insurrection militaire.
Du moins ce changement ne serait-il pas impossible, en ce
qu'il n'exigerait point une grande perturbation sociale,
comme l'établissement de la république ou le retour à la
légitimité. Que le duc de Reichtadt remplaçât le roi actuel des Français, et la bourgeoisie ne se regarderait pas
pour cela comme vaincue par la noblesse ou supplantée par
les prolétaires. Rien ne serait changé en France; il n'y
aurait qu'un homme de plus et un homme de moins, et
certes, ce serait de part et d'autre bien peu de chose.

Quoique l'importance numérique et sociale des royalistes soit bien autre que celle du parti de la famille de
Napoléon, leurs tentatives rencontreraient en ce moment
des obstacles bien plus invincibles, des résistances bien
plus passionnées. C'est que pour qu'ils triomphassent, il
faudrait que les vaincus devinssent les vainqueurs, et que
toutes les positions actuelles fussent interverties. Or un tel
déplacement d'existences supposerait une lutte à mort,
dans laquelle les royalistes, en minorité dans le pays, divisés entre eux, sans unité pour l'attaque et sans plan
après la victoire, sans un nom populaire qu'ils puissent
présenter avec confiance à leurs amis et à leurs ennemis, seraient évidemment écrasés. Aussi les hommes éclairés du
parti légitimiste prononcent-ils hautement le mot de transaction. Il est inscrit en gros caractères sur leur drapeau et dans
leurs journaux. Transaction ! ce mot-là prononcé par des
bouches royalistes est quelque chose de si nouveau qu'il indique mieux que tous les autres symptômes le travail intérieur
qui s'opère au sein de cette nombreuse et honorable opinion. Transaction sur les hommes, transaction sur les
principes, voilà le vœu que vous entendez émettre de tous
les côtés dans les rangs d'un parti qui, pendant quarante
ans, eut pour système de repousser toute concession, et

surtout de circonscrire chaque jour le nombre de ses amis. Suivez le royalisme dans ses triomphes et dans ses malheurs, aux Tuileries ou dans l'exil, et vous le verrez toujours irréconciliable à ses adversaires, toujours en méfiance de ses amis, toujours disposé à périr plutôt que d'admettre un gentil dans le troupeau choisi des enfants d'Israel. Certes, il y a dans ce fait l'indice d'une dislocation complète. Mais que dire de l'abandon de presque tous les dogmes qui jusqu'ici avaient servi de base à la foi monarchique ? Si les mêmes mots sont conservés, c'est pour signifier toute autre chose. La légitimité a perdu son caractère religieux pour devenir une combinaison purement politique; du domaine de la théologie on l'a fait passer dans celui de l'histoire, et la royauté a cessé d'apparaître aux royalistes avec l'onction de David pour remonter sur le pavois de Pharamond.

Pressé par l'obligation d'entrer dans un ordre de faits nouveaux, on a dû accepter des conséquences qu'on répudia pendant quinze ans comme autant d'hérésies. Ainsi l'on a reconnu à certains faits une autorité égale à celle du droit héréditaire, et l'on est arrivé, comme cela devait être, à subordonner ce droit lui-même au libre consentement de la nation. Que toutes les déductions tirées chaque jour du vieux droit français soient parfaitement exactes, c'est ce que nous n'avons garde de dire ; qu'on fasse parfois surgir de certains faits historiques des conséquences trop générales, c'est ce que nous n'avons garde de nier; mais toujours est-il que ces tentatives pour sortir l'opinion royaliste des abstractions, et la faire entrer dans les réalités de l'histoire, pour associer le pays tout entier à une cause qui n'a péri que parce qu'elle était devenue pure affaire de parti et de coterie, ont droit à la sympathie profonde de tous les gens de bien. Voilà le premier essai sé-

rieux pour revenir au vrai, pour relever le parti royaliste de
sa déchéance politique. Que si l'on veut bien comprendre et la
perturbation introduite dans la masse des idées royalistes
et leur impuissance présente, on doit comparer le parti
de la légitimité en 1831, à ce qu'il était pendant les
cent jours : aujourd'hui, accessible de partout à une foule
d'idées et d'impressions nouvelles, privé de tout centre
d'orthodoxie politique, écoutant tous les docteurs, n'ayant
rien à mettre en commun que des affections et des regrets ;
alors compact, homogène, arrêté dans ses principes et
dans son but, et ne transigeant sur rien. C'est qu'il sentait
en ce temps-là qu'il n'avait devant lui qu'une révolte, et
qu'il comprend qu'aujourd'hui il a affaire à une révolution.

Les royalistes, étourdis des nouvelles percées qui s'ouvrent de toutes parts devant eux, ne peuvent de long-temps
aspirer à un triomphe parlementaire. Le rôle populaire
que les écrivains de cette école assignent à leurs amis est
trop nouveau et trop peu en rapport avec de vieilles
habitudes, pour qu'il ne faille pas des efforts persé-
vérants et un long noviciat de popularité, avant d'obtenir crédit et confiance. Ce sera l'œuvre seule des
années. Quant à une victoire par des moyens matériels,
aucune chance ne se présente même pour la tenter. Si
dans les provinces de l'ouest et surtout du midi des pensées
de vengeance fermentent au fond de cœurs ulcérés, cette ardeur s'apaisera à mesure que s'éloignera la pensée d'une
diversion étrangère. Cette idée-là, bien qu'on se refusât à
l'avouer comme une espérance, n'en exerçait pas moins
une influence puissante : pour les uns elle était prétexte
d'oppression, pour les autres perspective de vengeance.
Désormais la paix publique est dans les mains du pouvoir :
malheur à lui s'il la laissait échapper !

Ainsi le parti royaliste, bien qu'il réunisse dans ses diverses nuances la majorité des intérêts et des influences du pays, n'est en ce moment en mesure de rien tenter contre l'ordre de choses existant, ni par la voie des armes, ni par celle d'une attaque parlementaire. Si, fatigué d'attendre et d'ajourner ses espérances, il essayait de s'élever en armes au milieu de la paix de l'Europe, la force révolutionnaire comprimée retrouverait toute son énergie farouche, et le premier drapeau blanc promené dans la Vendée s'abîmerait dans le sang d'une province, comme le catafalque de Saint-Germain est tombé en entraînant la croix même dans sa chute.

Cet état de choses permettra probablement au pouvoir de se maintenir en équilibre entre des partis qu'il comprimera l'un par l'autre. Il continuera de vivre ainsi au jour le jour, sans dignité au dehors, sans action morale au dedans, sacrifiant tout aux intérêts sur lesquels il s'appuie, donnant ample satisfaction de vanité et d'argent à ces ambitions de moyen étage, dont il est le patron naturel et comme l'expression vivante. Tout cela durera jusqu'à ce qu'il se soit formé une masse suffisante d'idées homogènes pour devenir le symbole d'un parti entièrement nouveau. Quand ce travail sera opéré par suite des analogies de doctrines et des rapprochements de personnes, alors des hommes viendront, qui résumeront en eux-mêmes tous ces principes, tous ces vœux, et toute cette force sociale; puis le moment sera venu de se placer aux fenêtres pour regarder passer la monarchie élective, comme l'on s'y est mis pour voir passer la monarchie héréditaire.

C'est dans cet obscur avenir que les partis se complaisent à placer le triomphe de leurs plus chères espérances. Les uns y voient le règne de la république, d'autres celui de la légitimité; ceux-là combinent ces éléments divers dans un éclectisme nouveau. Ainsi ferions-nous si nous étions écrivains de parti. Mais ce rôle n'est pas le nôtre ; et sans prétendre déverser le plus léger blâme sur une position où l'on est en mesure de rendre tant de services, en inspirant une si utile confiance, nous devons avancer que tels ne sont ni notre but ni notre mission. L'on permettra donc à nos paroles de porter un autre caractère. Aussi confesserons-nous que nous cherchons encore en vain des éléments suffisants pour dégager l'inconnue. Le problème de notre avenir repose sur un calcul de probabilités dans lequel aucun principe n'entre d'une manière mathématiquement nécessaire. La société n'est pas en effet un carré qui ne peut être construit qu'avec des angles droits.

Mais s'il est impossible, sans hasarder beaucoup, de tracer déjà la forme extérieure de cet édifice, d'indiquer quelle institution viendra lui servir de couronnement, on peut assigner avec certitude les conditions auxquelles il devra satisfaire. Ces conditions se manifestent de tous côtés, ici sous forme de vœux populaires, là comme idées systématiques propagées par la tribune, par la presse, par la parole religieuse, par tout ce qui agit sur les hommes ; elles saisissent les populations comme autant de révélations d'un ordre nouveau plus libre, plus moral, plus favorable à ce vague besoin de développement et de bonheur qui les tourmente. Thème obligé de toutes les oppositions, de tous les projets de réformes, de tout ce qui aspire à une action quelconque en dehors du cercle de la routine, ces pensées commencent à prendre forme et à s'harmoniser entre elles. Ainsi l'idée que l'élection est désormais le seul principe vital pour les fonctions publiques gagne chaque jour du terrain : les uns l'acceptent par amour pour une théorie abstraite, les autres parce qu'elle est favorable à leur influence, et peut les relever honorablement de leur déchéance actuelle.

Ainsi encore le vœu de voir les intérêts se grouper, s'organiser, s'administrer sans contrôle, le désir de désintéresser
le pouvoir dans une foule de questions qui n'ont plus rien
de social ; ainsi l'espoir d'arriver à la plus large dispensation
possible de liberté dans la sphère de la conscience, de la famille, de la commune et de la province ; puis à la suite de
tout cela, une foule d'idées accessoires surgissent, se combinent et déjà permettent de pressentir, sinon les formes
même, du moins le génie intime de l'organisation nouvelle. Qu'on ne s'inquiète pas du principe qui viendra
mettre tout cela en œuvre : qu'on ne se demande pas s'il
sortira de la monarchie héréditaire, de la monarchie élective ou de la république. Pour mon compte, aucune
prophétie sérieuse ne me paraît encore possible sur ce point.
J'ai grand peur d'ailleurs qu'on ne s'exagère fort ces
questions et leur influence sur l'avenir. Elles finiront probablement par devenir de pures questions d'hommes, et la
victoire restera en définitive, non pas à une doctrine en
tant que doctrine, mais au parti qui en lui-même et dans son
chef résumera mieux les besoins de l'époque, et en sera
plus intimement pénétré. Dans les sociétés usées comme la
nôtre, où il ne reste ni traditions ni croyances sociales,
tout se réduit au fond à des questions de personnes : le
pouvoir appartient à qui sait le prendre, et a la main assez
ferme pour le retenir.

Que si l'on voulait pourtant, en portant au loin ses regards,
tirer l'horoscope de la monarchie actuelle, il serait vrai de
dire que de toutes les combinaisons, elle paraît celle qui a le
moins de chances d'avenir, ce qui n'exclut en rien cette
durée transitoire que nous reconnaissons lui être en ce
moment assurée. La nouvelle dynastie a lié son sort à deux
questions : le maintien de la paix et la conservation du
système de la restauration : questions que les doctrinaires

ont trouvé moyen de réunir, et qui en réalité étaient parfaitement distinctes. On pouvait sur le premier point résister à un entraînement dangereux ; sur l'autre il y a eu folie à fermer les yeux au point de ne pas voir que c'en était fait pour jamais des formes factices, des théories gouvernementales, du balancement des forces et des intérêts, enfin de toutes les traditions constitutionnelles. Qu'arrive-t-il de cet entêtement souvent plus pédantesque que politique? C'est que, pendant que le pouvoir s'accroche aux débris de tout ce qui tombe, pendant qu'il lie ses destinées à des institutions qui, comme la pairie, ne peuvent que végéter sur un sol qui les repousse , les idées d'élection primaire, d'élection pour les fonctions publiques, d'élection libre pour les dignités ecclésiastiques, d'émancipation locale et commerciale, d'abolition de tous les monopoles, se développent dans le pays avec une rapidité qui croîtra sensiblement encore du jour où la paix publique cessera d'être compromise. Cette guerre aux monopoles n'est au fond que l'assaut livré par les classes inférieures et supérieures de la société à la classe moyenne qui a fait du pouvoir actuel un fief dans lequel elle se quarre, rappelant par fois Mascarille et Jodelet sous leurs habits de cour. Tant que l'ordre matériel a été attaqué, cette ligue du haut et du bas n'a pu être cimentée par un étroit lien. L'opinion républicaine menaçait avec trop de violence l'aristocratie pour qu'il leur fût possible de marcher de concert vers cette réforme prochaine : mais, qu'on se figure la toute-puissance de ces deux mobiles se disputant la conquête morale du pays ; qu'on juge de l'effet d'une telle réunion d'efforts dans une chambre, et l'on se convaincra que le tiers-parti qui triomphe aujourd'hui ne doit sa victoire qu'aux dangers même de la situation. Préserver la société et la civilisation de l'anarchie ; ainsi fut posée la question depuis quinze mois.

C'est elle seule qui a rallié à M. Périer un certain nombre d'hommes qui, tout en rendant justice à un honorable caractère, ne voient avec raison dans ce système que vieilles traditions impuissantes, absence de vues et de pensées d'avenir. Qu'une opposition légale s'élève ; que des bancs, déserts aujourd'hui, se couvrent de jeunes recrues, à l'esprit large, au cœur noble, à la parole haute et ferme ; et bientôt le juste-milieu devra lutter contre d'autres périls que les émeutes, contre d'autres adversaires que des forçats libérés : adversaires et périls contre lesquels il n'y a ni préfets de police, ni gardes nationaux, ni gendarmes qui tiennent.

Le système actuel, qui a trouvé tant de ressources et tant de force contre l'anarchie dans l'adhésion, ou tout au moins la neutralité de tous les amis de l'ordre, est hors d'état de présenter la moindre résistance à une opposition grave et sérieuse : du moment où le ministère ne pourra plus rattacher son existence au maintien de la paix extérieure et de l'ordre public, le pouvoir devra forcément entrer dans des voies nouvelles, sous peine de se discréditer dans l'opinion avec bien plus de promptitude encore que le pouvoir auquel il a succédé. La restauration est tombée au milieu d'une prospérité matérielle inouie ; la renaissance de cette prospérité ne serait donc pas une garantie de la consolidation du pouvoir actuel. Une nation spirituelle et active ne saurait faire une alliance permanente avec cette étroitesse de vues, cette illibéralité de sentiments, cette subordination constante de l'honneur du pays aux intérêts mercantiles. Que l'*esprit-garde-national* gouverne, tant que l'émeute se promène la tête haute dans les rues, c'est bien ; mais qu'on ne s'imagine pas contenir par le seul ascendant des intérêts d'une classe, et les traditions routinières des commis, le mouvement de la société vers son émancipation et ses nouvelles formes politiques. Or c'est contre ce mouvement même que le gouvernement s'est jusqu'à présent prononcé. Ou il n'a pas compris cette tendance, ou il n'y a pas cru : il a paru penser que si de toutes parts on réclame l'indépendance entière de la commune et des départements, un changement complet dans le système administratif qui le rende à la fois moins onéreux et plus libre, en y faisant entrer l'élection comme principe constitutif, ces réclamations et ces vœux n'ont pour but que d'embarrasser sa marche. Il s'imagine de très-bonne foi que le père de famille ne croit pas sérieusement à son droit absolu en matière d'éducation, que le clergé ne veut pas briser le concordat de 1801, et arracher le corps épiscopal au contact d'une administration sans foi : il ne croit pas que ce soit pour toujours que la France ait enterré la pairie, et se flatte qu'il n'y a rien d'irrévocable dans l'arrêt qui l'a frappée. Ainsi le pouvoir, engagé dans le passé, n'a pas le plus faible élan vers l'avenir. Il ne sent pas que la fin de cette crise sera le signal d'un mouvement intellectuel bien autrement irrésistible que celui qu'il ne comprime avec succès depuis une année, qu'en l'associant à d'horribles espérances de désordre. Il pense que la société, remise d'une secousse passagère, va reprendre le fil de ses habitudes et de ses idées interrompues : en religion, on reviendra au gallicanisme; en finances, à la fiscalité et au système de crédit et d'agiotage; en administration, à l'absolutisme des circulaires; en théories politiques, à une royauté forte, appuyée sur une pairie héréditaire; enfin il est peut-être certains esprits qui se flattent qu'en philosophie on reviendra juste au point où en était restée la *Revue Française*. Dans ce système, la révolution aurait été terminée du jour où des flots

de lumière ont éclairé de nouveau l'obscurité des Tuileries, et où des flots de courtisans en ont repeuplé
les solitudes. Mais quoique depuis une année il se
soit passé d'étranges choses, quoique le moment actuel
vienne démentir bien des prévisions, et confondre les cal-
culs les plus vraisemblables, il est difficile d'aller jusque-là.
On a pu avoir raison d'une révolution, sans qu'il soit possible pour cela d'aller à l'encontre de toutes les lois de
l'humanité.

Paris, ce 15 novembre 1831.

SCIENCES NATURELLES.

FRAGMENTS ASIATIQUES,

PAR M. ALEX. DE HUMBOLDT (1).

Volcans de l'intérieur de l'Asie. — Une grande partie du premier de ces importants Mémoires est consacrée à la description géographique détaillée des chaînes de montagnes qui traversent la partie moyenne et intérieure de l'Asie de l'est à l'ouest, et que M. de Humboldt divise en quatre systèmes : l'Altaï, le Thian-Chan, le Kuen-Lun et l'Himâlaya. Les trois plateaux situés entre ces grandes chaînes comprennent 1° la Dzoungarie et le bassin de l'Ili ; 2° la Petite-Bouckarie, et le Tangout septentrional des Chinois ; 3° le Tubet.

Il existe entre les chaînes de montagnes et les grandes dépressions terrestres, tels que les lacs et certaines mers, des rapports d'origine et de formation qui établissent pour l'étude et la connaissance de ces phénomènes une méthode d'analogie. Cette méthode que M. de Humboldt a suivie déjà dans son tableau géognostique de l'Amérique méridionale, il a essayé de l'appliquer ici aux limites des grandes masses de l'Asie moyenne dont nous venons de parler. Il pense que la grande dépression du nord-ouest de l'Asie, dont la mer Caspienne et le lac Aral forment la partie la plus basse (50 et 32 toises au-dessous du niveau de l'Océan), et qui,

(1) 2 vol. — 1831. Chez Pihan-Laforest, rue des Noyers.

d'après les nouvelles mesures barométriques de MM. Hoffmann, Helmerson, Gustave Rose et Humboldt, s'étend
dans l'intérieur des terres jusqu'à Saratov et Orenbourg et
au S.-E. jusqu'au cours inférieur du Sihoun et de l'Amou ; il
pense, dis-je, que l'époque d'affaissement de cette vaste
portion de l'Asie occidentale ne peut être en rapport d'origine avec la chaîne des monts Ourals, chaîne trop peu considérable et qui, si elle ne datait d'un temps postérieur, se
serait déjà nécessairement affaissée, mais qu'elle doit coïn-
cider avec l'exhaussement du plateau de l'Asie centrale, de
l'Himalaya, du Kuen-Lun, du Thian-Chan, du Caucase et
des montagnes de l'Arménie et de la Perse. Il pense encore
que cette vaste dépression se continuait autrefois vers le
nord jusqu'à l'embouchure de l'Ob et jusqu'à la mer Gla-
ciale.

MM. Klaproth et Abel Remusat ont fait connaître les volcans de l'Asie intérieure, ceux du Péchan et de Ho-Tcheou
sur les pentes septentrionale et méridionale du Thian-Chan,
la solfatare d'Ouroumtsi et celle de Khobok (crevasse voisine du lac Darlaï). Le volcan nommé Pé-Chan (Mont-
Blanc) par les auteurs chinois est situé par 42° 25′ ou 42°
35′ latit. entre Korgos et Koutché. Il appartient à la chaîne
du Thian-Chan et se trouve peut-être sur son versant septentrional. Les traditions historiques chinoises s'accordent
à le désigner comme vomissant autrefois sans interruption
du feu et de la fumée, et comme rejetant une grande quantité de sel ammoniac et de soufre. Les Boukhars qui apportent le sel ammoniac en Sibérie le recueillent sur le Péchan ;
autrefois dans le commerce le sel ammoniac s'appelait sel
Tartare : on voit à présent quelle est l'origine de ce nom.
D'après les descriptions les plus récentes, le Péchan doit
peut-être être considéré comme un volcan qui ne brûle plus.
Quant à l'influence de la mer sur la production des phénomènes volcaniques, il faut noter que le Péchan est éloigné
de 3 à 400 lieues de toutes les mers.

La pente septentrionale du Thian-Chan présente d'autres phénomènes volcaniques dont le principal est la solfatare d'Ouroumtsi. Ce vaste espace de cinq lieues de circonférence, sur lequel la neige ne peut rester en hiver et au-dessus duquel les oiseaux ne peuvent voler sans être frappés de mort, est sans cesse couvert de cendres et s'appelle la *Plaine enflammée.* Une pierre qu'on y jette en fait jaillir de la flamme et une fumée noire qui dure long-temps. Près de là est la *fosse des Cendres,* gouffre un peu moins étendu dont la surface s'endurcit quand il a plu, où la chute d'une pierre fait seulement entendre un bruit semblable à celui du choc d'un bâton contre le fer ; tout animal qui marche sur cet abîme est à jamais englouti.

A une petite distance N.-O. de la solfatare d'Ouroumtsi, près du petit lac Darlaï est la colline de Khobok, dont les crevasses laissent échapper de la fumée et fournissent un sel ammoniac abondant et très-dur.

Sur la pente méridionale du Thian-Chan, nous rencontrons le volcan de Turfan ou Tourfan, qui tire encore son nom de Ho-Tcheou (ville de feu), ancienne ville aujourd'hui détruite. M. Abel Remusat surtout a donné des détails sur cette montagne : les habitans du pays vont y chercher le *hao-cha* ou sel ammoniac : le jour on voit s'en élever sans cesse une colonne de fumée qui, la nuit, est remplacée par une flamme semblable à celle d'un flambeau : c'est un curieux spectacle que celui du reflet rouge de cette flamme sur les oiseaux et les animaux qui en sont éclairés.

Il était nécessaire de rappeler les foyers d'action volcanique connus jusqu'à présent dans l'intérieur de l'Asie, Pé-Chan, Ho-Tcheou, Ouroumtsi et Khobok, avant d'arriver au nouveau volcan sur lequel M. de Humboldt fixe l'attention des voyageurs. Dans le voyage que fit ce savant, en 1829, avec MM. Ehremberg et Gustave Rose dans l'Asie septentrionale, il chercha a obtenir des Tatares, des Bouckars et des Tachkendis, quelque renseignements sur l'Asie intérieure. Les voyages étant bien plus fréquents dans le bassin situé entre l'Altaï et le Thian-Chan que dans les contrées qui sont au-delà de cette dernière chaîne de montagnes, c'était surtout à ce premier bassin que devaient se rapporter les documents. Un itinéraire, communiqué à M. de Humboldt par M. de Gens, directeur de l'école asiatique à Orenbourg, lui apprit qu'on avait vu dans le lac Ala-Koul, au N.-E. du grand lac Balkachi, une montagne qui avait autrefois vomi du feu et qui occasionnait encore des tempêtes violentes dans ce lac. Ces tempêtes effraient et troublent beaucoup les caravanes : c'est pourquoi on sacrifie en passant quelques moutons à cet ancien volcan. Un Tatar voyageant au commencement du dix-neuvième siècle avait fourni les renseignements que nous venons de signaler. M. de Klostermann, directeur impérial de police à Sémipolatinsk, tenait des Bouckhars et des Tachkendis des informations non moins précieuses, qui indiquent positivement la situation d'une grande montagne nommée *Aral-Toubé* dans le lac *Alakoul* (1). L'Aral-Toubé, mont conique et insulaire du lac Alakoul, encore en ignition dans les temps historiques, situé à l'ouest de la caverne d'ammoniac de Klobok et au nord du Pé-Chan fait donc partie de ce territoire volcanique de l'Asie intérieure que MM. Klaproth

(1) Un renseignement donné par le savant professeur de langue persane à Kasan, Kazim-Beg, ne confirme pas la donne de l'itinéraire d'Orenbourg.

D'après ce renseignement, un vieux tatar Sayfoulla, qui a voyagé dans ces lieux et les connaît, parle du lac Ala-Goul et du lac Ala-tau-Goul, d'une montagne qui se trouve dans celui-ci, et dont il n'a jamais entendu dire que ç'ait été un volcan. Il indique au delà de ces deux lacs une caverne pleine de tempêtes et très-formidable, la caverne souterraine d'Ouybé. Il n'a point entendu parler de sacrifices.

Les sacrifices en question se rapportent-ils au volcan ou à la caverne ?

Souvent il y a de la contradiction entre les récits des Tatars. Mais en tout cas, n'y a-t-il pas ici un résultat commun : un phénomène volcanique ? Et n'est-ce pas là le point principal, celui que M. de Humboldt signale aux savants et aux voyageurs ?

et Abel Remusat ont déjà fait connaître, territoire dont la surface est de plus de 2,500 milles géographiques carrés, et qui est éloigné de trois à quatre cents lieues de la mer.

Ainsi l'Asie, depuis l'Isthme caucasique qui sépare la mer Noire de la mer Caspienne jusqu'à l'extrémité orientale de l'Altaï, est un pays de volcans, et les tremblements de terre s'y font ressentir violemment; les cercles de secousses souterraines s'y croisent, et la partie occidentale où on trouve deux volcans encore en activité, le Demavend et l'Ararat, n'en est pas exempte. Tous les phénomènes volcaniques doivent y abonder, et outre ceux de l'Asie intérieure dont nous avons parlé tout-à-l'heure, ne connaît-on pas les sources de Naphthe et les salses ou volcans de boue qui se rencontrent entre la mer Noire et la mer Caspienne ? La production des masses de trachytes, de porphyres et de sel gemme dans le Caucase et dans l'Adzarbaïdjan, la température élevée de plusieurs lacs situés de l'un et l'autre côté de la mer Caspienne, circonstances liées par leur nature avec l'action volcanique, sont des indices du même genre.

Nouvelle éruption dans la chaîne des Andes. — En 1826, M. le docteur Roulin, compagnon du docteur Boussingault, vit fumer le pic de Tolima, et écrivit à l'Institut, le 4 mai 1829 : « Les habitants n'avaient observé, avant le tremblement de terre de 1826, rien de semblable à cette colonne de fumée. Elle a donc été comme le signal de l'inflammation, ou plutôt de la manifestation de l'action volcanique à la surface de la terre. » M. Roulin a trouvé dans une *Historia de la conquista de Nueva Grenada*, des indices d'une éruption volcanique du Paramo de Tolima en 1595; M. Roulin s'étonnait de trouver un volcan à quarante lieues de la mer. Mais, pour ne parler que de l'Amérique, le Cotopaxi et le Copocatepelt sont encore plus loin de la côte.

M. Boussingault vit fumer le Paramo de Ruiz et en écrivit à M. de Humboldt en 1829. Ce Paramo est à peine à deux milles de celui de Tolima. N'est-ce point Tolima que M. Bous—

singault a vu fumer, ou Tolima et Ruiz fument-ils tous les
deux? Cette question n'est pas décidée.

Phénomènes volcaniques en Chine et au Japon. — En Chine,
il n'y a pas de volcans proprement dits en activité, mais,
et seulement, des phénomènes volcaniques, tels que les
Ho-Tsing, ou puits de feu, et les Ho-Chan ou montagnes
ignées. Ce sont surtout les missionnaires de la Chine, et,
parmi eux, M. Imbert, qui ont fait connaître les puits de
feu ou puits salants de la Chine. Ces puits sont toujours dans
le voisinage des salines et fort nombreux : ils se comptent
par milliers dans un espace de dix lieues de long sur quatre
ou cinq de large. L'air qui en sort est très-inflammable, et
l'eau qu'on en retire est chargée d'une très-grande quantité
de sel très-âcre, saturé de nitre, et facile à extraire par
l'évaporation. C'est lorsqu'ils sont épuisés d'eau saline que
ces puits perdent leur nom de *salants* pour prendre celui de
puits de feu. Les habitants du pays font servir ce feu à leur
usage domestique, et conduisent le gaz inflammable dans
leurs maisons et où ils veulent au moyen de tuyaux de bam-
bous; ce qui fait une sorte d'exploitation naturelle de gaz
inflammable, semblable à l'exploitation artificielle des
grandes villes d'Europe comme Paris et Londres, ayant sur
celle-ci l'avantage d'un foyer souvent inépuisable, mais
ayant aussi tous les inconvénients du bitume puant dont
le gaz est fréquemment imprégné. Ces puits salans ou de
feu sont creusés à quinze ou dix-huit cents pieds de profondeur sur cinq ou six pouces de largeur, par un moyen qui
est à la fois d'une grande économie et d'une lenteur incroyable : ce moyen consiste à faire jouer, par une machine à
bascule, dans un tube de bois creux planté en terre, un mouton ou tête d'acier de trois ou quatre cents livres pesant,
crenelé à son pourtour en couronne, rond par sa face intérieure, et concave à sa face supérieure pour recueillir les
débris de son action pressurante. De temps en temps on
verse de l'eau pour pétrir et réduire en bouillie les matières

du rocher, et on retire le mouton avec toutes les matières
dont il est surchargé ; on ne sera pas étonné, d'après cela,
que le creusement d'un pareil puits dure au moins trois
ans. Il y a aussi en Chine quelques Ho–Chan ou *montagnes
de feu*, c'est-à-dire quelques montagnes dont les flancs ou
les sommets fument et s'allument par intervalles et produisent du soufre et du sel ammoniac.

La chaîne volcanique du Japon s'étend depuis l'île Formose (qui dépend de l'extrémité orientale de l'Himalaya)
jusqu'au Kamtchatka en passant par l'Archipel des îles Licou-
Kieou, et celui des îles Kouriles. Cette chaîne volcanique est
dans une activité continuelle : les tremblements de terre et
les éruptions de flamme, de pierre, de laves agitent et ra-
vagent d'une manière effrayante toute cette portion de l'Asie.
Les sources thermales abondent au pied de toutes ces montagnes brûlantes. Le phénomène volcanique le plus remarquable qui se soit produit au Japon, est l'éboulement affreux
survenu tout-à-coup, deux cent quatre vingt-cinq ans avant
notre ère, dans la grande île de Niphon, suivi de la formation du grand lac Mitsou–Oumi et de la naissance du Fou-
sino-Yama, la plus haute et la plus terrible des montagnes
de cette contrée qui en renferme un si grand nombre de
hautes et de terribles.

La nature essentiellement volcanique de ce vaste Archipel,
qui s'étend de l'île Formose au Kamtchatka, et dont le Japon
forme la plus grande partie , semble bien confirmer l'idée
que les phénomènes volcaniques sont dus au voisinage de
la mer. M. de Humboldt n'admet cette opinion qu'avec restriction : il pense que cette coïncidence du voisinage de la mer
et de la production des phénomènes volcaniques est moins
due à l'action chimique de l'eau et aux rapports souterrains
que l'on supposerait entre les mers et les volcans, qu'à la configuration de la croûte terrestre présentant, dans le voisinage des bassins maritimes, bien moins de résistance à
l'action des fluides élastiques de l'intérieur du globe ; il

croît que des phénomènes volcaniques, même d'une grande
intensité, se peuvent manifester loin des mers et cite à
l'appui de son opinion les volcans de l'intérieur de l'Asie
dont nous avons parlé, situés à plus de trois et quatre cents
lieues des côtes. Par l'effet d'anciennes révolutions une fis-
sure dans la croûte du globe peut s'être faite loin des mers,
et alors la communication de l'intérieur de notre planète
avec son atmosphère peut s'établir en ce point : une crevasse
antérieure de la croûte terrestre, telle est la condition des
éruptions volcaniques qui paraît à M. de Humboldt devoir
être mise bien avant l'action chimique de la mer sur les
foyers volcaniques, si même cette action existe.

Température de quelques parties de l'Asie. — En se diri-
geant du nord-ouest de l'Europe vers le nord-est
de cette partie du monde et le nord-ouest de l'Asie qui
l'avoisine, on remarque qu'aux mêmes latitudes la température s'abaisse de plus en plus. Cette diminution de température vers le nord-ouest de l'Asie a été long-temps attri-
buée à l'exhaussement progressif du sol, mais des mesures
récentes et plus précises ont prouvé que cette élévation des
terres au dessus du niveau de l'Océan était beaucoup moins
grande qu'on ne l'avait cru jusque-là et ne pouvait rendre
compte du phénomène observé. M. de Humboldt, dans son
Mémoire sur la température de quelques parties de l'Asie,
expose les circonstances géographiques qui rendent raison
de le r climat excessif.

L'Europe à configuration sinueuse, coupée par des golfes
et des bras de mer, peut être considérée par rapport à l'Asie
comme une Péninsule ayant son plus grand développement
au sud-ouest de cette autre partie du monde. Favorisée par
les vents d'ouest qui sont pour elle des vents de mer, c'est-
à-dire, des vents échauffés par le contact d'une surface dont
même en hiver la température ne descend pas au-dessous
de 10° Réaumur; placée sous l'influence des vents ascendants venant de la zone tropicale terrestre de l'Afrique et de

l'Arabie laquelle est toujours plus chaude qu'une zone tropicale océanique semblablement située ; enfin, séparée des glaces polaires par une mer libre, l'Europe doit offrir les conditions de température des îles ou des Péninsules, avoir un climat *tempéré* ou *insulaire*. Quel contraste avec l'Asie, dont le climat essentiellement *continental* ou *excessif* donne des étés très-ardents et des hivers très-rigoureux, et condamne ses habitants

A soffrir tormenti caldi e gieli ! (1)

Le continent d'Asie s'étend bien au-delà du 70° parallèle boréal, et est 13 fois plus long que l'Europe ; ses côtes septentrionales touchent la limite des glaces polaires ; les vents d'ouest sont pour lui des vents de terre, conséquemment froids ; une très petite portion de ses terres est placée dans la zone torride, aucune n'est sous l'équateur, de sorte que les vents ascendants n'ont pas pour lui, comme pour celui de l'Europe, passé par une zône tropicale terrestre. Telles sont les principales circonstances qui donnent le caractère *excessif* au climat de l'Asie N. O., circonstances dont l'action est encore favorisée par le développement vertical d'une partie de la surface (grandes chaînes de S. O. au N. E. dont nous avons parlé) et par la configuration horizontale des bords qui livrent les plaines à l'influence des mers glaciales polaires.

Des ossemens fossiles de grands animaux des tropiques ont été trouvés dans les plaines qui sont à l'est et à l'ouest de l'Oural, ainsi que sur le dos de cette montagne. La présence de ces animaux dans de pareilles contrées n'était pas difficile à expliquer : à une époque où la chaleur intérieure du globe agissait plus vivement sur la croûte de sa surface, ils pouvaient avoir trouvé un climat qui leur fût favorable dans des lieux qui, depuis le refroidissement de la surface terrestre, ne le leur offriraient plus. De plus, on avait trouvé

(1) Dante, *Purgat.*, canto III.

récemment aux mêmes latitudes les mêmes ossements recouverts de chairs musculaires et d'autres parties molles. M. Cuvier avait dit qu'un refroidissement subit avait dû saisir ces parties animales et les envelopper instantanément d'une couche de glace, pour qu'elles pûssent parvenir jusqu'à nous sans corruption et sans décomposition, comme le cadavre entier que M. Adam a découvert. M. de Humboldt et M. Ermann ont trouvé en Sibérie des couches de terre congelée de 9 à 10 pieds de profondeur, dans le temps de la plus haute élévation de la température extérieure. On voit quel est le rapport de cette nouvelle observation avec l'explication donnée par M. Cuvier, et on comprend comment, dans une révolution terrestre, des animaux ont pu se trouver saisis dans des couches de terrains de rapport ainsi congelées à une grande profondeur.

Un fait qui a également frappé l'attention de M. de Humboldt en Sibérie, c'est la présence de tigres semblables à ceux des grandes Indes. A mesure que, par l'effet du refroidissement de la surface terrestre, le climat des contrées habitées par les animaux de la zone torride s'est trouvé changé, ces races ont dû s'éteindre ou émigrer vers d'autres lieux. Cependant on peut croire que quelques espèces plus vigoureuses se sont habituées à un climat de plus en plus tempéré, même à un climat boréal. Les tigres royaux de la Sibérie viendraient à l'appui de cette opinion. Et si l'on suppose que des individus de ces espèces fassent une incursion dans une contrée encore plus boréale, et soient surpris par des éboulements subits, ne pourront-ils pas servir d'exemples de fossiles trouvés à une latitude dont le climat est opposé à leurs mœurs et à leur vie habituelle : nouvelle explication donnée par M. de Humboldt de la singularité apparente de l'existence des fossiles loin des climats propres aux animaux auxquels ils appartiennent.

Inflexion des lignes isothermes. — Dans le Mémoire consacré aux *Recherches sur l'Inflexion des lignes isothermes,*

M. de Humboldt présente une foule de considérations les plus importantes et les plus curieuses sur cette partie de la physique du globe qui constitue la *climatologie*.

Le nom de *lignes isothermes* a été donné à des lignes qu'on suppose être tracées sur la sphère terrestre et passer par tous les lieux dont la chaleur moyenne de l'année est la même : la chaleur moyenne d'une année pour un lieu est représentée par la demi-somme de la température *maximum* et de la température *minimum* de ce lieu dans l'année. Il est clair que si le globe terrestre était une masse sphéroïde de matière homogène, unie, dont les pouvoirs émissif et absorbant de la surface fussent partout les mêmes, la température des différents lieux serait directement et exclusivement dépendante de l'action des rayons solaires, autrement dit, le climat *réel* se confondrait et ne ferait qu'un avec le climat *solaire*, et, dans cette hypothèse, les *lignes isothermes* évidemment seraient parallèles à l'équateur et aux latitudes. Mais, comme chacun peut s'en rendre compte tout d'abord, il n'en est pas ainsi.

Un grand nombre de causes modifient et troublent cette simplicité supposée et un grand nombre d'éléments entrent dans la constitution réelle des climats. Ainsi, outre la distance de l'équateur et l'exposition plus ou moins directe aux rayons solaires, la température d'un lieu dépend de sa plus ou moins grande élévation au-dessus d'un plan normal (le niveau de l'Océan), de sa situation littorale ou continentale, de sa configuration, de l'état de sa surface nue, boisée, etc. Ce sont autant d'influences qu'il faut chercher à apprécier isolément, et individuellement en quelque sorte, pour avoir de chacune une idée plus complète, et qui ont leur part relative dans l'*effet total* dont se compose le climat. Il n'est question ici que des températures, parce que M. de Humboldt s'occupe de ce seul objet dans le Mémoire dont nous parlons : ce qui n'empêche pas que d'autres éléments, faisant aussi partie constitutive des

climats, tels que l'électricité atmosphérique, le magnétisme terrestre, etc., ne méritent une grande considération,
et n'appellent toute l'attention et tout le talent d'observation des savants.

Par la seule énumération des causes modificatrices de la
température des différents lieux que nous venons de faire ,
on comprend comment les lignes isothermes, tracées primitivement et *théoriquement* d'après l'hypothèse que nous
avions faite d'une masse homogène pour le globe, doivent
changer réellement et *dans la pratique* de direction et
s'infléchir. C'est à jeter quelque jour sur les lois de cette
inflexion qu'est consacré le dernier Mémoire des *Fragments
Asiatiques*.

Ainsi que nous l'avons vu en comparant l'état géographique de l'Europe avec celui de l'Asie, grande est l'influence du voisinage des mers sur la température d'un lieu.
On peut se rendre raison de ce fait : la chaleur se conduit
fort différemment à l'égard des masses liquides et diaphanes :
dans les masses liquides, les molécules les plus denses,
c'est-à-dire dont la température va s'abaissant de plus en
plus jusqu'à $+4°$ gagnent les régions inférieures, et le
mouvement des eaux venant offrir au contact des rayons
solaires de nouvelles molécules qui s'échauffent, celles qui,
chaudes tout à l'heure, se refroidissent à présent sont pré-
cipitées , et il en résulte un bien plus grand mouvement et
une distribution bien plus généralement égale de la chaleur
que ceux qui s'accomplissent dans les masses solides en
vertu de leur faculté conductrice ; dans ces dernières, c'est
à la surface et dans la couche la plus voisine de la surface
que toute la chaleur se concentre, et dès lors il est facile
de voir combien plus variables seront l'émission et l'absorption de la chaleur, et conséquemment les températures
de l'air échauffé par le contact des terres. De là pour les
mers bien plus d'uniformité dans la température : dans
l'Océan atlantique et dans le grand Océan, les eaux ne

varient pas d'un degré de chaleur (à une extrême distance des côtes), pour une étendue de plusieurs milliers de lieues carrées ; ce n'est que vers les latitudes très-élevées, où la fonte des glaces polaires et les courants qui en résultent, joints à la grande obliquité des rayons solaires, viennent diminuer la température de l'Océan, que cette température éprouve de notables variations.

Cette uniformité de température se fait nécessairement sentir dans les régions voisines des mers et des lacs : si ces régions sont sous l'influence d'une très-forte action solaire, leur température sera diminuée par le contact de l'air qui viendra des mers ; si les rayons solaires n'arrivant à elles que dans une direction oblique leur communiquent peu de chaleur, les vents de mer éleveront leur température : de sorte que des terres ainsi situées auront généralement des étés peu ardents et des hivers peu rigoureux. Veut-on des exemples de cette influence du voisinage des mers ? Voici la diminution de la chaleur moyenne annuelle depuis le littoral occidental de l'Europe jusqu'au delà du méridien de la Caspienne :

Amsterdam (latit. 52° 12′, temp. ann., 11° 9), et Varsovie (latit. 52° 14′, temp. ann. 8° 2) ; Copenhague (lat. 55° 41′, tempér. ann. 7°′ 6) et Kasan (latit. 55° 48′, temp. ann. 3° 1). Et les différences exprimées par la végétation et les produits de l'agriculture autant que par des chiffres, sont plus marquées encore dans les termes de rapports qui représentent les chaleurs moyennes de l'été et de l'hiver : dans le centre de la Hongrie, à Bade (latit. 47° 29′, temp. ann. 1° 6), temp. hiv. —0° 6, tempér. est. + 21°, 4 ; à Vienne (latit. 48° 12′, temp. ann. 10° 3) temp. hiv. 0°, 4, temp. est. 20°, 7 ; à Kasan (lat. 55° 48′, temp. ann. 3°, 1) temp. hiv.— 16°, 6, temp. est. + 18° 8 ; et sous des latitudes à peu près correspondantes, mais dans le voisinage de l'Océan, à Nantes (lat. 47° 13′, temp. ann. 12° 6) temp. hiv. 4° 7, temp. est. 18° 8 ; à St.-Malo (lat. 48° 39′, temp. ann. 12° 1) temp.

hiv. 5° 7, temp. est. 18° 9; à Édimbourg (lat. 55°, 57', temp. ann. 8° 8) temp. hiv. 3° 7, temp. est. 14° 6. Que l'on compare, dans ce tableau, les températures de Kasan et d'Édimbourg situées à une même distance de l'équateur (55° 56' et 55° 57'), mais l'un dans le centre continental de la Russie, et l'autre dans les îles britanniques : les différences hivernales sont — 16° 6 et + 3° 7, et les différences estivales + 18° 8 et + 14° 6.

Passons à d'autres causes modificatrices des climats, et d'abord à l'état de la surface du sol considéré relativement à sa couleur, à sa perméabilité pour la chaleur, à sa nudité ou à sa fertilité végétale, à son humidité ou à sa sécheresse habituelles. Quelle source féconde de variations dans la température ! « Quelle différence d'effets, dit M. de Humboldt, entre les déserts rocheux ou sablonneux, les savanes couvertes de gazon, les steps ou plaines *herbageuses* (pour me servir d'une expression de Volney), offrant des dicotylédonées non-frutescentes, de 6 à 7 pieds de hauteur, les forêts, les marécages et les pays d'ancienne culture !.. Depuis, l'extrémité occidentale du Sahara (Afrique), jusqu'à l'extrémité orientale du Gobi (Asie), sur une étendue de 132° en longitude, on trouve une large ceinture presque continue de déserts à travers le centre de l'Afrique, l'Arabie, la Perse, le Candahar, le Thianchan Nanlou et le pays des Mogols. Plus des deux tiers de cette surface du sol, nue et aride, est située à l'Ouest de l'Indus et dans la zone la plus rapprochée du tropique. En se rappelant que l'irradiation (solaire) élève de jour sous cette latitude ses sables à plus de 50° ou 60°, on peut concevoir de quelle influence la continuité d'un tel état de la surface doit être pour la distribution de la chaleur d'une vaste partie du globe. Le seul Sahara d'Afrique a une aire de 194,000 lieues carrées de 20 au degré, ce qui est plus que le double de la surface de la Méditerranée. Dans les forêts de l'Orénoque, où, au milieu de la plus vigoureuse végétation, on découvre d'immenses îlots

de roche nue s'élevant à peine de deux ou trois pouces au-
dessus du reste de la plaine, j'ai trouvé, dans les longues
nuits des tropiques, à 36° la température des strates de
granite-gneis, l'air n'étant qu'à 25°, 8. Les effets calori-
fiques de ces strates et leur action sur le courant ascendant
continuaient, par conséquent, pendant l'absence du soleil.
Je voyais les roches nues revenir aux mêmes heures à peu
près à la même température, parce que le milieu environ-
nant qui détermine la perte de la chaleur par rayonnement
éprouvait des variations très-régulières. Quant aux différences des pouvoirs absorbans et émissifs dépendant de la
couleur, de la densité, de la capacité et du poli de la surface, il suffit de rappeler les contrastes qu'offrent les forma-
tions blanches de calcaires secondaires ou tertiaires, de grès
quarzeux et de trachytes feldspathiques avec les syénites riches en amphibole, les diorites, les basaltes, les mélaphy-
ses, les calcaires bleues ou noires de transition, les thons-
chiefer soyeux et les micachistes d'un éclat métallique; c'est
de l'état particulier de la surface que dépend le partage entre
les rayons absorbés et les rayons réfléchis » (P. 497-502).
Pour concevoir dans toute leur étendue les phénomènes signalés par ces dernières paroles de l'auteur, il n'y a qu'à se
rappeler les notions les plus élémentaires de l'influence de
la couleur et du poli de la surface d'un corps sur le rayonnement et le réfroidissement de ce corps ; les surfaces blanches et polies réfléchissent une bien plus grande quantité de
chaleur, et conséquemment échauffent bien plus une atmosphère, que les surfaces noires ou non polies. Les savanes par exemple (plaines couvertes de graminées), avec
leurs petites plantes à feuilles membraneuses, aiguës, lan-
céolées, douées d'une faculté émissive et d'une force de
rayonnement très grandes, refroidiront beaucoup le sol, et
l'humecteront abondamment par la quantité de vapeur
qu'elles pourront précipiter à sa surface : toutefois leur ac-

tion se bornera à la couche la plus inférieure. MM. Bon-
pland et Humboldt ont éprouvé cette fraîcheur humide des
savanes dans les plaines de Venezuela et du Bas-Orénoque,
pendant les belles nuits des tropiques, tandis qu'à cinq ou
six pieds au-dessus d'eux les couches de l'atmosphère étaient
à 26° ou 27°. Les arbres élevés agissent bien différemment :
rayonnant avec activité par leurs cimes, ils précipitent au-
dessous d'eux des couches d'air saturées d'une vapeur re-
froidie, et sont ainsi une cause bien plus puissante de l'a-
baissement de la température. Ajoutons qu'ils écartent par leur
ombrage les rayons solaires du sol, et répandent dans l'air
une grande quantité de vapeur par la transpiration aqueuse
de leurs feuilles, et on concevra quelle influence doivent
exercer les forêts sur le climat d'un lieu par cette triple
source de froid et d'humidité.

Les montagnes modifient un climat de diverses manières :
tantôt, c'est l'état même de leur propre surface, qui, plus
élevée que celle des régions voisines, est aussi plus froide, et
répand sur elles son influence ; tantôt elles sont un puissant réverbérateur de la chaleur, et souvent au pied d'une
chaîne ou d'un pic la température est bien plus haute qu'elle
ne le serait sans la présence de cette cause de réflexion calo-
rifique ; tantôt elles mettent un lieu à l'abri de vents chauds
ou froids, et dans ce cas, diminuent ou augmentent la chaleur ; tantôt, enfin, elles modifient la direction des vents
des couches supérieures et produisent ainsi des *courants descendants* dont les effets très variés, tels que le froid produit à
certaines heures du jour, les oscillations des couches de
nuages, etc., dépendant eux-mêmes de beaucoup de causes,
la hauteur des chaînes, leurs couronnemens de forêts, leurs
neiges, méritent la plus grande attention dans l'appréciation exacte des phénomènes et dans la détermination précise des lois de la climatologie.

Avant de finir, un mot sur les neiges perpétuelles ; car

nous ne pouvons offrir qu'une esquisse rapide et fort incomplète de ce précieux ouvrage, ayant moins la prétention de l'analyser que celle d'inspirer à nos lecteurs le désir de le connaître par eux-mêmes. La limite inférieure des neiges perpétuelles, c'est-à-dire, la plus grande hauteur à laquelle se tiennent les neiges qui couvrent le sommet des montagnes, ne coïncide point, comme on le croyait primitivement, avec la ligne isotherme zéro. Les meilleures et les plus modernes observations apprennent que cette zone des neiges perpétuelles se trouve partout à la hauteur des couches aériennes où se forme et tombe la neige, hauteur qui varie elle-même et qui est loin d'être toujours à zéro : en général, c'est quand l'air est à quelques degrés au-dessus ou au-dessous du point de la congélation, et le plus souvent dans le premier cas, que s'observe la neige.

La limite inférieure des neiges perpétuelles, le maximum de la hauteur à laquelle on trouve de la neige pendant l'année entière, produite par l'action de l'été sur les neiges accumulées pendant l'hiver, ne dépend pas exclusivement de la chaleur moyenne de l'été, mais est le résultat d'un grand nombre de causes *superposées :* la rigueur de l'hiver, et la quantité et la consistance des neiges tombées pendant cet hiver, la masse des neiges voisines, la proximité de plateaux nus ou couverts eux-mêmes de neige, la direction des vents. Puisque la limite inférieure des neiges perpétuelles ne dépend pas des causes estivales seules, on voit bien qu'il n'y a pas de raison absolue pour qu'elle aille constamment en s'élevant de plus en plus à mesure qu'on s'approchera de l'équateur, et pour qu'elle soit la plus élevée sous la ligne équinoxiale : l'expérience confirme cette idée. En 1803, pendant son séjour en Mexique, M. de Humboldt avait trouvé, à 19° de l'équateur, dans l'hémisphère boréal, cette ligne, plus basse de 110 toises que dans la partie des Andes de Quito traversée par l'équateur. M. Pentland a trouvé dans le Haut-Pérou (aujourd'hui république de Bolivia), la moyenne de la limite inférieure des neiges, à 16° 17' 3/4 lat. aust., à 5213 mètres ou 2674 toises ; et c'est là la hauteur la plus grande de la limite inférieure de toutes les neiges, hauteur qui elle-même l'emporte peu sur celle de la pente septentrionale de l'Himalaya (2600 toises), située par les 31° de latitude nord.

PHILOSOPHIE.

DU PROMÉTHÉE D'ESCHYLE.

Après la chute de l'homme un rédempteur fut promis ; la religion de l'espérance et du désir fut donnée au monde, et le premier rayon de cette révélation divine qui commença de poindre au paradis terrestre montant toujours plus haut ou pénétrant toujours davantage, l'obscurité des erreurs que l'esprit humain avait amoncelées comme des nuages autour de la vérité, éclaira de sa lumière le monde des intelligences, jusqu'à ce que le sauveur promis s'avançant au milieu des temps, et réunissant autour de son front comme une glorieuse auréole ou comme un diadême divin tous les rayons dispersés de cette révélation, illuminât les profondeurs ténébreuses des mystères antiques, et, pénétrant dans les symboles et les mythes payens qui tenaient l'idée enveloppée sous un voile épais, rendit cette idée visible à l'œil de l'intelligence. Aussi le Christ est-il la solution de tous les problèmes, la clef de tous les mythes, la lumière de tous les symboles, le nœud de toutes les difficultés, le centre de toute l'histoire, le principe d'unité d'un grand drame que représente sur le vaste théâtre du monde l'humanité toute entière avec ses vertus et ses crimes, sa science et ses erreurs, en présence des anges et de Dieu, des démons et de Satan, du ciel et de l'enfer. *«Spectaculum facti sumus angelis.* (1). — Otez le Christ, et ce drame n'est plus

____

(1) St.-Paul aux Corinth.

qu'une farce, et ce monde n'est plus qu'un ignoble théâtre, et les hommes ne sont plus que de ridicules marionnettes qui amusent par leur jeu les loisirs d'une divinité inoccupée.

Toutes les vérités et par conséquent toutes les erreurs tiennent à la vérité ou à l'erreur principale sur Jésus-Christ le médiateur du monde intellectuel. L'étude des erreurs, loin d'être inutile, est donc au contraire indispensable au philosophe et au théologien, comme l'étude de l'anatomie est nécessaire au médecin qui suit dans les fibres du cadavre les voies de la vie qui y circulait autrefois ; car l'erreur n'est que le cadavre de la vérité, corps plein de vie lorsque le souffle de Dieu s'y jouait dans le développement successif des mouvements et des actes organiques, mais qui n'est plus qu'un cadavre dès que ce souffle l'abandonne.—La science est donc composée de deux parties principales, la physiologie et l'anatomie, autrement la synthèse et l'analyse, dont l'une considère et étudie la vérité dans son état d'organisme vivant, et dont l'autre l'envisage et la cherche dans la dépouille morte qu'elle a laissée ; et nous vivons dans un temps où tout se prépare pour une étude approfondie des erreurs, et où la régénération complète de la science ressortira de cette étude impartiale et consciencieuse. Le grand jour du jugement est arrivé, des signes non équivoques l'ont annoncé, de grands mouvements dans la nature physique et intellectuelle, un tumulte effroyable de peuples et de nations, de guerres et de combats religieux et politiques, le monde intellectuel ébranlé jusque dans ses fondements et chancelant sur ses bases, les abîmes profonds entr'ouverts et vomissant de leur large cratère ces flammes sans éclat et ces laves bouillantes qui ont éclairé de leur fausse lueur et échauffé de leur chaleur dévorante le siècle qui vient de s'écouler, le soleil et les astres voilés et le ciel de l'intelligence se repliant comme un livre qui se ferme, l'homme de l'iniquité blasphémant contre Dieu et faisant adorer le mensonge et le vice ! Voilà ce que nous avons vu, nous qui vivons aujourd'hui. Mais la trompette a sonné, elle a dit aux morts : levez-vous, venez au jugement; et les vérités et les erreurs sont sorties de leurs tombeaux, et le catholicisme assis comme un juge, la croix à la main, va maintenant séparer les unes des autres; et déjà la vérité montant au ciel entonne l'hymne de gloire, tandis que l'erreur, irrévocablement jugée, blasphème dans son désespoir et frémit dans sa rage impuissante.

La science catholique ne doit donc pas craindre de pénétrer les erreurs antiques pour en extraire ce qu'il y a de vrai. Les payens, les athées, les déistes, les hérétiques et tous les sectaires sont pour les catholiques des Égyptiens qu'ils peuvent dépouiller sans scrupule, parce que Dieu leur a donné leurs richesses et leurs trésors, et de même que dans les siècles de conquêtes les empereurs et les rois venaient faire hommage au Dieu des armées des trophées qu'ils avaient conquis, et paraient son temple des étendards que l'ennemi leur avait cédés, de même dans ce siècle de conquêtes intellectuelles les *croisés* de la science catholique doivent orner l'Église des dépouilles conquises sur l'ennemi ou sur les étrangers. Or le Prométhée d'Eschyle nous a toujours paru un des plus beaux trophées, et nous avons été souvent étonnés de voir qu'on n'ait pas encore songé à tirer parti de cette admirable composition, et à la placer parmi les traditions défigurées qui se rapprochent le plus de la vérité. Un mot de l'auteur des *Soirées de Saint-Pétersbourg* indique en passant le rapport catholique du Prométhée d'Eschyle; mais M. de Maistre doué d'un génie prophétique et perçant, n'avait point cette profondeur et cette persévérance qui pénètre jusqu'au fond d'une idée ou qui suit un fait jusque dans son développement le plus extérieur, et c'est ce défaut qui l'a empêché de suivre dans son ensemble philosophique et symbolique la composition du poète grec.

Avant d'entrer dans l'examen des rapports importants que présente cette œuvre, nous devons faire plusieurs remarques qui confirmeront ce que nous avons intention de développer. Et d'abord la première chose qui frappe dans la lecture d'Eschyle, c'est le sérieux, la majesté, le caractère religieux et symbolique qu'il sait imprimer à toutes ses compositions : quelque chose d'auguste comme un mystère, d'obscur et de voilé comme un symbole, des sentences toutes bibliques, un sens moral toujours profond ne permettent pas de douter qu'Eschyle ne fût particulièrement versé dans la connaissance des mythes antiques, et comme il vivait à une époque où le symbole ne s'était pas épaissi au point d'envelopper et de cacher l'idée, on peut penser qu'il savait porter le regard d'un philosophe au fond de toutes ces allégories dans lesquelles le peuple ne voyait que la surface et l'extérieur. On trouve de temps en temps dans ce poète, qu'on pourrait appeler à certains égards le Shakespeare grec, des sentences morales qui sont renfermées textuellement dans la sainte Bible, ce qui prouve au moins une direction toute religieuse de son génie. Aussi, quoique l'inimitable Aristophane exerce dans les *Grenouilles* sa verve comique sur Eschyle, on aperçoit cependant en lui un profond respect et une préférence marquée pour ce tragique si grave et si sérieux. La seconde observation se rapporte à la personne de Prométhée lui-même, à l'idée qu'il représente et qu'il symbolise.—On peut faire à ce sujet trois hypothèses. Prométhée représente ou le médiateur qui meurt pour les hommes condamnés à mourir et se sacrifie pour leur salut ; ou l'ange rebelle qui veut ravir à Dieu sa gloire, qui par orgueil se soulève contre lui, puis séduit l'homme sous l'apparence d'un bienfaiteur et d'un ami, et blasphème sur son rocher la divinité qui l'a justement puni ; ou bien encore Prométhée exprimait d'abord dans la tradition primitive l'idée du rédempteur ; mais la tradition s'obscurcissant et le règne de l'erreur et du mensonge s'étendant toujours de plus en plus, le père du mensonge s'appropria ce symbole en le détournant de sa signification première. Cette dernière hypothèse expliquerait les contradictions que présente le caractère de Prométhée, faisant du bien aux hommes et se livrant pour eux en même temps qu'il blasphème contre Jupiter et s'exalte insolemment. Dans la première supposition le parallèle que nous voulons établir se trouve confirmé ; dans la seconde, on devrait regarder la pièce de Prométhée comme une contrefaçon de la rédemption et comme une prophétie arrachée à l'esprit de mensonge, semblable à celle que Dieu arracha jadis à Balaam, et notre parallèle conserverait encore toute sa force. Enfin nous remarquerons que, pour qu'une comparaison puisse être valide, il n'est pas nécessaire que tout soit égal dans les deux objets comparés, surtout lorsqu'on veut aller puiser une vérité au fond d'un mythe payen ; tout ce qu'on peut légitimement exiger, c'est qu'entre ces objets il y ait des rapports tellement frappants qu'il soit impossible de les méconnaître. Or, quiconque lit attentivement et sans prévention le Prométhée d'Eschyle ne pourra s'empêcher de reconnaître des rapports singulièrement frappants entre Prométhée et le Christ, entre le supplice de celui là et la passion de celui-ci.—1° Le nom de Prométhée exprime l'idée de la sagesse, il est fils de *Thémis*, symbole de la justice. Or, le Christ est la sagesse incarnée, et son corps a été formé dans le sein de Marie par l'Esprit-Saint, qui est le bien ou la justice essentielle. 2° Prométhée a aidé Jupiter à conquérir son royaume sur ses ennemis. Le royaume de Dieu c'est l'Église que Jésus-Christ a acquise par son sang et qui est devenue par là sa conquête. 3° Prométhée est attaché par *Vulcain, Bia* et *Kratos* (1), qui représentent, les deux derniers

(1) La force et la puissance.

surtout, dans l'étymologie même de leur nom, les princes de ce monde dont parle saint Paul, ou les démons qui ont crucifié le Seigneur de gloire. 4° Les bourreaux de Prométhée ne sont que les exécuteurs de la volonté de Jupiter. Or, saint Jean nous apprend que Dieu a tant aimé les hommes qu'il a donné son fils unique et l'a livré à la mort pour nous ; et, dans un sermon sur la passion, Bossuet, en parlant du Père éternel, dit, avec son énergie inimitable, qu'il se mit lui-même de la partie contre le Sauveur. 5° Prométhée se plaint à Jupiter. A Dieu ne plaise que nous veuillons établir un parallèle entre les blasphèmes orgueilleux de ce dieu de la fable et les plaintes soumises de Jésus-Christ ; mais nous voyons que le Sauveur dit à son père : pourquoi m'avez-vous abandonné ? et Bourdaloue, si exact et si précis, dit, en parlant de Jésus-Christ, qu'il fallait qu'il souffrît en quelque sorte la peine du dam, dans un sens bien différent sans doute de celui de Calvin, mais qui exprime nécessairement un état d'abandon de Jésus-Christ de la part de son père.

Vulcain, en annonçant à Prométhée le supplice auquel Jupiter l'a condamné, lui dit : «Voilà ce que tu as gagné par ton amour pour les hommes ; car étant Dieu, et ne craignant pas la colère des dieux, tu donnas aux mortels des honneurs excessifs ; pour cela tu resteras sans plaisir sur ce rocher où tu ne goûteras point le sommeil, te plaignant et gémissant en vain. » Kratos et Bia cherchent à étouffer en Vulcain les sentiments de compassion qu'excite en lui la parenté qui l'attache à Prométhée. « Allons, que tardes-tu, lui disent-ils, pourquoi t'apitoyer en vain ? comment, tu ne hais pas ce dieu ennemi des dieux, qui a donné perfidement tes dons aux mortels ? jette-lui cette chaîne : que je ne te voie plus temporiser ; saisis-le, perce-lui les mains, frappe-le avec ce marteau, cloue-le sur ce rocher ; frappe-le mieux, attache-le, ne cède pas, car il est habile à trouver des issues dans les positions les plus embarrassantes ; cela lui apprendra à être plus sage que Jupiter. Il n'a que ce qu'il a mérité. Descends, attache-lui plus fortement les jambes avec cet anneau. » Ces sarcasmes, cette fureur représentent très-bien les railleries insultantes et les cris de rage des ennemis de Jésus-Christ. La timidité, la compassion de Vulcain nous rappelle l'anxiété et les incertitudes de Pilate ; et de même que celui-ci cherche à se laver du reproche qu'on pourrait lui faire d'avoir condamné le Sauveur, ainsi celui-là s'excuse sur les ordres de Jupiter, qu'il doit exécuter. En entendant Kratos et Bia recommander à Vulcain de prendre des précautions, parce que Prométhée est un homme rusé qui sait toujours se tirer d'embarras, on se rappelle ce que les princes des prêtres et des pharisiens disaient à Pilate : « Maître, nous nous souvenons que ce séducteur a dit pendant qu'il vivait : je ressusciterai après trois jours. Faites donc garder sa sépulture jusqu'au troisième jour, de peur que ses disciples ne viennent et qu'ils ne l'enlèvent. » Et dans ces paroles de Kratos : « Fais ici l'orgueilleux, ravis le don des immortels pour le donner aux mortels ! Peuvent-ils maintenant soulager tes maux ? Les dieux t'appellent faussement Prométhée, car si tu l'étais tu trouverais le moyen de te tirer de ces maux » ; ne reconnaît-on pas ces paroles des ennemis de Jésus-Christ : « Qu'il se sauve lui-même s'il est le Christ fils de Dieu. — Si tu es roi des Juifs, sauve toi. » Prométhée resté seul se plaint en ces termes : « Je vois clairement ce qui doit m'arriver, mais il faut que je supporte les maux qui me sont destinés ; je sais qu'il n'est point de force qui résiste à la nécessité. Je ne puis taire ces maux, et cependant je ne puis parler. C'est pour avoir fait du bien aux hommes que je suis attaché comme à un joug à cette nécessité : j'ai ravi le feu, il a enseigné tous les arts aux mortels, et est devenu pour eux le bien le plus utile. J'expie ainsi mes fautes. Voyez ce dieu malheureux et captif qui a encouru la haine de tous les dieux qui impriment leurs traces sur le palais de Jupiter à cause de son trop grand amour pour les hommes. » Quel rapport entre ces plaintes et ces paroles des saintes lettres : « J'ai un baptême dont je dois être baptisé et je suis dans l'angoisse jusqu'à ce qu'il soit accompli. Je suis venu apporter le feu sur la terre, et que veux-je sinon qu'il soit allumé ? O vous qui passez par le chemin, voyez s'il est une douleur égale à la mienne. » Le chœur des Océanides arrive ; Prométhée leur dit : « Si Jupiter m'avait enchaîné au fond du Tartare, de sorte qu'aucun homme ni aucun dieu ne pût se réjouir de mes maux ! Mais je souffre à la face du ciel : sujet de risée pour mes ennemis. » — Nous lisons dans les psaumes : « Ma honte est tout le jour contre moi, et la confusion de ma face m'a couvert ; on s'est moqué de moi, on a grincé des dents sur moi. » — Prométhée raconte aux Océanides comment il a sauvé les hommes, et c'est ici que le rapport devient plus frappant : « Les dieux, dit-il, étaient irrités, les uns voulant, les autres refusant Jupiter pour roi. Je ne pouvais les persuader ; méprisant dans leur orgueil tout moyen de douceur, ils pensaient réussir par la violence : de tous les partis, le plus sûr était de secourir Jupiter. Par mes conseils Saturne et ses alliés sont en enfer. Dès que Jupiter fut assis sur le trône il partagea les récompenses et distribua le gouvernement. Il ne tint aucun compte des mortels, voulant les anéantir pour faire naître une autre race. Personne ne s'y opposait ; moi j'osai le faire. J'empêchai les mortels de tomber en enfer. C'est pour cela que je souffre des maux horribles à souffrir et terribles à voir. » Il y a tant d'analogie entre ce passage et le commencement du second livre du *Paradis perdu* de Milton, qu'on pourrait croire que celui-ci en a pris l'idée dans Eschyle, si la révélation n'avait suffi pour la lui donner. Le père éternel déclare à la cour céleste ses desseins sur l'homme dévoué à cause de son péché à la destruction, il doit mourir avec toute sa postérité, il faut qu'il périsse lui ou la justice, à moins que quelqu'un réunissant le pouvoir et la volonté ne paye pour lui une satisfaction entière. « Mort pour mort. Parlez, pouvoirs célestes. Où trouverons-nous un tel amour ? Qui de vous se fera mortel pour racheter le crime mortel de l'homme, et juste pour sauver le coupable ? Une charité si précieuse se trouve-t-elle dans le ciel ? » Il dit : tous les pouvoirs célestes se tenaient muets, et le ciel était en silence. Aucun patron, aucun intercesseur ne paraissait en faveur de l'homme. On osait encore moins prendre sur sa propre tête ce crime mortel et cette terrible rançon. Le genre humain allait rester sans rédemption, perdu, adjugé à la mort et à l'enfer, si le fils de Dieu ne s'était offert pour médiateur. «Père, dit-il, votre parole est engagée, l'homme aura sa grâce. » Prométhée dit encore aux Océanides : « Celui qui a le pied hors du malheur, il lui est facile de conseiller et d'instruire ceux qui souffrent. Je savais tout cela. J'ai péché volontairement, oui volontairement, je ne le nie pas ; mais c'est en secourant les hommes que je suis devenu malheureux. »

L'Océan vient aussi prendre part aux malheurs de Prométhée : « Tu sais bien mieux, lui dit-il, conseiller les autres que tu ne sais te conseiller toi-même. » Ainsi les Juifs disaient de Jésus-Christ : « Il a sauvé les autres et il ne peut se sauver lui-même. » Tiens-toi tranquille, dit Prométhée à l'Océan, car si je souffre, je ne voudrais pas que d'autres souffrissent avec moi.—Ne pleurez pas sur moi, disait Jésus-Christ aux saintes femmes.—Prométhée dit encore : «Ne croyez pas que je me taise par orgueil et par présomption. Je sens le déchirement de mon cœur en me voyant ainsi traité ; mais apprenez dans quel état étaient les hommes : d'insensés qu'ils étaient je les ai rendus sages, je leur ai rendu la raison. Je ne veux pas me plaindre d'eux, mais seulement rappeler les services que je leur ai rendus. Car regardant, ils regardaient en vain ; entendant, ils n'entendaient pas. »—Et dans la Sainte-Écriture: « Le peuple qui était assis dans les ténèbres a vu une grande lumière, et ceux qui

étaient assis dans la région de l'ombre de la mort, la lumière
s'est levée pour eux. — A vous il a été donné de connaître
le mystère du royaume de Dieu, mais je parle aux autres
en paraboles, afin que voyant ils ne voient point, et qu'entendant ils n'entendent point. » Le chœur dit à Prométhée :
« tu es un mauvais médecin : tombé dans la maladie, tu perds
courage et tu ne peux trouver un moyen de guérir tes
maux. » — Ainsi Jésus-Christ dit aux Juifs : « Vous me direz
sans doute cette parabole : médecin guéris-toi toi-même. »
Prométhée dit encore qu'il est venu apprendre aux hommes l'art de connaître les augures et de faire aux dieux des
sacrifices qui leur fussent agréables. — Comme il est prédit
dans Malachie qu'après la naissance du Sauveur on sacri-
fierait en tout lieu et on offrirait au nom du Seigneur une
oblation pure. — Nous avons vu d'abord les Océanides, puis
l'Océan, venir rendre hommage à Prométhée. On peut regarder celles-là comme représentant l'air, et celui-ci comme
représentant la mer ou l'eau, de sorte que les chœurs de la
pièce ne sont au fond que les voix de la nature toute entière qui vient répondre par des chants de compassion et
d'attendrissement aux gémissements et aux soupirs de son
auteur et de son maître. Et le rapport devient plus frappant
par l'arrivée d'Io, qui, changée en génisse, représente la
terre. Et en effet les hommes qui l'habitent étaient devenus
par leur aveuglement et leurs crimes semblables à des animaux sans raison, exactement symbolisés dans Io, perdue et poussée par un instinct de fureur qui la pique
comme un taon, errant çà et là sans but ni dessein, et venant
à Prométhée comme à un médecin et à un prophète, afin d'apprendre de lui quand et comment doivent finir ses maux.
Prométhée lève le voile de ses destinées. « Ce que tu désires
apprendre je vais te le dire sans énigme, simplement,
comme on doit parler à des amis. » Ainsi le Christ dit à ses
apôtres : « L'heure est venue où je ne vous parlerai plus en
paraboles, mais ouvertement. » — Et après lui avoir ainsi

prédit tout ce qui lui devait arriver, Prométhée ajoute :
« Mais pour qu'elle sache que je n'ai pas parlé en vain, je
lui dirai tout ce qu'elle a fait auparavant, et ce sera la garantie de la vérité de mes paroles. » Et la Samaritaine dans
saint Jean : « Venez voir un homme qui m'a dit tout ce que
j'ai fait, serait-ce le Christ ? » Enfin Prométhée entend le
tonnerre de Jupiter : les vents soufflent, les éclairs brillent,
la terre et la mer se confondent, et le fils de Thémis s'écrie :
«O ma mère, vois ce que je souffre injustement;» cette ex-
clamation termine la pièce. —Jésus-Christ meurt après avoir
dit : «Mon père, mon père, pourquoi m'avez-vous abandonné?» La terre tremble, le soleil refuse sa lumière, et le
centurion étonné s'écrie : Vraiment cet homme est juste.—
Il nous semble qu'il est difficile de désirer une analogie plus
frappante : elle le deviendrait peut-être encore davantage si
nous avions la troisième partie de la trilogie où Prométhée
délivré et comme sorti du tombeau représentait le Christ
ressuscité. — C'est ainsi que bien des siècles avant la passion du Sauveur, ce Christ qu'Isaïe avait vu comme un
homme sans beauté ni apparence, meurtri pour nos crimes
et pour nos iniquités, ce Christ que Confucius avait vu dans
la personne du Saint, frappé, abreuvé d'amertume, ce Christ
que Platon voyait plus tard comme un juste patient et lut-
tant contre le malheur, Eschyle le représentait peut-être à
son insu sous les traits de Prométhée, et, en croyant tisser
une fable, il faisait une prophétie dont l'évènement devait
plus tard donner le sens.

CORRESPONDANCE.

PHILOSOPHIE ALLEMANDE.

REMARQUES SUR LA PHILOSOPHIE DE BAADER, ET SUR LES
OBJECTIONS AUXQUELLES ELLE PEUT DONNER LIEU.

Le voyageur qui doit parcourir un pays immense coupé de
montagnes élevées, traversé par des fleuves larges et im-
pétueux, et confinant de tous côtés à une mer sans rivage
et sans fond, avant d'entreprendre le voyage et de s'aven-
turer sur ces routes que quelques hommes seulement ont
parcourues avant lui, dessine sur une carte qui doit lui
servir de guide, les lignes principales. Il trace et les chemins spacieux et larges où plusieurs hommes peuvent marcher ensemble de front, qui sont plus fréquentés et
plus connus, et ces sentiers détournés, étroits, obscurs et
rocailleux où l'homme est forcé de marcher seul à peine
guidé par la faible lumière du soleil qui ne perce que
difficilement l'obscurité de ces lieux, et les circuits de ces
fleuves qui roulent avec majesté une eau toujours fuyant
et toujours renouvelée, et dont le large lit reçoit les eaux
des rivières et des ruisseaux plus faibles qui passent
sans bruit sous les dômes sombres de mille arbres
touffus entrelacés au-dessus de leurs flots, et les
montagnes qui élèvent jusqu'au ciel leurs sommets, où
l'homme peut à peine respirer. Il marque avec des signes
plus visibles les lieux plus remarquables qui méritent d'être

observés et étudiés, et, après s'être ainsi orienté, il marche, dirigé par la carte qu'il a tracée, connaissant et le but vers lequel il tend, et les routes qui y conduisent. Nous aussi, avant de parcourir le pays immense et si riche que Baader a découvert dans le monde scientifique, et qui touche de tous les côtés à l'infini, nous avons voulu esquisser une carte itinéraire, et tracer d'abord ces montagnes sublimes d'où l'on découvre devant soi un horizon immense, et ces fleuves qui courent sans cesse renouvelés par une eau toujours fraîche et pure, et ces grandes routes battues par cette suite non-interrompue d'hommes qui forment la chaîne de la tradition, et ces sentiers étroits et obscurs auparavant abandonnés, mais que le génie de Baader s'est frayés à travers les ronces qui les flétrissaient et les herbes qui y avaient crû. Aussi ceux qui liront les articles suivants ne devront jamais perdre de vue la carte qui a été tracée dans le premier, et qui doit nous diriger nous-mêmes dans la course que nous entreprenons.

-Il était naturel que quelques personnes, en lisant le premier article, fussent effrayées de l'extrême hardiesse de la pensée de Baader. Nous sommes d'autant plus disposés à excuser cette impression, que nous l'avons ressentie nous-mêmes. Quand on est au pied d'une église gothique qui cache dans les nuages sa flèche svelte et ouvragée, on est saisi de je ne sais quel sentiment de frayeur, on s'éloigne involontairement, comme pour éviter d'être écrasé par sa chute, et on ne peut concevoir que quelque chose de si élevé puisse se soutenir ainsi. Mais quand on monte ces degrés si fermes, quand on considère les murs épais, les pierres solides qui forment la tour, on se rassure, et on admire le génie de l'architecte. Que personne ne juge et ne condamne la philosophie de Baader avant d'en avoir monté les degrés, et d'en avoir considéré les parties. Il ne conviendrait pas plus de juger irrévocablement la philosophie de Baader d'après notre premier article, qu'il ne l'eût été de juger l'ouvrage

d'Erwin de Steinbach d'après le plan qu'il avait tracé, et
qui devait naturellement paraître inexécutable. Nous concevons que des idées aussi hardies paraissent nouvelles en
France, où depuis plusieurs siècles l'étude des traditions
antérieures et postérieures au christianisme a été négligée,
et où la philosophie et la théologie ont été réduites à des
formes si étroites.

Mais il est temps que la France s'unisse au mouvement
scientifique qui s'opère en Allemagne. Ce pays est pour la
science et pour la spéculation ce que la France est pour
l'action et pour la politique. La révolution religieuse, principe de la révolution politique dont la génération actuelle a
été témoin, s'est faite en Allemagne, et c'est de là
qu'elle s'est répandue sur toute l'Europe, comme la dernière est partie de la France, et parcourt encore l'Europe
ébranlée dans ses fondements, et incertaine de ses destinées futures. Il est temps que les deux nations s'unissent,
et portent élevée au-dessus du catholicisme triomphant la
triple couronne de la foi, de la science et de l'action, et
que, renonçant toutes deux à ce faux libéralisme religieux et
politique qui les a perdues l'une et l'autre, elles attachent
à la croix du Sauveur le drapeau glorieux de la véritable
liberté dans la science et dans l'état.

Nous avons voué notre admiration au génie de Baader,
parce que nous avons cru voir en lui l'un des philosophes les
plus remarquables que le catholicisme ait produits dans notre
époque; mais nous ne lui avons pas voué l'obéissance d'un
disciple. Nous ne reconnaissons de maître que Jésus-Christ
et l'Eglise. Nous exposerons la doctrine de Baader telle que
nous la concevons. Dans tout ce qui n'est qu'opinion, nous
n'y attachons de prix qu'autant que nous y croyons trouver
une solution plus facile d'une vérité religieuse ou un point
de vue nouveau qui enrichit la science; et Baader lui-
même sait bien faire la distinction de ce qui dans la philosophie appartient à la doctrine, et de ce qui n'est qu'opi-

nion. Nous savons que les pensées des hommes sont incertaines, et, pleins de défiance pour les nôtres propres, nous n'entreprenons qu'avec un sentiment d'effroi un travail que le désir seul de contribuer à la gloire du catholicisme nous a suggéré. Fiers de notre obéissance de chrétiens, nous le soumettons, ainsi que toutes nos pensées, à l'autorité vivante de l'Eglise que nous honorons et aimons comme notre mère, et dont la foi nous est précieuse comme notre âme qu'elle a éclairée. Avant de nous élever dans les espaces sublimes de la philosophie, attachés à l'aile de cet aigle sublime, nous nous prosternons aux pieds de l'Eglise, mère de toutes les autres, et *nourrice de l'intelligence* (1), et nous adressons à son pontife, souverain interprète de la foi, ces paroles que Ruth adressait à Noémi : « Partout » où vous irez, j'irai aussi, et où vous vous arrêterez, je » m'arrêterai pareillement. Votre peuple est mon peuple, » votre Dieu est mon Dieu.»

Après cette déclaration, et, avant de commencer le développement de la philosophie de Baader, nous voulons ajouter quelque chose à la réponse que nous avons faite dans notre dernier numéro à quelques observations qui nous avaient été communiquées au sujet du premier article. Comme nous ne voulions tracer qu'une esquisse, nous devions laisser de côté tout développement, et employer la forme axiomatique, ne nous dissimulant pas tout ce qu'elle présentait d'inconvénients dans une matière aussi délicate. Nous sommes disposés à donner et à recevoir tous les éclaircissements que le développement des différents points de la doctrine de Baader pourra suggérer. Mais nous croyons que des explications sur le premier article ne feraient qu'arrêter sans produire aucun résultat; car nous espérons que les difficultés disparaîtront successivement dans les articles qui suivront. Nous

(1) Shakespeare, *Henry VIII.*

voulons en donner une preuve en répondant directement à
l'observation qui nous avait été faite.

1° Nous ferons remarquer que nous ne prétendons point
revendiquer pour Satan ou le démon la possibilité et l'espérance d'un bonheur dont la foi nous enseigne qu'il sera
éternellement privé, parce que le choc ayant été direct ou
central, la répulsion a été directe ou centrale aussi. Mais la
tradition nous enseigne que tous les anges n'ont pas été
aussi coupables que Satan qui les a séduits, et a mérité par là
même un châtiment plus grave. Nous ne sommes donc pas
en contradiction avec nous-mêmes quand nous disons,
d'un côté, *que les anges pouvaient expier leur péché*, et de
l'autre, *que le démon heurta contre Dieu d'une manière centrale.*
Car les conditions ne sont pas les mêmes par rapport aux
premiers que par rapport au second. 2° Si l'on désire
quelques citations des pères, nous pouvons satisfaire sur ce
point, et apporter quelques passages des docteurs les plus
anciens qui prouvent que l'éternité des peines, en tant
qu'applicable à tous les anges rebelles, n'est pas un article
de foi, et ce point une fois gagné, chacun peut chercher à
résoudre le problème, et expliquer quand et comment ces
anges auraient pu expier leur faute. Or l'explication la plus
naturelle nous semble celle de Baader, d'après laquelle, si
l'homme avait confirmé son être dans son état d'innocence,
et la nature dans son état d'incorruption, le Verbe se serait
aussitôt uni hypostatiquement à l'humanité, et aurait accompli la rédemption de ces esprits tombés, il est vrai, mais non
sans espérance. Or on trouvera dans le livre II, question
XI° des *Origeniana* de Huet les textes de plusieurs pères
que nous nous contenterons d'indiquer ici.

1° Saint Justin paraît croire que les âmes des damnés mourront, et que leurs tourments finiront ainsi ; ce qui prouve
au moins que ce père ne regardait pas comme éternelles
les peines de tous les damnés. Ces âmes, dit-il, seront punies
aussi long-temps que Dieu voudra qu'elles existent et

qu'elles soient punies. Saint Irénée adopte la même doctrine (*lib.* 20, *cap* 64). Arnobe pense de même, et prétend
que c'est cette mort qu'on appelle la mort éternelle. Saint
Grégoire de Nazianze (*Orat.* 39) doute si les peines des damnés seront éternelles, ou si Dieu les abrégera. Saint Grégoire de Nysse (*Cathecheticæ Orationis, cap.* 8, 26, 35) pense
même que les bienfaits du fils de Dieu s'étendent jusqu'au
diable, qui sera purgé, comme l'or, par le feu. Saint
Ambroise dit que les coupables sont condamnés au supplice, parce qu'ils doivent en être un jour délivrés; que le
diable seul souffrira éternellement; et le Commentaire de
l'épître aux Éphésiens, attribué à saint Ambroise, enseigne
que la prédication de l'Église est utile même aux anges rebelles, pour leur faire rejeter l'empire du diable, et les
convertir à Dieu. Enfin, après avoir cité plusieurs pères ou
docteurs, nous voulons apporter le témoignage du poète de
l'Église catholique, glorieux anneau de cette chaîne de la
tradition qui se noue à Dieu pour s'y renouer à la fin des
temps. L'admirable Dante, nourri de la plus pure substance
de la foi et de la lecture du docteur angélique, qui lui a inspiré peut-être ses plus beaux chants, parle de ces anges
qui ne furent ni rebelles ni fidèles à Dieu, mais qui furent
pour eux-mêmes. Les cieux les chassèrent, pour n'être pas
moins beaux, et le profond enfer ne les reçut point.

> ....Angeli che non furon ribelli,
> Nè fur fideli a Dio, ma per se foro.
> Cacciarli i ciel, per non esser men belli,
> Nè lo profondo Inferno gli riceva.
>
> (*Inf.*, can. III, v. 38.)

Saint Augustin et saint Chrysostôme, celui-là dans son
Enchiridion, cap. 110 et 112, celui-ci dans sa troisième
homélie sur l'épître aux Philippiens, croient que les supplices des damnés peuvent être adoucis par les prières.
Nous nous sommes un peu étendus afin de montrer com-

bien nous sommes fondés à croire que les autres difficultés
s'éclairciront dans la suite du développement; et, pour
prouver que nous sommes disposés à défendre sur le terrain
du catholicisme, lorsque cela nous sera possible, les spéculations de la science. Après avoir rapporté les différents
passages de la tradition qui peuvent favoriser l'hypothèse
de l'illustre philosophe, nous donnerons sa propre réponse
qu'il a bien voulu nous adresser comme un témoignage de
son intérêt pour nous et pour tous ceux qui le mettront à
même de donner des développements sur sa doctrine.

La question fondamentale et première de la philosophie
est celle de la certitude; et c'est aussi celle par laquelle
nous croyons devoir commencer, espérant concilier par
l'exposition de la doctrine de Baader sur ce point, doctrine
qui est en même temps celle de presque tous les savants
catholiques d'Allemagne, les diverses opinions et les différents systèmes qui se sont succédés et contredits sur cette
question. Nous pensons pouvoir promettre pour le prochain
numéro le développement de ce point de la doctrine de
Baader.

Nous joignons aux observations précédentes de notre
collaborateur de Munich quelques réflexions que M. de
Baader nous fait l'honneur de nous transmettre :

« La tradition enseigne que dans ce grand événement qui
eut pour suite immédiate la création de l'univers matériel
ou sa matérialisation, une partie des intelligences qui se
tourna directement (centralement ou totalement) vers Dieu,
se dévouant tout-à-fait à lui, fut confirmée comme bons
anges, et qu'une autre partie, au contraire, se tournant
tout-à-fait ou directement contre lui, devint démons, et
qu'ainsi l'une et l'autre partie se fixa dans le bien comme
dans le mal; mais cette assertion ne contredit et n'exclut
point cette hypothèse ou opinion, qu'une troisième partie de
ces intelligences ne se tourna ni directement vers Dieu, ni

directement contre lui, laquelle a voulu être *sans* Dieu, non pas pourtant *contre* lui. Pour de telles intelligences il fallait donc un état, une manière d'être, ou région, dans lesquels elles pussent compléter leur demi-tendance vers Dieu, en détruisant leur demi-tendance contre lui, c'est-à-dire, il fallait du *temps* pour ces êtres, car le mouvement circulaire de ce temps ne se comprend que par une telle direction oblique et non directe de son origine, et le temps n'a aucun autre but que de ramener et de *relier* l'être égaré à son Dieu ou à sa région native, ou que de laisser compléter la direction anti-divine; c'est-à-dire le temps lui-même est une religion, un culte, et, sans une théorie approfondie du temps ou de la matière, nous n'aurions jamais une théorie de l'histoire ou de la religion proprement dite. Le temps est donc, quoique représenté par un plan incliné, de création divine, et la créature qui se trouve *dans* le temps et non pas *dessous* lui, peut encore y trouver son Dieu aimant et réintégrant. « C'est le salutaire présent qu'a fait la mère de la famille à ses créatures égarées. Ne voyons-nous pas tous les jours les mères se baisser et s'incliner pour relever leurs enfants qui sont tombés (1)? » — Mais si le temps a cette destination pour l'homme qui s'y trouve tombé, il faut reconnaître que ce temps fut créé avant l'homme et non pas pour lui, parce que, selon sa mission, il devrait se tenir au-dessus de ce temps. Si donc ni la chute de l'homme ni celle des démons n'explique l'origine du temps (car Dieu ne temporisa pas pour les démons), il faut absolument, comme il me semble, avoir recours à la reconnaissance d'une chute des êtres intelligents avant l'homme, lesquels ne furent pas des démons, c'est-à-dire à une chute pardonnable, laquelle on ne doit nullement confondre (comme *Origène*) avec la chute impardonnable des démons. »

FRANÇOIS BAADER.

(1) Saint-Martin.

LÉGISLATION.

DU RÉTABLISSEMENT
DE LA LOI DU DIVORCE.

Il n'y a pas de lois plus importantes que celles qui touchent à la constitution de la famille, et pour qui sait réfléchir le rétablissement du divorce serait un fait bien autrement grave que la suppression de la chambre héréditaire, ou telle autre modification dans la machine constitutionnelle qui mettrait tous les esprits en travail et toutes les passions en mouvement. Une loi qui change les conditions du mariage doit avec le temps apporter une altération fondamentale dans la société : mais comme l'action d'une pareille loi est lente et insensible, comme ses résultats ne doivent pas être immédiats, le vulgaire n'en comprend pas la portée ; et par vulgaire, j'entends la plupart des gens qui raisonnent, qui écrivent, qui *législatent*. Pendant qu'on s'échauffait à propos de mille petites questions éphémères, M. de Schonen proposait de rétablir le divorce, et la chambre prenait sa proposition en considération sans que personne s'en émût, sans que les journaux daignassent la mentionner autrement que pour mémoire. La même légèreté, nous le craignons fort, présidera aux débats qui vont bientôt s'ouvrir sur cette question : car pour déterminer la conviction des députés, on se bornera à leur affirmer que le divorce est une conséquence nécessaire de la révolution de juillet, que c'est le coup de grâce porté au parti jésuitique. Or qui voulez-vous qui résiste à ce bel argument ? cela dit tout, cela répond à tout.

Nous n'exagérons point en réduisant ainsi à leur plus simple expression tous les raisonnemens des partisans du divorce. Que leur parlez-vous des bases de la société civile, du lien qui unit la famille et l'Etat, les mœurs privées et les mœurs publiques, ils ne savent voir là qu'une misérable querelle de parti. La restauration a aboli le divorce, la révolution doit le rétablir : c'est un profit de la victoire ; voilà qui est clair, voilà qui est logique, voilà qui est à la portée de tous les esprits. Voyez plutôt l'exposé des motifs de M. de Schonen ; un magistrat éclairé qui, nous a-t-on assuré, s'occupe quelquefois de philosophie. « Il croit, dit-il, n'avoir pas besoin d'un long commentaire à l'appui de sa proposition, » parce qu'apparemment la matière est trop peu importante pour réclamer une longue attention de la part d'une chambre occupée de tant de grands objets. Aussi, après quelques phrases de rigueur, sur le principe de la légitimité, qui *demande la station des esprits et repousse tout progrès*, sur l'invasion du dogme catholique dans le domaine de la législation, sur la loi du sacrilége, le soleil de juillet et la dignité de l'homme, l'orateur arrive lestement à cette conclusion brève et substantielle : «L'origine de la loi de 1816 et son but suffisent pour en provoquer l'abrogation. » Voilà, il faut l'avouer, de grandes lumières jetées sur la question du divorce, et les publicistes des pays étrangers seront frappés de la concision énergique avec laquelle nos députés expédient les lois fondamentales.

Il est difficile de réfuter l'argument unique de M. de Schonen ; car il est très-certain que c'est la restauration qui a aboli le divorce. Pour démontrer en forme que tout ce qu'a fait la restauration ne doit point être présumé par cela seul mauvais, fait à mauvaise intention, contraire aux

droits du citoyen et à la dignité de l'homme, il faudrait
être plus habile que Pascal, qui ne savait comment prouver qu'il n'était pas un *tison d'enfer*. M. de Schonen ne fait
qu'affirmer, mais deux journaux, le *Temps* et le *National*,
en développant la pensée cachée sous les grands mots de
l'honorable député, l'ont rendue plus saisissable et plus
susceptible de controverse. Après avoir soutenu que l'indissolubilité légale du mariage est contraire à la liberté des
cultes, parce qu'il y a des religions qui admettent le divorce ;
« S'il y a en France un sentiment universel, disent-ils,
c'est celui qui nous pousse à effectuer la séparation complète
de l'ordre civil et de l'ordre religieux. L'idée fixe de la
restauration ayant été la confusion des deux puissances,
il faut défaire tout ce qu'elle a fait pour la préparer ou l'a-
mener, et spécialement la loi qui a supprimé le divorce
comme contraire aux préceptes de la religion catholique. La
loi de 1803 avait été conçue dans l'esprit de la liberté des
cultes ; celle de 1816, pure œuvre de parti, a été motivée
par la nécessité de rétablir la domination religieuse. » Examinons ces diverses allégations.

Que la restauration ait généralement visé à rétablir l'antique alliance de l'Eglise et de l'Etat, qu'elle ait cherché à
faire pénétrer la religion par les lois dans les mœurs, c'est ce
que je n'ai garde de nier. Faire refleurir le christianisme,
donner à la législation l'autorité qui lui manque toujours
lorsqu'elle ne se rattache pas à la pensée divine, source de
toute vérité et de toute justice, c'était un noble but, quoi
qu'en puissent penser la frivolité et l'ignorance. Seulement, la plupart des moyens pris pour l'atteindre se
trouvèrent inefficaces ou funestes, et le patronage offi-
ciel du pouvoir fut bien plus nuisible qu'utile à la religion,
qui n'a pas d'auxiliaires plus sûrs que le temps et la
liberté. Une expérience de quinze ans nous a appris

à reconnaître les erreurs de nos devanciers, mais il n'était guère possible qu'ils les évitassent ; et les meilleurs esprits, au sortir de l'empire, pouvaient se tromper sur le caractère de l'époque et les dispositions de la nation. Tous les catholiques éclairés sont d'accord aujourd'hui sur la nécessité de séparer entièrement l'Église et l'État, mais il faut s'entendre sur ce que doit être cette séparation, dont le parti révolutionnaire a bien de la peine à comprendre et à goûter les conditions.

Ce qui constitue la séparation des deux puissances, c'est l'indépendance réciproque de leur action, ce n'est point l'opposition constante de leurs lois. Quand l'Église et l'état sont séparés, le prêtre, en tant que prêtre, n'est plus connu de la loi : il n'y a pour lui ni honneurs particuliers, ni privilèges, mais aussi le magistrat n'a rien à lui demander à raison de son ministère. L'Église n'est plus une hiérarchie de fonctionnaires publics subordonnés à un ministre, c'est une association libre de citoyens priant, se gouvernant, exerçant leur culte comme ils l'entendent, possédant dans leurs temples un domicile collectif, aussi inviolable que le domicile privé, ayant entr'eux des rapports où le pouvoir n'a point à intervenir, jusqu'au moment où l'ordre public est compromis, où la paix publique est troublée. Telles sont les véritables bases de la liberté des cultes, que nous sommes loin de posséder, et qui ne nous sera accordée ni par les libéraux du centre ni par ceux de la gauche, mais à laquelle il importe fort peu que les principes de la législation civile se trouvent quelquefois d'accord avec ceux de la morale catholique, dès que la loi n'est ni faite ni appliquée par des prêtres. Aussi ne comprenons-nous pas que des hommes graves répètent ces lieux communs sur la domi-

nation sacerdotale à propos du divorce, question sociale
avant tout, qui peut et doit se traiter très-indépen-
damment du dogme catholique, comme l'avaient fort
bien senti les législateurs de 1816, malgré des assertions
contraires qui décèlent une inconcevable légèreté.

« M. de Bonald, dit le *Temps*, dédaigna de donner
» des raisons politiques, et s'en tint à la question
» religieuse, sur laquelle il est même facile de lui
» répondre. *Le gouvernement*, disait-il, *aura rempli un*
» *devoir que lui impose la religion en abolissant le*
» *divorce*. Tout son discours fut le développement de
» ce thême... En 1816, ajoute le *National*, le parti
» prêtre était tout puissant, il n'avait pas besoin d'avoir
» recours à l'hypocrisie. Ce fut donc franchement par
» le côté théologique, ce fut par ses conséquences anti–
» canoniques que le titre du divorce fut attaqué. »
Ne voilà-t-il pas des affirmations bien formelles après
lesquelles le doute ne semble plus permis? Eh! bien
nous venons de relire le discours de M. de Bonald, et nous
pouvons assurer que ce qu'on appelle la *théologie* n'y
occupe qu'une place imperceptible ; qu'il ne demande
l'abolition du divorce que par des raisons morales et
politiques; que, dans ce travail remarquable par une
hauteur de vues, une variété de connaissances, une
bonne foi de discussion et un respect pour les principes
de liberté religieuse, que nous voudrions trouver quelquefois dans ceux des hommes d'état et des publicistes
de 1830, *ce puissant parti, qui n'avait pas besoin d'avoir
recours à l'hypocrisie*, ne parle qu'au nom de la raison,
au nom de la morale, au nom de la société, jamais
au nom de l'Eglise. Il était réservé à M. de Schonen
et à ses amis de rapetisser une si haute question jusqu'à
n'y voir que le triomphe ou la défaite du parti-prêtre.

M. de Bonald en usait mieux avec la révolution : avant de lui enlever sa loi, il prenait au moins la peine de réfuter un à un tous ses arguments, et il savait la combattre avec d'autres raisons que le droit du plus fort.

Le discours de l'illustre publiciste n'est que le résumé du beau livre sur le divorce publié par lui en 1805, et où se trouvent ces paroles : « Je pense que dans cette » question le gouvernement ne devrait pas s'occuper des » croyances religieuses, mais des actions raisonnables, et » l'on s'apercevra sans doute que si je cite la religion » chrétienne à l'appui de mes raisonnements, c'est pour » en faire voir la conformité à la raison la plus éclairée, » et nullement pour y chercher des motifs capables » de subjuguer la raison. » Si nos députés ne faisaient pas plus intervenir la religion dans cette discussion que ceux de 1816, si ce fantôme du jésuitisme qu'évoque la prévention ou la mauvaise foi, n'était pas là pour fasciner leurs yeux, tous les inconvéniens sociaux et moraux du divorce leur apparaîtraient, et ils rejeteraient une proposition qui peut être populaire dans certains salons de Paris, mais que repoussent les mœurs et les opinions de la France. Malheureusement l'esprit de parti est bien aveugle, et il y a dans ces mots de liberté des cultes, de domination sacerdotale, une puissance que n'ont pas les meilleurs raisonnemens. L'indissolubilité du mariage est à la fois consacrée par la religion et par la loi ; donc celle-ci est encore l'esclave de celle-là, donc il faut briser cette dernière chaîne, effacer ce stigmate de servitude ; d'où il suit que le droit civil ne peut être tenu pour émancipé s'il ne se met, sur tous les points, en contradiction avec la foi. Ce serait une étrange règle, et qui pourrait mener loin pour peu qu'on voulût presser les conséquences, car tout ce qui est *crime* pour le législateur est *péché* pour le théologien, et les principes fondamentaux sont forcément les mêmes pour l'un et pour l'autre. Si le divorce est immoral, anti-social, contraire aux intérêts de la famille et de l'état, ne serait-il insensé de le rétablir, par cette seule raison qu'il est de plus anti-catholique?

On objecte qu'il est tyrannique d'interdire aux protestants et aux juifs la faculté que leur religion leur accorde. Cette objection a d'abord quelque chose de spécieux; mais il est facile d'y répondre. Personne ne respecte plus que nous la liberté des cultes, personne n'est plus intéressé que les catholiques à ce qu'elle existe dans toute sa plénitude; mais elle consiste, ce nous semble, à ce que la loi ne prescrive rien de ce que défendent les différents cultes, à ce qu'elle ne défende rien de ce qu'ils prescrivent. Or je ne sache pas que le protestantisme *prescrive* le divorce, je crois même être sûr qu'il ne le tolère qu'en le désapprouvant. On ne peut exiger du législateur qu'il autorise tout ce qui est *permis* par chaque religion, surtout quand il s'agit, non pas du for intérieur, de l'impénétrable asyle de la conscience, mais d'actes extérieurs, publics, où il est appelé à intervenir. Les protestants que la loi civile empêche de divorcer n'ont pas plus à se plaindre que nous, auxquels elle interdit tant de choses non-seulement permises, mais même *conseillées* par notre Eglise, ce qui est bien plus qu'une simple tolérance. Tout le monde trouve fort bon qu'on s'oppose à nos processions, parce qu'elles obstruent pendant quelques instants la voie publique qui appartient à tous, et l'on s'indignerait de ce que le patrimoine sacré des mœurs nationales, n'est pas livré à une petite minorité non-catholique au profit de laquelle on instituerait le *sacrement de l'adultère.* Sans sortir de la législation du mariage, que de libertés nous laisse la

religion, qui nous sont enlevées par la loi! L'Eglise
ne fait point du consentement des parents une condition indispensable, elle permet le mariage à des
degrés d'affinité pour lesquels la loi n'a pas de dispense,
elle a plusieurs empêchements dirimants qui n'appartiennent qu'à elle, etc., etc. Nous ne nous indignons pourtant
point que le législateur nous impose des règles, des for-
malités, des entraves de son fait, parce que le mariage,
outre ses effets spirituels, a des effets civils qui sont exclusivement du ressort du magistrat et qu'il a le droit de
régler à sa guise.

Voudrait-on donc que la loi accordât à cause du juif
la répudiation pour le plus léger prétexte, à cause du
mahométan la polygamie, à cause du matérialiste la pro-
miscuité; car les opinions privées ont le même droit que
les croyances organisées? Si quelque secte s'avisait de per-
mettre le vol ou l'homicide, comme cela s'est déjà vu dans
le monde, faudrait-il défaire le code pénal? Pour nous,
notre logique ne va pas jusque là, et nous reconnaissons
une barrière devant laquelle doit s'arrêter la liberté des
cultes : c'est ce qu'on appelle un peu vaguement la morale
publique; c'est ce fond d'idées et de traditions chrétiennes,
reste précieux d'une longue communauté de foi, dernier
lien qui nous unisse encore, et que le législateur doit conserver à tous prix. Que cette morale soit difficile à formuler, qu'il soit impossible d'en faire un corps de doctrines
bien liées; que la dialectique ait beau jeu contre elle, nous
en convenons volontiers : il n'en est pas moins vrai qu'il
n'y a plus d'autre règle pratique, et que la droiture et le
bon sens ne se tromperont guères sur ses applications.
La répugnance générale pour le divorce et ceux qui en
font usage est une de ces idées communes dont nous parlons.
A quoi bon aller à l'encontre de ce sentiment, que

l'on devrait chercher à faire naître s'il n'existait pas :) car on ne reproche à l'institution actuelle du mariage que d'être trop parfaite pour la faiblesse humaine, quoique l'Europe s'en soit accommodée pendant une longue suite de siècles.

M. de Schonen a essayé d'établir une liaison entre la loi qui a aboli le divorce et celle du sacrilége : il y a pourtant d'énormes différences. Celle-ci faisant réellement entrer un *article de foi* dans la loi, était en désaccord complet avec tous les autres principes de la législation : aussi, pour l'adapter à nos codes, avait-il fallu la faire pleine d'incohérences et de contradictions. En effet, si elle ne reconnaissait pas la présence réelle de Jésus-Christ dans l'eucharistie, ses dispositions étaient iniques et barbares au plus haut degré, puisqu'elle infligeait les peines les plus cruelles à l'homme qui avait volé dans un *lieu non-habité* un vase contenant un morceau de pain. Dans l'hypothèse contraire, si la loi s'ouvrait à un seul dogme catholique en sa qualité de dogme, elle devait les accueillir tous : non-seulement elle ne pouvait plus traiter de sacrilége le vol fait dans un temple protestant, mais l'hérésie et le blasphème réclamaient ses rigueurs, mais elle devait être réformée partout où elle différait de la doctrine de l'Eglise catholique. Dans cette position difficile, on imagina une sorte de compromis par lequel la vérité religieuse était à la fois consacrée et niée, et qui fut attaquée en même temps par M. de Lamennais comme impie, et par les libéraux comme entachée d'intolérance. Les uns et les autres avaient raison. Une loi du sacrilége dans l'état de société actuel était le morceau de drap neuf cousu à un vieil habit dont parle l'Evangile : ces sortes de lois nécessaires quand la société a une base religieuse, parce qu'alors elles sont un moyen, non pas de venger Dieu, mais de le défendre, sont déplacées dans une société sans foi où l'on n'est pas d'accord sur le crime, son énormité, la punition qu'il mérite, et où elles tombent bientôt en désuétude, faute d'appui dans l'opinion et les mœurs. Est-il si difficile de comprendre que l'indissolubilité du mariage n'a rien de commun avec le sacrilége, que ce n'est pas comme dogme catholique que la loi l'admet, mais comme principe social dont les effets merveilleux sur la civilisation de l'Europe ont été admirés par David Hume (1), que personne n'accusera de jésuitisme, de catholicisme, ni même de christianisme.

La loi de 1816 n'est donc point l'invasion du dogme dans la législation : il est faux que ceux qui l'ont faite, quoique très-portés d'ailleurs à favoriser le catholicisme, aient cru en cette occasion fonder la domination sacerdotale ; enfin, elle n'est point en désaccord avec les principes de la liberté des cultes tels qu'ils sont entendus par tous les esprits sages. Ces objections préjudicielles détruites, il ne reste plus rien des motifs présentés par M. Schonen, et pourtant le fond de la question n'est pas touché ; mais quoiqu'elles n'aient que peu de valeur aux yeux d'un homme éclairé et réfléchi, c'est presque uniquement sur elles que les partisans du divorce fondent leur espoir, ce qui montre combien il y a de faiblesse et d'ignorance dans les esprits, combien ils sont incapables de se séparer un moment de leurs petites préventions, et par quels motifs mesquins et puérils se décident les questions les plus graves.

Nous n'avons pas besoin de développer longuement tout ce que le divorce a de mauvais en soi. Ses inconvénients sont éclatants d'évidence, et personne ne les conteste ; car

____

(1) Voyez son Essai xix.

nous ne sommes plus au temps où une phrase poétique de Diderot sur la folie *d'un serment éternel prêté sous un ciel qui change, sur un autel qui tombe, par deux êtres qui doivent se quitter*, pouvait être considérée comme un argument. La première et la plus forte raison contre le divorce, celle que Rousseau trouve *invincible* (1), c'est le tort qu'il fait aux enfants. Leur production et plus encore leur conservation est le but principal du mariage, le vrai motif qui fait que le législateur y intervient. « Dans les » sociétés ordinaires, disait Portalis au Conseil-d'État, on » stipule pour soi sur des intérêts obscurs et privés, et » comme arbitre souverain de sa propre fortune. Dans le » mariage, on ne stipule pas seulement pour soi, mais » pour autrui; on s'engage à devenir comme une seconde » Providence pour la nouvelle famille à laquelle on va » donner l'être. » Les enfants sont une troisième partie contractante représentée par le législateur, tuteur et gardien de leurs droits. La loi de 1803, je le veux, garantissait leurs intérêts matériels; mais leurs intérêts moraux, qui les garantira? Comment apprendront-ils ces devoirs de fils, de frères, dont l'accomplissement prépare des hommes de bien, de bons citoyens? Instruits par chacun de leurs parents à haïr et à mépriser l'autre, ennemis naturels de leurs nouveaux cohéritiers, il ne peut plus y avoir pour eux de famille ni d'affections domestiques; car mieux vaudrait être orphelins que de vivre dans la maison où règnera une belle-mère, personnage que l'antiquité nous peint toujours apprêtant le poison (2), et qui, s'il a été adouci par les mœurs et les idées chrétiennes, reviendra nécessairement à son naturel, là où la religion foulée aux pieds verra s'arrê-

(1) *Émile*, l. IV.
(2) ....*Miscent aconita novercæ.*

ter son empire. « Ces inconvénients frappent suffisamment,
»dit Hume, lorsque le divorce s'est fait par la mort; cherche-
»rons-nous donc à les multiplier en multipliant le divorce
»et en permettant aux parents de faire pour un caprice le
»malheur de leur postérité? » Qu'on ne dise pas que les
mauvais ménages et les secondes noces ont la même influence sur le sort des enfants; car d'abord le divorce
réunit tous leurs inconvénients auxquels il en ajoute d'autres qui lui sont propres; puis, dans les autres cas, le
malheur vient de l'homme, non de la loi, et le législateur
n'en est pas comptable.

Ces considérations sont si frappantes qu'elles n'ont besoin
que d'être indiquées. Aussi bien, l'on convient que « l'in-
» dissolubilité du lien est le principe du mariage, sans le-
» quel il n'y aurait ni mariage ni famille...; que les parties
» qui y stipulent ne sont pas les plus intéressées; car d'au-
» tres êtres doivent y intervenir et la garantie de leur bon-
» heur, que dis-je? souvent de leur existence repose sur
» la durée de ce lien (1) » Le divorce, dit-on, *est un mal,
mais un mal nécessaire, remède à des maux plus grands
encore.* On ajoute que la plupart des reproches généraux
adressés à la loi de 1792, loi relâchée et immorale, qui
faisait en réalité du mariage une prostitution légale, une
polygamie successive, ne tombent pas sur celle de 1803,
qui ne permet le divorce que dans un petit nombre de cas,
et l'assujettit à des conditions auxquelles il devient très-
difficile; qu'ainsi quelques êtres profondément blessés par les
liens que la société leur a imposés, pourront se refaire de
leurs souffrances, sans que l'ordre général, qui exige que
le mariage soit chose sainte et respectée, en soit troublé
sensiblement.

(1) Discours de M. de Schonen.

C'est un grand malheur qu'il y ait des unions mal assorties et de mauvais ménages ; mais enfin quand la vie commune est trop pénible, on a la ressource de la séparation, et je ne vois pas que la condamnation au célibat, imposée de fait à une immense partie de la population, que l'état retient sous les drapeaux dans toute la force de l'âge et du tempérament, soit un supplice sur lequel il faille tant s'apitoyer, comme si le législateur était chargé de soigner nos plaisirs. Si l'on fait de la sensibilité et des tirades romanesques sur l'inflexibilité du lien conjugal, pourquoi n'en fait-on pas aussi sur la loi de recrutement qui demande à l'homme sa liberté, son sang, qui l'arrache à sa famille, qui lui interdit les douceurs du mariage pendant les plus belles années de sa vie? Les intérêts sacrifiés par la loi de 1816 sont bien moins grands, bien moins nombreux que ceux qu'on immole au service militaire. Si la défense du territoire est une nécessité, ne sont-ce pas des nécessités aussi que la conservation des mœurs publiques, la stabilité et l'union des familles, la bonne éducation des enfants? biens que produit, de l'aveu de tout le monde, l'indissolubilité du mariage. Le *grand mal* auquel doit remédier le divorce n'est, après tout, que l'obligation de la continence pour un petit nombre d'individus. Il y a, ce nous semble, dans la société des maux plus grands, plus dignes qu'on cherche à les prévenir à tout prix. Et qu'on ne parle pas des désordres qu'entraîne la séparation; car la morale populaire est bien moins corrompue par vingt adultères que la loi et l'opinion flétrissent de concert, que par un seul que le magistrat sanctionne et autorise.

Peu importe que le divorce soit entouré de difficultés ; sa possibilité seule est un appel à l'inconstance du cœur humain, qui suffit pour semer des germes de discorde là où l'harmonie aurait subsisté sans cette tentation de la loi. Les difficultés irritent les désirs; l'impossibilité les étouffe à leur naissance. On demande la faculté du divorce pour remédier aux mauvais ménages, sans songer qu'elle doit les multiplier à l'infini. Que de torts légers on pardonne, que de petits dégoûts on oublie parce qu'on se sait forcé de passer sa vie ensemble, qui s'enveniment, grossissent, produisent une haine irréconciliable, lorsqu'on a la perspective d'une union mieux assortie. « Il est très-dangereux, dit » Hume, d'unir deux personnes aussi étroitement que le » sont un mari et une femme, si l'on ne rend cette union » aussi entière que possible. La moindre possibilité de sé- » parer leurs intérêts doit être la source de querelles et de » soupçons sans fin. » « Tout ce qui n'est que fâcheux » dans le mariage indissoluble, dit à son tour M. de Bo- » nald, devient insupportable dans le mariage qui peut être » dissous. Des époux alors sont comme de malheureux cap- ».tifs qui ont entr'ouvert la porte de leur prison, et qui » sont occupés sans relâche à l'élargir pour s'y pratiquer une » issue. » Qui donc arrêtera les volages penchants du cœur, quand l'espérance, nourrice de toutes les passions, sera là pour les enflammer sans cesse? Qui maintiendra l'esprit variable et léger, la vive imagination de la femme, quand ses regards verront dans tout homme un mari possible? quand elle comparera l'époux choisi par ses parents, presque sans la consulter, à celui que son propre choix pourrait lui donner? Plus les barrières de la loi seront hautes, plus les passions mettront d'ardeur à les franchir. Si le crime est nécessaire, on aura recours au crime, et le législateur effrayé sera bientôt forcé de les abaisser lui-même et de céder à un entraînement qu'il aura provoqué.

On veut nous rassurer sur le rétablissement du divorce, parce que indépendamment du peu de prise que la loi offre aux caprices et aux dégoûts non motivés par des faits

graves, les mœurs et l'opinion lui sont contraires. « Le ma-
» riage, nous dit-on, est redevenu une chose sainte et
» respectée en France... Le divorce n'a jamais pu péné-
» trer dans nos mœurs, et il a toujours fait rejaillir une
» défaveur égale sur l'homme et la femme qui y ont eu re-
» cours... Les masses, haut et bas, ne sont pas généreuses
» à l'égard des personnes divorcées, et par conséquent le
» divorce sera peu fréquent (1). » Singulière recommandation en faveur d'une loi que de dire qu'elle est d'autant
meilleure qu'on en use moins. Mais qu'on ne s'y trompe
pas, l'indissolubilité du mariage soutient seule ces vertus
domestiques dont on nous parle, et ce n'est pas à une époque aussi amollie, aussi amoureuse d'indépendance et de
plaisirs que celle où nous vivons, au milieu de toutes les
séductions dont nous entoure la civilisation moderne, que
les mœurs sont de force à tenir long-temps contre une loi
corruptrice. Ce n'est que dans la jeunesse des nations,
lorsque leur vie est simple, austère, absorbée par les
soins pénibles de la guerre et de l'agriculture, qu'elles
peuvent résister à l'action d'une mauvaise loi. Le divorce
fut d'abord très-rare chez les Juifs; mais il était devenu
si commun au temps de Jésus-Christ, que leurs docteurs
les plus accrédités enseignaient qu'un mari peut renvoyer
sa femme pour en épouser une plus belle ou seulement
pour avoir laissé brûler le bouillon. Le premier divorce eut
lieu à Rome six siècles après sa fondation, au moment où
les idées, les mœurs et les richesses de la Grèce envahis-
saient la république *pour venger l'univers vaincu* (2). Ce
fut Carvilius Ruga, dont le nom nous a été conservé par
Anlugelle, qui donna ce fatal exemple. Il répudia une

<hr>

(1) *Le Temps*, 23 août 1831.
(2) *Luxuria incubuit victumque ulciscitur orbem.* Juven.

femme qu'il aimait, parce qu'elle était stérile, et que les censeurs lui avaient fait jurer qu'il ne se marierait que pour avoir des enfants. Il se crut obligé à ce sacrifice pour accomplir son serment. Cent cinquante ans plus tard, la dégénération avait été si rapide, que la fréquence des divorces avait discrédité le mariage, et qu'Auguste (exemple unique dans l'histoire) fut obligé d'ordonner aux citoyens de se marier. Sénèque se plaint que les femmes de son temps comptaient le nombre de leurs années par le nombre de leurs maris. Juvénal nous les montre s'arrangeant pour avoir huit maris en cinq ans. Tout cela se faisait avec une loi qui autorisait seulement la répudiation. Domitien permit à la femme de renvoyer son mari; ne fallait-il pas en effet s'accommoder aux mœurs. Chez nous aussi la décadence ira vite, si l'on se place une fois sur cette pente. La loi du divorce décrétée en 1792 n'eut d'abord de grands résultats qu'à Paris, foyer de libertinage et d'impiété. Mais la contagion gagna promptement les provinces et même les campagnes. Le divorce fit d'abord horreur; puis on s'y accoutuma; puis on cessa d'y faire attention. Lorsque la loi de 1803 fut portée, le nombre des divorces avait été croissant tous les ans, et l'on calculait qu'à Paris, sur cinq mariages, il devait y en avoir un de rompu; preuve que les mœurs à elles toutes seules seraient une faible digue, et qu'en effet *les lumières feraient justice* comme on l'espère des préventions qui repousseraient d'abord les divorcés(1). Cette délicatesse française, qui exige au moins la pudeur là où n'est pas la chasteté, et qui ne voit qu'avec une invincible répugnance l'adultère public et légalisé, ferait place à une brutale indifférence. On verrait sans déplaisir une femme paraître dans le monde entre le mari de la veille

---

(1) Le *Temps*.

et celui du jour, et c'est cette hébétation du sens moral que l'on appelle un progrès! Alors, sans doute, il ne manquerait pas de gens qui trouveraient bien rigoureuse la loi de 1803, qui réclameraient une loi plus douce, et, en vérité, les bonnes raisons ne leur manqueraient pas; car celle qu'on veut nous rendre, faite avec des intentions conservatrices, n'est ni conséquente, ni raisonnable. Si elle a pu durer dix ans sans amener ce que nous prédisons, c'est que sous l'empire, la vraie loi, c'était la volonté du maître. Or, Napoléon, quoiqu'ayant soutenu le divorce au Conseil-d'État, parce que sa politique le lui rendait nécessaire, était fort sévère pour les gens qui divorçaient, et tout pliait sous sa forte volonté, les mœurs comme tout le reste. Il y a loin de cette époque d'obéissance passive à notre époque d'indépendance sans frein. Qui aurait alors osé blâmer les lois de l'empereur? qui lui aurait demandé d'accorder davantage? qui l'aurait poussé plus loin qu'il ne voulait dans les voies où il était entré? Aujourd'hui c'est le règne de l'opinion et de la presse, son premier ministre. L'esprit français, libre de toute entrave, démolit, détruit, dissout tout ce qui lui est livré avec la rapidité qui lui est propre. La cognée est à peine mise à la racine de l'arbre qu'il est abattu. Vous verriez en peu d'années ce que deviendrait le mariage avec votre loi fécondée par notre logique.

Le système de ceux qui veulent que le divorce soit aussi libre que le mariage lui-même, qu'il n'ait besoin que de la notification de la volonté des époux à l'officier civil est beaucoup plus conséquent que celui qui le borne à certains cas spécifiés d'avance et soumis, lors de l'événement, à une preuve légale. Où trouver en effet des témoignages extérieurs pour des délits domestiques. Ainsi pour les causes les plus graves de divorce, la conduite habituelle qui rend la vie commune insupportable, les excès, sévices et injures, enfin l'adultère, où est le fait qu'un mari, qu'une femme puissent poser? Où est celui qu'ils puissent prouver? où est celui qu'on puisse juger? « Il n'y a pas de tyrannie moins » raisonnable à la fois et plus risible, dit M. de Bonald, » que celle d'un magistrat qui, s'interposant entre le mari et » la femme mécontents l'un de l'autre, vient interroger leurs » affections mutuelles pour juger froidement du degré de » leur éloignement réciproque, conseille à la haine d'aimer et » à la fureur de s'adoucir, prescrit des délais à l'impatience » et des lenteurs à la passion, nie à la jalousie ses soupçons » et au cœur même sa blessure, et semble dire à des époux » qui s'accusent réciproquement d'assassinat et d'adultère : » Attendez, vous n'êtes pas encore assez divisés pour que » je vous sépare. »

Les faits qui doivent donner lieu au divorce, étant presque impossibles à juger juridiquement, il est probable que les tribunaux ne se montreraient pas fort difficiles sur les preuves, que leur indulgence corrigerait la sévérité de la loi, et qu'une lettre outrageante d'un époux à l'autre, par exemple, suffirait pour constituer *une injure grave.* Peut-être même vaudrait-il mieux qu'il en fût ainsi que de forcer les passions à des scandales publics, et d'amener ce qui s'est vu en Angleterre, où, au commencement de ce siècle, un évêque avançait en plein parlement, que sur dix demandes en divorce pour cause d'adultère, il y en avait neuf où le séducteur était convenu d'avance avec le mari de lui fournir des preuves de l'infidélité de sa femme. La loi de 1803 défend à la femme divorcée pour cause d'adultère de se remarier avec son complice; mais outre que cette restriction compromet la vie du mari, je ne crois pas que la morale y gagne beaucoup : Larochefoucauld dit, avec raison, « qu'on peut trouver des femmes qui n'aient jamais eu de » galanterie ; mais qu'il est rare d'en trouver qui n'en aient » jamais eu qu'une. » Et Diderot, « qu'il y a bien plus loin » d'un mari à un amant, que d'un amant à dix mille » amants. » La loi qui permet de former de nouveaux nœuds à l'époux convaincu d'avoir violé par l'adultère ses premiers engagements, récompense l'oubli des devoirs et l'infraction des lois, car, « dans un état bien réglé, le mariage permis à tous les hommes devait être interdit aux époux divorcés pour cause d'adultère, par la même raison que la carrière de l'administration publique accessible à tous les citoyens, est fermée sans retour à ceux qui ont été négligents ou prévaricateurs dans l'exercice de leurs fonctions.» Cette réflexion est encore de M. de Bonald, dont le livre est désespérant pour quiconque veut parler après lui du divorce, et qui n'a rien laissé à dire sur des questions qu'il a traitées avec sa haute raison, et son style si ingénieux et si éloquent à la fois.

Nous nous sommes abstenus à dessein de tout que ce nos adversaires appellent des arguments canoniques. Le Nouveau-Testament et les Conciles ne sont pas des autorités qui puissent trouver beaucoup de crédit auprès d'une chambre composée en grande partie d'esprits forts de province, qui ont lu dans le *Constitutionnel*, que le *royaume du Christ n'est pas de ce monde*, et qui en ont conclu probablement qu'il était interdit à ses disciples d'avoir des idées tant soit peu raisonnables sur les choses de cette vie : nous ne pouvons pourtant laisser M. de Schonen sans réponse lorsqu'il dit que l'indissolubilité du lien conjugal, n'est dans l'église qu'une règle de discipline arbitraire et variable *comme le prouve la Pologne catholique où le divorce est reçu.* Les textes de l'Évangile qui interdisent le divorce , sont on ne peut pas plus formels (1), surtout le fameux oracle, « que l'homme ne sépare pas ce que Dieu a uni, » et les pères des premiers siècles les ont entendus comme le Concile de Trente, dans un sens opposé aux interprétations protestantes. Quant à la Pologne, si de grands abus se sont introduits dans la pratique, le principe catholique a toujours été respecté : les mariages ne sont cassés que comme nuls dès l'origine, jamais pour raisons survenues postérieurement, comme l'adultère, les sévices, l'incompatibilité d'humeur, etc. On ne suit d'autre jurisprudence que celle de l'église sur les empêchements dirimants : seulement il arrive trop fréquemment qu'on introduit à dessein dans les contrats de mariage des moyens d'en faire déclarer la nullité, et les tribunaux sont trop faciles sur ceux qu'on leur présente. Le plus souvent les parents se laissent accuser d'avoir extorqué par la violence le consentement de leurs enfants. Pour le dire en passant, la législation ecclésiastique sur le mariage est tout ce qu'on peut imaginer de plus sage et de plus humain à la fois : la loi civile, à quelque peuple qu'elle s'applique ne pourrait mieux faire que de la prendre pour modèle, et nous regrettons que les bornes de cet article ne nous permettent pas d'entrer dans quelques détails sur cette matière.

Quand donc ce siècle comprendra-t-il que tout ce qui va à l'encontre des mœurs et des idées chrétiennes est une rétrogradation, un retour vers la barbarie corrompue du paganisme ? C'est le christianisme qui a fait cette civilisation dont nous sommes si fiers, et il n'y a peut-être pas d'exagération à dire que c'est surtout par la sanctification du mariage qu'il a renouvelé la face du monde. Le mariage chrétien, « société indissoluble avec participation au même

(1) Voy. Math. 19, Mar. 10, Luc., 16, Rom. 7, etc.

droit divin et humain » (1), a fait de la femme, partout ailleurs l'esclave ou la servante de l'homme, son égale et sa
compagne, *la chair de sa chair, les os de ses o·.* Cette
nouvelle condition de la femme sépare profondément les
sociétés modernes des sociétés antiques, et le monde nouveau tout entier se trouve dans ces magnifiques paroles de
saint Paul, scandale et folie pour les plus sages d'entre les
Gentils : « En Jésus-Christ, il n'y a plus de distinction entre le maître et l'esclave, entre l'homme et la femme : vous
êtes tous un seul corps en Jésus-Christ (2). » La femme a
été le principal instrument dont le christianisme s'est servi
pour perfectionner l'homme, mais il a commencé par la
relever et l'anoblir elle-même. « C'est de lui, dit M. de
Maistre, qu'elle tient toute sa dignité. La femme chrétienne
est vraiment un être *surnaturel* puisqu'elle est soulevée et
maintenue par lui jusqu'à un état qui ne lui est pas *naturel;*
mais par quels immenses services elle paie cette espèce
d'anoblissement. »

La femme, telle que nous la connaissons, avec son élévation d'âme, sa délicatesse de sentiments, son cœur
plein de tendresse, de résignation, de dévouement,
charme et consolation suprême de la vie de l'homme,
croyez-vous qu'elle ressemble à cet être avili ou frivole de
l'antiquité, qui là même où il était le moins dégradé était
jugé indigne d'inspirer le véritable amour, cet amour céleste
qui cherche une autre volupté que celle des sens (3)? Tout

(1) « Matrimonium est maris et feminæ conjunctio, individuam so-
cietatem retinens, *divini et humani juris communicatio* (L. 1. de rit.
nupt. et can. 127. caus.)

(2) Gal. III. 28.

(3) Vulgaris communisque Veneris amor..... amat feminas non minùs
quàm masculos, corpora magis quàm animos, sine mente homines potiùs
quàm prudentes.» *Platonis Convivium,* vel *De Amore.*

Ce qu'il y a de dignité et de pureté dans les mœurs modernes, ce respect affectueux du sexe faible, cette décence
dans le langage, cette haute estime de la chasteté qui est la
vertu sociale de la femme, comme le courage et la probité
sont celles de l'homme dans un ordre de choses fondé sur
le mot magique d'*honneur*, toutes ces idées délicates, plus
raffinées encore en France que chez les autres nations européennes, et qui sont le patrimoine national le plus précieux,
sont nées du christianisme; et si elles lui survivent encore
là même où la foi n'existe plus, comme ces rayons du soleil
couchant qui dorent encore les montagnes, après que
l'astre s'est abaissé au dessous de l'horizon, on les verra
bientôt s'éteindre et disparaître lorsque la loi aura détruit des
habitudes salutaires qui seules arrêtent encore la décadence
des mœurs. « Ce ne sont point des monceaux d'or, mais un
» grand fond de pudeur, qu'il faut laisser à ses enfants,» dit
Platon; et nous, nous demanderons aux législateurs du jour
qu'ils nous permettent de transmettre aux nôtres cette haute
idée de la sainteté du mariage qu'avaient déjà les Romains,
qui, au temps de leur plus grande corruption, inscrivaient
encore sur la tombe de leurs femmes, comme leur plus
beau titre au respect, l'épithète d'*univira* (qui n'a eu qu'un
époux). On dit que beaucoup de femmes ont écrit à M. de
Schonen pour le remercier de sa proposition. «La confé-
» dération des femmes qui sollicitent le divorce est très-
» nombreuse,» dit madame Necker. Ce sont pourtant elles qui
ont le plus à perdre à l'altération de nos mœurs, conséquence infaillible, quoique éloignée, du rétablissement du
divorce. Lorsque l'opinion, corrompue par la loi, se serait
mise d'accord avec elle, lorsque les femmes n'éviteraient
plus en rougissant le contact de l'épouse divorcée, c'en
serait fait du culte qu'on leur rend encore, et qui n'est que
le culte de la pudeur.

Nous désirons vivement que toutes ces considérations, et tant d'autres, que nous sommes forcés d'omettre, arrivent à l'esprit de nos députés, et que la folle manie de réagir contre le *jésuitisme* ne leur ferme pas les yeux sur des conséquences que le plus grand nombre d'entre eux repousserait sans doute avec horreur s'ils les apercevaient clairement. La loi de 1792 était le vœu, et en quelque sorte le besoin d'un siècle ivre d'impiété et de licence : mais tel n'est pas le caractère de notre époque : ce qu'on appelle l'esprit bourgeois est apathique, égoïste, plus soigneux des intérêts que des principes; mais il répugne à l'immoralité, ne fût-ce que comme danger social; et ce ne pourrait être que par surprise qu'il porterait une atteinte grave au dépôt des bonnes mœurs. Puissent le ministère et son parti laisser un moment de côté leurs chétifs intérêts de coterie, et comprendre que la question du divorce mérite leur attention la plus sérieuse. Un journal frivole, peu dans l'usage de faire de la morale, le *Corsaire*, s'écriait le lendemain du jour où M. de Schonen avait fait sa proposition, qu'il n'y avait plus en France de religion que le mariage, et qu'il fallait respecter celle-là. Le mot est frappant de vérité. Nous n'avons pas de mœurs publiques, cela est trop évident; mais il nous reste des vertus privées, et le foyer domestique est encore un sanctuaire où règnent l'union, l'affection mutuelle, le dévouement, tout ce qui ne se trouve plus dans l'ordre politique....» De tous les ménages du monde, c'est un journal anglais qui l'avoue (1), aucun n'est plus heureux qu'un ménage français ;» or il est incontestable que cet amour de la famille, que cette religion des pénates, trouvent leur garantie la plus solide dans l'indissolubilité du lien conjugal et dans l'union inséparable des intérêts des

____

(1) *Westminster Review.*

époux. Il serait contre la nature des hommes du milieu, qui, à défaut de grandes vues et de grands caractères, ont du moins pour la plupart des vertus privées, de porter un coup mortel à l'esprit de famille : il ne serait pas moins étrange que ceux qui se lamentent sans cesse sur ce désordre des esprits, sur les divisions infinies qui rendent tout gouvernement impossible, allassent introduire l'anarchie là où l'ordre existe encore et chasser la paix du seul asyle où l'on puisse se reposer un moment du spectacle douloureux des déchirements sociaux. Tout ce que nous craignons de leur part, c'est la légèreté et l'insouciance qui se décident à l'étourdie, et cèdent, parce qu'elles ne voient pas d'inconvénient à céder : car si la discussion est grave, sérieuse, approfondie, si elle laisse aux députés le temps de s'apercevoir de l'importance de la question et de s'enquérir de la véritable opinion de la France, il nous paraît impossible que les partisans du divorce aient gain de cause.

LITTÉRATURE.

LONGCHAMP ET SAINT-ROCH.

(FRAGMENT D'UN ROMAN INÉDIT.)

Le fragment suivant n'a besoin ni de recommandation ni de commentaire. Il suffira de lire ces pages pour se convaincre que l'œuvre dont elles sont détachées, est destiné à s'élever bien au-dessus des fausses et mesquines combinaisons qui nous sont offertes chaque jour, comme tableau de la société moderne. L'auteur a saisi cette société corps à corps, il a pénétré les mystères de sa vie la plus intime ; sa main touche hardiment des cordes inconnues de la plupart des écrivains de roman.

Si ce drame, naturel, profond et sérieux est aussi un roman, il faut convenir que l'auteur s'est placé sous un point de vue qui lui ouvre un horizon nouveau autant que vaste. Nous croyons pouvoir prédire de l'avenir à un jeune écrivain, dont ces pages vont révéler pour la première fois le nom au public, et qui avant peu aura attaché ce nom encore ignoré, à une grande conception d'artiste et de moraliste chrétien.

«Jules n'avait jamais été bien fort en théologie. Bien des doutes lui venaient sur cette matière, chaque fois que ses condisciples catholiques faisaient un acte marquant de leur culte. Il ne savait pas par lui-même, et il n'avait pu apprendre d'eux la différence du protestantisme et du catholicisme. A qui donc le demander? A M. le ministre? le ministre qu'il écoutait de son mieux, n'avait jamais parlé que des *devoirs de l'honnête homme*, de la *nécessité de la morale*, de *l'importance de se conduire raisonnablement*, et autres préceptes également neufs et caractéristiques pour une religion.

La gravité académique de l'orateur, son air de faire la classe, le vague et la stérilité de ses discours avait toujours détourné Jules de lui faire des questions.

A qui donc s'adresser ? A monsieur Delvilliers ? C'eût été abuser de son temps. Jules avait un instinct de discrétion qui l'en empêchait. Il sentait que son père aurait dû prévenir sa curiosité à cet égard ; que lui en témoigner maintenant, c'eût été lui faire un reproche.

D'ailleurs monsieur Delvilliers aurait-il pu lui répondre d'une manière bien satisfaisante, l'aurait-il voulu ? Il ne paraissait pas rechercher les entretiens de ce genre. Autant que Jules pouvait s'en souvenir, il ne parlait que de ce qui intéresse les gens du bon ton.

Fallait-il interroger madame Delvilliers ? C'eût été peut-être lui faire de la peine. Jules savait bien qu'elle allait quelquefois à la messe avec lui, mais il y avait long-temps de cela, et elle s'en était abstenue depuis par égard pour monsieur Delvilliers. C'était peut-être en retour de cette complaisance que monsieur Delvilliers ne paraissait jamais à l'Oratoire.

Jules n'osait donc pas leur exprimer ses embarras d'esprit, et il s'étonnait que parmi toutes leurs questions, il n'y en eût pas une qui se rapportât aux devoirs religieux dont on parlait au collége près de deux fois par semaine.

Il finit par prendre son parti sur cette indifférence. Cela lui était d'autant plus facile, que monsieur Delvilliers était revenu de ses préventions contre lui. Il ne faisait pas une promenade sans lui, il le présentait dans les salons de la Chaussée-d'Antin. Il était fier de lui !

Madame Delvilliers se sentait plus modeste, en découvrant les progrès divers que Jules avait faits pendant une année de collége, elle ne lui trouvait plus d'esprit, quoi qu'il n'eût plus que de l'esprit. Il répondait lestement, il riait de lassitude; quand elle espérait de lui une larme, il n'était plus touché d'un mot ou d'une caresse.

Ainsi madame Delvilliers et son mari avaient bien changé d'opinion sur le compte de Jules; une année auparavant madame Delvilliers en était enthousiaste, elle ne vivait que par lui et pour lui; il lui aurait tenu lieu de tout, si elle avait tout perdu. Elle aimait ses amies en proportion de la part qu'elles prenaient à ses ravissements, et c'était là un éternel sujet de différends entre elle et monsieur Delvillier.

Maintenant c'était monsieur Delvilliers qui voyait en Jules un enfant de grande espérance. Il lui savait gré de tout ce qui perçait l'âme de madame Delvilliers. Il faisait l'éloge de son cœur, de ses manières, de toute sa personne. Ce n'était plus le Jules d'autrefois, et il avait suffi d'une année pour opérer la réforme qui le rendait si intéressant!

C'eût été dommage de l'arrêter en si beau chemin : monsieur Delvilliers n'avait garde de le faire. On n'y mettait d'ailleurs aucun obstacle. Madame Delvilliers se taisait, n'apercevait rien, ne condamnait rien, et laissait son mari entièrement maître de disposer de Jules.

Les vacances se passèrent, et la rentrée des classes arriva sans la mettre dans une autre disposition d'esprit. Il lui semblait qu'entre le moment où Jules avait quitté le collége, et celui où il y retournait, elle avait moins senti sa présence que dans les mois d'année scolaire où elle ne l'avait pas possédé. Cependant, elle songeait toujours à ce moment de la rentrée, quoiqu'il fût passé, et qu'il eût été suivi de bien d'autres.

N'aimait-elle plus son fils? N'en était-elle plus aimée! Ces doutes cruels la poursuivaient partout. Partout il manquait quelque chose à son cœur. La société de madame

Saint-Valin lui était insupportable. Elle fuyait presque celle de son mari.

A qui confier ses tourments ? Jules n'était plus son consolateur. Si elle conservait encore quelque espoir de ce côté, elle tremblait de le perdre à la première occasion. Elle aurait voulu ne pas penser à lui. Cependant elle se croyait sans cesse au jour de la rentrée.

Dans cet isolement de l'âme, tout se flétrissait à ses regards. Les promenades à cheval, la galoppade au bal, les concerts du conservatoire l'ennuyaient à mourir.

Quand on est si triste, le temps ne court pas ; il se traîne, il s'arrête. Elle le sentait trop bien. Cela n'empêchait pas monsieur Delvilliers de passer très rapidement d'une semaine à une semaine, d'un mois à un autre mois, et d'arriver au jour de la promenade de Long-Champ, sans s'être aperçu que sa femme était encore au mois d'octobre.

Il avait fait faire une calèche élégante, acheté et dressé lui-même, pour elle, deux chevaux de diverses couleurs, avec lesquels on le verrait et on le reverrait à partir du boulevard Italien jusqu'à la barrière de l'Étoile. Il avait fixé l'endroit où il ferait cabrer ses chevaux, celui où il quitterait la file pour traverser le milieu du pavé et aller à l'autre file.

Ce n'était pas le mercredi ni le jeudi saint qu'on pouvait sortir dans un si brillant équipage. Il ne faut pas se prodiguer quand on est sûr de l'admiration générale. Monsieur Delvilliers laissa passer le premier et le second jour. Il attendit le troisième avec une patience pleine de dignité, comme il convient à un élégant en présence de ceux qui veulent obtenir ce nom avant lui.

Absorbé par de si graves pensées, il était bien naturel qu'il ne s'informât point de celles de madame Delvilliers. Et au moment du départ triomphal, cet oubli était plus excusable encore.

Il fut excusé du moins, il ne fut pas même appelé oubli. Madame Delvilliers s'efforça de croire que c'était par égard pour elle qu'on lui permettait de passer dans la mélancolie ces heures ou une partie des heures que tout Paris allait employer à voir et être vu.

Il faisait un temps magnifique, on entendait déjà passer dans la rue des cavalcades et des équipages sans nombre. Longchamps promettait d'être brillant et de laisser des souvenirs.

Madame Delvilliers restée seule, prêtait quelque attention à ce bruit continuel. Ce bruit fait mal, pensait-elle, et j'écoute toujours. Ils sont heureux, ils vont l'être, et moi!

L'appartement où elle était donnait sur la rue, et à travers la légère ouverture des triples rideaux, elle regardait la foule brillante qui se rendait aux Champs-Élysées.

«Comme cette jeune fille est radieuse et doucement émue! C'est peut-être son père qui va l'offrir à tous les regards. Elle a prévu depuis long-temps le plaisir qu'elle va goûter, elle s'en souviendra plus long-temps encore. Va, belle et gracieuse enfant, va donner et recevoir partout un sourire plein de délices. La vie est pour toi ce que sera ce ciel bleu, ce long rayon de soleil sur les toilettes charmantes que je ne verrai pas. Ton front est pur comme ton âme, comme l'illusion des premières espérances, comme le premier vœu et la première erreur d'une innocente ambition. Ne perds aucun instant de ces jours rêvés; ils sont si tôt passés, et l'amour que l'amour attendait n'est pas venu, et il ne viendra pas!

En disant ces paroles, elle détournait la vue, et se promenait au hasard dans l'appartement pour dissiper sa tristesse, mais bientôt elle revenait à la fenêtre, et entr'ouvrait les rideaux un peu plus que la première fois.

«Je reconnais cette dame si pâle et si parée! Je me souviens de l'avoir rencontrée dans quelque salon; c'est bien le même équipage qu'elle avait l'année dernière à Longchamp, quoiqu'il ait été repeint en solitaire, et bordé d'un filet d'or au lieu d'un petit filet d'argent. Elle semble fatiguée, surtout quand elle sourit. Ses enfans sont près d'elle ; mais ce ne sont pas eux qu'elle regarde, quoiqu'elle leur abandonne sa main. Son mari est à cheval, à droite, à gauche, en arrière de la voiture. Il s'ennuie. Il rit et gesticule trop pour qu'il en soit autrement. Il ne pense pas à elle. Je veux la voir encore. Quand leurs regards se rencontreront-ils ? »

Madame Delvilliers aurait attendu long-temps ; car les deux époux se donnaient sans cesse des marques très-peu équivoques d'indifférence.

Elle s'éloigna avec un mouvement de mépris ; le souvenir de monsieur Delvilliers se trouva tout-à-coup au beau milieu de ces émotions fâcheuses ; elle les repoussa de nouveau, mais en vain, et elle tenta encore une fois de se distraire par le bruit et l'éclat.

— Ah ! messieurs Gustave et Eugène ! Ils m'ont découverte, ils m'ont saluée, je crois.

Elle s'enfuit.

« Les fats ! ils auront cru que je m'occupais d'eux. Il n'y a rien de comparable à ces jeunes gens ! Il y a près de cinq ans que ces imbécilles ont quitté le collége ; on dirait qu'ils y entrent.

Dieu ! si Jules doit un jour en venir... Ils restent peut-être là pour me rendre l'occasion de les voir que j'ai perdue. »

Elle entendit tourner et piaffer les chevaux pendant quelques instants, et se garda bien de paraître jusqu'à ce que le bruit de leur double galop annonçât que les espérances de la fatuité pouvaient par moments avoir un terme.

Cette fois elle resta plus long-temps à regarder dans la rue.

Un équipage venait de sortir d'une porte cochère, située justement en face, et un jeune homme plein de grâce donnait des ordres à un jockey, qui disposait les coussins des siéges.

Il y monta même précipitamment pour s'assurer qu'il n'y avait rien de négligé. Une jeune femme parut bientôt avec un enfant, et tandis qu'elle se plaçait, son compagnon montrait mille attentions fines et exquises. Il en était payé très-généreusement par sa compagne, et il faisait en sorte qu'elle contractât sans cesse de nouvelles dettes envers lui.

L'enfant ne gâtait rien à l'effet de cette jolie scène. L'air de bonheur du jeune homme et de la dame se retrouvait dans ses traits et dans ses attitudes naïves et touchantes.

Madame Delvilliers ne remuait pas, ne parlait pas. Toute son âme était suspendue, elle n'avait pas assez vu, elle ne voyait pas assez.

Cependant sa curiosité cessa tout d'un coup, et au moment le moins convenable.

Ces trois personnages venaient de s'asseoir. La jeune dame voulut remercier son mari autant qu'on le pouvait en pareil lieu : elle baisa la main voltigeante de l'enfant qui sans être averti de ce qu'il avait à faire, la présenta sur-le-champ à son père, et y reçut la même marque de tendresse, en levant négligemment le visage pour voir les regards d'amour qui se croisaient au-dessus de sa tête.

Madame Delvilliers fut témoin de tout cela, quoiqu'elle se fût retirée dès le premier mouvement de la dame. Elle fondit en larmes, en prononçant le nom de Jules, et celui de monsieur Delvilliers.

—Non, ils ne m'aiment plus ! Ils ne m'aimeront plus !!! Comme tout est sombre autour de moi. Le bruit m'est à charge. C'est le silence qui me tue. Personne près de moi, car ceux qui nous sont indifférents ne se trouvent jamais près de nous, même lorsqu'ils ne nous quittent pas.

Elle essaya de chasser ces pensées. Elle ouvrit sans le savoir un roman, un vaudeville, un recueil de poésies. C'était Corinne ; elle la rejeta aussi innocemment qu'elle l'avait prise ; c'était le *Mariage de raison*, elle le traita de la même manière, coupable et excusable à la fois ; c'était Lamartine. Il resta

impunément sous ses yeux, sans pourtant les fixer de
sitôt.

Elle devint peu à peu capable de s'apercevoir que c'étaient
les *Méditations poétiques* qu'elle avait à la main. Ce fut pourtant long-temps après avoir commencé à lire qu'elle sut
au juste si elle venait de lire quelque chose.

Elle parcourut plusieurs fois l'hymne à Dieu, et chaque lecture répandit autour d'elle un air plus aisé à respirer. A la fin
elle avait en quelque sorte pensé à ce qu'elle n'avait que senti
jusque-là, et de grandes idées sur Dieu et sur l'homme
commençaient à tomber sur son âme.

Elle porta les yeux sur quelques gravures qui décoraient son
appartement. Elle y retrouva Atala, flottant entre l'homme
selon son cœur, et les sublimes paroles de l'homme
selon le cœur de Dieu, Virginie sur le tillac du Saint-Géran, montrant du regard le ciel qui allait la recevoir,
et elle éprouva une sensation qu'elles ne lui avaient jamais
causée jusque-là. Une vague consolation arrivait à son cœur;
ceux qu'elle aimait, ceux dont elle voulait être aimée lui
étaient déjà moins absents.

Elle reprit sa lecture et reçut plus profondément encore
les impressions religieuses qu'elle devait produire.

Dans sa rêverie elle regardait son piano qu'elle n'avait pas
touché depuis long-temps et qu'elle ne touchait pas encore,
et elle s'imaginait entendre s'élever des sons purs et bienfaisants. C'étaient les chœurs des anges mêlés de mille soupirs d'une âme souffrante et heureuse. Cette harmonie céleste était-elle bien une illusion ! Ne pouvait-elle pas être
un souvenir bien lointain, bien effacé ?

— Oui, quand j'étais en pension, on nous conduisait aux
offices de Saint-Roch, et le Vendredi-Saint au chant du *Stabat*. Je pleurais, j'étais au ciel : que j'aurais regretté de ne
pouvoir communier le jour de Pâques ! J'avais un bonheur
tout prêt pour doubler celui que nous nous promettions avec

mes compagnes après la lecture des romans caohés dans nos sacs. J'avais au cœur quelque chose qui devait mettre du charme dans mes peines à venir, quand même personne ne voudrait les partager.

Madame Delvilliers n'avait pas fait cette découverte sans être tentée d'aller à l'office de Saint-Roch. Quand ce n'eût été que par essai d'anciennes émotions! Elle sentait un intervalle impossible à mesurer entre le passé, qu'elle se retraçait ainsi, et le présent, dont elle était si accablée. Une jolie femme aller à ténèbres, pendant que tous les fashionables la cherchent à Long-champ! C'est là du courage; et les femmes sont trop capables d'héroïsme pour avoir facilement du courage.

Elle fut indécise. Si monsieur Delvilliers savait que sa femme allât à l'église! Si madame Saint-Valin allait divulguer cela dans la Chaussée-d'Antin! Si... si...!

— Eh bien! oui, je veux qu'elle s'en moque partout. Je désire que monsieur Desvilliers m'en fasse des reproches. J'irai.

La résolution d'une femme est toujours exécutée un peu avant que d'être prise. Madame Delvilliers était déjà partant, partie et arrivée. Elle montait les marches de Saint-Rock, et cherchait vainement dans son sac quelque livre propre au lieu où elle allait entrer.

Dans sa précipitation elle n'avait emporté que Lamartine. Mais en y réfléchissant elle s'avouait que c'était à peu près le seul livre de religion qu'elle possédât. Elle n'aurait pas su trouver un eucologe à son hôtel; il y avait long-temps qu'elle avait perdu la chose et l'usage de la chose.

L'église était pleine de monde. Il y avait dans cette foule bien des degrés de recueillement; mais toutes les physionomies exprimaient un respect religieux. Ce calme en contraste avec la vaine agitation qui régnait au-dehors, les chants chrétiens prolongés à travers les colonnades, la tristesse répandue dans la pompe sacrée, dans les vêtements des ministres de Dieu, et dans les cérémonies elles-mêmes; toute cette majesté sévère et pénétrante, élevait l'âme de madame Delvilliers. Si l'expression qu'elle avait alors dans le regard eût pu être vue des promeneurs de Long-champs, aucun d'eux n'aurait su définir le genre de beauté qu'elle lui donnait.

Il y a des choses qui sont plus nouvelles que jamais quand on les revoit. Madame Delvilliers avait été autrefois à l'église, mais il faut bien y aller dans les pensions. Alors elle avait le grand catéchisme à repasser, et ce soin était souvent rempli pendant les offices quand elle se sentait en retard. La messe alors pouvait sembler courte. Elle était longue une autre fois; elle avait commencé avant qu'on n'eût mis la dernière main à la toilette, et elle finissait à peine à l'heure où on devait venir chercher mademoiselle pour une après-dîné de vacances.

Ces souvenirs revenaient à madame Delvilliers, et donnaient plus de sérieux aux impressions du moment.

— Comme cette pension de demoiselles fait plaisir à voir! Elles ne lèvent pas les yeux! La plupart d'entre elles approcheront peut-être de l'autel après demain. J'ai été comme elles en rang, en uniforme, en méditation. Mais que j'étais loin de sentir tout ce qu'elles sentent! Combien de fois ma pensée allait-elle chercher ce qui manquait à mes regards! Souvent on était au Magnificat quand je récitais encore *Dixit Dominus Domino meo*. A travers mon voile on ne me distinguait pas, mais combien de fois l'ai-je écarté, sans oser me dire pourquoi?

Elle ne pouvait détacher ses yeux de cet endroit. Les voix douces des jeunes élèves s'unissaient et se nuançaient à ravir. Elles répondaient tantôt à point nommé, tantôt un peu d'avance, ou un peu trop tard à celles des chantres placés à l'extrémité opposée de l'église, et se perdaient ensuite dans les milliers de voix du public.

— Elles sont recueillies! Elles sont bien en présence

du grand Être. La manière seule dont elles sont assises, la modestie de leur maintien m'inspirent des pensées célestes. Quand je me compare à elles, il me semble que mon apparition est une offense à Dieu.

En disant ces paroles, elle en faisait par sa contenance un mensonge frappant. Quoiqu'elle eût une chaise pour s'y reposer, une autre pour y placer les pieds, elle se tenait debout, confondue dans une foule dont plusieurs dames se dégageaient noblement.

Elle en suivait quelques-unes des yeux, et s'imaginait qu'elles ne cherchaient à se placer plus près du chœur que pour recevoir de première main les paroles envoyées par le ministre de la religion.

— Quelle dignité touchante! Qu'elles sont bien avec ces toilettes offertes en hommage à celui qui donne à tous les êtres la vie et la beauté! On voit qu'elles s'oublient elles-mêmes; en effet, comment se pourrait-il que cette dame si brune eût pris un chapeau blanc, si elle avait été occupée d'autre chose que de Dieu au moment de venir le trouver? Et sa compagne qui a le teint si vif et si pourpre, c'est par une distraction du même genre qu'elle s'est mise en feuille-morte. Toutes deux m'enchantent, en négligeant de si bonne grâce leurs avantages naturels.

Toute occupée de ce généreux examen, elle ne voyait pas qu'elle-même pouvait provoquer des remarques bien plus piquantes encore.

Elle était dans une sorte de négligé qui lui prêtait mille grâces, quoiqu'il ne ressemblât point à celui qu'invente la coquetterie. Un schall un peu terni par le temps jeté par hasard sur une robe fraîche et relevée légèrement d'un rameau en fleurs qui en faisait la frange; le neuf à côté de l'ex-neuf, une maladresse de bon goût dans la mise, un ensemble parfait surtout à cause des imperfections; telle était madame Delvilliers.

Elle seule pouvait ignorer combien elle était charmante. Pendant qu'on se le disait tout bas et tout près d'elle, elle n'avait pas assez de toute son attention pour admirer la piété sincère de bien des assistants.

— Oh oui, les prières prononcées par leur bouche le sont bien plus par leur cœur; c'est de ce côté de la nef qu'il y a le plus d'émotion. C'est là que j'étais placée le jour de ma première communion. J'ai été confirmée à ce même endroit. Je vois encore les longues rangées de têtes voilées de blanc, les ailes flottantes du surplis du directeur du catéchisme qui venait nous indiquer la page du cantique, et donner le signal pour les évolutions. Toujours, toujours ce lieu inspire le respect et la douce sérénité de l'âme. Aussi ces personnes pensent-elles maintenant à Dieu, et à Dieu seul. Leur chant est plus faible que celui qui s'élève des autres parties de l'église; mais comme il me va au cœur! Elles ne sont pas étalées sur des chaises comme tant d'autres; elles ne s'en servent même pas afin de rendre par l'extérieur l'hommage que renferme leur pensée. Que leur exemple est au-dessus ce moi!

Madame Delvilliers se faisait injure. Tandis que ces personnes étaient debout, elle ne voyait pas qu'elle-même était agenouillée sur les dalles de l'église.

Elle oubliait bien d'autres choses encore. Elle seule ne prenait point part au mouvement général et confus qui précède toujours l'arrivée du prédicateur à la chaire de vérité. Les hautes et basses chaises se dérangeaient, s'arrangeaient, se rassemblaient, le frémissement des plumes ou des grappes de fleurs des chapeaux se mêlaient aux ondulations de plusieurs milliers de têtes. C'était un doux murmure d'excuses, de soupirs pieux, d'exclamations affaiblies par respect pour le lieu. Ce bruit cessa tout-à-coup pour être suivi d'un autre.

La voix du prédicateur se faisait déjà entendre, et madame Delvilliers était encore dans la même attitude. Elle leva les yeux avec étonnement, et chercha à s'assurer que les chants ne retentissaient plus autour d'elle.

Ce qui lui restait d'erreur à cet égard n'était guère partagé par ses voisins. Il y a une heure, disait près d'elle un jeune homme, il y en a deux qu'on fait silence en attendant l'apparition de cet abbé. Je suis curieux de savoir comment il se fera pardonner sa lenteur. C'est déjà trop peut-être d'avoir à se justifier d'oser s'offrir à un auditoire où l'on voit des femmes plus charmantes qu'à Longchamps.

S'il mettait le pluriel dans la finale de ce compliment, il avait soin de rétablir le singulier par un coup-d'œil jeté sur madame Delvilliers.

L'impatience qu'on nous cause empêche souvent de goûter le plaisir permis qui s'offre ailleurs. Madame Delvilliers n'entendit rien de l'exorde du sermon, quoiqu'elle sentît que la parole sacrée lui serait doucement descendue dans l'âme. Elle se tourna vers quelqu'un qui la regardait fixement. Cette personne ne doute point de l'accueil que l'on fera à ce qu'elle meurt d'envie de dire.

—C'est divin, madame, c'est mieux que cela. Quel homme! il serait digne d'être missionnaire. Vous êtes émue comme moi! Et qui ne le serait pas! Voyez comme il est charmant! Son surplis n'est pourtant pas de batiste! il ne veut porter que ce qu'il y a de plus simple! A Saint-Étienne, je n'ai jamais pu... Mon mari qui s'intéresse beaucoup à lui, n'a jamais pu lui faire accepter celui que j'avais... celui qu'il avait fait faire pour le lui offrir. Il est bien méchant! Mais son bonnet carré a tant de grâce sur sa tête ou dans ses mains, quoique sa rosette noire soit plus modeste que celle d'un séminariste!

Le sermon avançait, et il était à craindre que ces épisodes n'en fissent perdre le milieu et la fin à madame Delvilliers, comme elle avait déjà perdu le commencement.

L'espérance lui fut rendue à l'instant même. Une voisine pleine de bonne volonté, se chargea de lui rendre compte de tout ce que disait l'ecclésiastique.

Vous avez raison, vous avez complètement raison, dit-elle à madame Delvilliers, qui n'avait pas ouvert la bouche. Les preuves qu'il vient de donner sont assurément d'une force irrésistible. La passion de Notre Seigneur Jésus-Christ est l'espoir et le salut des peuples. Il cite les histoires anciennes pour montrer combien le genre humain était avili, combien il avait besoin d'un régénérateur.

— Je suis encore de votre avis, et je vois bien que j'en serai toujours. Dans tout le second point il a été sublime. La grandeur du sacrifice ; l'indignité de ceux à qui il en destinait les fruits ; le courage de Jésus, qui se voue à la haine de sa patrie, aux perfidies de l'amitié, à la rage des hommes, et surtout aux flétrissures de l'opinion !

Madame Delvilliers avait souri d'abord, mais elle avait bientôt cessé de sourire. Dans le flux de paroles qui lui étaient jetées, il y avait autre chose que des paroles. L'obligeante interprète de l'orateur était vraiment touchée, et elle le parut encore plus, quand elle vit madame Delvilliers l'être à son tour. Elle se tut alors, et la laissa penser et sentir sans le secours de personne. Cette attention était assez délicate, faite pour rendre inutiles de nouvelles paroles, et donner du prix à toutes celles qui venaient de lui échapper.

Madame Desvilliers en avait eu besoin pour suppléer à l'habitude perdue de lier des idées religieuses. Elle fut dès lors aussi bien disposée que l'autre dame à accueillir et à goûter le charme sévère et profond des mystères qu'on développait au nom de Dieu.

Elle n'avait pas une fois regardé le prédicateur. Inclinée légèrement, dans l'attitude de la rêverie ; elle écoutait sa voix, comme si ce n'eût pas été une voix humaine. Portant les regards tantôt sur des groupes d'esprits célestes, semés parmi les sculptures de l'église, tantôt sur la grande croix du maître-autel, elle prêtait à tous ces signes religieux les paroles qui lui arrivaient de la chaire.

Le prédicateur peignait les souffrances de l'Homme-Dieu. Le trouble, le saisissement avec lesquels il parlait, ne permettaient l'indifférence à personne ; et il eût été difficile à ses auditeurs de songer à lui au moment où lui-même ne le voulait, ni ne le pouvait.

Madame Delvilliers avait été bien loin des processions de Longchamps dès son entrée dans l'église. Elle était encore plus loin de Saint-Roch, au moment où le ministre de l'Évangile conduisait la pensée de ses auditeurs à Jérusalem.

Elle était glacée, elle avait les yeux brûlants et ne pouvait verser une larme. « Pauvres épouses qui pleurez la mort du fils de l'Homme, suivez-le, suivez-le encore, arrivez auli eu où l'attendent le ciel et l'enfer. Comme cette croix est pesante dans cette longue marche sur ses membres meurtris ! »

Elle se cachait le visage dans les mains.

— « Oui, dites-le toujours, femmes plus courageuses que ses disciples, c'est pour vous qu'il va mourir, qu'il meurt déjà mille fois. Que la vie vous sera désormais amère ! Qu'elle sera bien la vallée de larmes ! Il n'y a de bonheur que dans la tristesse des enfants de Dieu. Gémissez avec moi : j'espérerai avec vous. Toutes les haines se rassemblent dans son supplice : tous les cœurs se confondront un jour dans son cœur. »

Revenue un peu à elle-même, elle entendait les consolations ajoutées à la peinture qui venait de l'agiter si vivement. C'était la vie humaine appelée passage à la véritable vie, la loi de douleur imposée à toutes les âmes pour prix de la paix et des délices de l'avenir : c'était le dédain de tout ce qui finira, le désenchantement des joies de la terre, et le ciel ouvert à tous les cœurs dignes d'aimer.

Le sermon allait être terminé, et madame Delvilliers n'avait pas encore mêlé un souvenir vulgaire à ce qui se passait dans son âme. La piété lui allait si bien dans ce moment que personne ne pensait que ce fût du nouveau pour elle. Cette erreur était presque la sienne. Livrée aux grandes et vivifiantes pensées qu'elle venait de recueillir, ou de faire naître par elle-même, elle renfermait dans cette seule heure des années de religion. Elle appelait à elle tout ce qu'elle aimait, et le mettait en partage de ces biens invisibles. Elle voyait Jules uni avec elle dans les vœux les plus purs, et monsieur Delvilliers mêlé à ses prières, à ses actions, à sa félicité passée et future.

Mais cette erreur ne pouvait pas être longue.

Le prédicateur avait achevé son discours, son silence seul tira madame Delvilliers de sa rêverie. Elle jeta un coup-d'œil vers la chaire d'où elle le croyait déjà descendu. Encore pénétrée de l'idée que c'était du ciel même qu'était venue pour elle la parole de vérité, elle avait craint de s'abuser en cherchant à voir le prédicateur. Elle le vit et ne changea point de pensée.

Il était demeuré à genoux après avoir rempli sa mission : bien des personnes l'attendaient dans l'avenue de colonnes qui menait à la sacristie. Quelques commis de nouveautés, fatigués d'avoir fait l'énumération des jolies femmes du lieu, et se sentant épuisés de plaisanteries sur les encolures des chantres et des ecclésiastiques, voulaient voir de près l'individu à rabat qui s'était permis d'avoir le sens commun pendant cinq quarts d'heure tout en débitant les absurdités d'usage.

Le sous-sacristain les regardait de travers quand on ne pouvait s'en apercevoir, et il s'étonnait qu'on souffrît leur présence : il était là pour un motif plus décent que le leur. Il venait déclarer à l'orateur que de derrière le chœur on l'avait entendu parfaitement, malgré la douceur et l'altération visible de son organe ; il espérait bien le payer de sa peine en lui apprenant que les plus forts prédicateurs de

Paris n'avaient jamais eu assez de talent pour faire le même effet.

Enfin il se formait une haie touffue de curieux de toute espèce. Ne pas jouir au plus tôt de l'expression de ces physionomies après l'avoir fait naître, c'eût été assurément bien modeste.

Il y aurait eu plus de modestie encore à ne pas prolonger l'impatience générale. Le public commençait à faire cette seconde réflexion, et l'ecclésiastique, quelques minutes plus tard, aurait bien pu trouver un dédain vindicatif à la place de l'hommage dont il avait trop différé l'accueil.

Il se leva enfin pour descendre de la chaire, sans songer à étudier et à définir ce qui se peignait sur toutes les figures. Quand un homme déploie sa taille, et fait le moindre mouvement, il y a des gens capables de s'apercevoir qu'il a de belles proportions, et de l'aisance dans les manières. Une foule de spectateurs rendit cette justice à l'ecclésiastique; ils étaient charmés d'avoir quelque chose à dire de lui.

D'autres faisaient d'autres remarques. Ils voulaient bien voir que le costume ecclésiastique empruntait de la dignité à sa personne, à sa démarche. La noblesse et la gravité qu'il avait avant l'âge, car sa physionomie n'annonçait guère qu'une trentaine d'années, son air de franchise et de douceur, tout dans son extérieur commandait l'estime à défaut de respect, et le respect à défaut d'affection. On regrettait à peine qu'il n'échangeât pas la soutane et le surplis contre la robe d'avocat, ou le frac et l'épée d'orateur représentatif.

Madame Delvilliers n'était pas en état de faire des vœux si obligeants; tout ce qu'elle savait, c'est que le prédicateur devait être digne de ses fonctions. Elle l'en respectait bien davantage.

Maintenant qu'elle y pensait, elle aurait été fâchée d'entendre une autre voix parler des grandeurs du christianisme. Si monsieur Delvilliers avait pu être là ! S'il avait vu cette figure sévère et pénétrée; cet oubli de soi-même que l'admiration universelle cherchait vainement à rendre impossible! Si Jules dont le cœur savait si bien penser avait reçu l'impression produite sur elle ! Si elle-même..... Si elle-même...

Il est quelquefois difficile d'achever l'expression d'un vœu tout neuf, quand on l'a commencé vivement. C'est ce qui arriva à madame Delvilliers.

Cette hésitation était encore augmentée par l'exemple contraire que l'on donnait autour d'elle.

Le jeune homme aux paroles parfumées qui l'avait complimentée plus haut, n'avait pu la voir convaincue du mérite de l'ecclésiastique sans passer à l'enthousiasme, faute de pouvoir aller à quelque chose de plus.

— Comment donc, c'est un homme éclairé ! je le déclare hautement.

Il regarda madame Desvilliers, et poursuivit en élevant la voix :

— Il est difficile de lui trouver un égal parmi les Dupin et les Mérilhou. Le barreau l'envierait à la chaire, et si chaque église...

Madame Delvilliers ne disait rien ; mais elle n'était pas assez attentive à ces emphatiques éloges pour se refroidir entièrement.

Le jeune homme reprit avec un surplus d'accent et de gestes :

— Je veux le connaître. Je vais lui parler. Il est honorable d'avoir des relations avec...

Madame Delvilliers éprouva quelque chose qui ressemblait à de l'effroi. Aller rendre visite à un prêtre, sans être à la veille d'un baptême, d'un mariage ou d'un enterrement ! La curiosité que lui inspirait un pareil courage l'aurait engagée à regarder pour la première fois le jeune homme; mais découvrant bientôt qu'il n'était pas plus parti qu'elle,

elle ne lui fit pas l'honneur qu'il avait provoqué de son mieux.

Elle se disposait même à sortir de l'église pour se délivrer de son importunité. Mais une autre personne l'arrêta ; c'était la dame qui avait exprimé des regrets sur la sévérité de la mise du prédicateur. Elle parlait beaucoup trop pour que l'on sût si elle disait quelque chose ; mais elle termina ses amplifications par un mot qui fit effet.

— Quoique monsieur l'abbé ne soit plus dans une paroisse, il doit prêcher encore dans Paris. Non, je ne manquerai aucun de ses sermons ; nous n'en manquerons aucun, n'est-ce pas, ma petite dame ? C'est lui qui donnera ici le sermon de Pâques, comme de juste, à la fin de la grande station du carême. Où vous placerez-vous ?

La question était embarrassante, quoique l'interrogatrice y répondît elle-même, ainsi qu'à beaucoup d'autres.

—Revenir à l'église, pensa madame Delvilliers ! Y revenir à deux jours d'intervalle ! — Monsieur Delvilliers n'y a point paru depuis qu'il m'a donné son nom ! Il a trouvé qu'en y amenant Jules deux ou trois fois , je me donnais des travers dans le monde. Mais Jules maintenant doit aller à la messe du collége tous les dimanches. Il y a sans doute un aumônier.

Pendant qu'elle calculait l'énergie de caractère qu'il fallait pour se présenter si fréquemment devant la Divinité et son public, on lui préparait une nouvelle attaque.

Elle reconnut dans une autre personne qui se rapprochait d'elle la dame ingénue et officieuse qui lui avait analysé le sermon de cœur et d'âme. Cette dame éprouvait un regret évident, en la croyant prête à s'éloigner.

— Je vous ai vue bien recueillie, madame, je ne puis m'empêcher de vous remercier de l'édification que vous m'avez donnée. Quelque chose me dit que vous avez compris mieux que moi monsieur le prédicateur. J'avais eu la

prétention de vous l'expliquer, et vous aviez eu l'indulgence
de m'entendre. Auriez-vous celle de me rendre maintenant
le service que vous croyiez recevoir de moi?

A l'impossible nul n'est tenu : Madame Delvilliers ava
envie de s'en tenir à l'aveu de cette maxime. Sa rougeur, sa
réponse balbutiée furent interprétées autrement par la
dame.

— Ne me faites-point d'excuses, c'est moi qui vous en
dois. Je vois que ce n'est pas une vaine curiosité comme la
mienne qui vous trouble et vous anime. Je vous conçois,
je veux vous imiter, madame. Oui, c'est près de lui, au
tribunal de la pénitence qu'il faut aller répandre nos âmes.
Je vais demander à monsieur l'abbé la faveur d'être entendue dès que j'aurai terminé mon examen de conscience.
Monsieur l'abbé Delaplace est un des directeurs les plus pieux
de Paris.

Pour le coup, madame Delvilliers se crut perdue : à voir
la fatuité du jeune homme qui papillonnait toujours auprès
d'elle ; à la voir agitée, changeant de couleur, on eût dit
qu'il lui avait fait une déclaration dans les formes.

La dévote qui l'avait mise en cet état avait la générosité
de n'en avoir pas pitié. Cependant elle y porta remède par
l'exécution même du projet dont la simple confidence avait
causé tant d'alarmes. Elle s'inclina profondément par-dessus
sa chaise à prie-dieu, et resta dans une attitude qui permettait à madame Delvilliers de se retirer avec secret et
impunité.

Que les âmes pieuses ne l'oublient pas, madame Delvilliers était attaquée à bout portant par les regards et les
soupirs savoureux de l'incroyable. Que pouvait-elle faire
dans cette extrémité? Elle ne voulait pas scandaliser la
dame agenouillée, en trompant son attente ; mais fallait-il
rester là pour justifier la présomption d'un adorateur impro-
visé et témoin de cette condescendance?

Madame Delvilliers sacrifia la dévotion à sa dignité... Elle se décida à partir au grand étonnement de l'incroyable, mais il serait téméraire de croire que ce ne fut qu'avec plaisir.

. . . .

Monsieur Delvilliers était triste et rêveur depuis sa promenade à Longchamps. Il n'allait plus dans le monde. Il ne parlait plus. Le silence est impossible quand on souffre pour des riens ; il est nécessaire, il sert de calmant dans les grandes douleurs.

S'il n'avait été question que d'une rupture, il aurait pu dire quatre mots là-dessus, et ne plus s'en souvenir. L'oubli donne tant de dignité !

Madame Delvilliers voyait bien qu'il y avait quelque chose de plus ; et cette affliction, par son mystère même, avait pour elle un charme qu'elle aurait voulu prolonger; elle avait le cœur si agité, si prêt à se répandre, si décidé à se taire ! Les souvenirs de Saint-Roch vivaient et revivaient en elle. Elle ne les avait pas confiés à son époux, et elle s'efforçait de croire que leurs secrets avaient quelque vague rapport. C'était une illusion bien étrange ; elle se l'avouait presque et n'en mettait que plus de soin à la protéger par le cœur et la raison.

— Est-ce la maladie de madame Saint-Valin qui le rend insensible à tout ? — Quand il l'a apprise, je me le rappelle, il n'a pas été plus ému que les étrangers qui se trouvaient là. Je crois même que je lui en aurais fait des reproches, si je ne les avais mérités moi-même; d'ailleurs il y a peu de temps qu'on lui a annoncé cette nouvelle, et voici déjà plusieurs mois que sa tristesse a pris naissance, le jour même de Longchamps.

Il fallait passer en revue les causes ordinaires et extraordinaires d'accablement dans un homme du monde, ce n'était pas petite affaire. Mais une femme est essentiellement propre à l'arithmétique sentimentale.

Madame Delvilliers fit des conjectures, des rapprochements, des raisonnements. Il y avait deux choses auxquelles elle revenait toujours.

«Regrette-t-il Jules, qu'il a lui-même envoyé au collége ? A-t-il entendu dire que j'avais été aux offices du Vendredi Saint? Mais il m'a toujours paru enchanté de voir Jules entre les mains des professeurs. Il l'aime, il l'aime maintenant, il lui découvre chaque jour des qualités ; il le loue de celles qu'il aura ; mais je les lui souhaite avec celles qu'il avait. — Ma visite à Saint-Roch n'est connue de personne. Que sais-je pourtant? Madame Saint-Valin n'a-t-elle pas pu en être instruite, et en parler dans la Chaussée-d'Antin? Il aura recueilli ces propos, et il en est affligé pour moi et pour lui, ou seulement pour ceux qui les tiennent. C'est peut-être par indulgence qu'il ne m'entretient pas à ce sujet.»

Elle aurait voulu le remercier. C'était assurément de la précipitation. La reconnaissance est toujours de la confiance et souvent de l'abandon, et monsieur Delvilliers ne lui donnait guère l'exemple de l'un et de l'autre.

Le temps s'écoulait sans apporter un terme à cette perplexité d'esprit. Madame Delvilliers devait pourtant en sortir, et elle en sortit enfin.

Elle était allée se promener un peu avant le moment où madame Saint-Valin aurait pu lui rendre visite.

Pensive, silencieuse, elle était partie pour aller aux Champs-Élysées, elle croyait bien y être et s'y promener depuis long-temps, et se trouvait immobile devant l'église Saint-Roch.

Quelques paroles venaient de lui être adressées, et demeuraient sans réponse. Elle leva enfin les yeux, lorsqu'une dame qui l'avait abordée s'éloigna en silence. Elle crut se souvenir de l'avoir vue quelque part.

La dame se rapproche d'un air affectueux et modeste, ses excuses furent prévenues par madame Delvilliers. — Oui,

madame, je me rappelle la circonstance..., la cérémonie...
où j'ai eu l'honneur de vous voir. C'est si près d'ici qu'en
ce moment je ne me pardonnerais pas de l'oublier ; votre
présence me fera toujours penser à Dieu, et je ne pourrais
assister aux offices sans y chercher l'exemple de votre piété.

La dame écouta ce compliment par politesse. Le sourire
avec lequel elle y répondit était plus mélancolique encore
que celui de madame Delvilliers.

— C'est moi, madame, qui ai besoin de pardon. J'ai été
bien impertinente le jour du Vendredi-Saint, lorsque je me
suis permis de vous parler sans être connue de vous, en entendant le sermon de monsieur Delaplace. Je n'ai pas pu
me défendre de communiquer mes impressions.

Madame Delvilliers ne savait trop que répondre ; le trouble où elle était déjà avant cet entretien s'augmentait au
souvenir de son brusque départ de Saint-Roch.

La dame poursuivit : « Vous m'inspirez une confiance dont
je ne veux point me repentir, quoiqu'elle ait pu être importune. Vous étiez triste, il fallait que je vous aimasse.
Souffrez, madame, souffrez que je m'exprime avec cette
franchise.»

Ces paroles, suivies de quelques autres, n'avaient rien
de brusque, quoique le sentiment qu'elles exprimaient le
fût un peu. La dame était grave et mesurée, sans pesanteur.
Son aisance avait quelque chose qui allait plutôt du cœur
au cœur que de l'esprit à l'esprit. Il était impossible de remarquer la multiplicité ou le petit nombre de ses termes. Si
elle en employait beaucoup, cela ne paraissait pas, grâce
au peu de retours de son amour propre. Si elle s'énonçait
brièvement, un seul mot de sa bouche faisait passer où
elle voulait tout ce qu'il y avait dans son âme.

Madame Delvilliers recevait ses avances et les payait de
retour comme si c'eût été une chose convenue depuis long-
temps.

—Le dirai-je, madame, je sens l'excès de votre bonté et je

n'ai pas droit d'en user le moins du monde. Une erreur dont il faut moins accuser ma franchise que votre générosité m'a valu votre intérêt et presque votre affection. Vous m'avez crue pénétrée comme vous de respect et d'amour pour le culte.

La dame avait une parole sur les lèvres ; elle ne la prononça point ; elle parut atteinte dans l'âme ; l'étonnement, la crainte, la compassion se succédèrent sur sa physionomie. Enfin elle commença à se remettre.

— Se peut-il, madame, que j'aie pris à la lettre une expression trop humble pour ne pas être démentie !

Madame Delvilliers était pâle, tremblante, ses regards montaient un à un les degrés de Saint-Roch, et redescendaient tout-à-coup dès qu'ils avaient atteint le portail. Cela ressemblait à de la confusion et à des remords. Il est vrai qu'ils se portaient par moments sur le magasin de lingerie, situé d'un côté des marches, ou sur la maison de nouveautés à l'opposé ; mais ils étaient trop vagues pour attester le désir d'une collerette ou d'un cachemire; et puis ce soupçon, peut-être juste une autre fois, eût été injuste en cet instant.

Madame Delvilliers était abattue. Elle avait pris la main de la dame et la portait timidement sur son cœur.

— Je sais que vous me comprenez, madame ; votre première parole m'a suffi pour vous connaître ; il vous a fallu moins que cela pour lire dans ma pensée.

En parlant ainsi, elle tentait de relever décidément les yeux sur la façade de l'église. Cet acte de courage lui fut épargné par sa compagne.

Madame, dit-elle, il n'y a rien de libre comme la piété. Le ciel ne vous tiendrait pas compte de celle que vous auriez par égard pour moi. Je regrette d'avoir abusé un instant de vos bienveillantes dispositions.»

Tant de délicatesse ne pouvait rester sans récompense. Il se trouva qu'au bout d'une heure, et plus tôt encore, les deux dames se connaissaient et s'étaient toujours connues.

Madame Delvilliers ne voulait garder aucun secret, et elle croyait avoir dit souvent à sa nouvelle amie chacune des choses qu'elle lui disait pour la première fois.

— Hélas, madame, c'est l'absence de mon fils qui m'a désenchantée du monde; quand je l'avais sous les yeux, tout ne me paraissait pas décoloré dans la vie. Je pouvais supporter un bal, je mettais quelque prix à mes faibles talents en peinture et en musique.

C'était encore une nouvelle qu'apprenait la dame du Vendredi-Saint. Elle en avait une à annoncer en retour.

—En perdant ma fille, ma douce, mon unique enfant, je mourais plus qu'elle-même. Quel jour que celui qui l'a enlevée! Quels jours que ceux qui l'ont suivi! Tous les bruits que j'entendais me rendaient le son de sa voix, et pourtant j'évitais tous les bruits. Je la revoyais sous chaque vêtement dont la couleur ou la forme me rappelait sa dernière toilette de bal; j'approchais, je m'enfuyais. Un seul être remplissait le temps et les lieux où le cœur d'une mère ne peut plus trouver son enfant. Je ne pleure plus, madame, je la possède de nouveau. J'ai appris à connaître celui qui me l'a ravi un instant pour me la rendre à jamais. Non, ce n'est pas une erreur que de vouloir aimer éternellement.

Tout cela fut dit d'un air si naturel et si digne à la fois que madame Delvilliers se sentit dégagée de mille petites idées. Il lui semblait qu'un rayon parti du ciel arrivait à son âme en traversant celle de la dame chrétienne. S'il avait pu lui rester quelques scrupules sur la confidence qu'elle allait faire des torts de son époux, ils furent dissipés ou même inconnus d'elle. Ce n'était plus une femme du monde parlant à une femme du monde; une amante versant devant une autre des douleurs toutes terrestres; c'étaient deux âmes rendues à la pensée de l'immortalité, étrangères à la diplomatie des salons. Après un silence de quelques instants, un silence d'amour et de pardon, madame Delvilliers, par un élan plein de dignité, se leva...

— Je l'aimais; mes regards et mon cœur lui envoyaient... allaient... jusqu'à Dieu. J'étais plus digne de moi, je ne rêvais que bienfaits à répandre et malheurs à adoucir. Je voulais anoblir tout ce qui se disait ou se faisait près de moi; je l'aimais.

— Vous pleurez, madame; je ne condamne pas vos larmes; qu'elles soient celles de l'espérance. Il vous attend dans un monde meilleur.

Madame Delvilliers la regarda d'un air étrange, et n'eut pas la force de relever sa méprise.

— Oui, madame, il y a une patrie dont celle-ci n'est qu'une vaine ombre. J'y reverrai ma fille. Votre époux vous y appelle déjà; il vous appartenait ici-bas, il est à vous dans l'éternel séjour; car en y passant il n'a point quitté Dieu, et Dieu vous est toujours présent.

Madame Delvilliers se taisait encore; mais la vérité se faisait connaître par ce je ne sais quoi que les femmes interprètent aussi facilement que les paroles.

La consolatrice la laissa presque à elle-même pour mieux la soulager ensuite. Sans avoir l'air de l'entreprendre sur un sujet si délicat, elle eut soin de parler de choses propres à l'état de son cœur.

— La religion a réparé pour moi bien des pertes, madame : mon mari avait été tué à Waterloo, et quoique l'estime fût le seul sentiment que je lui eusse inspiré, sa mort m'avait laissée dans une affreuse solitude. Ma fille ne put la remplir qu'avec le temps, et bientôt à son tour elle la rendit plus grande encore. Croyez-moi, madame, il n'est point de douleur que la main de Dieu n'adoucisse et ne rende précieuse. Comme vous j'eus long-temps de la peine à passer des idées du monde à celles que je vous offre aujourd'hui. J'étais entourée de consolateurs, on me prouvait par vingt histoires l'incontestable nécessité de payer tribut à la nature. Il y avait des esprits privilégiés qui avaient découvert par amour pour moi que la douleur ne nous rendait jamais ce que nous n'avions plus. Je le voyais, ils n'avaient jamais compris le bonheur que je venais de perdre. J'essayais de tout pour supporter la vie, et le seul moyen qu'il y eût d'y parvenir ne me venait pas à la pensée. Quelques paroles tombées par hasard des lèvres de monsieur l'abbé Delaplace me désabusèrent de toutes mes vaines recherches, et je goûte aujourd'hui un calme augmenté, je crois, par les sarcasmes des indifférents et des penseurs à la mode.

— Ah! parlez-moi encore, madame, je ne m'abuse plus sur les malheurs que nous ajoutons aux nôtres en refusant l'amitié de Dieu. Je sens que le cœur de mon époux n'est plus à moi, je doute de celui de mon fils. J'ai plus perdu que vous; car il vous reste l'espérance. Celle de les retrouver m'est à peine possible; donnez-m'en une autre que je ne puis nommer, et sans laquelle je ne saurais plus vivre.

— Vous serez chrétienne, madame, vous le serez plus que moi. Vous entendrez encore M. l'abbé Delaplace. Je me rappelle l'impression qu'il vous a déjà faite. Ce jour-là vos pensées étaient les miennes, vos sentiments étaient mes sentiments. Ce que je dis-là n'est point du passé, je vois que c'est le présent même.

Madame Delvilliers était reconnaissante; mais elle se rétractait un peu intérieurement. Se jeter si vite dans les bras de Dieu! Était-elle donc bien sûre que monsieur Delvilliers ne la reçût plus dans les siens! Il était sombre, inquiet, malheureux, solitaire; elle s'en était convaincue. Que sait-on si ce n'était pas chez lui un retour de tendresse combattu par l'amour-propre, et par le remords même?

Ces pensées, et l'agitation qui en était la suite n'échappaient pas à la dame; elle n'en fut que touchée.

— Je vous conçois, madame; il y a des erreurs bien chè-

res, et pour chercher à nous en guérir, il faut nous vouloir
beaucoup de bien ou beaucoup de mal. J'ai pour ami et
pour parent un des *indispensables* de la capitale. Il a de l'esprit et de l'âme, ce serait un homme aimable s'il ne voulait
pas être charmant. Ses meilleurs amis et ses ennemis jurés
lui ont rendu le même service, celui de le désabuser sur un
petit triomphe. Il s'était imaginé qu'il avait eu le plus joli
équipage de Longchamps. Mais il paraît que le prix serait
dû à un élégant, dont les chevaux étaient de diverses couleurs. C'était détruire pour lui le bonheur des douze mois
qui précéderaient une nouvelle Semaine-Sainte. Il a eu
cependant une consolation. On assure que son rival a été
lui-même effacé par vingt autres, et que le désespoir l'a fait
renoncer au monde.

Madame Delvilliers vit là un trait de lumière ; elle rougit,
et ne se ranima un peu qu'en voyant que la dame ne nom-
mait pas le héros de la seconde infortune.

— Croyez à mon courage, madame ; votre exemple m'en
donnera. Je puis tout avec vos conseils. Mes jours ne s'é-
couleront plus dans l'angoisse. Vous m'affermirez, vous me
sourirez. Ne m'invitez plus à revenir à Dieu ; mais appre-
nez-moi à rester avec lui. Il ne se joue pas des cœurs ; il ne
rit pas de leurs maux ; il ne les appelle pas à lui pour les
repousser ensuite.

Cette véhémence avait quelque chose d'étonnant dans
madame Delvilliers ! L'altération de ses traits, ses mouvements irréguliers, et pleins de trouble, donnaient à la résolution qu'elle prenait tout haut un degré d'énergie suspecte
par son excès même.

Elle s'était levée pour prononcer ces paroles, une foule
d'autres allaient lui venir. Tout-à-coup elle se rassit, et
après un silence de quelques instants, elle continua d'une
voix mal assurée.

— Je vous verrai, madame, vous me consolerez, vous
me pardonnerez ma faiblesse.

Elle voulut en dire davantage; mais ses soupirs et ses larmes l'en empêchèrent.

— Ce n'est pas moi que vous implorerez : je ne saurais que vous rendre grâces. Si mon amitié peut quelque chose, demandez-moi tout. Puisse votre bonheur d'épouse et de mère dépendre de mes vœux. Je ne vous effraierai pas en vous rappelant trop les devoirs qui font maintenant le charme de ma vie. C'est de vous-même que me viendra l'invitation d'en parler.

Madame Delvilliers ne voulait pas être moins généreuse que son amie.

— Non, madame, non, je ne vous laisserai pas dans l'incertitude. Vous craindriez que vos sages paroles n'eussent été perdues. Nommez-moi le directeur qui vous a rendu la paix de l'âme et le mépris des plaisirs du monde.

— Je crois vous l'avoir dit, madame, monsieur l'abbé Delaplace, aujourd'hui aumônier du collège de****

Madame Delvilliers se leva en reculant. Elle se fit répéter ces mots, et se précipita dans les bras de la dame. Jules doit être formé par lui. Il lui apprendra à m'aimer encore. Allons nous jeter à ses pieds.

STATISTIQUE.

DE LA DURÉE
DES CONSTITUTIONS ÉCRITES.

L'auteur d'un ouvrage important qui paraît depuis quelque temps, et dont la *Revue Européenne* rendra compte, (*Cours d'histoire des états européens* (1), par M. Schœll, auteur de l'*Histoire des Traités de paix*) dit :

« Tout ce qui est sorti de la plume des hommes, bientôt » livré en proie à l'égoïsme, à l'esprit de parti, à l'ambition » et au despotisme, est susceptible des interprétations les » plus contradictoires, et toute constitution écrite doit né- » cessairement engendrer une famille de constitutions nou- » velles. »

On serait tenté de croire que l'auteur d'une brochure qui vient de paraître en Allemagne, sous le titre de : *Quelques mots sur plusieurs choses qui se passent autour de nous, ou Mémoires pour apprendre à connaître la dialectique des journalistes français*, a eu en vue de donner le commentaire de la phrase de M. Schœll. Cet écrivain, l'un des premiers diplomates de Prusse, a joint à sa brochure un tableau chronologique et raisonné de toutes les constitutions écrites qui, depuis le 3 mai 1791 jusqu'au 24 août 1829, ont été octroyées, stipulées, convenues ou imposées aux états du

---

(1) Le *Cours d'histoire des états européens*, dont il a déjà paru dix-huit volumes, et qui en aura trente, se vend chez Gide fils, rue Saint-Marc.

30.

continent de l'Europe. Il donne dans une première colonne la date de la publication, et dans une seconde colonne les principaux articles fondamentaux de chaque constitution. Il en résulte que dans vingt-huit ans et cinq mois, il est sorti de la tête des artisans de Chartes constitutionnelles cent cinquante-deux constitutions, dont quatrevingt-sept sont oubliées, soit parce qu'elles n'ont jamais pu être exécutées, soit parce qu'elles se sont anéanties elles-mêmes, soit enfin parce qu'elles ont été abrogées par la force. Nous allons en donner le tableau sommaire suivi de trois colonnes, qui indiqueront le nombre 1° de celles qui n'ont pas reçu d'exécution ; 2° de celles qui subsistent encore ; et 3° de celles qui ont péri :

		1°	2°	3°
POLOGNE.	Constitution du 3 mai 1791.			1
	du 22 juillet 1807. (Duché de Varsovie.)			1
	du 27 novembre 1816.			1
FRANCE.	Constitution du 3 septembre 1791.			1
	du 24 juin 1793.			1
	Gouvernement révolutionnaire du 13 août 1793.			1
	Constitution du 23 septembre 1795.			1
	du 13 octobre 1799.			1
	Sénatus-consultes organiques des 2 et 4 août 1802.			2
	du 18 mai 1804.			1
	Constitution rédigée par le sénat le 6 avril 1814.			1
	Charte du 4 juin 1814.		1	
	Artic. additionnels du 22 avril 1815.			1
GAND.	Constitution du 6 juin 1797.			1
	du 2 décembre 1797.			1
	du 2 septembre 1801.	1		
	du 26 juin 1802.			1
	du 1er décembre 1802.			1
	Incorporation à la France, 25 mai 1805.			1
	Constitution du 19 avril 1814.			1
LOMBARDIE.	République cisalpine, 30 juin 1797.			1
	du 30 mai 1798.	1		
	République italienne, 28 janvier 1802.			1
	Statut du 16 mars 1805.			1
	du 17 mars 1805.			1
	du 5 juin 1805.			1
	Royaume lombardo-vénitien, 24 août 1815.			1

ÉTATS ecclésiastiques.	République romaine, 20 mars 1798. .	1
	Décret de Pie VI, 6 juillet 1816. . .	1
	Motu proprio, de Léon XII, du 5 octobre 1824.	1
SUISSE en général.	Constitution du 12 avril 1798. . . .	1
	du 29 mai 1801.	1
	du 24 octobre 1801	1
	du 28 octobre 1801.	1
	du 27 février 1802.	1
	du 20 mai 1802.	1
	Acte de médiation du 19 février 1803	1
	Constitution du 7 août 1815 . . .	1
CANTONS suisses.	Bâle ; constitution du 4 mars 1814. .	1
	Lucerne ; — du 29 mars 1814. . .	1
	Fribourg ; — du 4-10 mai 1814. . .	1
	Zurich ; — du 11 juin 1814. . . .	1
	Neufchâtel ; — du 18 juin 1814. . .	1
	Appenzell ; — du 6 décembre 1814.	1
	Appenzell, Rhodes extérieures, du 28 juin 1814.	1
	Appenzell, Rhodes intérieures, du 30 juin 1814.	1
	Glaris ; constitution du 3 juillet 1814.	1
	Argovie ; — du 4 juillet 1814 . . .	1
	Schaffouse ; — du 21 juillet 1814. . .	1
	Thurgovie ; — du 28 juillet 1814. .	1
	Vaud ; — du 4 août 1814	1
	Soleure ; — du 17 août 1814 . . .	1
	Genève ; — du 24 août 1814. . . .	1
	Saint-Gall ; — du 31 août 1814. . .	1
	Zoug ; — du 5 septembre 1814 . .	1
	Grisons ; — du 11 novembre 1814 .	1
	Tessin ; — du 17 décembre 1814. .	1
	Valais ; — du 12 mai 1815	1
	Berne ; — 21 septembre 1815 . . .	1
	Unterwald supér. ; — du 28 avril 1816.	1
	Unterwald infér. ; — du 12 août 1816.	
	Uri	1
	Shwyz ; — du 7 mai 1820	1
PAYS-BAS.	République batave ; constitution du 23 avril 18	1
	— 16 octobre 1801.	1
	— 15 mars 1805.	1
	Royaume de Hollande ; 24 mai 1806.	1
	+ 10 juin 1806.	1
	+ 7 août 1806.	1
	Principauté souver. — 28 mars 1814.	1
	Royaume des Pays-Bas. — du 24 août 1815	1
LUCQUES.	Constitution de 1799	1
	du 26 décembre 1801	1
	du 23 juin 1805	1

(1) M. de Mosbourg en est l'auteur.

Nassau. Constitution du 2 septembre 1814 1

Hesse électorale.
  { Constitution du 1er mars 1815. . . 1
  { Décret organique du 15 mai 1821 . . 1

Wurtemberg.
  { Constitution du 15 mars 1815 1
  {   du 3 mars 1817 1
  {   du 25 septembre 1819. 1

Cracovie. Constitution du 3 mai 1815 1

Prusse.
  { Décret du 22 mai 1815 1
  { Institution d'états-provinciaux pour
  {   le Brandebourg et la Lusace, pour
  {   le royaume de Prusse et pour la
  {   Poméranie, du 1er juillet 1823 . . 3
  { Idem pour la Silésie et la Saxe, 17
  {   mars 1824. 2
  { Idem pour les provinces du Rhin, pour
  {   la Westphalie et pour la Posnanie,
  {   du 27 mars 1824. 3

Schwarzbourg-Roudolstadt. Ordonnance du 8 janvier 1816. 1

Schaumbourg-Lippe. Constitution du 16 janvier 1816 . . . 1

Saxe-Cobourg.
  { Constitution du 16 mars 1816. . . 1
  {   du 8 août 1821 1

Tirol. Constitution du 24 mars 1816 1

Gallicie et Lodomérie.
  { Constitution du 13 avril 1817 . . . 1

Saxe-Hildburghausen. Constitution du 19 mars 1821. . . . 1

Bade. Constitution du 22 août 1818. 1

Lichtenstein. Constitution du 9 novembre 1818. 1

Lippe-Datmold. Constitution du 8 juin 1819. 1

Hesse-grand-ducale.
  { Constitution du 18 mars 1820. . . . 1
  {   du 17 décembre 1820 2

Brunswic-Wolfenbuttel. Constitution du 25 avril 1830. . . 1

Portugal.
  { Constitution du 1er octobre 1820. . 1
  {   du 19 avril 1826 1

Grèce.
  { Constitution du 4 novembre 1821. 1
  {   du 16 novembre 1821 1
  {   du 1er décembre 1821. 1
  {   du 15 janvier 1822. 1
  {   du   avril 1823. 1
  {   du 17 mai 1827 1
  {   du 3 février 1828. 1

Saxe-Meinungen.
  { Constitution du 4 septembre 1824 . 1
  {   du 24 août 1829, avec Saxe-Hidburg-
  {   hausen. 1

                              TOTAL.   12 65 75

I.   24

RÉCAPITULATION.

Nombre total des constitutions. . . .   152
Sur quoi il faut déduire celles qui sont
  restées de simples projets   12
                    Reste   140

Dont il en existait, au 1ᵉʳ juillet 1830 , 65, et même de celles-ci il n'y en avait pas à cette époque qui eussent plus de seize ans de durée.

On voit que l'écrivain s'est arrêté à l'époque qui précéda la révolution de juillet. Depuis ce moment , six constitutions ont été décrétées en Europe seulement. Quant à l'Amérique, l'auteur a renoncé avec raison à la faire entrer dans ce tableau synoptique, tant l'anarchie détruit promptement ces institutions éphémères qui naissent et meurent entre deux soleils et deux massacres.

BULLETIN BIBLIOGRAPHIQUE.

I. *Gehen wir einer neuen Barbarie entgeger, oder was restaurit Europa? — Allons-nous à la Barbarie, ou comment l'Europe sera-t-elle restaurée ?* — Munich, chez J. Giel. — 1827.

L'Europe, comme un malade dévoré de la fièvre, se tourne et se retourne dans son lit de douleur. Des pensées confuses, des images terribles, des fantômes effrayants, de sinistres visions, des rêves sans suite, tel est l'état de la société européenne, et les médecins déconcertés, ne pouvant s'accorder, ni sur la nature de la maladie, ni sur les remèdes qui lui conviennent, cherchent, avant tout, à calmer l'accès présent, sans penser à ceux qui doivent suivre ; et quand, la tempête étant passée, le malade recouvre un peu ses sens, et paraît plus calme, ils prennent pour le repos l'abattement et la défaillance qui suit une crise violente et se glorifient de leur habileté. Tous les remèdes sont appliqués à la surface, tandis que le mal est à l'intérieur, et ronge le cœur de la société, qui, dans son délire, méconnaît les médecins qui pourraient la guérir, et croit qu'ils viennent pour achever de la perdre. Deux systèmes nerveux se font remarquer dans l'organisme humain : le système cérébral et le système ganglionnaire, le premier partant de la région supérieure et dominant tout l'être corporel, le second ayant surtout son siège dans les régions inférieures, et prédominant dans le sommeil. Dans l'état de santé et de force, les deux systèmes sont dans une harmonie parfaite et dans un équilibre qui constitue l'état normal. Quelquefois cet équilibre se rompt soudainement, et le système ganglionnaire, devenu centre de la vie, absorbe toutes les forces de l'organisme qui affluent vers lui et s'y écoulent comme des ruisseaux dans un fleuve. Alors se manifestent ces phénomènes de somnambulisme et de clairvoyance, où l'homme, placé entre la région d'en deçà et la région d'au delà, est tiré hors de l'espace et du temps, et se trouve en rapport avec des êtres qui ne sont plus soumis aux conditions de la vie actuelle. Dans l'organisme social, il existe deux systèmes correspondans aux deux systèmes corporels : l'Église et l'État. Quand la société est saine et vigoureuse, ces deux systèmes se balancent dans un juste équilibre. Mais, quelquefois aussi, la région inférieure, qui sert plus spécialement aux fonctions de la vie temporelle, absorbe la région plus élevée, et la société, dans d'horribles convulsions et dans des déchirements effroyables, offre les symptômes alarmants d'une demi-veille, ou, comme un somnambule, elle se trouve en rapport avec des êtres et des génies qui ne sont plus dans le temps, et par cet excès de vie se consume en efforts violents et spasmodiques. Le mal, une fois connu, le remède est facile à appliquer : rétablir l'harmonie, exhausser le pôle supérieur, et abaisser dans la même proportion le pôle inférieur, telle est l'indication que le médecin doit remplir. L'anarchie extérieure est un effet, mais un effet n'a d'existence que par sa cause qui, essentiellement productive, produira toujours le même effet tant que le remède ne s'appliquera pas à elle-même. Or, il faut toujours chercher une cause dans ce qui est supérieur à l'effet jusqu'à ce qu'on arrive au degré le plus élevé. Ainsi, la pensée est supérieure à l'acte, la foi à l'opinion, l'éternité au temps, l'ordre spirituel à l'ordre temporel. Il faut donc chercher dans le désordre des pensées, des croyances de l'ordre spirituel la cause du désordre qui se manifeste dans les faits, dans les opinions, dans l'État. Renouveler la société par les croyances catholiques, tel est le remède que propose l'auteur de l'ouvrage dont il est ici question, après en avoir fait sentir la nécessité, en présentant un tableau aussi vif qu'animé de l'état religieux, moral et politique de l'Europe. Selon lui, dès que le pouvoir et le sujet se placent hors de la Religion, et que le commandement et la puissance deviennent choses purement matérielles et passives, l'un et l'autre s'abaissent et s'avilissent. Cet ouvrage est donc un appel à une régénération religieuse, base de toute société humaine : on y trouve des développements intéressants sur le protestantisme, sur le libéralisme, sur les rapports de l'Église et de l'État, appuyés de citations des auteurs français et allemands les plus remarquables.

M. *Das Friedensopfer* von John Emmanuel Veith. Vien, 1828.
Le sacrifice de paix, par Jean Emmanuel Veith.

Nous recommandons cet ouvrage à tous les catholiques, comme un de ceux qui sont le plus capables de donner sur la religion, sur ses dogmes principaux, les idées les plus justes, d'inspirer au cœur les sentiments de la plus vive piété, et de présenter dans un cadre abrégé l'ensemble des vérités catholiques. Un livre dans lequel se trouvent recueillies, analysées, et en quelque sorte ascétisées, si j'ose me servir de ce mot, les idées de de Maistre, de Windishmann, de Frédéric Schlegel, de Gœrres, de Baader, de M. de Lamennais, se recommande de soi-même à la piété et à la science. Le style est d'une perfection, d'une simplicité, d'une clarté, d'un éclat, d'une richesse étonnante : c'est un des ouvrages qui seraient le plus faciles à traduire, et qui se prêtent le mieux à la phrase française si délicate et si susceptible. L'ouvrage est composé de dix-neuf chapitres formant dix-neuf instructions faites pendant le carême de 1827, et dans lesquels l'auteur traite des différents sacrifices de la religion catholique, qui se rapportant tout entière à l'eucharistie établie de Dieu comme sacrifice perpétuel, ne commande et ne peut commander aux chrétiens que sacrifices, parce qu'elle est elle-même dans sa racine, dans son principe, dans son auteur, un sacrifice universel. Nous nous contenterons de traduire les premières lignes pour donner une idée du style et de la manière de l'auteur. « Comme les glaces rayonnent étincelantes de mille lumières qui scintillent au milieu de la solitude de l'hiver ! Pourquoi les sons des cordes et des flûtes tournoient-ils comme les vagues, si gais dans la nuit silencieuse ? Là les filles d'Eve brillent de tout l'éclat emprunté à l'art le plus raffiné ; là se rencontrent sans rougir les malheureux enfants d'Adam, et il semble que dans cette vallée de larmes, ils aient retrouvé le paradis ; et toujours plus hauts et plus gais, tournoient les sons des cordes, toujours plus brillantes rougissent les joues des heureux mortels qui, portés par les sons voltigeants de la musique, ondoient dans des danses gracieuses : le monde des sens célèbre leur politesse perfide, et en elle et par elle l'esprit de mensonge fête ses triomphes ! Il est passé, il est rêvé, le dernier quart d'heure du dernier mardi ! Minuit sonne, et tout est tranquille à la ville et à la

campagne. *Carne , vale*, dit-on. Oui, adieu, puissance et victoire
de la chair : adieu , félicité de la chair !»

Tout le reste de l'ouvrage est écrit dans ce style étincelant
d'images, mais conservant toujours la simplicité qui convient
aux objets dont il traite.

———

III. *Grund-und Aufrisz der christlich-germanischen kirchen undt
staats-Gebaüder im Mittelalter;* Bonn, bey Adolph Marcus·
1828. — *Des Eglises chrétiennes d'Allemagne et des Monuments publics du moyen âge.*

Toutes les feuilles littéraires et artielles louent les travaux de
ces hommes laborieux qui ont enrichi la science de leurs précieuses recherches sur les antiquités de l'Egypte, de Palmyre, d'A-
thènes, de Rome et d'Herculanum. Il n'est personne qui n'appré-
cie les ouvrages et les collections des Denou , des Henar, des Pri-
mavei, d'un lord Elgin et des autres savants qui se sont occupés
de l'étude de l'antiquité. On vante même les formes gothiques des
dômes de Strasbourg et de Cologne : comment n'apprécierait-on
pas un ouvrage qui donnerait une esquisse exacte du dôme chrétien germanique, de ce dôme élevé pendant des siècles par une
génération de pontifes qui dominait et inspirait une seule et
même pensée, et par plusieurs générations de rois et de peuples
qui travaillèrent avec une incroyable ardeur sous la direction de
ces architectes que le Seigneur avait remplis de l'esprit de Dieu,
de sagesse, d'intelligence et de science en toute œuvre , comme il
fit autrefois pour Bescleel et Ooliab , chargés par lui de présider à
la construction du tabernacle, qui n'était que la figure de ce dôme
catholique. Et si on accorde un si vif intérêt à ces cathédrales gothiques qui ne sont que de petites productions, que des symboles
de cette magnifique église invisible qui, pénétrant l'état et la société tout entière, avait étendu ses racines jusque dans les profondeurs les plus intimes de la vie, et éleva ses rameaux, ses fleurs et
son feuillage jusqu'aux hauteurs les plus sublimes, serait-on assez
inconséquent pour célébrer ainsi les enfants en méconnaissant la
mère, pour admirer l'emblème en rejetant ou méprisant l'idée?
Le but de l'auteur de cet ouvrage a été de présenter cette esquisse
et de montrer dans la théologie, dans la philosophie, dans la

science en général, dans la politique et dans la constitution ecclésiastique du moyen âge, le principe de cet ordre, de cet ensemble et de cette harmonie qui distinguent cette époque si remarquable, et qui se sont symbolisés dans les temples que la piété des fidèles ou des prélats et des rois élevait au Seigneur, véritable souverain de cette admirable théocratie. Alors la société était aussi construite sur le plan de la croix : Rome, placée comme un autel au point d'intersection, s'étendant de l'ouest au levant, et jetant au nord et au midi ses deux bras, comme pour serrer le monde dans un vaste embrassement maternel, Rome, autel mystique qui renferme comme dans un tabernacle le corps et l'esprit de Jésus-Christ, puisqu'elle est la source ou plutôt le canal par lequel la foi est communiquée et les sacrements administrés. Sur cet autel, sont placés les flambeaux allumés de la tradition apostolique, et les reliques spirituelles de ces docteurs qui témoignent de l'éternelle foi de l'Eglise, et dont les ouvrages, comme autant de châsses précieuses, ornent le sanctuaire romain. Autour de cet autel s'élève, comme une balustrade, la sainte et douce rigueur de la discipline, qui clôt de son tissu de fer le chœur où habite, où chante et prie le clergé séculier et le clergé des monastères. A droite de cet autel s'élève la chaire représentant l'épiscopat, qui enseigne dans l'Eglise romaine dont il est dépendant, et sur laquelle il est appuyé. Autour de Rome s'élève cette enceinte de peuples, qui, plantés comme des murs épais et solides dans le sol béni et consacré d'avance, montent et montent encore, superposés les uns au-dessus des autres, liés et collés par le ciment indestructible d'une foi et d'une espérance communes. Puis, arrivés à la hauteur déterminée, ils se courbent en voûte protectrice au-dessus de l'arche d'alliance, s'embrassent, se pénètrent, se coupent, s'entrelacent comme de vivantes ogives, tandis qu'à l'extérieur, les princes ecclésiastiques, comme autant d'arcs, élèvent en centre majestueux leurs colonnes entre lesquelles de minces et de légers piliers filent jusqu'à la voûte de la nef, et là s'accomplissent, et se perdent dans les replis infinis qui la traversent.

Entre ces murs de peuples et de nations, s'élèvent ces arcs à la forme svelte et élancée qui laissent pénétrer dans le temple la lumière de ce soleil divin qui éclaire ses fêtes et illumine ses joies. Mais ce jour, trop vif et trop brûlant pour les yeux des mor-

tels, nous arrive adouci et coloré par ces princes, ces docteurs, ces
pères, ces illustres personnages de l'Ancien et du Nouveau Testa-
ment, dans lequel, comme dans des vitraux peints de mille couleurs, joue et scintille la lumière du ciel; puis à l'extrémité,
comme des tours solides et d'une hauteur infinie, les empereurs et les rois qui gardent l'Eglise et en défendent l'entrée, et
qui, avec leur voix puissante et majestueuse comme le son des
lourdes cloches, convient les peuples aux fêtes splendides du Dieu
des chrétiens, ou jettent le cri d'alarme, et convoquent leurs barons et hauts-seigneurs contre les infidèles et païens déloyaux.
C'est au couchant que sont posées les tours; car la puissance royale
est, par rapport à la puissance supérieure comme quelque chose
qui s'efface et qui meurt. Au-dessus de l'entrée est suspendu le
diadème étincelant de l'empereur, qui, comme une rose éblouis-
sante, verse dans l'intérieur du temple les feux décolorés du soleil
couchant; à l'extérieur s'agitent les peuples conjurés, ennemis du
Christ et de son Eglise, le bruit et le tumulte du peuple et du
monde; tandisque les démons s'attachent aux murs de l'édifice, et
grimacent horriblement, en blasphémant contre Dieu même, à
l'intérieur; pendant que la cloche chante sa prière joyeuse, les
peuples entonnent l'hymne de la reconnaissance, un nuage d'en-
cens s'élève autour de l'autel; ce sont les hommages de toutes les
nations chrétiennes, et toutes les voix du ciel et de la terre, de
l'homme et de la nature tonnent, éclatent et retentissent dans
l'orgue, comme toutes les formes et tous les ornements de ce même
ciel et de cette même nature sont rendus purs et symbolisés dans
les statues qui tournent autour de ces piliers, dans les feuilles et
les fleurs qui germent de ces tiges de pierre qui s'arrondissent en ber-
ceaux; comme enfin toutes les sciences et tous les arts qui concou-
rent au culte catholique rendent hommage au symbole, dans ces
galeries où Aristote est placé près de saint Pierre, Sénèque et
Térence près de saint Grégoire et de saint Jean-Chrysostôme; et
Virgile près d'Isaïe et d'Ezéchiel. Tel était le caractère des
croyances et des idées du moyen âge. On ne peut séparer les uns
des autres, parce que les uns et les autres tiennent intimement,
comme l'âme et le corps. Tel est le principe qui a servi de guide à
l'auteur de l'ouvrage que nous recommandons, et dans lequel on

trouvera des détails intéressants sur la civilisation de cette grande époque.

Le plan trop abrégé que s'est prescrit l'auteur ne l'a pas empêché de saisir et de présenter un ensemble qu'on regrette de ne pas trouver assez développé dans son livre. Un second volume doit suivre, dans lequel il opposera à l'Église germanique chrétienne le nouveau temple Philadelphien-Colombien.

—

IV. *The Bravo ; a venetian story*, by Fenimore Cooper. Baudry's foreign library.—*Le Bravo, histoire vénitienne*, par F. Cooper; traduite par madame ***. 4 vol. in-12. Chez Gosselin, rue Saint-Germain-des-Prés, n. 9.

Nous ne pouvons songer à donner ici l'analyse d'un roman que chacun voudra lire, et qui d'ailleurs échapperait à l'analyse par la multiplicité des détails et la complication d'une intrigue très-artistement nouée. Ce roman, c'est Venise, avec sa douce nature, ses sombres palais qui se réfléchissent dans ses eaux dormantes. Ici, c'est une scène de mascarades brillante, fantastique, amoureuse: là c'est de la politique comme il est convenu que le conseil des dix en savait faire entre le pont des soupirs et le palais ducal; ailleurs c'est le lido avec son peuple de gondoliers; c'est la langue énergique des hommes de mer pliée à la modulation des strophes de l'*Aminte* et de la *Jérusalem*. La scène se passe au pied du lion de Saint-Marc, qui veille sur la fortune déjà chancelante de Venise, sur l'escalier des géants, dans les réduits secrets des palais du patriciat, où paraissent, comme des figures de fantasmagorie, et des jeunes filles pleines de passion et de naïveté, et des moines de toutes les robes et de toutes les couleurs, et de sombres conseillers dont le cœur s'est desséché au souffle de cette politique inexorable, enfin des *bravi* ou coupe-gorges, comme on dirait en France, si l'on voulait exprimer par un synonyme cette idée étrangère à notre langue et à nos mœurs.

Pour peu que l'on connaisse la nature du talent de M. Cooper, on comprendra en quoi ce livre est remarquable, et en quoi il ne peut manquer d'être défectueux. Esprit commun, habitué à ne remuer en morale, et surtout en politique, que des idées vulgaires,

telles qu'elles circulent dans cette Amérique du nord, dont il est à
la fois le peintre le plus brillant et l'historien le plus exact, l'auteur a dû charger souvent la partie politique de son travail. C'est
ce qui lui arrive presque à chaque page. Parce qu'il a entendu dire
que Venise était une aristocratie, que cette aristocratie était despo-
tiquement gouvernée par un conseil vigilant, il s'imagine que la
tyrannie et l'espionnage étaient en quelque sorte l'état permanent
de cette république. Il brode sur ce thème et des caractères faux,
et des aventures fort amusantes dans des contes de fées, mais fort
peu vraisemblables dans un tableau historique, tel qu'il a prétendu
le tracer. Mais tous ces défauts sont perdus et noyés dans des flots
de poésie. Sur ce mot pourtant il faut s'entendre quand il s'agit de
M. Cooper. Cet écrivain n'est pas poète d'inspiration à la manière
de lord Byron et quelquefois de Walter-Scott. Ses descriptions
n'ont pas cette énergie intérieure, cette vivification puissante qui
indique par exemple dans Child-Harold une âme frappée de toutes
les harmonies, de tous les contrastes, un sens supérieur à celui
avec lequel nous aspirons la vie réelle. Ne demandez pas à l'auteur
du *Bravo* ces émotions musicales, ces parfums de poésie que vous
apportent les strophes du pélerin britannique rêvant sur les la-
gunes, et berçant sur une mer noire comme de l'encre, sa pensée,
tempête perpétuelle, et son cœur affamé d'amour. Cet ordre
d'émotions échappe à Cooper ; et pourtant cet homme est poète :
il l'est à sa manière. C'est un admirable *cicerone*. A un degré bien
supérieur à mon avis à tout autre écrivain moderne, il a reçu la
puissance d'évoquer la réalité, de vous identifier avec elle. L'auteur des *Mohicans*, de *la Prairie*, de *l'Espion*, du *Corsaire rouge*,
vous transporte dans les forêts de l'autre continent, et vous jette
au milieu de cette nature immense. Vous êtes écrasés par ses proportions comme vous êtes balloté par la tempête, quand il vous
fait parcourir l'océan avec son Pirate, et qu'il ouvre votre âme
aux plus poignantes émotions, en même temps qu'il vous attache
d'amour à cette vie de mer. A peine vous êtes vous livré à lui,
qu'une existence que vous ne soupçonniez point jusque là, s'ouvre
devant vous comme une poétique révélation avec ses dangers, ses
accidents, sa variété, ses mystérieuses sympathies. J'ai entendu dire
qu'il est des tableaux de marine qui donnent le mal de mer :
j'éprouve un effet analogue en lisant Cooper : il me semble aussi

qu'il est difficile de lire la description des orages, roulant sous les
dômes de ces épaisses forêts; d'écouter le sifflement des Indiens,
cachés comme des serpents dans les savanes, ou postés tels que des
singes au haut des branches, et dont les yeux brillent comme de
sanglants éclairs, sans se trouver dans un état nerveux que
M. Cooper seul a la faculté de produire.

Son âme est un miroir où la nature se réfléchit toute entière;
mais cette faculté est en quelque sorte passive chez lui, il manque
de ce don du poète qui réchauffe la nature au foyer de son cœur,
et l'élève vers le ciel comme un sublime holocauste : en un mot,
il est toujours exact et jamais idéal. Voilà ce que révèle plus que
jamais ce dernier roman. Dans le *Bravo*, Venise est décrite avec
une vérité et une minutie de détails qui vous rendent présents
les moindres accidents de l'architecture, des mœurs et des costumes; mais ne demandez pas autre chose à M. Cooper, il pourrait vous répondre que sa tâche est assez vaste et sa mission assez
belle.

Ces quatre volumes feront prendre patience jusqu'au *Robert de
Paris*, de Walter-Scott. Le libraire Gosselin vient d'en publier une
traduction élégante et fidèle due à la plume exercée d'une femme.

———

V. *Mémoires de madame la duchesse d'Abrantès, sur Napoléon,
la Révolution, le Directoire, le Consulat, l'Empire et la Restauration; tomes I, II, III et IV.*

Rien ne s'explique mieux que cette multitude de mémoires dont
la France est inondée depuis un demi-siècle. Dans un temps comme
celui-ci, il ne peut y avoir d'histoire générale : aucun événement
n'est national; rarement des sympathies universelles sont excitées.
Tout est affaire de parti, de coterie; la vie de salon absorbe com-
plétement et annulle la vie publique. Dans de telles conjonctures,
les hommes les plus médiocres acquièrent une importance relative.
Il n'en est pas un qui n'ait eu son quart d'heure d'influence, qui
n'ait rendu quelque service à son parti, et dont on n'ait par conséquent fait un personnage considérable. Le même mouvement se
fait remarquer dans toutes les sociétés sur leur déclin. Proportion
gardée entre ce qui s'écrivait dans l'antiquité et ce qui s'imprime
aujourd'hui, on composait peut-être plus de mémoires, commen-

taires ou lettres familières à Rome, depuis Sylla jusqu'à Auguste, que depuis 1789 jusqu'à ce jour.

Ce qui multiplie à l'infini ces confessions, c'est qu'on ne se borne pas à parler de soi, et qu'il suffit d'avoir, de près ou de loin, vécu avec un personnage pour qu'on se regarde comme en droit de jeter ses quatre volumes in-octavo dans le public. N'aurait-on fait que cirer des bottes, comme le valet de chambre Constant, ou présidé à la domesticité de l'intérieur d'un palais, comme M. de Beausset, on est sûr de trouver des lecteurs avides de détails, d'émotions et de souvenirs.

C'est sa part d'histoire que madame la duchesse d'Abrantès apporte aussi au public. On fut rarement mieux placé pour tout voir : elle a vécu en quelque sorte dans les coulisses du drame immense qui s'est joué pendant quinze ans à la Malmaison, aux Tuileries, et dans toutes les capitales de l'Europe. Née en Corse d'une famille intimement liée avec celle de Bonaparte, elle a recueilli sur la jeunesse de Napoléon les souvenirs les plus complets. Devenue femme de son aide-de-camp, d'un de ces amis dévoués jusqu'au fanatisme qui, depuis le premier pas jusqu'à la fin de sa carrière, ont suivi l'homme prestigieux, enchaînés par la puissance de son regard, par l'inexprimable attrait de sa parole dominatrice, madame Junot a fait partie de cette société intime qui se réunissait autour de madame Bonaparte et de mademoiselle de Beauharnais. Sa fortune a suivi ces merveilleuses fortunes et a grandi avec elles. Après avoir été admise dans l'intérieur du général et avoir retenu avec une prodigieuse fidélité de mémoire toutes les causeries de salon, tous les mots qui s'échappaient comme autant de rayons lumineux de cette âme enthousiaste, elle s'est trouvée portée au milieu du palais impérial, près d'un trône, au centre de toutes les grandeurs humaines.

Plusieurs autres femmes ont parcouru le même cercle de révolutions, il en est même que la roue de fortune a élevées plus haut encore : mais je n'en connais pas qui ait empreint d'une pensée aussi personnelle, qui ait envisagé avec autant de bonheur et d'abandon ce merveilleux spectacle. Madame d'Abrantès exprime sans contrainte tout son délire d'enthousiasme, toute cette fascination au milieu de laquelle elle a vécu ; elle partage le fanatisme d'amour et d'admiration du général Junot pour son chef, son bienfaiteur,

C'est de l'idolâtrie et de l'idolâtrie de femme, c'est-à-dire des détails, des nuances, des minuties, par fois des misères sur lesquelles on s'arrête et qu'on délaie en vingt-cinq pages, tandis qu'un homme aurait tout dit en dix lignes. C'est là le défaut capital de ces trop longs mémoires. Il y règne une sorte de jaserie confiante, de bavardage par fois lâche, quoique spirituel, qui révèle la femme du monde, laquelle s'imagine que le public n'est autre qu'un grand salon où elle a droit de parler, sans qu'on puisse lui faire l'impolitesse de l'interrompre. Aussi que de choses inutiles! que de fatigantes divagations pour arriver à la partie vraiment originale de ces mémoires! Madame Junot commence d'abord par donner impitoyablement à ses lecteurs toute la généalogie des Comnènes, dont elle a l'honneur de descendre; car si elle est d'un sang bourgeois et très bourgeois par M. Permont, son père, sa mère y a mêlé le sang illustre des Césars. Suit une longue histoire de l'établissement de la colonie grecque dans l'île de Corse, au dix-septième siècle, sous le commandement des Comnènes, et des conjectures d'après lesquelles la famille Bonaparte, en italien *Buonaparte*, en grec Καλομερος, serait d'origine grecque et de souche impériale. Mademoiselle Permont, encore enfant, arrive en France avec sa famille, et se croit obligée de raconter toute la révolution depuis l'assemblée des notables jusqu'à 1795, époque où l'astre destiné à répandre une si vive clarté, un si puissant intérêt sur ses souvenirs, se lève enfin et se dégage de l'obscurité dans laquelle il est jusque-là retenu. Nous avons et les états-généraux, et Mirabeau, et M. Necker, et l'une après l'autre, toutes les journées de la révolution. Il y a, dans cette partie des Mémoires, fort peu de détails nouveaux. C'est un écueil contre lequel viennent se briser presque tous ceux qui en écrivent, que cette manie de vouloir à toute force composer une histoire et devenir le centre d'événemens dans lesquels les acteurs les plus importants n'ont guère été eux-mêmes que des accidents. C'est ainsi qu'on a un récit lent et monotone au lieu d'anecdotes bien isolées et bien personnelles. Ce défaut est poussé chez madame d'Abrantès à ses extrêmes limites. Nous ne devons pas seulement suivre de point en point son histoire et ses réflexions sur la politique, la stratégie et les toilettes, il nous faut connaître à fond celles de M. Permont, de madame Permont, de M. Albert Permont, etc. Tout ce parlage serait insupportable, si la douce et brillante figure de madame Permont n'éclairait ce tableau fort commun pour le fond et les détails, d'un éclat indicible. Cette femme au sang et à la beauté antique et à la vivacité méridionale, grecque et corse à la fois, haute comme une princesse déchue, emportée et rapide comme une italienne, molle et élégante comme une petite maîtresse; cette femme en laquelle se réunissent par de fines nuances l'orgueil de race, les habitudes de la vie de finances, le ton *merveilleux* et l'apostrophe énergique, est une personne peu commune, et pour laquelle on comprend l'admiration exaltée de sa fille. On ne s'étonne même pas que Bonaparte, déjà général, mais encore obscur, entre le 13 vendémiaire et le premier départ pour l'Italie, ait désiré de l'associer à des destinées qu'il pressentait déjà, quoiqu'elle pût presque être sa mère. J'ai presque regret à ce mariage, qui eût ainsi relevé par la main de la gloire le trône impérial des Comnènes. Du reste, cette pensée se liait dans la tête délirante d'ambition du jeune général, beaucoup moins à une passion sérieuse, qu'il fut toujours incapable d'éprouver, qu'à de vagues projets sur l'Orient. Il en fut long-temps tourmenté; son œil regardait fixement ce point brillant de l'horizon d'où se lèvent toutes les grandes gloires. Le même instinct qui, trois ans après, le poussa vers l'Égypte, lui eût fait attacher un prix immense à pouvoir mêler son sang obscur à ce sang resplendissant de l'éclat des siècles. La proposition, repoussée avec dédain et moquerie par madame de Permont, n'eut d'autre suite que de préparer une éternelle rupture entre elle et le jeune Napoléon.

J'ai parlé des longueurs de cet ouvrage : elles sont toutes oubliées du moment où l'homme de miracle paraît sur la scène. Vous le voyez d'abord enfant maussade, écolier médiocre, jaloux par fois jusqu'à la méchanceté. Bientôt cette jalousie devient une passion frénétique. Il rougit de son peu de fortune; sa tête s'exalte à l'idée que des sacrifices lui sont imposés, que sa fierté est compromise vis-à-vis de ses camarades de l'École militaire, ou celle de sa sœur, vis-à-vis des pensionnaires de Saint-Cyr, où elle venait d'être admise. Puis il sort de l'école, et alors commencent ses plaintes, ses souffrances, ses angoisses, parce qu'il n'est rien, et ne trouve aucune voie ouverte devant lui. Pour quiconque a du coup-d'œil, Bonaparte est déjà jugé : il y a trop d'agitations, trop de tourmens dans cette âme pour qu'elle puisse accepter une position vulgaire et s'endormir dans les jouissances de la vie. Dans une société régulière, et fortement constituée, un tel être eût été remuant et malheureux, voilà tout ; mais, dans un pays livré comme la France aux tempêtes des révolutions, et qui, pour renaître à l'ordre, attendait le *virum quem*, comme les Juifs le Messie, il était évident qu'un tel homme trouverait bientôt à se faire place. Dans les temps paisibles, dans les sociétés amollies par les jouissances matérielles, l'ambition est le plus funeste présent du ciel : elle étouffe sans pouvoir se faire jour! mais en 96, la France était au premier occupant. Le siége de Toulon fixe un instant l'attention sur l'officier d'artillerie qui en a dirigé les travaux : mais bientôt des intrigues de Corses font rentrer Bonaparte dans l'oubli : un député, Salicetti, le fait accuser de jacobinisme; une prise de corps est décerné contre lui, une procédure est instruite sur sa présence dans un club à Ajaccio, et les graves désordres qui s'en sont suivis : et de fait, Bonaparte était alors ardent républicain, non qu'il eut des idées républicaines; mais, parce qu'il croyait que la force était là. Il faut entendre ses imprécations amères contre ses ennemis, ses paroles de mort contre Salicetti, qui a *coupé ses espérances dans leur tige :* toute cette partie des *mémoires* est du plus haut intérêt. Enfin, l'horizon s'éclaircit, il voit distinctement la route immense que le destin trace devant lui. Alors il devient plus recueilli, plus sérieux, comme s'il avait la conscience de toute l'étendue de sa mission. Il triomphe en Italie, en Égypte, à Saint Cloud, en Italie encore, et vient se reposer à la Malmaison, après avoir signé pour la France une paix glorieuse avec l'univers. Junot ne le quitte pas depuis le siége de Toulon : c'est à cette époque de sa vie qu'il est curieux de voir se former ces liaisons dont je parlais plus haut, cimentées par un inexplicable fanatisme, par un attachement qui eût fait braver mille morts, pour assurer un peu de gloire à cet être incompréhensible. Vingt généraux du même âge se pressaient autour de lui : pas une pensée de jalousie, encore moins une pensée de rivalité ne s'élève. Marmont, Mortier, Junot, Berthier, Duroc, Desaix, Murat, réunis par une puissance magique autour d'un homme, leur égal en âge, en bravoure, peut-être en talent, se placent naturellement dans sa sphère, gravitent autour de lui comme de fidèles satellites. Nulle part, ailleurs, on ne trouve aussi fidèlement décrits, ces sentiments

extraordinaires qui font à toute cette héroïque jeunesse, délirer
d'enthousiasme à la seule vue d'un homme, qui n'a pas encore le
pouvoir, que la volonté d'un Barras ou d'un Sieyes peut briser
d'un jour à l'autre, et qui leur parle déjà d'une inaccessible hauteur. Jamais homme n'a trouvé moins de difficulté à se classer :
nul n'a songé à s'élever devant lui. Moreau lui-même avait
la conscience de mal faire, pour ainsi dire, en consentant à
devenir le centre d'une opposition contre Bonaparte.

C'est un spectacle à nul autre comparable que cette pléiade de
généraux tous jeunes, tous brillants d'un reflet de la gloire de
leur chef. C'est de là que va sortir la France nouvelle. La paix les
jette à Paris : ils s'y marient, et la société est fondée. Madame Bonaparte en est le centre, comme son époux est l'axe de la France.
Le luxe reparaît, les plaisirs renaissent, de toutes parts on revient
aux vieux usages, seulement un appareil militaire anime et consacre cette renaissance. Il est curieux de voir l'aristocratie, battue
si long-temps sur la tempête, reparaître d'abord avec hésitation,
puis raffermir ses pas, venir se mêler à cette société étrangère
pour elle, et lui prêter un prestige, le seul qu'elle ne pût tirer d'elle-
même. La société sous le consulat a cessé d'être ce qu'elle fut sous
le directoire. Ce n'est plus cette impudeur de volupté, ce dever-
gondage de plaisirs, ce ton théâtral de costumes et de manières :
il y a presque toujours une sorte de gravité et d'honnêteté dans le
régime militaire : il vaut cent fois mieux que celui des financiers
et des avocats. Aussi, la morale publique s'améliore-t-elle, les
grands scandales disparaissent, et l'exemple du premier consul
impose à toute cette jeunesse la vie de famille avec ses convenances
et ses devoirs. Quand on songe à l'état dans lequel était la France,
quand Bonaparte l'a prise, au dévergondage de mœurs, à l'absence
tellement complète de toute croyance religieuse, que le général
Junot faillit presque rompre un mariage d'inclination en 1800,
parce que la jeune personne exigeait qu'il se mariât à l'église,
quand on songe que la loi de 9₁ sur le divorce, avait dissous la
famille, comme les lois révolutionnaires avaient anéanti la société,
on est tenté de s'associer par moment aveuglément à l'admiration
qu'il inspirait alors. Ce sentiment de sympathie est vivement et
invinciblement excité par les mémoires de madame la duchesse
d'Abrantès. La suite peut en être d'un très-haut intérêt ; mais, si

elle reste fidèle aux proportions actuelles, nous aurions au moins vingt volumes. Or, qui lirait vingt volumes de madame d'Abrantès? Le duc de Saint-Simon résiste à peine à pareille épreuve : et nous engageons madame la duchesse à ne pas s'y exposer.

VI. *Vie d'Alfred-le-Grand, roi d'Angleterre;* par le comte de Stolberg. Traduite de l'allemand par William Duckett, traducteur de Schlegel.

Peu de noms présentent autant que celui du comte Fréderic de Stolberg l'idée d'un ensemble de qualités intellectuelles et morales. C'est l'être complet, religieux et savant, accessible à toutes les impressions poétiques comme à toutes les méditations sérieuses, c'est la foi dans la science, et la sainteté dans la vie sociale. M. Duckett initie cette fois le public français à la connaissance d'un nouvel ouvrage de ce grand homme de bien, ouvrage de peu d'importance, au milieu de ses grandes compositions historiques, et dont on doit pourtant savoir gré au traducteur d'avoir enrichi les bibliothèques nationales ; ce service peut rendre indulgent sur le mérite de la traduction elle-même, qui, parfois, en effet, a besoin d'indulgence.

La *Vie l'Alfred* est une rapide biographie, où il était impossible à l'auteur de toujours éviter les écueils inséparables de ce genre : sécheresse chronologique, absence d'intérêt à raison de l'absence de détails, et de l'obligation de résumer en peu de pages une multitude de faits. Cette difficulté était d'autant plus grande que le comte de Stolberg s'est efforcé d'esquisser dans ce volume toute l'histoire d'Angleterre antérieure à la naissance d'Alfred, c'est-à-dire jusqu'à la moitié du neuvième siècle. Il trace d'abord le tableau de la Bretagne sous la domination romaine, raconte les expéditions successives de Claude, de Caligula, de Suetonius Paulinus et d'Agricola, sous Domitien, de Sévère, de Constance et des autres Césars ou généraux romains pour appaiser les révoltes continuelles des indigènes. Il fait suivre ce récit d'un tableau animé quoique rapide de la chute de l'empire romain, et de la prédication d l'Évangile en Bretagne. C'est d'abord la persécution générale sous Dioclétien, dans laquelle saint Alban de Vérulam conquiert la palme du martyre, puis les schismes d'Arius et de Pélage, dont l'évêque Germain arrêta les progrès. Ce grand homme contribua à élever l'église de Bretagne à ce haut degré de lumière et de sainteté qui en faisait la gloire, avant l'invasion des Saxons. Mais au cinquième siècle ce peuple déborda sur les Bretons, occupés à repousser les invasions des Pictes et des Scots, et s'établit sur un sol auquel il imprima le nom d'une de ses tribus, comme tous les peuples conquérans de cette époque de rénovation. Le comte de Stolberg est parvenu à mettre un peu d'ordre et à répandre quelque intérêt sur l'histoire des descendants de Hengst et de Horst, et à classer avec une espèce de méthode les luttes des royaumes de l'heptarchie saxonne. Convenons pourtant que les documents manquent, et que la raison de ces effroyables guerres intestines nous échappe chez les Saxons, comme dans les royaumes francs du continent, sous les descendans de Clovis. Enfin les ténèbres du paganisme, que la conquête saxonne a ramenés sur l'Angleterre, disparaissent à la voix du moine Augustin; Adelbert devient chrétien, toute l'heptarchie imite cet exemple. La lumière brille de nouveau sur cette contrée reculée, l'évêque Théodore, Bède le vénérable et le grand Alcuin surgissent avant que l'invasion danoise ait rapporté la barbarie. Dans ces temps, la civilisation ressemble au flux et reflux d'une mer agitée, elle avance, recule pour avancer encore. Le terrible chef des Danois, le roi de mer Ragnard-Lodbrock, meurt dans les supplices, il est bientôt vengé par ses fils, et chaque jour l'Océan pousse des barques ennemis sur cette terre de désolation. A la bataille d'Yorck les princes saxons Osbert et Ella sont défaits, et leur mort prépare le triomphe des Danois.

Un enfant restait : espoir des vaincus, il cachait dans les bois et les cavernes des jour s prédestinés à de grandes choses; c'était Alfred, fils d'Adelwolf, né en 849. Elevé à Rome, au milieu de la piété et du culte des lettres, le jeune prince avait rapporté dans sa sauvage patrie des habitudes étrangères qui ne l'empêchèrent pas d'accomplir la patriotique tâche réservé au sang de Wodan. Il délivra l'Angleterre, battant les Danois en mille rencontres, pénétrant dans leurs camps sous les habits et avec la lyre d'un scalde, réveillant par ses chants l'enthousiasme des vieux jours, combattant de son glaive, et disposant, au milieu de cette anarchie et de cette guerre d'extermination, les élémens de l'unité de l'Angle-

terre. Cette tâche est par lui accomplie : Alfred suit les traces de
Charlemagne ; il délivre sa patrie, la régit par des lois d'une inconcevable portée politique, l'éclaire par ses travaux, traduit pour
l'usage du peuple et des pastorales apostoliques, et de nombreux
fragments de l'Écriture, et l'histoire universelle d'Orose ; il compose
des livres, improvise des chants et des vers, sans cesser un seul
jour de combattre et de prier.

L'existence d'Alfred est une des plus belles qu'il soit donné à
l'historien de reproduire : on conçoit que l'âme pieuse et enthousiaste de Stolberg ait cédé à cet entraînement. Son travail est
animé, et il y a dans cette courte esquisse un *résumé de vastes*
lectures ; on doit pourtant regretter que l'auteur n'ait pas toujours
puisé aux sources et qu'en plusieurs circonstances il se borne à
répéter sans trop de critique Turner, Hume, et Edmond Burke,
dans son abrégé de l'histoire de sa patrie : si le comte de Stolberg
avait pu profiter des vastes travaux du docteur Lingard, son récit
eut gagné souvent en exactitude, et il eut moins rarement cédé à
la tentation d'attribuer une origine saxonne à des institutions
évidemment normandes. Du reste, l'esprit dans lequel ce livre est
composé est admirable d'élévation et de libéralité. On voit que chez
le comte de Stolberg les sentiments catholiques échauffaient les
idées d'indépendance et de liberté chrétienne : il n'est pas un mot
qui sente ou le despotisme moderne ou les théories d'ordre administratif : c'est le franc moyen âge dans toute sa hauteur ; et l'auteur se retrempe avec bonheur dans ces fécondes sources de foi et
de dignité humaines.

VII. *André, histoire du temps de l'empire* ; par M. Rey-Dussueil.
Chez Charles Gosselin.

« Aux portes de Marseille, non loin du golphe de Pharo, golfe si
riant et si animé aux jours de fête, si doux et si majestueux au silence et au mystère de la nuit, est une haie sauvage, resserrée
entre deux longs promontoires qui se projettent bien avant dans la
mer. Une tour en ruines, dont les flots sappent incessamment les
chancelantes bases, s'élève à l'extrémité de l'un des deux caps, et
ajoute encore parfois à l'aspect désolé, à l'air de tristesse qui règne dans ces lieux. Des montagnes sans terre et sans verdure, une

rive d'algues et de sable, quelques maisons basses et isolées, un puits sans eau, un reste de monument où des filets grossiers sèchent au soleil, sous des débris d'arcs et de portiques, quelques barques que les pêcheurs sont contraints de tirer sur le rivage, tant la baie est peu sûre; voilà l'asile que choisirent jadis des bannis, et dont leurs descendants se sont faits une patrie. »

C'est dans cette baie solitaire des Catalans que M. Rey-Dussueil a placé la scène de ce nouvel ouvrage. Une jeune fille pure et aimante, un père et un frère, hommes de mer, qui aiment à jouer avec les vagues et à voir leur bonne tartane suspendue au-dessus de l'abyme; un étranger, sur lequel circulent les plus étranges bruits, et qui se trouve être un grec traître à sa patrie et à l'honneur; tels sont les principaux personnages de ce drame. Andréa, cet homme entouré d'ombre et de mystère, est un lâche. Il a peur de la mort; il faut pour qu'il l'affronte qu'une jeune fille le serre dans ses bras et lui en dérobe l'aspect sous ses baisers. Cette donnée est fausse, sans naturel et sans intérêt. On peut tout aimer excepté un lâche : il s'attache un mépris involontaire et une sorte de dégout à un tel amour, qui rappelle presque celui des sultanes pour les monstres qui gardent leur sérail. Le lâche est eunuque par le cœur : il peut aimer lui, mais honte à la jeune fille qui pourrait dire : je t'aime, à qui lui aurait dit : j'ai peur. A peine sir Walter-Scott a-t-il réussi à jeter une sorte de douloureuse pitié sur son Conachar, et quelle différence pourtant entre le montaguard écossais et le grec de M. Rey-Dussueil ! Celui-ci s'est volontairement dégradé, l'autre est écrasé sous le poids d'un anathême qui pèse sur sa race; il rougit de lui-même, et fait des efforts pour lutter contre le dieu qui l'écrase.

A cette donnée près, le roman nouveau de l'auteur de *Samuel-Bernard* n'est pas dénué d'intérêt : la débonnaire et mélancolique figure de Charles IV et la majestueuse beauté de la princesse Borghèse répandent sur quelques portions de cette composition une sorte d'éclat et de vie. Les grandes scènes de la nature méridionale et les accidents de la vie de mer y sont décrits avec exactitude et bonheur. On sent que l'auteur est là dans sa patrie, au milieu de ses impressions d'enfance; et c'est dans cette disposition d'âme qu'on peut faire un bon roman.

VIII. *Contes misanthropiques*, de M. Berthoud, publiés par Charles Lamesle.

M. Berthoud est un des plus agréables écrivains de la jeune école. Ses contes et chroniques sont empreintes d'un cachet qui le font reconnaître entre tous. Point ou peu d'afféterie, une narration simple, naïve quelquefois à l'excès ; pas d'enluminure, aucune prétention jusqu'à présent au système, au fatalisme, à l'existence *blasée* ; de l'intérêt, de la passion, du bon sens et du naturel, voilà ce qui nous paraît mettre le petit nombre d'ouvrages que nous connaissons de cet écrivain au-dessus de la plupart des contes et nouvelles publiés dans les recueils *fashionables*.

Ceux que nous annonçons sont pour la plupart composés avec soin, et bien contés. Dans un cadre de quelques pages vous voyez se dérouler devant vous une action avec ses diverses péripéthies ; et la plus longue de ces nombreuses histoires prend à peine un quart d'heure de lecture. C'est un défaut qui oblige l'auteur à broder sur la donnée la plus simple, et souvent la plus commune. Mais le mérite de ce volume consiste précisément à surmonter cette difficulté, et à présenter une galerie de petits drames pour la plupart attachants, malgré l'exiguité du cadre.

Dans ce qu'on appelle les quarts-d'heure de mélancolie, cette lecture va bien à l'âme. Il y a pourtant dans ces contes comme un parti pris de tristesse, et une morale du désespoir qui contrastent avec le ton de ses *Chroniques de Flandres*, et me feraient rétracter l'éloge que j'adressais tout à l'heure à M. Berthoud, si je croyais qu'il eût cédé en cela à une idée systématique. Rien de plus absurde et de plus niais que la *théorie* qui sert de base à tous les drames, nouvelles et romans dont une certaine coterie nous inonde. Des êtres sans énergie veulent jouer le désenchantement, et leur désespoir ressemble à de l'ennui de la plus vulgaire espèce ; des hommes concentrés dans les jouissances les plus triviales des sens ou de l'amour-propre aspirent à passer pour tourmentés par un vide qu'ils ne sentent même pas. Ils pâlissent leurs joues brillantes de santé à la flamme de l'esprit-de-vin. C'est là un sot rôle et un misérable costume, et nous espérons que M. Berthoud ne se laissera pas aller à la tentation de se rendre intéressant, et de maudire la vie, dans les formes consacrées par ses confrères.

IX. *Les Manteaux rouges ; épisodes des guerres de la révolution,* (1793 et 1794); par Alphonse Rastoul. Deuxième édition. Avignon.

Voici un échantillon de littérature provinciale. C'est un fruit indigène du Comtat, que M. Rastoul nous adresse à Paris. Cet essai prouve qu'il n'est pas nécessaire d'être associé à la camaraderie littéraire, d'être vendu chez Gosselin ou Mesnier, de recevoir des dédicaces de M. Victor Hugo, ou d'être appelé un grand homme dans une préface de M. Sainte-Beuve, pour avoir de l'esprit, de l'imagination, et composer des nouvelles fort agréables. Il y a dans ce petit essai du naturel, de la simplicité, un récit intéressant, que ne surchargent pas des incidents romanesques.

Le baron de Kergeoffrouet, émigré français, a, par dégoût de la vie et par mépris pour les hommes, accepté le commandement d'une de ces hordes de bandits que l'Autriche emploie dans ses armées sous le nom de pandours et de *manteaux rouges.* Composée de la lie des populations nomades de la Valachie et de la Croatie, sortis des antres des monts Krapack, et trop souvent des bagnes de ces divers pays, ces corps irréguliers sont la terreur des paysans paisibles et des prisonniers, auxquels ils arrachent la vie. M. de Kergeoffrouet s'est attaché à adoucir les moeurs féroces de ces hommes, et il y a réussi. Dans un combat il sauve la vie à un jeune officier républicain. Il apprend que ce prisonnier est de Saintonge comme lui. Cette révélation est pour lui douloureuse et pleine d'anxiété; car en Saintonge le malheureux a laissé une femme qu'il adore, et qui l'a trahi, en profitant du bénéfice de la loi sur le divorce, pour rompre ses liens et appartenir au fils d'un de ses fermiers. Or cet homme, c'est Charbonneau, c'est l'officier républicain.

Bientôt la rage de Kergeoffrouet se change en transports d'admiration et de reconnaissance, quand il apprend que ce prétendu mariage n'a été contracté que pour dérober sa femme aux brutales tentatives d'un scélérat puissant alors, et que Charbonneau a toujours respecté et l'honneur de son maître et la foi jurée. Ils changent alors leurs noms, leurs habits; et sous cet heureux déguisement, le baron de Kergeoffrouet, compris dans un cartel d'échange, revient auprès de sa femme et d'une jeune fille qu'il destine à son libérateur.

TABLE

Numéro III.

FIN DU TOME PREMIER.